国际商法（第2版）

吴兴光 主　编
黄丽萍　赖忠孝　刘　睿　副主编

清华大学出版社
北京

内容简介

本书以国际货物买卖等国际商事交易为出发点，先阐述作为交易基础的商事组织法和代理法，然后重点阐述合同法、国际货物买卖法、产品责任法、国际货物运输法律制度、国际货物运输保险法律制度、国际贸易支付法等法律的详细内容，最后介绍对外贸易救济和争端解决。在阐述法学理论和法条时，结合许多精选案例，深入浅出，突出实用性。

本书可作为国际经济与贸易、电子商务及法律专业本科和专科的教材，也可作为相关专业和专题培训的教材。

本书封面贴有清华大学出版社防伪标签，无标签者不得销售。
版权所有，侵权必究。举报：010-62782989，beiqinquan@tup.tsinghua.edu.cn。

图书在版编目(CIP)数据

国际商法 / 吴兴光 主编. —2版. —北京：清华大学出版社，2020.1（2024.1重印）
ISBN 978-7-302-54515-6

Ⅰ. ①国… Ⅱ. ①吴… Ⅲ. ①国际商法—高等学校—教材 Ⅳ. ①D996.1

中国版本图书馆 CIP 数据核字(2019)第 266135 号

责任编辑：施 猛
封面设计：常雪影
版式设计：方加青
责任校对：成凤进
责任印制：宋 林

出版发行：清华大学出版社
网　　址：https://www.tup.com.cn，https://www.wqxuetang.com
地　　址：北京清华大学学研大厦A座
邮　　编：100084
社 总 机：010-83470000
邮　　购：010-62786544
投稿与读者服务：010-62776969，c-service@tup.tsinghua.edu.cn
质 量 反 馈：010-62772015，zhiliang@tup.tsinghua.edu.cn
印 装 者：北京嘉实印刷有限公司
经　　销：全国新华书店
开　　本：185mm×260mm　印　张：22.75　字　数：534千字
版　　次：2014年4月第1版　2020年3月第2版　印　次：2024年1月第5次印刷
定　　价：58.00元

产品编号：084514-02

作者简介

吴兴光，生于1948年，广东外语外贸大学法学院教授，对外经济贸易大学法学硕士；先在土产进出口公司和外贸局工作13年，后调入广州外贸学院任教，先后任外贸经济系副主任、法学院院长等职，曾兼任广东省法学会副会长、中国国际经济贸易仲裁委员会仲裁员，受理过30余宗涉外经济案。研究领域为国际经济法；曾在香港中文大学工商管理学院(1982年)、英国曼彻斯特大学法学院(1992年)做访问学者。2012年退休后，在广州商学院法学院任学科带头人。在内地和香港出版《美国统一商法典研究》(与他人合著)、《欧盟有关政府行为控制的法律研究》等5部专著；主编《国际商法》等教材，在相关报刊发表论文50余篇。

黄丽萍，广东外语外贸大学法学院教授，法学博士，主要研究方向为国际商法、知识产权法。近年来主持或作为主要成员参加多项省部级课题和国际合作研究课题。在相关报刊发表学术论文近20篇。出版学术专著《知识产权强制许可制度研究》，主编《国际商法》教材，还参与撰写多部其他学术专著、教材。

赖忠孝，东莞理工学院城市学院金融与贸易学院院长，教授，硕士。研究领域为国际经济与贸易，兼任广东省本科高等教育经济与贸易类专业教学指导委员会委员。著有《国际贸易单证》(主编，辽宁省规划教材)、《国际货物贸易实务》(副主编，辽宁省规划教材)。主持教育部产学合作协同育人项目3项，主持广东省高等教育特色专业——国际经济与贸易专业建设，在核心期刊发表论文5篇，获省级教学成果二等奖、三等奖各1项。

刘晓蔚，广东外语外贸大学法学院副教授，西南政法大学法学硕士，研究领域为国际商法、民事诉讼法，参编《国际商法》《国际商务专业知识》等教材。

刘睿，广东外语外贸大学法学院讲师，对外经济贸易大学法学硕士，在读博士研究生，研究领域为国际商法。参著《美国统一商法典研究》，参编《国际商法》教材(副主编)等。

盛琨，广州商学院法学院讲师，广东外语外贸大学法学硕士，研究领域为国际商法，参著《美国统一商法典研究》，参编《国际商法》等教材。

前言(第2版)

首先,感谢广大师生对本教材的厚爱和支持!正是这种支持,激励我们精益求精,修订本教材。

自改革开放以来,我国出版的《国际商法》教材,最早版本是由我的导师沈达明、冯大同等三位教授合编的上、下两册,于1982年在对外贸易教育出版社出版。在20世纪八九十年代,这门由西方发达国家引进的课程,成为国际贸易和相关专业的"老五门"课程之一。此课程影响了几代外经贸人(包括总经理等高管和外销员),成为他们从事外经贸工作的重要工具。星移斗转,30余年过去了,《国际商法》教材的出版依然是百花齐放的景象,各种版本不下几十种,长盛不衰。现在,"国际商法"课程仍然是国际经济与贸易等专业的一门重要课程,足见此课程的生命力和影响力。

我国于2001年加入了世界贸易组织。近20年来,世界经济格局发生了重大变化。中国已经成为全球第二大经济体,连续三年成为第一出口大国和第二进口大国,人民币已经成为国际第三大交易货币。习近平主席关于"一带一路"的倡议日益深入人心,不断推进。我国经济对外贸易依存度的提升,对国际商法课程有重要的鼓舞作用。不容忽视的是,近几年来,逆经济全球化和保护主义的思潮甚嚣尘上,美国总统特朗普挑起了中美贸易战且不断升级,国际经济贸易领域电闪雷鸣,涌现了许多前所未有的难题,也对我们的教材提出了更高的要求。

自1995年获批广东省普通高校重点教材项目以来,我们先后在中山大学出版社、中国商务出版社、清华大学出版社出版了国际贸易、国际经济与贸易、法学等专业的《国际商法》教材,累计9个版本,共发行约20万册。在日新月异的形势下,此次我们又对原教材进行了全面的审视,与时俱进地做了局部的改动和完善,这些修订包括但不限于以下改动。

1. 2018年通过了《联合国关于调解所产生的国际和解协议公约》,并于2019年8月7日在新加坡开放签署(故简称为《新加坡调解公约》)。本教材第十二章"国际商事争议解决的法律制度"中增添了第二节"国际商事调解制度",重点评述了《新加坡调解公约》。2019年海牙国际私法会议通过了《承认与执行外国民商事判决公约》,在第十二章增添了有关内容。

2. 本教材第1版第九章"票据法"现改为"国际贸易支付法",除保留原来票据法的部分内容外,还增添了汇付、托收和信用证三种国际贸易支付方式的内容,特别是重点阐述了当前国际贸易使用最多的信用证,增添了第六节"国际保理",增强了适用性。

3. 鉴于近年来新法律法规的颁布和修订，国际条约和法律重述的修订，例如我国《民法总则》的颁布，国际统一私法协会《国际商事合同通则》2016版的修订，本教材做出相应的内容调整和补充，更新了我国已加入的国际公约的缔约国数目。

4. 考虑到国际贸易专业的实用性特点，我们在各章适当简化理论方面的阐述。例如在第五章，删除了货物所有权转移的内容，突出贸易实践中货物风险转移的重要事宜，等等。

本书的撰写分工如下(以章节先后为序)：

第一章，吴兴光；第二章，黄丽萍；第三章，刘晓蔚；第四章，吴兴光、盛琨；第五章，赖忠孝、吴兴光；第六章，刘晓蔚；第七章，刘睿；第八章，刘睿；第九章，刘晓蔚；第十章，盛琨；第十一章，盛琨；第十二章，刘睿。

全书由吴兴光、刘睿统稿和定稿。

最后，翘望各位同行和读者针对本教材交流看法、批评指正。反馈邮箱：wkservice@vip.163.com。

吴兴光

2019年9月13日

前言(第1版)

1982年，由沈达明、冯大同、赵宏勋三位教授合编的《国际商法》在对外贸易教育出版社出版，这是我国内地最早的国际商法教材。20世纪80年代，我国从西方发达国家引进该课程，如今已成为国际贸易和相关专业的"老五门"课程之一。这门课程影响了整整一代外经贸人(包括经理、高管、业务员)，课程中所涉及的知识也成为他们从事外经贸工作的重要武器。

自改革开放至今，30余年过去，《国际商法》教材的出版呈现百花齐放的景象，各种版本不下几十种。现在，国际商法课程仍然是国际经济贸易等专业的一门重要课程，足见此课程的蓬勃生命力和长远影响力。

我国于2001年加入了世界贸易组织(WTO)。10余年来，世界经济格局发生了重大变化。中国已经成为全球第二大经济体，连续3年成为第一大出口国和第二大进口国。人民币进入国际流通货币的前10名。我国经济对外贸易依存度的提升，对国际商法的教学有重要的鼓舞作用。因此，我们全面审视了原来的教材，与时俱进地做了局部的改动、完善。

本书的撰写分工如下(以章节先后为序)所述。

第一章，吴兴光；第二章，黄丽萍、刘睿；第三章，刘晓蔚；第四章，吴兴光、盛琨；第五章，赖忠孝、吴兴光；第六章，刘晓蔚；第七章，刘睿；第八章，刘睿；第九章，刘晓蔚；第十章，盛琨；第十一章，盛琨；第十二章，黄丽萍。

全书由吴兴光、黄丽萍、赖忠孝统稿和定稿。

翘望各位同行和读者交流看法、批评指正。反馈邮箱：wkservice@vip.163.com。

吴兴光
2014年2月
于广州商学院

目 录

第一章 导论 ··· 1
第一节 国际商法概述 ·· 1
一、国际商法的概念与特点 ··· 1
二、国际商法的产生与发展 ··· 4
第二节 国际商法的渊源 ·· 6
一、国际商法渊源概述 ··· 6
二、国际法渊源 ·· 7
三、各国商法制度 ··· 8
第三节 国际商法的适用 ·· 12
一、国际商法适用概述 ··· 12
二、法律适用规则 ··· 14
第四节 国际贸易统一法的产生、发展与前景 ·· 16
一、国际贸易统一法的产生 ··· 16
二、国际贸易统一法的发展与前景 ·· 16

第二章 商事组织法 ··· 21
第一节 概述 ·· 21
一、个人企业 ·· 21
二、合伙企业 ·· 22
三、公司 ·· 22
第二节 合伙企业法 ·· 22
一、合伙企业与合伙企业法概述 ··· 22
二、合伙企业的设立 ··· 24
三、合伙企业的财产关系 ·· 25
四、合伙企业的内部关系与外部关系 ··· 26
五、入伙与退伙 ··· 29
六、合伙的解散与清算 ··· 30
第三节 公司法 ··· 31
一、公司法总论 ··· 31

　　　　二、有限责任公司 43
　　　　三、股份有限公司 48

第三章 代理法 57
　第一节 代理法概述 57
　　　　一、代理的起源 57
　　　　二、代理的概念 59
　　　　三、代理的类型 60
　　　　四、代理权的消灭 63
　　　　五、无权代理 64
　第二节 代理的法律关系 67
　　　　一、代理的内部关系 67
　　　　二、代理的外部关系 68
　第三节 中国代理法 71
　　　　一、概述 71
　　　　二、代理的概念 71
　　　　三、代理的类型 71
　　　　四、代理权 72
　　　　五、无权代理 73

第四章 合同法 74
　第一节 合同法概述 74
　　　　一、合同的定义和特征 74
　　　　二、合同法与各国编制体系 75
　　　　三、国际统一合同法的蓝本——《国际商事合同通则》 76
　第二节 合同的成立 79
　　　　一、西方发达国家关于合同有效成立的要件 79
　　　　二、要约 82
　　　　三、承诺 84
　　　　四、中国法关于合同订立的规定 87
　第三节 合同的效力 88
　　　　一、错误 89
　　　　二、欺诈 91
　　　　三、胁迫 91
　　　　四、显失公平 91
　第四节 合同的内容、合同的履行与合同条款 92
　　　　一、合同的内容 92
　　　　二、一般履行 93
　　　　三、公共许可 95

　　　　　四、艰难情形………………………………………………………………95
　　　　　五、合同的条款……………………………………………………………96
　　第五节　不履行与救济方法……………………………………………………106
　　　　　一、可免责的不履行………………………………………………………106
　　　　　二、违约的归责原则………………………………………………………108
　　　　　三、违约的分类……………………………………………………………109
　　　　　四、违约的救济方法………………………………………………………112
　　　　　五、中国法关于违约责任的规定…………………………………………116
　　第六节　合同的变更、转让与消灭……………………………………………117
　　　　　一、合同的变更……………………………………………………………117
　　　　　二、合同的转让……………………………………………………………118
　　　　　三、合同的消灭……………………………………………………………120

第五章　国际货物买卖法……………………………………………………124

　　第一节　国际货物买卖法概述…………………………………………………124
　　　　　一、国际货物买卖法的渊源………………………………………………124
　　　　　二、中国有关国际货物买卖的法律………………………………………126
　　　　　三、1980年《联合国国际货物销售合同公约》的适用…………………126
　　第二节　国际货物买卖合同的成立……………………………………………129
　　　　　一、国际货物买卖合同的含义……………………………………………129
　　　　　二、国际货物买卖合同的形式与证据……………………………………129
　　　　　三、国际货物买卖中的要约………………………………………………132
　　　　　四、国际货物买卖中的承诺………………………………………………133
　　第三节　卖方和买方的义务……………………………………………………134
　　　　　一、卖方的义务……………………………………………………………134
　　　　　二、买方的义务……………………………………………………………141
　　第四节　违反货物买卖合同的救济方法………………………………………142
　　　　　一、买卖双方均可以采取的救济方法……………………………………143
　　　　　二、卖方违约时买方可以采取的救济方法………………………………145
　　　　　三、买方违约时卖方可以采取的救济方法………………………………148
　　第五节　货物风险的转移………………………………………………………149
　　第六节　国际货物买卖中的格式合同…………………………………………153
　　　　　一、中国法关于格式合同的规定…………………………………………153
　　　　　二、《国际商会国际销售示范合同》评介………………………………153

第六章　产品责任法……………………………………………………………157

　　第一节　产品责任和产品责任法………………………………………………158
　　　　　一、概述……………………………………………………………………158
　　　　　二、产品责任法及其发展…………………………………………………160

第二节 产品责任法的主要内容 ········· 162
一、产品责任法的权利主体 ········· 162
二、产品责任法的责任主体 ········· 164
三、产品的范围 ········· 165
四、产品缺陷 ········· 166

第三节 产品责任的归责理论 ········· 169
一、美国产品责任法的归责理论 ········· 169
二、欧洲国家产品责任法的归责理论 ········· 174
三、中国法关于产品责任的归责原则 ········· 178

第四节 被告的抗辩与损害赔偿 ········· 178
一、被告的抗辩理由 ········· 178
二、损害赔偿的形式与范围 ········· 180

第五节 缺陷产品的召回制度 ········· 182
一、概述 ········· 182
二、美国缺陷产品召回制度 ········· 182
三、欧盟缺陷产品召回制度 ········· 184
四、中国缺陷产品召回制度 ········· 186

第六节 产品责任的诉讼管辖和法律适用 ········· 187
一、诉讼管辖 ········· 187
二、法律适用 ········· 189

第七章 国际货物运输法律制度 ········· 191

第一节 国际海上货物运输 ········· 191
一、海上货物运输概述 ········· 191
二、国际海上货物运输合同 ········· 193
三、提单运输 ········· 195
四、租船合同 ········· 200

第二节 其他类型的国际货物运输 ········· 203
一、国际航空货物运输 ········· 203
二、国际铁路货物运输 ········· 208
三、国际货物多式联运 ········· 211

第八章 国际货物运输保险法律制度 ········· 216

第一节 国际货物运输保险概述 ········· 216
一、国际货物运输保险的概念 ········· 216
二、国际货物运输保险的基本原则 ········· 216
三、国际货物运输保险合同 ········· 217

第二节 国际海上货物运输保险法律制度 ········· 218
一、海上货物运输保险范围 ········· 218

		二、保险人与被保险人的权利义务关系…………………………………218
		三、海上货物运输保险条款与险别…………………………………219
	第三节	国际航空、陆运货物运输保险法律制度…………………………………223
		一、国际航空货物运输保险…………………………………223
		二、国际陆运货物运输保险…………………………………224

第九章 国际贸易支付法…………………………………226

第一节	票据与票据法概述…………………………………226
	一、票据的性质…………………………………226
	二、票据的种类…………………………………229
	三、票据法…………………………………230
第二节	关于票据的国际统一法…………………………………232
	一、西方国家票据法的编制及体系…………………………………232
	二、具有代表性的统一票据法…………………………………232
	三、中国的票据法…………………………………234
第三节	汇票…………………………………235
	一、汇票的概念与特征…………………………………235
	二、汇票的出票…………………………………236
	三、汇票的背书…………………………………238
	四、汇票的承兑…………………………………241
	五、汇票的保证…………………………………242
	六、汇票的付款…………………………………243
	七、汇票的追索权…………………………………244
	八、伪造签名…………………………………245
第四节	汇付与托收…………………………………246
	一、汇付…………………………………246
	二、托收…………………………………248
第五节	信用证…………………………………251
	一、信用证概述…………………………………251
	二、信用证当事人…………………………………254
	三、信用证交易原则…………………………………255
	四、信用证欺诈例外…………………………………256
第六节	国际保理…………………………………257
	一、国际保理业务的概念和分类…………………………………257
	二、国际保理的作用…………………………………258

第十章 国际知识产权与技术贸易…………………………………260

第一节	概述…………………………………260
	一、知识产权…………………………………260

　　　　二、技术转让·· 263
　　　　三、知识产权领域的反不正当竞争·· 263
　　第二节　知识产权的种类及国际保护·· 264
　　　　一、知识产权的种类·· 264
　　　　二、知识产权的国际保护·· 275
　　第三节　国际许可贸易·· 279
　　　　一、国际许可贸易概述·· 279
　　　　二、国际许可合同·· 280
　　　　三、国际许可合同与限制性商业行为管制······································ 283

第十一章　对外贸易救济·· 289
　　第一节　对外贸易救济概述·· 289
　　　　一、对外贸易救济的概念·· 289
　　　　二、西方发达国家的有关法律制度·· 289
　　　　三、世界贸易组织·· 293
　　第二节　反倾销·· 293
　　　　一、倾销与反倾销法·· 293
　　　　二、倾销成立的条件·· 294
　　　　三、反倾销调查的机构与程序·· 296
　　　　四、中国反倾销法·· 297
　　第三节　反补贴·· 301
　　　　一、补贴与反补贴法·· 301
　　　　二、国际反补贴法的实体规定·· 302
　　　　三、反补贴调查·· 304
　　　　四、中国反补贴法·· 305
　　第四节　保障措施·· 307
　　　　一、保障措施概述·· 307
　　　　二、有关保障措施的国际规则·· 308
　　　　三、中国关于保障措施的法律规定·· 309

第十二章　国际商事争议解决的法律制度·· 312
　　第一节　国际商事争议解决的法律制度概述·· 312
　　　　一、国际商事争议的解决方法·· 312
　　　　二、国际商事争议解决的法律适用·· 313
　　第二节　国际商事调解制度·· 317
　　　　一、《调解规则》·· 318
　　　　二、《国际商事调解和和解协议示范法》······································ 318
　　　　三、《联合国关于调解所产生的国际和解协议公约》···························· 318
　　第三节　国际商事仲裁制度·· 320
　　　　一、概述·· 320

二、国际商事仲裁机构和仲裁规则 ……………………………………… 321
　　三、仲裁协议 ……………………………………………………………… 329
　　四、仲裁裁决的执行 ……………………………………………………… 331
第四节　国际商事纠纷的司法解决 ……………………………………………… 334
　　一、概述 …………………………………………………………………… 334
　　二、国际商事纠纷案件的管辖权 ………………………………………… 335
　　三、外国当事人的诉讼地位 ……………………………………………… 337
　　四、司法协助 ……………………………………………………………… 338
　　五、承认与执行外国法院判决 …………………………………………… 340

参考文献 ………………………………………………………………………… 344

第一章 导论

本章概要 本章主要介绍了国际商法的基本概念、国际商法的产生与发展、国际商法的法律渊源、国际商法适用的国际环境及其法律适用规则,重点阐述了国际商法的国际法渊源和各主要法系国家国内法渊源,描述了国际商法在国际社会中的运行轨迹,最后阐述了国际贸易统一法的产生、发展和前景。

本章学习目标 通过本章学习,掌握国际商法的基本概念、国际商法的渊源,了解国际商法的历史沿革和发展以及国际商事交易的法律适用。

第一节 国际商法概述

一、国际商法的概念与特点

国际商法是调整国际商事行为和商事组织的法律规范的总和,是规范跨国商事交易的基本行为规范。开展国际商事交易,应维护国际商业秩序和信誉,遵循商业道德。但是商业道德只能由商业行为主体自觉遵守,没有外部的强制力保证实施。而国际商法则是以强制力做后盾保证商业道德予以实施的法律规则,因此它是规范跨国商业交易的基本规范。

案例1-1 中国技术进出口总公司与瑞士工业资源公司贸易欺诈案(1986)

中国技术进出口总公司(以下简称中技公司)于1984年12月2日与美国旭日开发公司签订购买9000吨钢材的合同。1985年初,后者将合同转让给瑞士工业资源公司(以下简称瑞士资源)。该合同是一个CIF价格条款的货物销售合同。瑞士资源于3月14日通知中技公司,货物备妥待运,请中技公司开立信用证。中技公司于4月19日向中国银行上海分行开出了信用证。5月4日,瑞士资源提交了载明钢材数量为9161吨、货款为2 290 250美元的发票、提单及其他全套单据。中国银行付款后,瑞士资源先是以中国港口拥挤为由,改变船舶航线,货物延期到港,而后又中断了与中技公司的联系。中技公司赴欧洲调查的结果表明,装运船"阿基罗拉"号,在1985年内并未在该提单所载明的装运港意大利拉斯佩扎停泊过,可见,提单是伪造的。为挽回损失,中技公司扣押了瑞士资源在其他交易中尚未支付的货款。经上海市中级人民法院审理,判决瑞士资源偿还货款2 290 250美元,并赔偿钢材货款的银行贷款

> 利息873 784.58美元，经营损失1 943 588.25美元，国外公证和认证费、国内律师费29 045.77美元，共计5 136 668.60美元。瑞士资源不服，提起上诉，上海市高级人民法院驳回上诉，维持原判。

案例1-1中，瑞士资源不具有履行合同约定的交付钢材的能力，也不准备交付合同项下的货物，是一起典型的贸易欺诈案。面对瑞士资源的欺诈行为，中技公司积极采取了补救措施，扣押瑞士资源的在华财产，通过司法诉讼追索其违约和侵权责任，维护了自身的经济权益。从以上案件可以看出，国际商法规则是国际商事交易的基本行为规范，不遵守该规则，必定要受到法律的制裁。

同时，国际商法规则也是预防国际贸易欺诈的利器。根据CIF合同属于单据交易的性质和特点，如果中技公司预先采取防范措施——要求对方提供的信用证议付单据中须包含一张SGS(瑞士通用公证行，国际权威商检机构)出具的装运港船上商检报告，本案贸易欺诈损害的结果根本就不会发生。

所以，国际商法不仅是交易当事人补救于事后的措施，更重要的是，它是防患于未然的工具。

国际商法是商法的一个分支学科，也是国际法的一个分支学科。

国际商法具有商事性，是调整商主体和商行为的法律体系。在法律关系主体方面，商事性体现为国际商法法律关系的主体是商主体。商主体是指商人或商事法律关系的主体，是指依照所在国的法律规定具有商法上的权利和能力，参与商事法律关系，能够以自己的名义从事商行为，以此作为职业或营业，享受权利和承担义务的组织和个人，具有独立的法律人格。

商主体是与民事主体相区别的法律关系主体，它是以从事营利性的商事活动或商事行为为职业，如贸易公司买卖货物、海运企业提供海洋运输服务、商业银行提供支付中介服务。为了保证交易安全，商主体一般需要进行商业登记并取得营业资格，一般在其营业所开展经营活动。民事主体偶尔也从事营利活动，但它不以营利性活动为职业；同时，民事主体一般无须登记，也没有经营性的固定场所，因此营利性和营业性使商主体与民事主体区分开来。

商事性决定了商主体只能是商自然人、商合伙与商法人。作为经济法律关系主体的政府机关，负有制定社会经济决策、市场宏观调控、维护市场秩序、管理国有资产的职能，但它不以营利性和营业性的经营活动为职业，因此不是商主体，它只能是经济法律关系的主体。因此，商事性又把商主体与经济主体区分开来。

在法律关系客体方面，商事性体现为调整的对象是商行为，是商主体所从事的以营利为目的的经营行为。贸易公司从事货物买卖活动，海运企业从事海上运输服务，商业银行提供支付中介服务，其目的是获得买卖价格差额、运费、酬金或佣金，取得利润。民事主体也从事货物买卖，为他人运送物件或代为支付，但是一般不以营利为目的。商主体为了实现其营利目标，通常开展有计划的、日常的经营活动；而民事主体从事营利活动是间歇性的，也不像商主体那样具有持续性、计划性。因此，商事性将商行为与民事行为区分开来。

商事性也可以将商行为与经济管理行为区分开来。商行为是商主体的营利性的经营行为，以营利为目的；经济管理行为是政府机关对市场主体，包括商主体的经营行为进行鼓励、限制、禁止、宏观调控的管理行为或对国有资产的管理行为，不以营利为目的。

国际商法具有国际性。国际商法调整的对象是国际商事关系。有关"国际"一词，"国"是指主权国家，"际"有两层含义，其一是"之间"，其二是"边际"。就其第一层含义来讲，国际可以解释为国家之间的意思，而其第二层含义则主要是指"跨越国界"(Transnational)的意思。国际商法调整的是各国商主体从事商事活动的法律规则体系，其主体是商自然人、商合伙、商法人，不包括代表主权国家的政府机关，因此国家不能成为国际商法的主体，国际商法的调整对象也不是以国家为主体的国家之间的交易行为，国际商法调整的只能是跨越国界的商主体之间的商行为。因此，国际商法是从跨越国界的角度来理解"国际"的含义。

国际商法的国际性将国际商事法律关系与国内商事法律关系区分开来。商事法律关系是否跨越国界，是否具有涉外因素，是判断商事法律关系是否具有国际性的标准。按照国际私法学的通说，国际商事法律关系是一种涉外民事关系。只要在涉外民事法律关系的主体、客体、法律事实三个要素中，至少有一个要素与外国有联系，该法律关系即具有涉外因素，也就是具有国际性。国际商事法律关系一般有以下三种情形。

第一，商主体具有涉外因素。国际商事关系的双方(或多方)当事人的国籍不同，或者双方当事人的营业地处于不同的国家。前者一般称为国籍标准，后者则称为营业地标准。中国、法国、意大利、日本以及很多大陆法系国家一般采用国籍标准，而英国、美国、德国以及其他英美法系国家一般采用住所地、营业地标准。

第二，商事法律关系的客体具有涉外因素。国际商事关系的客体是位于国外的物。此处的物，既包括货物等有形物体，也包括专利、商标、版权等无形财产权。

第三，商事法律事实具有涉外因素。产生、变更或消灭商事关系的事实发生在国外。例如，两个法国人在英国签订货物买卖合同，签订合同的事实发生在国外，有关该合同效力的问题，与合同订立地英国的法律规定有关，因此该货物买卖合同具有涉外因素。

涉外民事(商事)法律关系的主体、客体、法律事实中，一个以上要素具有涉外因素的，该商事关系即具有国际性。通常主体具有涉外因素，该商事法律关系即被认定为国际商事法律关系；而主体不具有涉外因素，作为客体的标的物位于国外或者法律事实发生在国外，有的国家在个别情况下，则会认为不一定具有国际性。

国际商法调整具有国际性的商主体和商行为，即国际商事关系的法律规范的总和。它既是国际法的组成部分，又是商法的组成部分，是法律部门相互融合、交叉的产物。

传统的商法主要包括公司法、票据法、海商法、保险法等内容。然而，随着国际经济贸易的发展和商事交易的多样化、复杂化，在国际货物买卖的基础上国际贸易开拓了许多新的领域，例如国际技术转让、知识产权转让、国际投资、国际融资、国际工程承包、国际服务贸易等。这些交易已远远超出传统商法调整的范围。有人将其称为国际商事交易，并把调整这些交易的法律统称为国际交易法(The Law of International Transactions)或国际商法。很明显，现在的国际商法的调整对象和范围比传统的商法广泛得多，内容也越来越丰富。

国际商法是调整跨国间商主体和商行为的法律规范的体系，通常用"International Commercial Law"来表述，其本质上是国际商事交易法，属于私法范畴，具有任意法的性质。为了保障交易安全，维护贸易秩序和交易公平，国际商事交易越来越多地受到管理商事交易和贸易政策的公法的调整，如反倾销法、反补贴法、保障措施法。在传统商法之外，调整商事交易的公法体系逐步发展起来，这个法律体系又被称为国际商事管制法，也称国际贸易(公)法。在国际商事交易中，商主体从事商事交易活动既涉及国际商事交易法，也涉及国际商事管制法。公法和私法分属于不同的法律体系，其法律关系与司法救济程序和方式具有很大的差异。在我国加入世界贸易组织以后，该组织法律制度将对我国政府贸易管理体制加以约束，而我国的商业交易法制则不属于其约束范围。因此，划分公法和私法，即国际商事交易法和国际商事管制法，在法理上和实际应用上是有必要的。

但是，涉及公法和私法的具体的国际商事交易，在实际运行中，是按照交易顺序进行的，是一个连贯的交易步骤。在教学上将国际商事交易的法律一分为二，即分为国际商事交易法和国际商事管理法，不利于学生在有限的时间内全面、系统地按照交易顺序了解国际商事法律体系，使本来连续的国际商事交易因公法和私法的分类而割裂开来。我们认为，法律关系上的科学分类，与法学教学体系上的便利和优化是不矛盾的。一方面，我国主张根据公法和私法的分类原则，认为国际商法本质上应当是商事组织和商事交易法；另一方面，按照交易顺序和教学需要，国际商法可以加入与商事交易有密切关联的商事管制法的内容。前者我们把它称为国际商事法，英文名称为International Commercial Law；后者我们把它称为国际商法，英文名称为International Business Law。本书按照后者建立国际商法的体系。

二、国际商法的产生与发展

商法是随着商品经济的产生、发展而逐步形成的，而国际商法则是国际贸易逐步发展和扩大的产物，"人类历史上不同地区商人之间商事交往的发展，逐渐形成一系列支配他们之间贸易关系的商业惯例和习惯性做法。建立国际商业方面的有效的行为规则需要有法律手段，以保证在一个地区实施的行为能够得到另一地区的承认。正是在这种社会现实之下，国际商法应运而生"[①]。

从历史上看，国际商法的发展经历了三个不同的阶段。

第一阶段，国际商法产生于中世纪的商事习惯法，是属于商人自治的法律。

商法天生具有国际性。商法起源于中世纪欧洲地中海沿岸自治城市。在中世纪以前，古罗马万民法中已经包括调整罗马公民与非罗马公民商事交易的习惯法规则。由于商事交易不够发达，商事习惯法规则仅涉及商事活动的一些具体规范，散见在罗马法的若干文献上，如《罗德岛海洋法》《查士丁尼法典》，当时还没有形成与民法相区别的、调整商人或商行为的商法的完整体系。11世纪晚期，欧洲农业发展为商品贸易和城市建立奠定了物质基础，十字军东征打通了与亚洲茶叶、香料、丝绸贸易的商路，与亚洲国家间的贸易在

---

① [英]施米托夫. 国际贸易法文选[M]. 赵秀文，译. 北京：中国大百科全书出版社，1993：2.

很高程度上推动了地中海海上贸易和商业的发展。在通往东方的地中海沿岸发达的商业城市(如威尼斯、热那亚、佛罗伦萨等)中,经济上具有优势地位的商人为了摆脱封建领主的司法管辖权和宗教势力的束缚,自发组成了"商人基尔特"(Merchant Guild),即商人自治的行业组织。"商人基尔特"拥有广泛的自治权和司法裁判权,能够订立自治的商事规约,由商人担任法官的商事法院审理和裁判解决商事争议。在逐步积累的大量自治规约以及司法裁判的基础上,形成了商人习惯法。

国际商法最初是以商人习惯法的形式出现的,即事实上支配那些往返于商事交易所在的文明世界的各港口、集市之间的国际商业界普遍适用的国际习惯性规则。这些商人习惯法有着明显的特点。

第一,它具有跨国性和统一性,普遍适用于各国从事商业交易的商人。当时在欧洲地中海沿岸各城邦内适用市民法,而对城邦之间的商人则适用万民法。这样就使得商事习惯法独立于民法制度之外。商人通过行业自治实行属人主义原则,适用于行会内部的商人之间以及行会内部商人与非行会内部商人之间的商事活动。商人法与民法制度的属地性质相对立,形成独立的、跨国性的法律制度。

第二,商事习惯法构成了现代商法的基础。从商主体制度来看,有限责任的组织制度为大工业社会新的商事组织开辟了道路,它的出现对于近代和现代商法的发展具有重要的意义。海上贸易需要资金和航海贸易技能相结合,由此产生了一种新的商业经营形式——康美达。康美达最初是一种借款契约,后来发展成为一种企业组织形式——有限合伙。出资的合伙人承担有限责任,从事航运和海商的合伙人则承担无限责任。在这种有限合伙的基础上,产生了现代社会商业组织形式——有限责任公司和股份有限公司。除此之外,商主体的其他规范也发展起来,如商人资格获得的法定程序、商人人格和权利能力确立的公示规则等。从商行为制度来看,为了促进商事交易更加迅捷和安全,通过商人习惯法产生了口头合同、票据的无因性、财产的善意取得和交付取得、动产抵押登记、商人对交易物谨慎保管、商品瑕疵及时通知等商法规则和商事借贷、商事结算、商事保险、海商等商法制度。

第三,商事习惯法的自治性促进了商法的普及。商事习惯法是在商人同业行会自治规则的基础上产生和发展起来的,它体现为行业和商人高度的自治。商人通过同业行会自己立法,自我约束,并且由商人自己组成法庭裁判,为以后国际商事仲裁的产生奠定了基础。通过商事交易立法、司法的高度自治和统一,商法实现了其普遍适用性和统一性。

第二阶段,中世纪统一的商人习惯法体系被纳入各国的国内法制度。

中世纪之后,民族国家兴起,欧洲中央集权国家日益强大,国家主权在极大程度上被强化了。各国国内立法逐步将国际商事交易的调整纳入了国内法的体系,商人习惯法逐步成为国内法的一部分,失去了其原有的国际性或跨国性。法国先后于1673年、1681年颁布了《商事条例》《海商条例》,为大陆法系国家的商法奠定了基础。其后,在借鉴、修订、整理罗马法的基础上编撰了《民法典》,为适应作为第三等级的法国资产阶级革命的需要,于1807年颁布了《法国商法典》。德国也通过1861年和1897年两部《德国商法典》,建立了与法国相同类型的民商分立的国内商法体系。其他欧洲大陆国家中有些建立了民商合一的法律制度，在立法的内容上与法国和德国的商法体系则是大同小异的，它们通过成文立法的形式将商人习惯法纳入了国内法的体系。英国在商法的发展中采取了与大陆法不同的途径。在诺曼底公爵征服英国以后，国王任命的法官在尊重以前习惯的基础上，形成了以判例构成的普通法体系。中世纪以后，英国首席法官曼斯菲尔德通过司法判例的形式，把商人习惯法吸收进普通法，纳入了本国普通法体系。随着英国殖民主义的进程，以普通法为特征的商法制度，被带到英国当时的殖民地，成为美国以及英联邦国家的商法的表现形式。中世纪以后，一直到20世纪初，商法已经被各国纳入国内法体系，丧失了国际性。

第三阶段，第一次世界大战以后，普遍性的国际组织国际联盟、很多民间组织、学术团体，如国际法协会、国际商会发起了国际贸易、商事交易统一立法的运动。

第二次世界大战以后，随着关税与贸易总协定、国际复兴开发银行协定、国际货币基金组织协定所代表的国际经济体系的确立，经济全球化进程加快，由此推动国际贸易和商事交易统一法的发展速度不断加快，取得了突破性的进展。国际联盟发起的关于货物买卖及其合同成立的两个海牙公约，联合国国际贸易法委员会主持制定的《国际货物销售合同公约》，国际商会制定的《国际贸易术语解释通则》《跟单信用证统一惯例》，国际法协会发起并制定的《统一提单的若干法律规则的国际公约》(海牙规则)、《修改统一提单的若干法律规则的国际公约的议定书》(维斯比规则)，联合国制定的《1978年海上货物运输公约》(汉堡规则)，国际统一私法协会主持制定的《国际商事合同通则》，联合国主持制定的《承认与执行外国仲裁裁决的国际公约》，联合国国际贸易法委员会主持制定的《仲裁规则》，集中代表了国际贸易统一法发展的成果，体现了经济全球化时代商法从各国主权的约束下走出来，逐步回归了其国际性和统一性的本质属性。

在20世纪、21世纪之交，在经济全球化的同时，科学技术带动电子通信与集装箱运输和滚装运输技术的发展。一方面，电子商务的模式和规则悄然融入了国际商法的规则体系，国际商法正在充实和增添许多新的内容，成为国际贸易统一法发展的强劲动力；另一方面，由于中国参与国际经济贸易合作的广度和深度与日俱增，中国制造正在改变国际贸易和对外投资的结构。随着外贸方式的转变，我国选择的贸易支付工具和方式也在悄然发生变化，外贸保理在信用证支付方式之后异军突起，国际保理规则在中国对外贸易中得到广泛应用。

第二节 国际商法的渊源

一、国际商法渊源概述

法律渊源有广义的概念和狭义的概念。广义的法律渊源是指法律规范第一次出现的地方和法律规范存在的形式。狭义的法律渊源是指法律规范存在的形式。本书所指的法律渊源是指后者。国际商法的渊源是指国际商法存在的形式。国际商法是调整跨国间商主体和商行为的法律规范，它需要在国际层面上和一国层面上对商主体和商行为进行规范，因此，国际商法包括国际法渊源和国内法渊源(各国商法制度)。

二、国际法渊源

国际法渊源主要有两种形式：一是国际条约；二是国际贸易惯例。

19世纪后期，特别是20世纪，贸易和商事交易的国际化以前所未有的速度发展，国际商法和国际贸易法统一化也随之迅速发展。在这一过程中，国际组织、国际学术团体、行业民间团体对国际贸易、国际商事交易的统一法发展，起到主要的、积极的推进作用。同时，国际条约、国际贸易惯例进一步推进国际经济、商事交易国际化以前所未有的速度向前发展。

(一) 国际条约

国际条约是指两个或两个以上的国家为确定相互之间的权利、义务而达成的协议。其中，两个国家签订的条约称为双边条约，两个以上的国家共同缔结或参加的国际条约称为多边条约。由于对国际商主体和商行为进行调整的国际商法规范需要具有普适性，而双边条约一般不具有这样的性质，因此本书所涉及的国际条约，主要是指有关商事方面的多边条约，亦称公约。

国际商事公约从性质上划分，有统一实体法规范的国际条约，还有统一冲突法规范的国际条约。前者主要有1967年的《成立世界知识产权组织公约》，1978年的《联合国海上货物运输公约》，1980年的《联合国国际货物销售合同公约》等；后者主要有1985年的《国际货物销售合同法律适用公约》，欧洲经济共同体于1980年主持制定的《关于合同之债的法律适用公约》等。

国际商事公约从内容上划分，有货物买卖国际公约、货物运输国际公约、贸易支付国际公约、知识产权和技术转让国际公约、争议解决国际公约。

在国际货物买卖方面，主要有1964年的海牙《国际货物买卖合同成立统一法公约》、海牙《国际货物买卖统一法公约》，1980年的《联合国国际货物销售合同公约》，1974年的《国际货物买卖时效公约》及1980年的《修订国际货物买卖时效公约的议定书》，1983年的《国际货物销售代理公约》，1985年的《国际货物买卖合同适用法律公约》。

在国际货物运输方面，主要有1924年的《统一提单的若干法律规则的国际公约》(海牙规则)，1968年的《关于修改统一提单的若干法律规则的国际公约的议定书》(维斯比规则)，1978年的《联合国海上货物运输公约》(汉堡规则)，2008年的《联合国全程或部分国际海上货物运输合同公约》(鹿特丹规则)，1929年的《统一国际航空运输某些规则的公约》(华沙公约)及1955年的《海牙议定书》，1966年的《统一非缔约承运人所办国际航空运输某些规则以补充华沙公约的公约》(瓜达拉哈拉公约)，1938年的《国际铁路货物运输公约》，1951年的《国际铁路货物运输协定》，1973年的《联合运输单证统一规则》，1980年的《联合国国际货物多式联运公约》。

在国际金融支付方面，有1930年的《汇票与本票统一法公约》，1930年的《支票统一法公约》，1930年的《解决汇票、本票法律冲突公约》及其议定书，1931年的《解决支票法律冲突公约》及其议定书，1988年的《联合国国际汇票和国际本票公约》，1988年的《国际保理公约》，1988年的《国际金融租赁公约》。

在知识产权和技术转让方面，主要有1883年的《保护工业产权的巴黎公约》，1891年的《商标国际注册马德里协定》，1886年的《保护文学艺术作品的伯尔尼公约》，1994年的《与贸易有关的知识产权协定》。

在解决国际商事争议方面，主要有1923年的《仲裁条款议定书》，1927年的《关于执行外国仲裁裁决的国际公约》，1958年的《承认和执行外国仲裁裁决的国际公约》(纽约公约)，2018年修订的《贸易法委员会国际商事调解和调解所产生的国际和解协议示范法》，2018年的《联合国关于调解所产生的国际和解协议公约》(新加坡调解公约)，2019年的《海牙承认与执行外国民商事判决公约》。

(二) 国际贸易惯例

国际贸易惯例是指国际贸易领域中常用的习惯做法。它是从长期的国际贸易和商事交易实践中逐步形成和发展起来的，它反映了从事商事活动的商主体间促进交易、保证交易效率和安全的内在要求，体现了国际贸易和商事交易的规律。国际贸易惯例产生于商人在国际货物买卖、运输、保险、支付的商业贸易上的约定和做法，以不成文的方式存在。在此基础上，一些民间组织、行业组织、学术团体将大量不成文的惯例整理编撰成文，形成国际公认的国际贸易惯例。它本身不是法律，不具有法律的普遍约束力，但是如果有关当事人在合同条款中选择了适用或者事后达成协议适用某种国际贸易惯例，该惯例对合同当事人就具有法律约束力。它不是国内法，但是它在调整国际商事关系中具有特殊的作用。国际贸易惯例在特定情况下还会超越合同当事人在意思自治基础上的选择。例如在国际商事仲裁或者在涉外诉讼中，在缺乏可适用的法律规则时，在仲裁庭或法庭有义务，必须作出裁决或判决时，它们会参照或适用国际惯例裁判案件，作出裁决或判决。

在国际商法的发展过程中，民间组织、行业组织、学术团体整理和编撰的成文国际贸易惯例在国际商事交易中具有很大的影响力和公信力。比较著名的国际贸易惯例有：国际商会的《国际贸易术语解释通则》(INCOTERMS 2020)，1932年国际法协会的《华沙—牛津规则》(CIF买卖合同的统一规则)，美国全国对外贸易协会的《美国对外贸易定义1941年修订本》，1975年的《联合运输单证统一规则》，1982年的《伦敦保险协会货物条款》，1974年国际海事协会的《约克—安特卫普规则》，国际商会的《跟单信用证统一惯例》(UCP600)，2002年国际商会的《托收统一规则》，等等。

三、各国商法制度

在21世纪，国际贸易法和国际商法统一化虽然得到了长足的发展，但是由于各国法律传统、经济发展水平、政治制度、社会文化、宗教历史的差异和具体情况的不同，呈现出复杂的局面：一方面，受限于有关商主体的权利能力和行为能力，难以制定国际统一的公司法或商事组织公约，按照国际冲突法规则，还需要适用商事组织的本国法；另一方面，商行为的法律效力以及权利义务关系在不同程度上受到一国国内法的制约。因此，国际商事关系还要受各国国内法的调整，在国际冲突法规则的指引下，各国商法也会成为国际商法的组成部分，成为国际商法的国内法渊源。

按照法学家的通说，当今世界各国法律制度可以划分为英美法系、大陆法系、伊斯兰法系和社会主义法系4类。

(一) 英美法系的商法制度

英美商法体系是英国和美国的商事法律制度或者在受英国和美国法律传统影响的基础上，所形成的法律原则、规则相近的各国商事法律制度。英美商法体系以英国和美国的商法制度为代表，以商事习惯法、判例法、衡平法、商事成文法并存为特征，在英美法系中发挥着重要的作用。

英美商法体系起源于英国，它以习惯法和判例法为渊源，其特点是商事习惯法、判例法与商事成文法并存，民事法律与商事法律没有区分。作为英美法系商法渊源的英国法在采纳商人习惯法的过程中，通过司法判例逐步形成普通法和衡平法的商法体系。英国法也通过颁布成文法发展商法的体系，如1882年的《票据法》、1885年的《证券法》、1889年的《商务代理法》、1890年的《合伙法》、1893年的《货物买卖法》、1894年的《商船法》、1894年的《破产法》、1906年的《海上保险法》、1907年的《有限责任公司法》以及后来制定的海运法、空运法、公司法等。以上成文法的真实含义需要由司法判例来确认。

美国法律在传统上承袭了英国法律，采用习惯法和判例法，其商事法也以英国普通法为基础。判例法在美国的司法审判中起决定性作用，成文法则需通过法院的解释才能发挥作用。尽管如此，成文法对美国商法的形成还是产生了重大影响。根据美国宪法规定，除了州际贸易和国际贸易以外，商事立法权归各州所有。各州大量内容各异的商事立法，给商事交往带来了极大的不便。到19世纪末，美国开始针对州际贸易制定统一的商事法规，如1896年的《统一流通票据法》、1906年的《统一买卖法》、1906年的《统一仓库收据法》、1909年的《统一股票转让法》、1909年的《统一提单法》、1918年的《统一附条件销售法》等。1921年，美国成立了统一州法全国委员会，先后向各州推荐了74部统一的法律范本、23部法典范本。其中，与美国法学会合作编纂的《统一商法典》于1952年公布，后来又经多次修订，对美国各州商法的统一起了重大作用。此外，美国法学会编撰的《法律重述》对美国的商事立法和法院适用、解释商事法律规则产生了重大影响。

受英美法系商法影响的主要有英联邦成员国澳大利亚、加拿大、印度、新加坡、马来西亚等国，与美国有密切关系的菲律宾等国，以及我国的香港地区。

(二) 大陆法系的商法制度

大陆法系是指以法国和德国为代表的欧洲大陆国家的法律体系。大陆法系以成文法、法典化著称，尤其强调成文法的作用，强调法律规范和法律体系的内在逻辑性和系统性，注重成文法典的编纂，而司法判例不作为法律的渊源。大陆法系国家的商法制度在国际商法中占据重要地位。

大陆法系国家的商法，在立法形式上，有民商分立和民商合一两种立法形式。法国、德国、西班牙、葡萄牙、荷兰、斯堪的纳维亚半岛各国、日本、韩国、泰国等国采取民商分立的立法取向，先后颁布了商法典。采取民商分立的国家在制定商法典时在立法原则上存在主观主义、客观主义和混合主义三种不同的情况。

以法国为代表的商法体系，采取客观主义原则，以商行为作为商事立法的基础。1807年法国颁布的《法国商法典》，首先确立了"商行为"的概念，在商行为之上演绎出整个商法体系。在法国商法体系中，凡是从事商行为的人就是商人，其活动适用商法。商法典所列四编内容分别为通则、海商、破产、商事法院。《法国商法典》以后经多次修改和补充，其中的许多内容分别单独制定成专门法规。商法典和商事法规构成了法国商法体系。1807年《法国商法典》已经作了修改，从客观主义转向折中主义。

以德国为代表的商法体系，采取主观主义原则，以商人为商法的中心。商人的行为即为商行为，适用商法；非商人行为不是商行为，适用民法或其他法律。德国商法由《德国商法典》及相关商事法规组成。1861年颁布的《德国商法典》称为旧商法，1897年修订的《德国商法典》称为新商法。采取主观主义立法原则的是新商法典。新商法典由商业性质、公司及隐名合伙、商行为、海商四编组成。

以日本为代表的商法体系，对客观主义和主观主义采取了折中的立场。1899年的《日本商法典》以商行为和商人共同作为商法的基础，日本商事立法采取折中主义原则，反映厂商主体与商行为之间内在的联系。该法典有五编，分别为总则、公司、商行为、票据、海商。商法典和商事法规构成了日本商法体系。

在大陆法系国家中，瑞士等国则采取民商合一的立法形式，即在民法典之外不另立商法典。瑞士商事立法将商法规则包括在民法典债法篇中，形成了商法典内容与动产交易的结合。瑞士民商合一的模式为意大利等国所采纳。

(三) 伊斯兰法系的商法制度

伊斯兰法系是世界主要法律体系中的一个重要组成部分。伊斯兰法系是拥有5亿人口的伊斯兰世界和伊斯兰文明国家的法律制度。伊斯兰法系有4个法律渊源，第一是《古兰经》，第二是真主使者的言行"逊奈"，第三是"伊制马仪"及法学家公认的学说，第四是类比推理。《古兰经》在以上4种法律渊源中具有基础地位。"逊奈"全部由关于穆罕默德言行的传说（"哈底斯"）构成，是叙述先知的生活和为人处世、引导信徒行为的行为准则。"伊制马仪"是法学家或称法律博士们对《古兰经》或"逊奈"的解释，是法学家们公认的法学学说。类比推理在伊斯兰社会中被一致接受，成为法律的渊源。

在古老的伊斯兰法体系中，商法是十分薄弱的环节。在伊斯兰世界文化传统与现代社会的矛盾和发展中，商法通过商业习惯、当事人协议、国家和政府颁布的法律及法规，在古老的法律体系中发展起来，与现代社会相适应。社会习惯逐步产生商业习惯，成为现代商法的一部分。伊斯兰法的强制性规定很少，它给人的主观能动性和自由行为留下了空间，通过协议，人们发展了商事合伙等商主体以及商行为的规则。在伊斯兰法系发展进程中，国家和政府的立法成为商法的重要组成部分。在伊斯兰法系中，缺乏现代商法的法律规则和体系，伊斯兰国家通过引进英美法和大陆法商法的立法经验，通过制定法典、法律、法规的形式，逐步建立起与现代商法相适应的法律制度和体系。

伊斯兰法系国家主要分布在阿拉伯半岛、北非和西北非、中欧、中亚、南亚、东南亚地区。

(四) 我国商法制度

我国古代社会长期奉行诸法合体，各个部门法完全被纳入一个法典，不存在独立的商法部门或系统的商法制度。我国近代商法始于清朝末期。1904年，清政府颁布了《大清商律》，详细规定了《公司律》131条，并有商人通例9条。这是我国第一部单行商事法。1904年至1906年，清政府制定了《破产律》《公司注册试办章程》《商标注册暂行办法》等。1908年至1910年，清政府起草了商法典草案——《大清商律草案》，该草案包括公司法、海船法、票据法等内容。后来清政府还制定了一些商事法律、法规，但未及颁布实施清政府就覆灭了。

辛亥革命以后，民国政府在大清商事法律的基础上，重新制定并颁布了《中华民国商律》《公司条例》《商人通例》等法律和条例。北洋政府于1923年起草了一部《商法》，但没有颁布实施。国民政府制定商事法律、法规时，采用民商合一的立法体例。1929年，民国政府颁布了《民法典》，将商法中有关总则、商人、经理人、代办商、商行为、交互计算、行纪、仓库、运输等规则并入民法债篇。此外，在民法体系以外，民国政府还制定了有关商事单行法规，主要有《公司法》《票据法》《保险法》《海商法》《船舶法》《商业登记法》《船舶登记法》《商业会计法》《银行法》《证券交易法》《动产担保交易法》等。

中华人民共和国成立后直至20世纪80年代，我国实行以公有制为主的计划经济体制，国家调整经济主要依靠经济法和行政手段。因此，商法在我国不是一个独立的法律部门。20世纪80年代以后，我国社会主义市场经济体制逐步建立，并迎来了商事立法的高潮。按照占主导地位的法学理论和实践，我国商事法律的立法，倾向于采取民商合一的商法立法模式。我国有关的商事法律，如《合同法》《电子签名法》《海商法》《公司法》《票据法》《合伙企业法》《私营企业法》《保险法》《商业银行法》《证券法》《担保法》《信托法》等陆续颁布。2020年5月，《中华人民共和国民法典》颁布，自2021年1月1日起施行，原《民法通则》《民法总则》《合同法》等9部法律同时废止。民法典是中华人民共和国第一部以法典命名的法律，开创了我国法典编纂立法的先河，具有里程碑意义。我国一直秉持"民商合一"的传统，把许多商事法律规范纳入民法之中。编纂民法典，进一步完善了我国民商事领域基本法律制度和行为规则，为各类民商事活动提供基本遵循，有利于维护交易安全，维护市场秩序，有利于公平公正竞争。

在我国，香港和澳门按照《香港特别行政区基本法》和《澳门特别行政区基本法》的规定，实行高度自治，现有的资本主义制度，包括商法制度，在50年内不变。我国香港和澳门现有的商法制度，是从英国商法制度和葡萄牙商法制度那里继承下来的，具有英国法和大陆法法律传统。现在我国在一个主权国家的框架内，存在内地与港、澳、台这4个不同的法域，实施4种不同的商法制度。它们在我国其他法域中，其法律地位不相抵触。我国一国4个不同法域的商法制度，不具有国际性，是我国国内的商法制度。但是，由于4个不同法域的存在，在法律适用方面，准用国际私法规则。

(五) 西方国家两大法系的演变

进入20世纪以来，随着各国社会、政治、经济的发展变化，特别是国家之间的各种交流日益密切，西方国家大陆法系和英美法系这两大法系也在逐步演变之中。一方面，在大陆法系国家，无视判例法作用的态度逐步有所改变，判例法渐渐有了一定的地位。例如，德国政府曾明确宣布，联邦宪法法院的判决对下级法院有强制性约束力。大陆法系近年来也不再固守制定法的框框，体现在两个方面：一是通过最高法院的判决确立新的法律原则；二是法官在判案中对法典的条文作扩展解释而创造法律原则。另一方面，在英美法系国家，成文法的数量日益增多，成文法发挥越来越大的作用。这些成文法包括两种情况：一是国会(或议会)制定的法律，二是行政机关根据法律制定的条例。前文介绍美国法时，曾述及美国编纂《法律汇编》和行政机关制定各种条例，英国也有类似情况。19世纪末以来，英国从判例法中提炼、制定了《汇票法》《货物买卖法》《海上保险法》等单行法规，编纂了《法律修订汇编》，第二次世界大战以后还开展了大规模的立法活动，逐步形成了劳动法、经济法等新的法律门类。总而言之，西方国家两大法系的发展趋势是逐步相互靠近，法律领域的差异正在逐渐缩小。典型事例是英美法系的正宗代表英国，在其加入欧洲共同体后，欧洲共同体法就成为英国法的一个组成部分，而且在某些范畴内，欧共体法优于英国法，这意味着英国法在某些方面与大陆法相融合，标志着英国法接受了大陆法的部分法律原则。

第三节 国际商法的适用

一、国际商法适用概述

国际商法是调整跨国间商主体和商行为的法律规范，是实体法规范。国际商法有国际法方面的渊源，也有国内法方面的渊源；它有国际法方面的规范，也有国内法方面的规范。了解国际商法体系中，各种法律渊源、法律规范的相互关系，法律规范适用的程序和先后顺序，对于正确地运用国际商法理论与法律规则具有重要的作用。

(一) 国际商法的性质

国际商法是跨国间平等主体之间的法律规范。作为国际商主体参与跨国间商业交易行为时，商自然人、商法人、商合伙之间是完全平等的，任何商主体都没有特权凌驾于其他商主体之上。

国际商法调整的对象是商事交易行为。国际商法与国际经济法不同，国际经济法的经济管理行为或有关规范存在于不同法律地位的主体之间，国际商事交易行为是商主体的营利性行为，一旦法律主体间存在商事交易行为，它们之间的地位就应当是平等的。

国际商法属于私法、任意法的范畴。国际商事交易行为是商主体可以自由处分的行为，因此当事人意思自治是调整国际商法的首要原则，当事人可以决定是否参与交易、决定交易的条件和内容、决定争议的解决方式、决定可适用的法律及规则。只要不违反法律的强行规定，当事人的意思表示、当事人达成的合同、当事人选择适用的法律，优越于法律的规定或得到优先适用。

(二) 国际法规范与国内法规范的关系

国际商法在其发展进程中，从具有国际性的中世纪商人习惯法，到被纳入各国国内法体制框架，再到20世纪以来又逐步回归国际统一法的轨道，经历了一个否定之否定的循环发展路径。商事交易规则国际化的发展方向顺应了经济全球化的发展趋势，这是人类社会为了追求效率、促进交易的明智选择。因此，我国立法顺应这个发展趋势，在民法通则、中外合资经营企业法、专利法、商标法中均明确规定：我国缔结或参加的国际条约与国内法律发生冲突时，国际条约将优先适用。

国际条约的优先适用并没有使国际法优越于国内法。按照各国对待国际条约适用的实践，凡是政治性、行政管理以及刑事方面的国际条约，各国需要首先纳入国内法体系，才能予以适用；而关于民事、商事条约，则可以自动适用和优先适用。各国实施民事、商事国际条约自动适用和优先适用的规则，并不是承认国际条约优越于国内法律，而是由于国际商法的私法和任意法的性质，各国根据当事人意思自治原则，将适用国际条约和国内法规则的决定权交给从事商事交易的当事人。即便我国法律规定了国际条约优先适用，当事人仍然可以通过约定，排除国际条约的适用，改变国际条约的规则，改变它的法律效力。基于当事人意思自治原则，商事交易的国际规则和国内规则处于平等的地位，最终由当事人选择商事交易的法律适用。

(三) 各国商法之间的关系

根据现代国际法原则，每个国家享有完全的主权权利，它们有立法主权、行政主权和司法主权。国家主权对内是最高的权利，对领域内所有的人、事物具有充分的管辖权；国家主权对外是平等的、独立的。按照主权权利，各国都可以制定和颁布自己的商法体系和制度，它们之间都是独立的、具有同等效力的。在一个民事、商事法律关系中，要保持法律关系的稳定性和可预见性，不论法律事实和法律行为发生在什么地方，或是一国境内，或是他国境内，或是第三国境内，甚至是公海或者任何国家主权不能涉及的地方，适用统一的法律规则是尤为重要的。因此，经济全球化要求各国互惠、礼让、宽容和允许适用他国法律。在国际商事交易法律适用规则中，任何国家的商法制度都不能具有优越于其他国家商法的权利和地位，而只能按照当事人意思自治的原则，由当事人选择一国商法或某一国际条约作为其合同或商事行为的可适用法律，由当事人通过意思表示排除一国商法的适用，也只能按照促进交易、提高效率、维护交易公平的原则，适用冲突法规则。

二、法律适用规则

(一) 当事人选择法律

国际商法的宗旨和目标是从交易当事人利益最大化的角度追求效率、促进交易、维护交易安全、维护交易公平。在商事交易中，当事人是其利益的最佳判断者，因此，意思自治是国际商事交易规则和法律选择规则的首要原则。

当事人选择法律是指国际商事交易相对人在合同中选择一国法律、国际条约、国际惯例作为商事合同的准据法，或者在法律行为发生争议后当事人选择一国法律、国际条约、国际惯例作为可适用法律的行为。

当事人选择法律已经为国际条约所确认。1980年通过的《联合国国际货物销售合同公约》(CISG)将当事人意思自治作为当事人选择适用法律的首要原则。该公约第一条规定，对于营业地处在不同公约缔约国的当事人之间订立的货物销售合同，如果当事人在合同中没有约定适用法律的，则自动适用该公约。但是，该公约将自动适用公约的顺序放到了当事人意思自治之后。该公约第六条和第十二条规定，通过意思表示，"双方当事人可以不适用本公约"；该公约第九条规定，当事人可以通过约定任何惯例或习惯做法约束当事人。

> **案例1-2　我国某贸易公司与美国某贸易公司货物销售合同争议仲裁案**
>
> 1991年3月，我国某贸易公司与美国某贸易公司通过传真件达成了销售儿童玩具的合同，合同条件为卖方向买方提供玩具10万套，每套5美元，总价50万美元，FOB宁波港，不可撤销即期保兑信用证4月5日开到。其后，卖方向买方寄出了经其签名的销售确认书，该确认书记载的合同条件与传真合同条件一致。但买方寄回经其签名的确认书，将开证日期延至4月20日，信用证改为远期信用证。卖方立即发出传真，对买方在确认书中修改原传真达成的合同条件表示反对，但买方一直不予理会。4月5日，卖方备货待运，但是没有收到买方开出的信用证。4月11日，卖方仍未收到信用证，为了避免损失，将货物转售其他客户，并通知买方解除合同。买方不同意解除合同，以卖方重大违约为由，提起仲裁程序，请求赔偿损失50万美元。鉴于卖方和买方的营业所分别处在中国和美国，该仲裁案应当适用《联合国国际货物销售合同公约》。根据该公约，仲裁庭确认卖方与买方已经通过传真达成了货物销售合同；而后买方修改销售确认书的行为未经卖方同意，货物销售应当依据原合同条件履行，买方未及时开立信用证构成违约，卖方有权撤销合同，驳回申请人买方的仲裁请求。

1983年通过的《国际货物买卖合同法律适用公约草案》，也将意思自治原则作为国际货物买卖合同法律选择首要规则。该公约草案第7条规定："货物买卖合同依双方当事人选择的法律。当事人选择法律协议必须是明示的，或为合同条款和具体案情总的情况所显示。此项选择可限于适用合同的某一部分。当事人可在任何时候将合同的全部或一部分从属于原先所支配的法律以外的法律，而不管这样做是否是早先选择的结果。"1978年通过的海牙《代理法律适用公约》也作了类似的规定，该公约第5条规定："本人和代理人选择的国内法应支配他们之间的代理关系。"我国《民法通则》第145条明确规定："涉外合同的当事人可以选择处理合同争议所适用的法律，法律另有规定的除外。涉外合同的当事人没有选择的，适用与合同有最密切联系的国家的法律。"其他国家的冲突法规则也充分尊重当事人对适用法律的选择。

在我国司法实践中，越来越多地尊重当事人意思自治，尊重当事人选择法律。对于提单背面条款未经托运人签字的情况，我国司法实践已经确认了提单中的法律选择条款的效力。

(二) 法律适用次序

在国际商事交易法律适用规则中，在当事人没有对法律适用做出选择的情况下，如果在该领域我国缔结或参加了国际条约，则该国际条约应当优先适用。

例如，我国在1987年参加了《联合国国际货物销售合同公约》，我国当事人和对方当事人的营业所均处在该公约的缔约国，双方之间的货物销售合同就应当适用以上公约；如果对方当事人所在国不是公约的缔约国，则应当按照审理案件所在地的冲突法规范选择适用法律。关于跨国商事主体、商自然人的权利能力，按照通常规则应当适用其属人法，即适用其国籍国法或住所地法；而商自然人的行为能力，在适用其属人法方面则受到行为地法一定的限制，以保护本国当事人的利益；关于商法人的权利能力和行为能力，一般来说适用其属人法，但是也要受到互惠对等条约等方面的限制。

关于商事交易中财产或物的所有权的法律适用，通常适用财产或物之所在地法的规则，但是运输途中的货物以及运输工具的法律适用规则例外。运输途中货物一般适用货物运输目的地的法律，运输工具通常适用其属人法。

关于商事交易合同的法律适用规则，通常适用最密切联系的国家法律规则。在货物买卖合同中，卖方营业所所在地与合同签订和履行有最密切的联系，交货地点与货物买卖合同的履行有最密切的联系，贷款银行所在地与贷款合同有最密切的联系，承运人交货的地点与提单项下的索赔有最密切的联系，许可方营业所所在地与技术转让合同有最密切的联系，消费者所在地与产品责任索赔有最密切的联系。根据以上最密切联系原则的连接点，解决争议将适用具有最密切联系国家的法律。

在国际商事交易中，由于存在不同的国际条约、国际惯例以及不同国家的法律制度，当事人面对使用不同的法律规则的不同后果，应当对法律选择有系统的策略。在自己市场地位较高的情况下，应当争取适用本国法律或者《联合国国际货物销售合同公约》《国际商事合同通则》。在市场地位较低的情况下，可以采取让法律选择空缺的策略，如果交易相对人来自CISG的缔约国，则CISG自动适用；如果交易相对人不是来自CISG的缔约国，则在法律选择空缺的情况下，应尽可能选择在本国仲裁，以便CISG或《国际商事合同通则》能够作为国际惯例被尊重或参照使用。在货物买卖合同履行方面，应尽量争取交货的地点在本国，以便使本国法律有机会得到更深程度的适用。

第四节 国际贸易统一法的产生、发展与前景

一、国际贸易统一法的产生

前文已述及，西方资本主义国家存在两大法系以及独特的伊斯兰法系等，某一法系中的各国法律又不完全一致。此外，20世纪相继涌现了一批以生产资料公有制为基础的社会主义国家，其法律制度有更大的差异。上述错综复杂的情形、各个国家法律的差异与冲突，给包括国际贸易在内的国际商事活动带来许多法律障碍，严重影响了国际经济贸易的发展。

在上述社会背景下，伴随各国经济、科学、技术的逐步发展以及在这些领域的国际交流、合作日益密切，国际分工的深化，逐渐产生了国际贸易统一法。

所谓国际贸易统一法，是指国家之间通过条约、协定，制定的国际贸易统一法律规则和被国际上普遍承认的国际贸易统一惯例。国际贸易统一法的渊源是国际条约(公约)和国际贸易惯例。在一般情况下，它不涉及各国国内的立法。

自19世纪末、20世纪初以来，国家间通过外交会议缔结了许多有关国际贸易方面的条约。与此同时，某些非政府国际组织[①](International Non-Governmental Organization，INGO)把国际贸易中长期实践形成的一些习惯做法编纂成册，或加以解释，成为国际上普遍认可的国际贸易统一惯例。第二次世界大战以后，随着科学技术的进步和世界经济一体化的发展，国际贸易统一法有了巨大的发展。

在制定国际贸易统一法的进程中，政府间国际组织和非政府国际组织[②]各自作出了努力和贡献。从某种意义上说，这些国际组织起到了制法组织的作用，它们制定的国际性公约(条约)或国际贸易惯例，主要是国际贸易领域的统一规范，问世以后在不同范围内发挥作用，对统一国际贸易法作出了重要贡献。致力于国际贸易统一法工作的政府间国际组织有联合国国际贸易法委员会(United Nations Commission of International Trade Law，UNCITRAL)、国际统一私法协会(UNIDROIT)、海牙国际私法会议(The Hague Conference On Private International Law)、联合国欧洲经济委员会(UN Economic Commission for Europe，ECE)等；非政府国际组织有国际商会(International Chamber of Commerce，ICC)、国际法协会(International Law Association，ILA)、国际海事委员会(International Maritime Committee，IMC)等。

二、国际贸易统一法的发展与前景

第二次世界大战结束后，各国经济、科学、技术空前发展，国际贸易总额持续增长，国际合作与国际分工不断深化，全球经济一体化的进程势不可当。反映这一社会现实的国

---

① 政府间国际组织是由若干国家组成并由这些国家提供资金进行活动的国际组织。
② 根据联合国经济及社会理事会下的定义，非政府国际组织是指"不是根据政府间协定设立的国际组织"。《联合国宪章》第71条规定，经济及社会理事会可就其职权范围内的事项，同非政府国际组织协商，此原则后为联合国所属各机构所承袭。

际贸易法的发展趋势，是在国际水平上的全球统一运动。在这政治风云变幻莫测、东西方政治斗争此起彼伏的复杂世界里，六十余年来国际贸易一直保持增长的态势。国际贸易已经变得如此重要，不仅西方资本主义国家需要它，东方社会主义国家也少不了它，处于各种经济状况的国家无一例外地积极参与其中。本章第二节已述及，当今世界存在两类不同社会制度国家的法律，而西方资本主义国家又分为大陆法系、英美法系和伊斯兰法系，各法系内部国家之间又存在法律冲突，为什么多年来国际贸易还能顺利发展呢？我们认为除国际经济贸易基本规律和客观需求等原因之外，支持此种大趋势的其中一个重要因素是国际贸易统一法在逐步形成和发展，为国际贸易的快速顺利发展铺平了道路。在国际贸易这个特殊的领域中，不管各有关国家的政治制度、意识形态和经济倾向如何，不管是高度现代化的发达国家还是仍处于贫穷状态的发展中国家，经长期积累和进化，实际上已经产生和存在一种共同的"语言"，这就是国际贸易统一法。正如国际贸易法权威施米托夫[1]所言："支配贸易的法律既不是资本主义的，也不是社会主义的，它是达到某种目的的手段。因此，尽管此类交易的受益人因国家不同而异，但这并不妨碍国际贸易的发展。国际贸易统一法是建立在整个世界都能接受的基本原则的基础上的。"[2]

从本质方面看，涵盖贸易方面的国际公约和国际惯例的国际贸易统一法，是无数法学界、贸易界的专家、学者以及实际工作者(如法官、律师)持续不懈努力的成果，它们属于技术性规范，是人类智慧的结晶，是人类的共同财富。它们超越了漫长而又森严的国界，超越了针锋相对的意识形态，相对独立地形成了一个内容广泛、形式不拘一格的体系。

无数事实证明，有关国际贸易统一法某些领域的国际公约的制定，往往要经历漫长而艰苦的过程，而且在正式通过后，仍需一段相当长的时间才能为更多的国家所接受，才能在世界范围内推广和普及。国际货物买卖领域(包括买卖法和合同法)的统一法发展进程，便是一个鲜明的例证。从1929年起，国际统一私法协会(UNIDROIT)即决定拟订一项有关国际货物买卖的统一法，并做了一些准备工作，后因爆发了第二次世界大战而一度中断。20世纪50年代，该协会继续拟订这方面的统一法草案，经多次修改，终于在1964年海牙会议上正式通过了《国际货物买卖统一法公约》和《国际货物买卖合同成立统一法公约》。然而，由于受大陆法传统的影响较深、内容比较烦琐等，这两项公约在国际上并没有被广泛接受和采用。1969年，成立不久的联合国国际贸易法委员会决定，由其完成统一国际货物买卖法的历史使命，成立了包括社会主义国家代表在内的专门工作小组拟订公约条文，以使公约能得到不同社会经济制度和不同法律制度的国家的广泛接受。经过约10年的准备，于1978年完成起草工作，后又反复征求各国意见，终于在1980年召开的维也纳联合国大会上通过了《国际货物销售合同公约》(CISG)。由于该公约吸纳了不同法律体系买卖法和合同法的合理成分，较好地平衡了国际货物买卖中卖方与买方的利益，具有科学性、合理性和实用性的特点，因此得到各国贸易界、法律界的

---

[1] 施米托夫(1903—1991)是国际贸易法的主要创始人，曾任联合国法律顾问和联合国国际贸易法委员会主席。他出生于德国，就读于柏林大学等，获法学博士学位。纳粹掌权后移居英国，研究英国法，取得律师资格、法学博士学位，先后在英国、美国、德国等多所大学任教授，一生致力于国际贸易法的教学和研究，著述颇丰。

[2] 施米托夫诞辰纪念论文集.国际贸易法[M].北京：中国大百科全书出版社，1993：171.

普遍认同。30多年来，已陆续有96个国家成为该公约的缔约国，实践中适用该公约的合同越来越多。

随着国际贸易内涵的拓宽和各国合同法的革新发展，国际法律界、商业界要求进一步发展和完善国际合同法的一般原则和惯例。在这一历史背景下，国际统一私法协会于1971年，决定成立一个委员会来探求阐述国际商事合同一般原则的可行性。该委员会由大陆法系的大卫、英美法系的施米托夫、社会主义法系的波普斯库三位著名法学家组成。1980年，特别工作小组成立，其成员包括世界各主要法系在合同法、国际贸易法领域的专家(中国专家亦在其内)，起草有关实质性条文。经过14年反复讨论和修改，终于在1994年5月，国际统一私法协会通过了《国际商事合同通则》(UNIDROIT Principles of International Commercial Contracts，简称《合同通则》)。《合同通则》充分继承和吸纳了CISG以及各国立法的最新成果和经验，同时极大地发展了许多新的法律原则，具有科学性、现代性、合理性等特征，是迄今最为完善的合同法规范。

回顾国际贸易统一法发展的漫长艰辛的历程，我们认为，国际贸易统一法有以下几个特点。

(1) 国际贸易统一法在不断地趋向自治、独立，尽可能运用综合性而非民族性的法律概念。任何一个国家的法律制度都有其复杂的历史渊源，有其传统性和特殊范围内的合理性，所以改变往往是困难的，需假以时日。许多国家传统的国内法制度之间存在差异，甚至是很大的差异，导致它们根本无法适应现代国际贸易世界市场环境。于是，在各国法律之外逐渐产生的国际贸易统一法，其发展趋势是在各主权国家的容许之下，冲破国内法的框框，朝着具有普遍性、国际性的方向迈进。[1]正是从这一意义出发，有的外国学者称国际贸易法为"国际贸易自治法"。[2]例如，国际贸易中经常使用的贸易术语，最早在19世纪开始使用。国际商会于1936年总结了当时的普遍做法，定名为《国际贸易术语解释通则》(International Rules for the Interpretation of Trade Terms，INCOTERMS)，对FOB等9种贸易术语作出了规定。此后，国际商会多次对上述通则作了补充修订，2010年版本又对前一版本作了全面修订，对FOB等11种贸易术语作出规定，最近又颁布了INCOTERMS2020。在这半个多世纪中，除美国出版过《1941年美国对外贸易定义修正本》和《统一商法典》，对6种贸易术语作出解释外，其他国家的国内法基本上都未专门制定贸易术语的规定。在贸易术语这个领域里，国际商会制定的《INCOTERMS》，多年来已经独立发展成为一种绝大多数国家当事人普遍接受的惯例，自成一体，它已经在全球范围内为贸易界、法律界所公认，并被普遍适用。

(2) 国际贸易统一法尽可能兼收并蓄，采用合成的方法，把不同来源的各种合理因素联结为一个有机的整体。无论是采用国际公约(条约)的形式，还是采用国际贸易惯例的形式，或是法律重述的形式，国际贸易统一法中每一项规则的制定，都是为了协调有关当事人之间相互冲突的经济利益，从而实现利益的平衡、关系的和谐，使其为各国当事人所接受。例如，在合同法关于要约的撤销问题上，CISG第16条以及《合同通则》第2.4条(两者

---

[1] [英]施米托夫.国际贸易法文选[M].赵秀文，译.北京：中国大百科全书出版社，1993：216-217.
[2] [英]施米托夫.国际贸易法文选[M].赵秀文，译.北京：中国大百科全书出版社，1993：216.

基本相同)均部分地吸纳了两大法系的法律原则,将这两种本来互不相容的法律规定巧妙地融为一体。在(1)款中,基本上采取了英美法的法律原则——作为一项规则,要约可以撤销。然后在(2)款中,作为上述规则的例外,则采取了大陆法国家的原则,规定要约包含不可撤销的表示或基于受要约人对要约的信赖,则要约不得撤销。国际贸易统一法中的兼容性,强调"求大同,存小异",先在大原则问题上求统一,同时允许各国在某些做法上保留小的差异,只有经过允许"存小异"的过渡阶段,最后才有可能实现真正的"求大同"。

(3) 国际贸易统一法从有关国家法律制度中吸收合理成分,反过来又影响另一些国家的国内立法,对各国立法能动地发挥导向趋同化、统一化的积极作用。例如,CISG第74条以及《合同通则》第7.4.4条关于损害赔偿范围的规定,均吸收了英国判例法中的合理成分,即"可预见性要求",不履行方当事人仅对在合同订立时他能预见到或理应预见到的因其不履行而造成的损失承担责任。在中国《民法典》中,充分吸收和参考国际公约和国际惯例中的合理成分,其第584条规定就含有"可预见性要求":当事人一方不履行合同义务或者履行合同义务不符合约定,给对方造成损失的,损失赔偿额应当相当于因违约所造成的损失,包括合同履行后可以获得的利益,但不得超过违反合同一方订立合同时预见到或者应当预见到的因违反合同可能造成的损失。

前已述及,国际上各种制法组织(包括政府间国际组织和非政府国际组织)在各自选择的范畴内已经制定了一系列国际公约(条约)和国际惯例,国际贸易统一法已经构筑了一个基本框架,特别是在国际货物买卖领域,无论是在实体法规范方面,还是在程序法(冲突法)方面,都已经形成了统一法的雏形。图1-1展示了目前已经具有较大影响的国际公约和国际惯例(区域性的成果则未列入其内)。

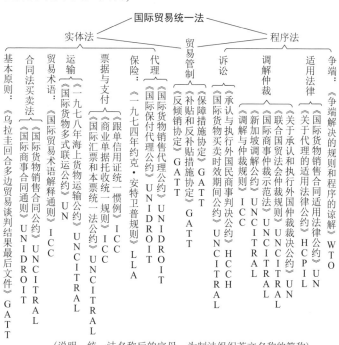

(说明:统一法名称后的字母,为制法组织英文名称的简称)

图1-1 国际贸易统一法的基本内容

以上各制法组织制定的众多国际公约和惯例，实际上基本涵盖国际货物买卖以及其他相关领域的主要法律规范。尽管在这些制法组织之上并无任何机构行使调控分工的职能，各制法组织均是自选课题，然而它们配合默契地分别攻克了一个个分散的"堡垒"。将这些历经艰难而产生的成果聚集在一起时，我们可以看到，它们基本上构成了一部"整体作品"。

早在1984年，施米托夫发表了题为"国际贸易法的编纂"的演讲，预言各制法组织将通力合作，编纂出世界性的国际贸易法典，并提议由联合国国际贸易法委员会完成此历史使命。可以想象，制定国际贸易法典这项艰巨复杂的重大工程，其难度远远超过制定某单项国际公约，因此，法典的制定还需假以时日，持之以恒。此项工程也许会经历许多艰难曲折，经历相当长的历史时期。然而，过去半个多世纪的国际贸易统一法成就是那样辉煌，那样令人鼓舞，我们没有理由对发展前景持悲观态度。展望未来，国际贸易统一法的成果将会不断增加(例如在国际电子商务领域等)，参加国际贸易统一法公约的国家将不断增加，贸易法的趋同化、统一化趋势将继续向纵深发展。

20世纪末，以世界贸易组织(WTO)的成立为新起点，全球经济一体化的趋势不断深入发展，WTO成员方现已达到164个。2013年12月7日，在印度尼西亚巴厘岛召开的世界贸易组织第九届部长级会议发表了《巴厘部长宣言》，达成"巴厘一揽子协定"。这是世界贸易组织成立以来达成的首个全球性贸易协定，持续12年的"多哈回合"谈判僵局终于取得历史性突破。据估计，协定的潜在效益可达一万亿美元。国际贸易将在发展的深度、广度等各方面产生新的突破。不管今后是否将有一部国际贸易法典诞生，不管还会经历多少艰难险阻，我们都坚定不移地相信，国际贸易统一法将不断向前发展，必将结出丰硕的果实，这是历史的必然，是任何力量也无法阻挡的。

复习思考题

1. 什么是国际商法？它具有什么特征？
2. 国际商法有哪些渊源？它们如何相互作用推动国际商法的发展？
3. 国际商事规则在国际商事交往中如何得以适用？
4. 试述国际贸易统一法的含义和渊源。

商事组织法

本章概要 本章主要阐述了我国和一些西方发达国家的法律对个人企业、合伙企业和公司的法律规定,包括特征、设立条件和程序、资本以及组织机构等。其中,对作为重要商事组织形式的有限责任公司和股份有限公司的法律制度做了重点介绍。

本章学习目标 通过本章学习,使学生了解各种商业组织的特征、设立条件和程序、资本以及组织机构,掌握合伙企业、有限责任公司和股份有限公司的基本运作程序。

第一节 概述

商事组织是国民经济运行的主体和基本单位,一个国家国民经济的运转,是通过为数众多的商事组织的生产经营活动来实现的。商事组织是适应商品经济发展的需要而逐渐形成的,各个国家在实践中采取各种各样的组织形式,来适应现代商业活动和投资的需要。人们根据自己的商业目标以及有关控制权、税收、责任等方面的考虑,选择不同的商事组织形式。

从大多数国家商法的规定来看,商事组织的形式主要有个人企业、合伙企业和公司三种。

一、个人企业

个人企业(Individual Proprietorship)又称单人业主制企业或独资企业,是指由单个人出资、独立承担企业经营的法律责任的企业。个人企业一般不是法人,不具有独立的法律人格。企业主既是出资者,又是经营者。他独享企业的利润,也独自承担所有的风险,对企业的债务承担无限责任,即他对企业债务的赔偿责任不以企业的资本为限,他的一切个人财产都可以用来偿债。

个人企业的优势是成立简单,经营灵活、简便,它几乎没有任何内部机构,不需耗费太多资源在经营管理上,企业主可自己控制经营过程的一切细节,独享利润。在税收方面,企业主只需缴纳个人所得税,无须缴纳企业经营所得税。个人企业的产权转让也较为自由。

个人企业的不足之处是企业主需承担无限责任,风险大,而且其筹集资金的能力有限,通常规模较小。所以,个人企业虽是数量最多的商事组织形式,但大多数属于中小型企业,在世界各国经济中并不起主导作用。有些国家的法律会对个人企业的经营范围做一定的限制，其设立必须得到政府部门的批准并取得营业许可证。个人企业通常分布在零售业、服务行业和农业等行业。此外，个人企业的一切业务往来，包括对外所签订的所有商业合同，都是以业主个人名义进行的，所以，如果企业主死亡，该企业的业务一般都必须中断。

二、合伙企业

合伙企业(Partnership)是由两个或两个以上的合伙人为共同目标，共同出资、共同经营、共享利润、共担风险所组成的企业。合伙人通过订立合伙协议来成立合伙企业，合伙协议规定合伙人各自享有的权利和应承担的义务。同个人企业一样，每个合伙人对企业所欠债务负无限责任。大多数西方国家不对合伙人授予法人资格，但近年来情况有所变化，有些国家如法国、比利时、日本等国承认合伙人亦为法人。合伙企业由于受资金和法律方面的限制，一般都采取中小型企业的形式，主要分布在商业、零售业和服务业等领域，所以合伙企业虽然数量较多，但其经济实力和影响并不大。

三、公司

公司(Corporation)是指依照法定条件和程序设立的，以营利为目的的社团法人组织。公司是法人，具有独立的法律人格。公司的财产大多与股东的财产区别开来，即股东对公司的债务仅以其出资额为限。公司和自然人一样，在法律上具有权利能力和行为能力，可以用公司的名义作出法律行为和诉讼行为。大多数公司的拥有者和经营管理者是分离的，负责公司日常经营管理的不是股东，而是专门的管理人员，如董事、经理等。公司作为法人可以长期存在，股东的死亡或变更不会影响公司的存续。公司是现代西方发达国家普遍采用的一种最重要的、最富有生命力的商事组织形式。公司的数量在各国社会经济中所占比例虽然不是很大，但其经济实力和影响是其他任何商事组织无法比拟的。

第二节 合伙企业法

一、合伙企业与合伙企业法概述

(一) 合伙企业的概念与特征

合伙企业是由两个或两个以上的合伙人为共同目标，共同出资、共同经营、共享利润、共担风险所组成的企业。与其他商事组织相比，合伙企业主要具有以下法律特征。

(1) 合伙是基于合伙合同产生的。合伙人之间的关系是一种合同关系，他们通过签订合同来确定各自在合伙中的权利和义务。

(2) 合伙人共同出资。合伙人共同出资是合伙人进行共同经营的物质条件。合伙人一般可以以金钱、实物、技术或劳务出资。各合伙人出资内容和数额,可根据各合伙人的不同资力、不同情况作出不同的约定。

(3) 合伙人共同经营。除非合伙合同有特别规定限制某个或某些合伙人参与经营,每个合伙人均有平等地参与合伙经营管理的权利。

(4) 合伙人对合伙企业的债务负无限连带责任。合伙人以自己的全部财产对合伙企业所欠债务负责。合伙人对合伙企业债务承担着向债权人全部给付的责任,在合伙企业资产不足以清偿债务时,债权人可以要求全体合伙人、部分合伙人或一位合伙人偿还全部债务,合伙人不得以其出资或盈利分配的多少为由来拒绝清偿。

(5) 合伙人与合伙企业的关系密切。合伙企业是合伙人的联合,如果有合伙人死亡、退出或破产,都将导致合伙企业的解散。

(二) 合伙的分类

(1) 民事合伙与商事合伙。民事合伙是指不以营利为目的的合伙和虽以营利为目的,但未达到一定程度和规模的合伙。商事合伙是指以营利为目的并且达到一定的经营规模的合伙。

(2) 普通合伙与有限合伙。普通合伙是指全体合伙人享有平等参与合伙企业经营管理的权利,同时承担无限连带责任的合伙。有限合伙是指由普通合伙人和有限合伙人共同组成的合伙,前者对合伙的债务负无限责任,而后者则只负有限责任,即仅以出资为限。

(3) 显名合伙与隐名合伙。显名合伙是指各合伙人公开其身份和姓名,并具体参与合伙经营事务的合伙。隐名合伙是指合伙中存在合伙人不公开身份和姓名,不参与合伙的经营活动,但参与合伙的利润分配,对合伙的债务也只承担有限责任的合伙。

(三) 合伙的法律地位

自有罗马法以来,传统立法都不承认合伙为法人,其主体资格只能是合伙人个人,其理由是:合伙一般较为松散,是人的组合,不具备法人的外部特征;它不具有独立的财产,主张合伙关系只是合伙人之间的合同关系,不具有外部的统一性,其对外活动仍然以公民个人资格进行。

随着时代的变迁、社会经济的发展,许多发达国家有关合伙的立法发生了很大的变化,不再仅仅将合伙作为单纯的契约关系来处理。如今,发达国家对合伙企业的法律地位的认识概括起来主要有两种:一种是将合伙企业视为法人,如法国1978年重新修订的《法国民法典》第1842条明确规定:"除本篇第三章规定的隐名合伙以外的合伙,自登记之日起均享有法人资格。"荷兰、比利时、日本等国法律也规定合伙为法人。另一种则认为合伙企业是独立于法人之外的另一种独立的民事法律主体,即非法人型经营主体,如美国《统一合伙法》第6条规定:"合伙是两个或更多的人作为共有人为营利进行营业的团体。"又如《英国合伙法》第4条第2款规定:"在苏格兰,商行在法律上有别于其合伙成员,且有独立的人格。"

中国《民法典》有关合伙的规定是个人合伙不在法人范畴之内,但鉴于个人合伙组织体的客观存在及其参加各种民事活动的事实和经济意义，第102条规定："非法人组织是不具有法人资格，但是能够依法以自己的名义从事民事活动的组织。非法人组织包括个人独资企业、合伙企业、不具有法人资格的专业服务机构等。"这意味着，合伙组织可以以字号或组织的名义参与民事活动，从而成为法律关系的主体。1997年2月23日，第八届全国人民代表大会常务委员会第二十四次会议通过，2006年8月27日，第十届全国人民代表大会常务委员会第二十三次会议修订的《合伙企业法》将合伙企业视为一种独立的民事主体，这种做法不仅符合现实需要，而且有充分的法理依据。合伙企业有自己独立的名称和一定的独立人格，它以自己的名义对外开展经营活动，而且以自己的名义在法院起诉和应诉；它也有相对独立和稳定的财产，合伙企业的财产在一定程度上是与合伙人的个人财产相分离的，在合伙企业进行清算前，合伙人不得请求分割合伙企业的财产；它还有相应的责任能力，主要表现在对合伙企业的债务的清偿首先是由合伙企业以合伙企业的财产进行清偿，只是在合伙企业财产不足以清偿时才由合伙人承担清偿责任。①

(四) 各国有关合伙的法律规定

有关合伙的法律规定早在罗马法中就已存在，现在西方国家的法律对合伙都做了规定，大陆法系国家一般将合伙放在民商法典中加以规定。《法国民法典》第三编第四章对合伙作了专门规定。《法国商法典》则对商事合伙另作规定，此规定后来被1966年《商事企业法第66-537号》的有关规定所取代。《德国民法典》也对合伙作了具体规定。

英美法系国家的合伙法是以单行法形式公布的。英国现行的合伙法是由《1890年合伙法》和《1907年合伙法》组成的。美国的合伙法属于州法，原先各有差异。为统一各州的合伙法，美国统一州法委员会于1914年起草制定了《统一合伙法》和《统一有限合伙法》，这两个标准法已为大多数州通过立法程序所采纳，其内容深受英国《1890年合伙法》的影响。

中国有关合伙的法律主要体现在《民法典》和《合伙企业法》。《民法典》在第一编第四章非法人组织对合伙企业加以规定，但《民法典》的有关规定比较简单和概括。《合伙企业法》放弃了大陆法将合伙视为一种契约的传统观点，从主体的角度对合伙企业进行规范，它对合伙企业的设立、合伙企业财产、合伙企业的事务执行、合伙企业与第三人关系、入伙、退伙、合伙企业解散与清算、法律责任等方面都作了具体的规定，进一步完善了我国关于合伙企业的法律制度。

二、合伙企业的设立

(一) 合伙人的范围问题

各国有关合伙的法律都规定合伙企业至少要有两个的合伙人，但对合伙人的范围问题规定不一。美国《统一合伙法》明确规定组成合伙的"人"(Persons)包括自然人和法人；《统一有限合伙法》也规定组成有限合伙的成员，无论是普通合伙人，还是有限合伙人，都可以是法人。大陆法系国家如德国、日本、瑞士等国，虽然没有美国这样明确的规定，

---

① 汤春来. 市场经营主体的法律问题及对策[M]. 北京：中国人民公安大学出版社，1998：193.

但其法律也并没有限制或禁止法人充当合伙人的规定,只有我国台湾地区的法律明文规定法人不得充当合伙人。中国《合伙企业法》第2条规定,本法所称合伙企业,是指自然人、法人和其他组织依照本法在中国境内设立的普通合伙企业和有限合伙企业。可见,在我国,合伙人既可以是自然人,也可以是法人和其他组织。

(二) 合伙协议

合伙是基于合伙协议产生的,合伙人之间须有合伙协议,以规定他们在合伙中所享有的权利和所承担的义务。按照大陆法的规定,合伙必须有明确的协议,否则不能认为存在合伙关系。而英美法主张,合伙可以是明示的或默示的,法律并不一定要求书面形式。明示合伙是指合伙人以明确的协议表示建立合伙关系;默示合伙是指合伙人之间并未订立明确的合伙协议,但事实上建立了合伙关系。几个人只要共同拥有财产、参加管理并共同分享收益,又符合法律规定的合伙特征,即使当事人没有直接表示要建立合伙关系,也视为合伙企业已经成立。如果合伙企业要以商行名称出现,则一般都要订立合伙合同。我国《合伙企业法》规定,设立合伙企业应当有书面合伙协议,合伙协议应当载明下列事项:①合伙企业的名称和主要经营场所的地点;②合伙目的和合伙企业的经营范围;③合伙人的姓名或者名称、住所;④合伙人出资的方式、数额和缴付期限;⑤利润分配、亏损分担方式;⑥合伙事务的执行;⑦入伙与退伙;⑧争议解决办法;⑨合伙企业的解散与清算;⑩违约责任。

(三) 合伙企业的设立登记

合伙企业的成立手续一般比较简单,有些国家要求履行申请登记手续,有些国家则不要求。大陆法系的国家大多要求合伙企业必须在商业登记册上注册登记,方能成立。英美法系的国家对普通合伙一般不要求有政府的批准登记,但要求所有的合伙组织都必须有合法的目的。英国的合伙法对合伙组织的商号名称有特别要求,合伙组织的商号一般应以普通合伙人的姓氏命名,在姓氏之后可以加上"商号"(Firm)或"公司"(Company)字样,但无论是普通合伙还是有限合伙,其名称中均不得加上"有限"字样,否则即予罚款。如果商号名称中未包含合伙人的真实姓名或未包含合伙人真实教名的开头字母,则要求该合伙组织必须向有关主管部门进行注册登记,并须在其一切信笺文具上提供参与商业活动人员的详情以及每个人的地址(一般为营业地址)。美国法则对律师业、医师业等少数行业的合伙组织提出要求,须向主管部门申领开业执照后才能正式从业。我国《合伙企业法》规定,申请合伙企业设立登记,应当向企业登记机关提交申请书、合伙协议书、合伙人身份证明等文件。合伙企业的营业执照签发日期,为合伙企业成立日期。合伙企业领取营业执照前,合伙人不得以合伙企业名义从事经营活动。同时规定,合伙企业名称中应当标明"普通合伙"字样。

三、合伙企业的财产关系

合伙企业的财产关系,包括合伙人之间内部的财产关系和合伙人对外承担的财产责任关系,主要包括以下4个方面。

(一) 合伙投资的统一管理与使用

各合伙人依照合伙协议,向合伙企业投入的财产,仍属个人所有,但应由合伙人统一管理和使用,从而保证合伙企业对投资的管理权和使用权,以实现合伙经营的目的。合伙人不得擅自抽取有关的财产和资金,以防止对合伙事业造成损害,侵犯其他合伙人的合法权益。

(二) 合伙积累财产的共有关系

根据英国合伙法的规定,合伙财产包括:①作为合伙出资投入合伙的财产和权利财产;②基于商行利益或合伙经营目的而以购买等方式取得的财产;③用无争议属于商行资金购买的财产。其中,②、③两类财产就是合伙积累财产。

合伙企业经营所积累的财产,归全体合伙人共有。这些财产在分割以前,也由合伙企业依据合伙协议统一管理使用,任何合伙人均不得擅自处分。

(三) 合伙的盈余分配和债务清偿关系

合伙经营所得的盈余,属全体合伙人共有。各国法律有关合伙盈余分配的规定主要有以下几点:①如有合伙协议或有特别约定的,则依其约定。②合伙契约未经约定的,立法上有规定时依其法律执行。如《德国民法典》第722条规定:"合伙人分配损益的份额未经约定者,各合伙人应不论其出资的种类和数额,平均分配相等的损益份额。"③契约有规定按各合伙人出资的多寡而定者依其决定。如《日本民法典》第674条规定:"仅就利益或损失定分配比例时,其比例,推定为利益、损失通用的比例。"

合伙人对合伙债务应共同负责,包括两方面:一是从合伙人内部看,合伙的债务由各合伙人按照协议的规定或出资比例或平均分配,以各自的财产(不限于合伙人投资的财产,还包括合伙人个人的其他财产)承担清偿责任;二是从合伙的对外关系看,西方各国对于合伙人对合伙债务是否需要承担连带责任有两种不同的主张,即连带主义和分担主义。连带主义主张合伙为共同共有的团体,合伙债务为各合伙人的共同债务,属于合伙团体。合伙人除以合伙财产为一般担保物的有限责任外,还要负以自己的全部财产为担保人的无限责任,以确保合伙的信用,维护债权人的利益。大多数国家持这种主张。我国《合伙企业法》规定合伙人对合伙债务承担无限连带责任。分担主义则主张各合伙人对合伙债务仅各就其分担部分负清偿的无限责任。法国、日本等国持这种主张。[①]

(四) 合伙终止的财产处理

合伙终止时,如果合伙企业的财产在清偿了所有债务之后仍有剩余,所有合伙人都有权参加该剩余财产的分配。分配可依合伙协议的规定进行,合伙协议未作规定的,可按出资比例分配。

四、合伙企业的内部关系与外部关系

合伙企业事务的执行和合伙人对外代表合伙企业的行为分别构成了合伙企业的内部关

---

① 梁建达.外国民商法原理[M].汕头:汕头大学出版社,1996:309.

系和外部关系。合伙企业事务的执行和合伙人对外代表合伙企业的行为有时是同一行为，从合伙企业内部关系看属于合伙事务的执行，从合伙企业外部关系看属于代表合伙企业对外的经营行为。合伙人在执行合伙事务时，不得侵犯其他合伙人的利益；在从事对外代表合伙企业的行为时，也不得损害合伙企业的利益和交易相对方的利益。

(一) 合伙企业事务的执行

1. 合伙人在合伙企业事务执行中的权利和义务

1) 合伙人在合伙事务执行中的主要权利

(1) 合伙人有参加合伙企业经营管理的权利。各国合伙法都规定每一个合伙人都可参加合伙业务的管理，在正常的业务范围内有权相互代理。但在实践中，合伙人往往通过合伙合同规定由某位或某几位合伙人负责合伙企业的日常业务往来。

(2) 合伙人有对合伙事务执行进行监督的权利。不参加合伙事务执行的合伙人有权监督执行事务的合伙人、检查其执行合伙企业事务的情况，有权了解合伙企业的经营状况，有权查阅合伙账册。

(3) 合伙人有对合伙事务的表决权。对合伙企业有关事项通过表决作出决议时，合伙人通常有参与表决的权利。

2) 合伙人在合伙企业事务执行中的主要义务

(1) 合伙人有忠实的义务。每个合伙人在执行合伙企业的事务时，须对其他合伙人负"绝对真诚"之责，不得谋私利，亦不得欺诈，必须向其他合伙人提供合伙企业的真实账目和一切情况。合伙人不得私自以合伙企业的名义与自己订立合同，否则由此所产生的利润归合伙企业。

(2) 合伙人有竞业禁止的义务。任何合伙人均不得经营与合伙企业相竞争的事业。合伙人若利用其职权或充分了解合伙企业内部状况的有利地位，与合伙企业竞争，就会给其他合伙人的利益造成损害，以此所得到的利润应归合伙企业所有。

(3) 合伙人有严格按照委托或决议的要求，执行合伙企业的事务的义务。被委托执行合伙企业事务的合伙人，应当严格按照合伙协议或者全体合伙人的决定执行合伙企业事务，否则其他合伙人有撤销对其委托的权利。

合伙人必须严格履行上述义务，对其他合伙人负"绝对忠诚"之责。

案例2-1

梅恩赫尔德诉萨蒙案

1902年4月，被告萨蒙与出租人盖利订立一份房产租赁合同，欲将该房产改建为商店和办公室，租期20年。与此同时，被告与原告梅恩赫尔德订立一份合伙协议，约定由原告提供该物业重建、改建、管理及运营所需要的半数资金，该物业的管理、租出、转租以及运营由被告全权处理，原告在租期的前5年内每年可获得40%的净利润，在以后各年可获得50%的净利润。1922年1月，即租约快到期时，该房产的新主人找到被告，与被告所拥有、控制的房地产公司签订了一份新租约。此事被告对原告只字未提。后来原告听说此事，要求被告将此租约作为合伙企业的信托资产，并提出分担担保的相关个人义务,但被拒绝。因此原告提起诉讼,法官认为被告作为负责经营管理的合伙人获得新租约,却未事先告诉其他合伙人,是未尽绝对忠诚之责,故判原告胜诉。

2. 合伙企业事务执行的方式

合伙人原则上都有参与合伙企业事务执行的权利,但各国法律对于具体的合伙企业事务执行的方式有不同的规定,实践中也有各种不同的做法,归纳起来,主要有三种方式:合伙人全体执行事务,部分合伙人执行事务,委托第三人执行事务。

(1) 合伙人全体执行事务。如《德国民法典》第709条规定:"合伙的事务应由合伙人全体共同执行,每项事务须经全体合伙人的同意。"中国《合伙企业法》规定,根据合伙协议的约定或者全体合伙人决定,可以委托一名或数名合伙人执行合伙企业的事务。但下列事务必须经由全体合伙人同意:①改变合伙企业的名称;②改变合伙企业的经营范围、主要经营场所的地点;③处分合伙企业的不动产;④转让或者处分合伙企业的知识产权和其他财产权利;⑤以合伙企业名义为他人提供担保;⑥聘任合伙人以外的人担任合伙企业的经营管理人员。

(2) 部分合伙人执行事务,即依照合伙协议,由合伙企业的一名或数名合伙人执行合伙企业事务,对外代表合伙企业,其他合伙人不再执行合伙企业事务。如中国《合伙企业法》规定,根据合伙协议的约定或者全体合伙人决定,可以委托一名或数名合伙人执行合伙企业的事务。但值得注意的是,这种委任的范围只能限于合伙事务的执行,不属于事务执行的事项,不能以合伙协议委任于事务的执行人,如合伙协议的变更,合伙人的加入、开除,合伙的解散等。

(3) 委托第三人执行事务。合伙企业可以聘任合伙人以外的人担任合伙企业的经营管理人员,在授权的范围内执行合伙企业的事务。

(二) 合伙的外部关系

合伙的外部关系是指合伙企业与第三人的关系。合伙企业作为法律上的经营主体,必然要与第三人发生法律关系,这种法律关系具有以下几个特点。

(1) 合伙人之间适用相互代理原则,即每个合伙人作为其他合伙人的代理人,在经营合伙企业通常的业务中所做的行为及由此产生的后果,对合伙企业和其他合伙人均有约束力。英国《合伙法》第5条规定:"任何以通常方式执行业务的合伙人,其行为对合伙企业及其合伙人产生约束力,除非:①该行为的合伙人对执行该项业务无权力;②与之进行交易的第三人知道该合伙人无此项权力;③与之进行交易的第三人不知道或不认为该人是合伙人。"英国《合伙法》还规定,合伙人具有以下无须授权的默示代理权:出售合伙企业的货物,购买合伙企业通常所使用的货物,支付合伙企业的债务,雇用人员,以企业名义发行和承兑流通票据,为企业贷款并以企业的货物作抵押,委派律师参加诉讼等。合伙人就上述事项同第三人订立的合同,对合伙企业和其他合伙人都具有约束力。

(2) 合伙人之间约定的对某个合伙人权力的限制,不得用来作为对不知情的第三人的抗辩。也就是说,如果合伙人的代表权有限制而该限制不为善意的第三人所知,则该合伙人与善意第三人之间进行的交易行为对合伙企业有效。但是,如果第三人与某一合伙人进行交易时,明知该人不具有这种权利而与其发生法律行为,则合伙企业和其他合伙人对该人的行为不负任何责任。

(3) 如果执行合伙事务的合伙人在执行合伙企业事务的过程中对他人造成损害,侵害了他人的合法权益,该侵权行为的后果应由合伙企业承担。合伙企业只能依据合伙企业内部规章或合伙协议追究合伙人个人的责任。

(4) 合伙企业对其债务,应先以其全部财产进行清偿;合伙企业财产不足以清偿其到期债务的,合伙人应当承担无限连带清偿责任。合伙人内部有关债务承担份额的约定不得对抗合伙企业的债权人。如果合伙人所清偿的数额超过其应当承担的份额,有权向其他合伙人追偿。

(5) 合伙人的债权人的抵销权与代位权的行使受到限制。合伙企业中某一合伙人的债权人,不得以该债权抵销其对合伙企业的债务,也不得代位行使该合伙人在合伙企业中的权利。当合伙人个人财产不足以清偿其个人所负债务时,该合伙人只能以其从合伙企业中分取的收益进行清偿,债权人也可以依法请求法院强制执行将该合伙人在合伙企业中的财产份额用于清偿。

五、入伙与退伙

(一) 入伙

入伙是指在合伙企业存续期间,原来不具有合伙人身份的自然人、法人或其他经营主体加入合伙企业,取得合伙人身份的法律行为。

许多国家法律规定,合伙企业要接纳新合伙人,必须得到全体合伙人的同意,如果合伙人中有人表示异议,入伙便不能成立。如《法国民法典》第1861条规定:"合伙企业成立后,非经全体人员的同意,不得允许他人加入为合伙人。"中国《合伙企业法》第43条也规定:"新合伙人入伙,除合伙协议另有约定外,应当经全体合伙人一致同意,并依法订立书面入伙协议。订立入伙协议时,原合伙人应当向新合伙人如实告知原合伙企业的经营状况和财务状况。"

除入伙协议另有约定外,一般情况下新合伙人与原合伙人享有同等权利,承担同等义务。对于新合伙人,在其入伙前合伙所负的债务,大多数国家认为不需承担责任。而有的国家,如日本、瑞士等国法律未作明确规定。中国《合伙企业法》则明确规定,新合伙人对入伙前合伙企业的债务承担无限连带责任。

(二) 退伙

退伙是在合伙企业存续期间,合伙人因一定的法律事实而消灭合伙人身份的一种法律行为。根据退伙的事由,可将退伙分为声明退伙、法定退伙、协议退伙和除名退伙。

(1) 声明退伙。声明退伙指依一方的意思表示终止合伙人与其他合伙人之间在合伙契约中的法律关系,是一种单方的法律行为。有的国家主张退伙人声明只需告知其他合伙人,如德国等;有的国家则主张退伙人声明须得到其他合伙人的同意,如法国等。关于声明退伙的时间,各国的规定也有所不同,有的允许随时退伙,有的则只允许在企业会计年度终结前的一定时期内才能声明退伙。中国《合伙企业法》的有关规定是:"合伙协议未约定合伙期限的,合伙人在不给合伙企业事务的执行造成不利影响的情况下,可以退伙,但应当提前30日通知其他合伙人。"

(2) 法定退伙。法定退伙是指不基于合伙人的意思,而依法律规定的一定事由而当然发生的退伙。如《日本民法典》第679条规定:"法定退伙事由有:①死亡;②破产;③禁治产;④除名。"中国《合伙企业法》第48条规定:"合伙人有下列情形之一的,当然退伙:①作为合伙人的自然人死亡或者被依法宣告死亡;②个人丧失偿债能力;③作为合伙人的法人或者其他组织依法被吊销营业执照、责令关闭撤销,或者被宣告破产;④法律规定或者合伙协议约定合伙人必须具有相关资格而丧失该资格;⑤合伙人在合伙企业中的全部财产份额被人民法院强制执行。合伙人被依法认定为无民事行为能力人或者限制民事行为能力人的,经其他合伙人一致同意,可以依法转为有限合伙人,普通合伙企业依法转为有限合伙企业。其他合伙人未能一致同意的,该无民事行为能力或者限制民事行为能力的合伙人退伙。退伙事由实际发生之日为退伙生效日。"

(3) 协议退伙。协议退伙指合伙人在合伙协议约定的退伙事由出现时或经全体合伙人同意时退出合伙企业。中国《合伙企业法》第45条规定:"合伙协议约定合伙期限的,在合伙企业存续期间,有下列情形之一的,合伙人可以退伙:①合伙协议约定的退伙事由出现;②经全体合伙人一致同意;③发生合伙人难以继续参加合伙的事由;④其他合伙人严重违反合伙协议约定的义务。"

(4) 除名退伙。除名退伙指合伙企业根据某种正当理由,将某一合伙人从合伙企业中除名而使该合伙人退伙。中国《合伙企业法》第49条规定:"合伙人有下列情形之一的,经其他合伙人一致同意,可以决议将其除名:①未履行出资义务;②因故意或者重大过失给合伙企业造成损失;③执行合伙事务时有不正当行为;④发生合伙协议约定的事由。对合伙人的除名决议应当书面通知被除名人。被除名人接到除名通知之日,除名生效,被除名人退伙。被除名人对除名决议有异议的,可以自接到除名通知之日起三十日内,向人民法院起诉。"

退伙一旦成立,即发生相应的法律效力,主要表现在:①合伙资格的丧失;②退还退伙人在合伙企业中的财产份额;③退伙人对退伙前已发生的合伙企业债务继续承担责任。

六、合伙的解散与清算

(1) 合伙的解散。合伙的解散有两种情形:一种是协议解散;另一种是依法解散。协议解散是指合伙依合伙人之间的协议而解散,可以是在合伙合同中规定的合伙期限,当期限届满时就宣告解散;也可以不在合伙合同中规定期限,而在事后另行达成协议,宣告合伙企业解散。依法解散是指合伙依照法律规定而解散,主要有以下几种情形:①除合伙协议另有规定外,合伙人之一死亡或退出合伙企业,合伙企业即告解散;②当合伙企业或合伙人之一破产时,合伙即告解散;③如因发生某种情况,导致合伙企业所从事的事业成为非法时,合伙即告解散;④如发生了战争,合伙人之一成了敌国公民时,合伙即告解散;⑤如合伙人之一永久地精神失常,或永久地不能履行合伙合同中所应承担的责任,或某一合伙人犯有渎职罪，或发生了某种情况致使合伙企业只能在亏损的情况下运营，则任何合伙人有权向法院提出申请，要求法院下令解散合伙。

中国《合伙企业法》根据本国的实际情况，在第85条对合伙企业的解散事由作了如下规定："合伙企业有下列情形之一的，应当解散：①合伙期限届满，合伙人决定不再经营；②合伙协议约定的解散事由出现；③全体合伙人决定解散；④合伙人已不具备法定人数满三十天；⑤合伙协议约定的合伙目的已经实现或者无法实现；⑥依法被吊销营业执照、责令关闭或者被撤销；⑦法律、行政法规规定的其他原因。"

(2) 合伙的清算。合伙解散后，就要对合伙财产进行清算。清算由合伙人全体或由其选任的人进行。清算人的选任，以全体合伙人的过半数来决定。合伙清算，并非合伙事务的执行，因此，除有约定或选任者外，合伙事务执行人不能执行清算。

清算人的事务主要有：①了结合伙事务。对合伙企业已经存在或正在进行的业务着手了结。②收取合伙债权。对合伙企业所享有的债权，清算人应及时收取。③清偿合伙债务。对于已到期的合伙债务，应先以合伙财产清偿；对于尚未到期或正在诉讼中的债务，应从合伙财产中提取清偿所必需的数额加以保留。如果合伙企业财产不足以清偿合伙的债务，合伙人须对余债承担责任。④返还合伙人出资。清算人在清偿合伙的债务或提取必需的数额后，应以剩余的合伙财产偿还各合伙人的出资。⑤分配剩余财产。在偿还合伙人的出资后还有剩余财产时，应依合伙协议规定或出资比例分配。

第三节　公司法

一、公司法总论

(一) 公司与公司法概述

1. 公司的概念与特征

公司(Corporation)是指依照法定条件和程序设立的，以营利为目的的社团法人组织。公司具有以下几个法律特征。

(1) 公司以营利为目的。公司是以营利为目的的经营组织，设立公司的目的就是获取利润，实现资产的保值增值，而且是连续不断地从事同一性质的经营活动，不是偶然地从事一两次的营利活动。公司的营利性特点使之与行政管理机关、公益社团法人等区别开来。

(2) 公司是独立的法人。各国的公司法都赋予公司特别是有限责任公司和股份有限公司以法人地位。公司作为法人，具有独立的法律人格，具体表现在：一是公司财产独立。公司财产虽然是由组成公司的成员(股东)出资构成的，但股东一旦把自己的财产交给公司，该财产就与股东的其他财产相分离，由公司独立支配，股东再也无权直接处置该财产。二是公司意志独立。公司法人作为法律拟制的产物，具有独立的权利能力和行为能力。尽管公司在设立之时，其权利能力的设定要受到创立人意志及国家意志的影响，但公司一旦成立，在其存在的整个期间，便以其独立健全的组织机构(即公司的机关)为其意思机关，独立地为意思表示，享受权利并承担义务。[①]三是公司责任独立。公司责任独立意味着公司以其全部资产对公司债务承担责任，即使公司的全部财产不足以偿还公司债务，公司的债权人也不能向公司的成员(股东)追索，即股东承担有限责任，仅以其出资额为限对公司承担责任，而不直接对公司债权人负责。股东的有限责任被称为公司法人制度的基石。

(3) 公司必须是依照公司法的规定登记注册而设立的。公司设立的目的、程序和条件等都必须符合公司法和其他有关法律的规定，只有依照法定条件和程序、经法定机关注册登记的公司才能具有独立的法律人格。

2. 公司的独立法人人格与公司法人人格否认制度

1) 公司的独立法人人格

公司法人人格制度的产生，尤其是股东有限责任制度的确立，被西方学者誉为"现代社会最伟大的独一无二的发明"。有限责任制度在分散投资风险、刺激投资欲望、扩大经营规模、降低公司成本等方面的优势推动了经济的迅速发展。然而，公司法人人格制度也并非完美无瑕，尤其在现代经济生活中，由于在观念和制度上将公司独立人格和有限责任制度绝对化，使其出现了一定程度的不合目的性，其缺陷和弊端主要体现在以下几个方面。

(1) 对债权人有失公正。公司以公司的全部财产对外独立承担责任，一旦公司出现资不抵债的状况，股东由于有了有限责任的保护屏障，公司债权人不能穿过公司的面纱，直接向股东行使追偿权，从而使公司债权人承担了本应由股东承担的投资风险损失。

(2) 为股东特别是控制股东、董事滥用公司的法律人格提供了机会。由于控制股东、董事在公司法律架构中所处的优势地位，他们可能利用这种地位做出一些有损公司中小股东或债权人利益，但有利于其自身利益的不法行为；也可能利用公司的独立人格，规避法律义务，为自己谋取非法所得；还可能利用公司的独立人格，隐匿财产、逃避清偿债务等。

(3) 成为规避侵权责任的工具。在现代工业社会中，产品致人损害的侵权行为日益普遍，任何不特定的当事人均可能因各种侵权行为遭受损害，而成为非自愿债权人。如果出现公司财产不足以赔偿他们所受到的损失的情况，而股东又受有限责任的保护，结果就是让受害者来承担由公司的冒险行为所造成的后果。

2) 公司法人人格否认制度

在高速发展的现代社会，公司独立法人人格制度的上述缺陷日益突出，因此，需要有一个相应的制度来平衡公司的股东和债权人的利益，扶正公司人格体系中倾斜的公平正义目标体系，公司法人人格否认制度便应运而生。

所谓公司法人人格否认(Disregard of Corporate Personality)，又称为"揭开公司的面纱"(Lifting the Corporations Veil)，是指在具体法律关系中，基于特定事由，否认公司独立人格和股东的有限责任，使股东对公司债权人或公共利益直接负责的一种法律制度。自20世纪初美国法院首次提出"揭开公司面纱原则"后，该制度很快为其他国家所接受，无论是英美法系国家的法律，还是大陆法系国家的法律，都以不同的方式认可了这一原则。

---

① 徐晓松. 公司法与国有企业改革研究[M]. 北京：法律出版社，2000：9.

公司法人人格否认制度并不是对整个公司法人人格制度的否定，而是针对公司独立法人人格制度在某些特定情况下表现出来的不合理性加以弥补，意欲使公司法人人格制度能更好地存在和发挥作用。因而，各国在司法实践中对公司法人人格否认的适用都采取极其慎重的态度，即使在英美法系国家，法官在决定是否"揭开公司面纱"时所要求的条件也相当严格；在大陆法系国家，则一般均要通过立法严格规定公司法人人格否认适用的条件和程序。

关于公司法人人格否认具体的适用情形，各国法律规定不一，有的国家适用范围较窄(如英国)，有的国家则较为宽泛(如美国)，归纳起来，主要有以下几种情形。

(1) 利用公司法人人格规避法律义务。这通常是指受强制性法律规范制约的特定主体，应承担作为或不作为之义务，但其利用新设公司或既存公司的法人人格，人为地改变了强制性法律规范的适用前提，以达到规避法律义务的真正目的，从而使法律规范本来的目的落空。[1]

(2) 利用公司法人人格规避契约义务或侵权债务。较为常见的利用公司法人人格规避契约义务的情形有：①负有竞业禁止等契约上不作为义务的主体，设立由自己支配的公司来实施这些行为，以回避自己的义务；②通过设立公司，逃避个人合同义务；③负有交易巨额债务的公司的支配股东为逃避债务而解散公司或者设立一个新公司，并将原公司财产转移于新设公司，使原公司空壳化。利用公司法人人格规避侵权债务的情形主要有两种：①类似于上述利用公司法人人格规避契约义务的第③种情形，负有侵权之债的公司的支配股东将原公司解散，设立一个新公司，将原公司财产转移于新设公司，使原公司空壳化，以达到逃避侵权债务的目的；②一些经营高风险业务的公司，为了分散风险而将一家公司分割成数家公司，以逃避可能发生的侵权债务。

(3) 公司资本金不足。这里所讲的"公司资本金不足"，并不是指公司的资本金未达法定最低资本额，而是指公司未具有充足的财产来应付其预期应承担的合理金义务。

(4) 公司法人人格形骸化。这是指公司与股东完全混同，在债权人看来股东与公司浑然一体、难以区分，造成一种股东即公司、公司即股东的局面。这种情形在母子公司及一人公司中表现得最为典型。

公司法人人格否认制度作为公司法人制度的必要的、有益的补充，其产生是历史发展的必然。它体现了法律对实质意义上的公平和正义的追求，有力地保护了债权人的利益，使股东、公司、债权人三者的利益又趋于平衡。目前，公司法人人格否认制度在西方发达国家被广泛接受，成为现代公司法人制度的重要组成部分。中国《民法典》和《公司法》都对公司法人人格否认作了规定，《民法典》第83条规定："营利法人的出资人不得滥用法人独立地位和出资人有限责任损害法人债权人的利益；滥用法人独立地位和出资人有限责任，逃避债务，严重损害法人债权人的利益的，应当对法人债务承担连带责任。"《公司法》第20条规定："公司股东应当遵守法律、行政法规和公司章程，依法行使股东权利，不得滥用股东权利损害公司或者其他股东的利益；不得滥用公司法人独立地位和股东有限责任损害公司债权人的利益。公司股东滥用股东权利给公司或者其他股东造成损失的，应当依法承担赔偿责任。公司股东滥用公司法人独立地位和股东有限责任，逃避债

---

[1] 朱慈蕴. 论公司法人格否认法理的适用条件[J]. 中国法学，1998(5).

务，严重损害公司债权人利益的，应当对公司债务承担连带责任。"

3. 公司的分类

依照公司股东对公司债务所承担的责任、公司的组成形式、获取资本和资金的途径、经营管理结构、股东权益的转让等因素的不同，可将公司做如下分类。

(1) 无限责任公司。无限责任公司是指由两个以上的股东组成的，股东对公司债务负无限连带清偿责任的公司，其特点为：①股东对公司的债务负无限清偿责任。股东要以自己的全部财产对公司所欠债务负责，当公司资产不足以清偿公司债务时，股东需以自己的个人财产来偿还债务。②股东对公司债务负连带责任。股东无论其出资种类、数额及盈亏分配的比例如何，对公司债务承担向债权人全部给付的责任。在公司资产不足以清偿债务时，债权人可以要求全体股东、部分股东或一位股东偿还全部债务，股东不得以其出资或盈利分配的多少为由来拒绝清偿。如果全部债务仅由一个股东偿还，则他可保留向其他股东要求偿还应分担的那部分债务的权利。③公司的所有权和经营管理权是统一的，股东有权直接参加管理公司事务。无限责任公司是建立在合资者之间密切关系的基础之上的，其信用来自股东本身而不是资本。公司经营状况的好坏与股东的利益密切相关。④公司的账目无须向公众公开。

无限责任公司在许多方面的特点与合伙企业相似，但很多国家承认无限责任公司为法人而不承认合伙为法人。虽然无限责任公司具有一些有利之处，例如具有法人地位，其设立和解散的手续简单等，但由于其股东须承担无限连带责任，风险太大，所以在现代西方国家中，无限责任公司的数量并不多，也不是一种重要的公司组织形式。

(2) 有限责任公司。有限责任公司是指由法律规定的一定人数的股东所组成，分开股东就其出资额对公司债务承担责任的公司(与英国的"Private Company"和美国的"Close Held Company"相类似)。有限责任公司是西方国家中数量最多的一种重要的公司形式，许多中小企业往往采取这种形式。例如，德国目前约有2500家股份有限公司，却有40多万家有限责任公司。随着法人持股和相互参股的普遍化，有限责任公司已不只存在于中小企业领域，也进入了大型企业领域，在经济生活中发挥着日益重要的作用。

(3) 两合公司。两合公司是指由承担有限责任的股东和承担无限责任的股东联合组成的公司。负无限责任的股东对公司债务承担无限连带清偿责任，他们享有代表和管理公司的权利，如果转让股份，须经其他股东全体同意。负有限责任的股东对公司债务的责任仅以其出资额为限，他们无权代表和管理公司。如果转让股份，无须经全体股东同意，只要无限责任股东同意即可。两合公司的无限责任股东之间的关系，与无须责任公司股东之间的关系相同。可以说，两合公司是无限公司的进一步发展，在许多基本问题上仍然适用有关无限公司的规范，如《德国商法典》第161条就两合公司的规定载明："凡在本章没有特别规定的，准用有关无限公司的规定。"两合公司这种商事组织仅见于大陆法系国家，它类似于英美法系中的有限合伙，但与有限合伙不同的是，它具有法人资格。

(4) 股份有限公司。股份有限公司是指将确定的资本分为等额的若干股份，由一定人数以上的有限责任股东所组成的公司。股份有限公司通过发行股票，公开向社会募集资金，其股东人数一般较多，而且股东的变更较频繁，因为股份有限公司的股票可以自由转让而无须通知其公司或其他股东。股东仅以出资额为限对公司的债务承担责任。股东一般不直接参与公司管理，而是由专门的管理人员如董事、经理等，负责公司的一切日常经营活动。股份有限公司是现代西方国家中作用最大、地位最重要的一种公司形式，主宰着西方各国的政治、经济和社会生活。

4. 各国有关公司的法律规定

大陆法系国家早期的公司法，主要出现在民商法典中。随着公司在社会经济活动中的作用和影响的日益扩大，以及公司本身问题的复杂性与特殊性，大陆法系中的许多国家将公司法从民商法中分离出来，制定成单行的法规。目前，大陆法系国家中仅有日本、意大利、瑞士、瑞典等少数国家，仍将公司法放在民商法典中。

英美法系的国家关于公司的规定一般采取单行法的形式。英国的公司立法始于1825年，1856年制定了第一部规范股份有限公司的公司法。美国的公司法属于州法，每个州都有各自的公司法，没有统一的联邦公司法。美国律师协会于1933年起草了美国《标准公司法》，供各州制定和修改公司法时作参考，其本身没有法律约束力。目前，美国已有40多个州采用了1984年的《修订标准公司法》的规定。

各国在制定了公司法后，又根据经济发展和公司变化的需要，不断地予以充实和完善。特别是第二次世界大战后，各国普遍对公司法进行调整，或制定新的公司法，或对原有的公司法进行修订，使之更为科学化、完善化。例如，法国1966年摒弃了原有的单行法规和《商法典》中规定公司的体制，重新制定了一部公司法，该公司法以内容充实、结构严谨著称。日本于1950年、1962年、1974年、1981年分别对股份有限公司法进行了修订。英国于1967年、1972年、1981年分别对1948年制定的公司法作了重大修改。西方国家对公司法修改的普遍倾向是，国家通过法律手段来加强对公司的监督和管理，增强国家对整个国民经济的宏观调控能力。例如，在对公司行为的监督方面，法国1966年制定的公司法规定，资金超过30万法郎的有限责任公司，必须执行审计制度，股份有限公司的财务报告需经公共审计员负责审查。日本1974年修订的股份有限公司法，强化了监察机关的地位，使监察机关在行政职权上更具有独立性，并对大公司的财务监察实行公共管理，即由公选会计师或监察人以财务监察人的身份参与监察工作，强制性地从外部进行监察。此外，各国还充实了一些与公司法相关的法律法规，如公司登记法、证券法、证券交易法、税法、反垄断法等，形成了较为系统的公司法律制度。

近年来，由于国际商品交换的日益扩展，各种国际组织和跨国公司的大量涌现，各国公司法出现了统一化的趋势，这种趋势主要表现在两个方面。

(1) 各国在新制定和修改公司法时，尽可能地吸收其他国家的立法长处，使本国法律与之趋同。例如，原属大陆法系国家的日本在第二次世界大战后对公司法进行了修改，其公司法吸收了许多美国法的内容；英国为配合欧共体的一体化进程，多次修订公司法，使之与大陆法协调起来。

(2) 编纂普遍适用的统一公司法。较有代表性的是欧洲经济共同体(EEC)为协调各成员国公司法，由欧共体委员会起草发布了一系列"关于共同体公司法的指令(Directives)"。这些指令虽然不能对各成员国的公民或公司直接产生效力，但各成员国有义务通过制定或修改相应的国内法，使"指令"转化为国内法，以约束其本国的公民和公司。

1993年12月29日，在第八届全国人民代表大会常务委员会第五次会议上通过了《公司法》，并于1994年7月1日起实施。该法的颁布与实施，是中国公司立法的一个重要里程碑。它从法律上确认了公司这种现代股份制企业的典型形式，打破了中国传统企业立法以所有制性质分类立法，使企业处于不平等的法律地位的状况。它标志着中国的公司进入了规范化阶段，公司的设立、组织机构、合并分立、解散终止等行为都有法可依。公司法的颁布，还将促进与之相联系的证券法、国有资产管理法、破产法、社会保险法、工资法、统一的企业所得税法等一系列法律法规的建立与完善。中国《公司法》先后在2004年、2005年、2013年及2018年进行了修订。

(二) 公司设立

公司设立，是指发起组建公司的人为组建公司，并使其获得法人资格而进行的一系列法律行为的总和。

1. 公司设立的原则

各国公司设立的原则随着时代的变迁和公司类型的发展而发生变化，概括起来，大体经历了以下几个阶段。

(1) 自由主义。自由主义又称放任主义，是指公司的设立完全由设立人自由为之，法律不加干涉。公司的设立没有任何的法定条件和程序，公司一经组成便具有法律上的人格，无须注册登记。自由主义存在于欧洲中世纪公司制度发展的早期阶段，其理论基础是：公司设立行为不过是发起人之间的利益分配关系，具有交易行为的一般属性，所以应当遵循意思自治原则。[①]自由主义容易造成公司的泛滥，危及债权人的利益，不利于维护正常的经济秩序，后来被其他原则取代。

(2) 特许主义。特许主义指公司的设立须经由国家元首或立法机关予以特许，方能设立。特许主义盛行于17世纪至19世纪的英国，例如，1600年成立的英国东印度公司就是由英国女王伊丽莎白一世特许成立的。后来，特许主义由国家元首特许发展为由国家立法机关制定法律特许。例如，法国通用电气公司等5家国营工业公司就是根据法国于1982年2月11日颁布的第82-155号法令(即国有化法令)，对通用电气公司等5家私营工业公司实行国有化而设立的。

(3) 核准主义。核准主义指公司的设立除必须具备法律规定的条件和履行法定程序外，还须经政府行政主管机关的审查和批准。核准主义创设于法国路易十四时代制定的《商事条例》，后为德国等许多国家所采纳。核准主义虽然比特许主义有很大进步，大大简化了公司设立的手续，但随着社会经济的高速发展，核准主义对公司设立的限制仍过于严格，不能满足公司发展的需要，后来逐步被准则主义取代。

(4) 准则主义。准则主义指由法律对公司设立的条件作出规定，凡是具备这些法定条件的，不必经过政府行政主管机关批准，就可直接向登记机关申请成立公司。准则主义简化了公司的设立程序，便于公司及时设立，但容易造成滥设公司的后果，因此，许多国家采取严格准则主义，即在法律上严格规定设立公司的条件，并加重设立人的责任，以及加强法院和行政机关对公司的监督。现代大多数国家的公司立法普遍采用严格准则主义。

---

① 王小能. 商法学[M]. 北京：高等教育出版社，2000：98.

2. 公司设立的方式

公司的设立主要有两种方式，即发起设立和募集设立。

(1) 发起设立。发起设立也称共同设立或单纯设立，是指由发起人认购公司应发行的全部股份而设立公司。发起设立的认购是在发起人中进行的，不向社会其他公众发行股票，由发起人协商认购公司的全部股份或公司首次发行的股份，发起人应按照认购的股份数向公司缴纳股款。这种设立方式的特点是设立程序简单，设立所需时间短、成本低，适合于中小型公司采用。

(2) 募集设立。募集设立也称渐次设立或复杂设立，是指由发起人认购公司应发行股份的一部分，其余部分向社会公共募集而设立公司。募集设立区别于发起设立的主要之处就在于向发起人以外的社会公众募股，所以程序较为复杂。为了防止不具有一定经济能力的发起人完全凭借他人资本来开办公司，各国公司法一般都对发起人认购的股份有最低额的限制。例如，中国《公司法》规定，发起人认购的股份不得少于公司股份总数的35%。

3. 公司章程

公司章程是公司本身制定的规定公司各方面原则的重要文件，是公司的行为规范。它由发起设立公司的全体股东共同制定，对全体股东具有约束力。许多国家的法律规定，章程必须经主管机关核准或公证机关公证才能发挥效力。例如，《德国有限责任公司法》规定，公司章程经全体股东签名同意通过后，必须采用公证形式。中国《公司法》第25条规定："股东应当在公司章程上签名、盖章。公司章程经公司登记机关核准登记后，对公司具有约束力"。

大多数国家的公司章程由单一文件组成，一般记载公司的名称、宗旨、资本总额、组织机构以及其他重要事项。但在英、美等国家，公司章程由两个文件组成，即公司组织大纲(英：Memorandum of Association；美：Article of Incorporation)和公司内部细则(英：Articles of Association；美：By-Laws)。前者是规定公司对外关系的法律文件，主要包括公司的名称、宗旨、公司种类、经营范围、资本等内容；后者是处理公司内部事务的法律文件，主要包括公司机构的设置和人员的安排、各自的权限及责任、业务的执行等内容。公司内部细则被视为公司组织大纲的补充，不必提交注册登记机关备案，也不必向公众公布，因而只能在公司内部生效，不能对抗善意第三人。如果公司内部细则与公司组织大纲发生冲突，则以组织大纲为准。

公司章程的内容可分为绝对必要记载事项、相对必要记载事项和任意记载事项。绝对必要记载事项是指根据法律规定必须记载于公司章程中的条款，否则章程无效。各国公司法对公司章程的绝对必要记载事项都加以明确规定，一般包括公司的名称、住所、注册资本、组织机构等。相对必要记载事项是指法律规定的一些由公司设立人自主决定是否将之记载入公司章程的事项。综合《德国股份公司法》第26条和第27、《日本商法典》第168条、《法国公司法施行细则》第55条等的规定，章程的相对必要记载事项有：①接受特别利益者的姓名、住所及利益内容；②有关现物出资的事项；③有关财产受让的事项；④设立费用及发起人的报酬等。这些事项如果被载入公司章程，将产生法律效力；如果未被载入公司章程，则不产生法律效力，但不影响整个公司章程的法律效力。[1]任意记载事

---

① 梁建达. 外国民商法原理[M]. 汕头：汕头大学出版社，1996：339.

项是指在不违反法律的强制性规定、公共秩序和善良风俗的前提下,由公司设立人根据实际需要自行决定是否记载的事项。这些事项如果被载入公司章程,将产生与其他事项同样的法律效力;如不载入公司章程,也不影响公司章程的法律效力。

(三) 公司资本

1. 资本的概念与特征

公司资本是指在公司成立时由公司章程所确定的由股东出资构成的公司财产总额。公司资本具有以下主要特征。

(1) 公司资本是股东投资于公司的股份财产的总和。它既包括股东于公司设立时已经投入的资金,也包括股东负有分期缴纳义务的尚未投入的资金。

(2) 公司资本是股东对公司的永久性投资。任何人只要投资成为公司的股东后,就不能要求退股抽回股金,假如他不想持有股份,只能把股份转让给他人。

(3) 公司资本是公司债务的总担保。由于有限责任公司和股份有限公司及其股东都只对公司债务承担有限责任,当公司资不抵债时,股东不对超出部分的债务承担清偿责任,所以公司资本实际上是公司债权人利益的唯一财产担保。

2. 公司资本的基本原则

为了保护债权和交易安全,传统公司法确认了公司资本的三项基本原则,即资本确定原则、资本维持原则和资本不变原则。

(1) 资本确定原则。此原则是指公司在设立时,必须在章程中对公司的资本总额作出明确规定,并由股东全部认足,否则公司不能成立。这一原则为一般大陆法系国家公司法所确认,它能够有效地保证公司的资本真实、可靠,防止利用公司进行欺诈和投机的行为发生。

(2) 资本维持原则。此原则又称为资本充实原则,指公司在其存续过程中,应保持与其资本额相当的财产。这一原则在各国公司法中具体有如下规定:①亏损必先弥补。公司缴纳所得税后的利润,必须先用于弥补公司的亏损,在公司弥补了亏损后仍有盈余的,才允许分配股利。②无利润不得分配股利。公司在虽无亏损却无利润的情况下,也不得分配股利,以免造成公司资本总额的减少。③债务不得抵销。公司作为法人,具有独立的人格,公司与股东在法律关系上是两个独立的主体,所以,公司的债务人不得以其对股东个人的债权,主张与其所欠公司的债务相抵销。④股票的发行价格不得低于股票的面值。股份有限公司的股份表现为股票,如果公司以低于票面值的价格发行股份,会影响公司资本的实际财产价值。资本维持原则为各国公司法所确认,因为它有利于防止因公司资本的减少而危害债权人的利益,防止股东对盈利分配的过高要求,确保公司本身业务活动的正常开展。

(3) 资本不变原则。此原则是指公司的资本一经确定,即不得随意改变,如需增加或减少资本,必须严格依法定程序进行。公司资本不变,并非绝对不能改变,而是指不得随意改变。公司成立后,如果情况发生变化而需要改变公司资本,只要依照法定程序办理有关手续,仍然可以改变。资本不变原则与资本维持原则一样是为了防止因公司资本总额的减少而导致公司责任能力的减弱。

3. 公司资本制度

根据西方国家公司法律的规定，公司资本制度有三种：法定资本制，授权资本制，折中资本制。

(1) 法定资本制。它是指公司章程中所载明的公司资本额，在公司设立时必须全部由股东认购完毕，否则公司不得成立。公司如增加资本必须经股东大会作出决议，变更公司章程中的资本数额，并办理相应的变更登记手续。法定资本制有利于保证公司资本真实、可靠，防止公司设立中的欺诈、投机行为，但对资本充足的要求过于严格，限制了公司的尽快成立。法定资本制为德国、法国等多数大陆法系国家所采用。

(2) 授权资本制。它是指公司必须在公司章程中载明授权资本的数额，但在公司设立时，不必按授权资本的数额全部发行股份，而可以先发行一部分，其余则留待日后根据公司业务发展的需要决定是否发行。授权资本制便于公司迅速成立，适应现代股份公司发展的客观需要。但公司资本的落实缺乏足够的保障，容易被欺诈行为所利用，不利于对公司债权人利益的保护。授权资本制为英国、美国、荷兰等国所采用。

授权资本制使公司资本内容趋于复杂化，具体表现为如下三种不同形态：①授权资本(Authorized Capital)，又称核准资本或名义资本(Nominal Capital)，是指公司依照章程规定有权通过发行股票而募集的资本总额。由于授权资本并不要求发起人或股东全部认足，所以它并不是公司实际拥有的资产，而是代表公司发行股份的最高限额和公司今后可能达到的规模，它只是一种名义资本。②发行资本(Issued Capital)，是指公司实际上已向股东发行的股本总额，也就是股东已同意认购的股本总额。由于授权资本在实际上限制了发行资本的范围，所以发行资本只能是等于或小于授权资本，永远不可能超过授权资本。③实缴资本(Paid-up Capital)，是指公司股东实际向公司已经缴纳的资本。发行资本是股东同意认购的股本总额，却不是股东实缴的资本，因为股东认购了股份后，可能是一次缴清全部股金，也可能是在法律规定的一定期限内分数次缴清。

(3) 折中资本制。它又被称为认可资本制，是介于法定资本制和授权资本制之间的一种新的公司资本制度。它是指公司设立时，股东不必将全部资本认足，可以授权董事会在一定期限内随时发行，发行数额不得超过资本总额的一定比例。自20世纪50年代以来，一些国家和地区相继修改公司法，改法定资本制为授权资本制，但对授权资本制加以种种限定，实质上多为折中资本制，如日本等国的公司法。

4. 资本的增加和减少

(1) 公司资本的增加。公司资本的增加，简称增资，是指公司成立后，依照法定条件和程序增加公司的资本总额。

有限责任公司增资的方式通常有两种：①按原有的出资比例增加相应的资本，增资后各股东的出资比例不变；②通过增加新股东并增加新的出资方式。股份有限公司增资的方式主要有：①发行新股，即公司在原定股份总数之外发行新的股份。新增的股份既可由原有股东优先认购，也可向社会公开出售。向原有股东发行新股时，既可采取由原有股东另外缴款购买新股的方式，也可采取将股息红利转换为股票的方式；向社会发行新股时，可采取出售新股票和将可转换公司债转换成公司股份两种方式。②增加股份金额，即公司在不改变原定股份总数的情况下增加每一股份的金额。这种方式的增资只能在原有股东内部进行。

公司增资必须依法定程序进行。一般来说，公司增资须经股东大会通过增资决议，并变更公司章程，然后向公司登记机关办理变更登记手续。有些国家法律对公司增资还规定了一定的限制条件。

(2) 公司资本的减少。公司资本的减少，简称减资，是指公司成立后，依照法定条件和程序减少公司的资本总额。

公司资本实际上是公司债权人利益的唯一财产担保，为保护债权人的利益，有限责任公司一般不得减少资本。有的国家虽然允许有限责任公司减资，但为债权人利益考虑，对减资的程序作出了严格的限制。例如，《德国有限责任公司法》第58条规定，减少资本时不仅要有股东会的特别决议，而且关于减资的决议应在规定的报纸上公告3次，同时催告公司的债权人向公司申报债权。如已向公司申报的债权人不同意减资，公司应对其债权予以清偿或提供担保。中国公司法对有限责任公司的减资程序也作出了严格的限制：减资决议的作出，必须经代表2/3以上表决权的股东通过。公司决议减少注册资本时，必须编制资产负债表及财产清单。公司应当自作出减少注册资本决议之日起10日内通知债权人，并于30日内在报纸上至少公告3次。债权人自接到通知书之日起30日内，未接到通知书的自第1次公告之日起90日内，有权要求公司清偿债务或者提供相应的担保。

股份有限公司的减资，也会直接影响公司债权人的利益，而且直接涉及股东的权益。因此，股份有限公司的减资决议应由股东大会作出，由出席股东大会的半数以上的表决权通过。减少公司发行的任何类别股份的总数，必须报有关部门审查同意。同时，需履行与有限责任公司相同的法定减资程序。公司减少资本后的注册资本也不得低于法定的最低限额。股份有限公司减资的方式主要有：①减少股份数额，即减少股份总数，而每股金额不变。②减少股份金额，即股份总数不变，只减少每股的金额。

(四) 公司债

1. 公司债的概念与特征

公司债(Debenture Bonds)是指公司依照法定条件和程序，通过发行有价证券的方式，向社会公众募集资金并约定在一定期限内还本付息的债务。

与股份相比较，公司债具有如下特征。

(1) 股份的持有人为公司的股东，有权参加股东大会，对公司的重大问题行使表决权。公司债的持有人为公司的债权人，与公司是债权债务关系，无权参与公司的经营管理。

(2) 股份(普通股)一般没有固定的股利率，只有在公司有盈余时，才能获得股利，且股利的多少取决于公司盈余的多少；公司债有固定的利息率，公司定期发放利息，无论公司盈利与否，公司都应当支付约定的利息。

(3) 股份是永久性投资，股东一旦认购股份，缴纳股款之后就不能要求公司退还股金；公司债是有一定期限的，到期后公司必须向公司债持有人归还本金。

(4) 当公司解散分配剩余财产时，公司债有权得到优先清偿。

2. 公司债的种类

按照不同的标准，可以对公司债进行不同的分类，主要有以下几种。

(1) 担保公司债与无担保公司债。担保公司债是指公司以其全部或部分财产作为偿还本息的担保而发行的公司债券。公司为债券提供担保的，可以是公司现有的实物形态财产，也可以是公司持有的其他公司的债券或股票，还可以是其他公司(通常是母公司)的保证。

无担保公司债是指公司仅凭其信用(Credit)而未提供任何担保所发行的公司债券。这种公司债既无财产抵押，又无他人作保，一旦公司到期无力清偿债务，债券持有人只能以公司一般债权人的身份，对公司提起诉讼，要求清算偿还。

(2) 记名公司债与无记名公司债。记名公司债是指在公司债券上记载债权人姓名或名称的公司债券。无记名公司债是指不在公司债券上记载债权人姓名或名称的公司债券。我国《公司法》第156条规定，公司债券可分为记名债券和无记名债券。

(3) 转换公司债与非转换公司债。转换公司债是指可以转换为股份的公司债。转换公司债的持有人在持券后的一段时间内可以将债券转换为公司的股票，从而变成公司的股东。我国《公司法》第161条规定，上市公司经股东大会决议可以发行可转换为股票的公司债券。发行这种债券时，应当在债券上标明"可转换公司债券"字样，公司应当按照其转换办法向债券持有人换发股票，但债券持有人对转换股票或不转换股票有选择权。非转换公司债是不得转换为股份的公司债。凡在发行债券时未约定可转换的，均为非转换公司债。

(4) 参与公司债与普通公司债。参与公司债是指当公司盈利较多，股票股利的分配比例超过债券利息率时，债权人可以分到公司对债券增加的一定比例的利息。这种债券的利息已接近于股票的分红，具有不确定性。普通公司债是指有一定偿还期和固定利息率的公司债。绝大多数的公司债都采取这种形式。

3. 公司债的发行与转让

各国公司法一般都对公司债的发行主体有明确规定，许多国家将公司债的发行主体限定于股份有限公司。由于公司债涉及社会公众利益，为保障社会秩序稳定，需要限定只有规模大、偿还能力强的公司，才能发行公司债。中国公司法根据本国国情实际规定，股份有限公司、国有独资公司和由两个以上的国有企业或者其他两个以上的国有投资主体投资设立的有限责任公司，为筹集生产经营资金，可以依照公司法发行公司债券。

公司债券作为有价证券，原则上可以在证券市场上自由转让。中国《公司法》第160条规定，记名公司债券的转让由债券持有人以背书的方式或者法律、行政法规规定的其他方式转让，并由公司将受让人的姓名或者名称及住所记载于公司债券存根簿。无记名债券则由债券持有人在依法设立的证券交易场所将该债券交付给受让人后即发生转让的效力。

(五) 公积金与股利分配

1. 公积金

公积金(Reserve Funds)又称储备金或准备金，是指公司依法律和章程规定，从公司利润中提取的，不作为股利分配，保留在公司内部备用的基金。公司提留公积金主要是为了在必要时用它来弥补亏损和扩充资本。

公积金主要可分为两类。

(1) 法定公积金。它是法律规定必须提取的公积金。法定公积金依其来源，又可分为法定盈余公积金和法定资本公积金。法定盈余公积金是指公司在弥补亏损后，分配股利前，按法定比例从纯利润中提取的公积金。关于提取的比例，各国的规定有所不同，例如法国、德国规定为5%，中国规定为10%。这种公积金达到一定数额时一般都不再提取，例如法国、德国规定为10%，中国规定为50%。法定资本公积金是指直接由资本或其他原因所形成的公积金，其来源主要有：股票超面额发行所得的净溢价额；资产估价增值所获得的估价溢额；处分资产的溢价收入；吸收合并其他公司所承受的资产余额；接受赠予财产的所得等。

(2) 任意公积金。任意公积金是公司根据章程和股东大会决议在法定公积金之外提取的公积金。任意公积金是否提取以及提取的比例，均由公司章程和股东大会来确定，法律不作强制性规定。例如，中国《公司法》只在第166条规定，公司从税后利润中提取法定公积金后，经股东或者股东大会决议，还可以从税后利润中提取任意公积金。除此，不作进一步具体规定。

2. 股利分配

根据各国公司法的规定，原则上只有当公司有盈余时，才能分配股利，禁止从资本中支付股利。所谓公司盈余是指公司当年的利润减去应缴纳的税款和费用，弥补以前的亏损和提取法定公积金后的剩余利润。

公司按照股东所持的股份比例分配利润，同股同利。股利分配一般采取现金支付方式，但也可以采取股份分配和财产分配方式。对采取股份分配和财产分配的，法律有所限制，须履行法律手续进行分配。

公司必须依法进行股利分配，公司股东大会或者董事会如果违反法律规定，在公司弥补亏损和提取法定公积金之前向股东分配利润的，必须将违反规定分配的利润退还公司。

(六) 公司的合并与分立

1. 合并

公司的合并(Amalgamation)是指两个以上的公司，依法达成协议合并为一个公司的法律行为。公司合并有两种方式：吸收合并和新设合并。吸收合并是指将一个或一个以上的公司解散，将其财产及债权债务转归一个现存的公司。新设合并是指将现存的两个以上的公司同时解散，共同成立一个新的公司。有些国家法律对有限责任公司的合并有所限制，如日本有限公司法要求有限责任公司之间合并后的公司，应当采取有限责任公司的形式，而德国法不允许有限责任公司吸收合并股份有限公司。

公司合并的程序，一般是由合并各方在自愿平等的基础上通过协商，达成合并协议后，由各公司召开股东会做出合并的决议。公司应即时向各债权人分别通知或进行公告，债权人提出异议的，公司应当清偿债务或提供偿债的担保。各国法律还规定，反对合并的股东有权要求公司以公平的价格收购其所持有的股份。公司合并后，应在法律规定的期限内向公司登记机关办理登记手续，并进行公告。

2. 分立

公司的分立是指一个公司依据法定条件和程序分为两个或两个以上公司的法律行为。

许多国家的公司法未设公司分立制度，将其包容于公司的设立之中。中国《公司法》为规范公司的分立行为，对公司分立作出了专门的规定。

公司的分立可以采取新设分立和派生分立两种形式。新设分立是指将一个公司的全部资产进行分割，分别设立两个或两个以上的公司，原公司消灭。派生分立是指将原公司的部分财产、人员和营业分离出去建立一个新的公司，原公司存续。

按照中国《公司法》的规定，公司分立的程序为：公司股东会作出决议，分立各方签订分立协议，编制资产负债表和财产清单，通知债权人，办理分立登记。

(七) 公司的解散与清算

1. 公司的解散

公司的解散(Dissolution)是指公司因法律或章程规定的解散事由出现而停止营业活动并逐渐终止其法人资格的行为，它是公司主体资格消灭的必经程序。公司解散的原因主要有以下几点。

(1) 公司自己决定解散，即公司股东会作出决议，认为公司没有存续的必要，决定解散。

(2) 法律规定的解散事由出现，又称法定事由解散，主要包括：①公司章程规定的营业期限届满或规定的解散事由出现；②与其他公司合并或分立；③公司破产。

(3) 有关机关责令解散，又称强制解散，包括：①公司因违反国家法律法规被依法撤销；②应少数股东请求，命令解散。

2. 公司的清算

公司解散后，应对公司的财产进行清算(Liquidation)。清算由清算人(Liquidator)来主持。清算人的选任大致有三种做法：一是由公司董事担任。如日本商法规定，股份有限公司和有限责任公司的清算人由董事担任。二是由股东会选任。如中国《公司法》第183条规定，股份有限公司的清算组由股东大会确定其人选。三是由法院依利害关系人的申请选派。如中国《公司法》规定，有限责任公司的清算组由股东组成，股份有限公司的清算组由股东大会确定其人选；逾期不成立清算组进行清算的，债权人可以申请人民法院指定有关人员组成清算组，进行清算。

清算人在清算过程中所担负的职责主要有：清理公司财产，编制资产负债表和财产目录；以公告的方式通知公司债权人申报债权；了结公司业务；收取公司债权，偿还公司债务；处理公司剩余财产；代表公司进行民事诉讼活动。清算人须在一定期限内完成公司的清算工作。公司清算终结后，清算组应当制作清算报告，报股东大会或有关主管机关确认，并报送公司登记机关，申请注销公司登记，并公告公司终止。

二、有限责任公司

(一) 有限责任公司的概念与特征

有限责任公司是指由法律规定的一定人数的股东所组成，股东就其出资额对公司债务承担责任的公司。有限责任公司具有以下主要特征。

(1) 不公开发行股票。股东通过协商确定各自的出资额,在他们缴纳出资额后,由公司出具书面的股份证书,作为他们在公司享有权益的凭证。例如,中国《公司法》第31条规定,有限责任公司成立后,应当向股东签发出资证明书。

(2) 股份一般不得随意转让。西方国家公司法规定,股东如需转让其股份,必须经符合法定人数的股东同意,而且在同等条件下,其他股东有优先购买权。中国《公司法》第71条规定,股东之间可以相互转让其全部出资或者部分出资。股东向股东以外的人转让其出资时,必须经全体股东过半数同意;不同意转让的股东应当购买该转让的出资,如果不购买该转让的出资,视为同意转让。经股东同意转让的出资,在同等条件下,其他股东对该出资有优先购买权。

(3) 股东人数一般有限制。西方国家公司法对有限责任公司股东人数大多有最高限额的规定。如法国公司法规定,有限责任公司的股东最多不得超过50人,美国有的州规定不得超过30人,日本规定不超过50人。中国《公司法》第24条规定,有限责任公司由50个以下股东出资设立。

(4) 股东对公司债务负有限责任。有限责任公司股东对公司债务所负责任,一般仅以其出资为限。但也有规定限于出资额的数倍的,如三倍或五倍等,这种公司称为担保有限公司。

(二) 有限责任公司的设立

1. 制定公司章程

公司章程由发起设立公司的全体股东共同制定,对全体股东具有约束力。公司章程经公司登记机关核准登记后,对公司具有约束力。对公司章程的主要内容,各国公司法一般都有具体的规定。例如,中国《公司法》第25条规定,有限责任公司章程应当载明下列事项:①公司名称和住所;②公司经营范围;③公司注册资本;④股东的姓名或名称;⑤股东的出资方式、出资额和出资时间;⑥公司的机构及其产生办法、职权、议事规则;⑦公司法定代表人;⑧股东会议认为需要规定的其他事项。

2. 认缴出资

有限责任公司由于不得向社会公开募集资本,所以其资本必须在设立过程中由全体股东予以认缴出资。股东认缴出资涉及的问题有以下几点。

(1) 出资数额。各国公司法对有限责任公司的出资数额大多有所限制。出资数额包括每个股东出资的数额和公司资本总额。就股东出资的数额而言,有的国家规定了最低额,如日本有限公司法规定,每股出资额不得少于1000日元,德国规定有限公司每个股东出资不得少于500马克。就资本总额而言,德国规定有限责任公司的最低资本额为5万马克,法国规定为2万法郎。

(2) 出资方式。有限责任公司股东的出资,可以是现金,也可以是实物、工业产权、非专利技术和土地使用权。以实物、工业产权、非专利技术或土地使用权出资的,必须进行评估作价,核实财产,不得高估或者低估作价。股东出资是实物的,一般限制在生产经营所需的建筑物、设备或其他物资范围之内。

(3) 缴纳期限。各国公司法在此问题上有两种不同规定:一是要求一次全额缴纳,以保证公司资本的充实。如日本有限公司法规定,董事应责成股东将出资全额缴纳,或者将作为出资标的财产全部给付。中国《公司法》第28条规定，股东应当按期足额缴纳公司章程中规定的各自所认缴的出资额。股东以货币出资的，应当将货币出资足额存入有限责任公司在银行开设的账户；以非货币财产出资的，应当依法办理其财产权的转移手续。股东不依照前款规定缴纳出资的，除应当向公司足额缴纳外，还应当向已按期足额缴纳出资的股东承担违约责任。股东全部缴纳出资后，必须经过法定的验资机构验资并出具证明。二是允许分期缴纳，但是第一期缴纳的出资额，不得低于总额的一定比例，其余应缴出资规定在一定时期内缴清。如《德国有限责任公司法》第7条规定，申请登记只能在非实物出资的股本出资已缴纳1/4时，才得提出；如果有实物出资，股东的实际总额中现金出资总额加上实物出资总额至少达到25 000马克；如果公司仅由一人设立，则只有当至少前两项规定的数额已经缴付，并且该股东已为其余的货币出资提供了担保，方可进行申请。

(4) 出资证明。有限责任公司成立后，应当向股东签发出资证明书，作为其对公司资产拥有所有权的凭证。出资证明书一般应当载明下列事项：①公司名称；②公司登记日期；③公司注册资本；④股东的姓名或者名称、缴纳的出资额和出资日期；⑤出资证明书的编号和核发的日期。出资证明书由公司盖章。

3. 注册登记

有限责任公司的设立必须依法经注册登记，才能取得其法律上的人格地位。股东在制定章程并按规定缴纳了出资后，就应向有关机关申请注册登记。各国主管公司登记的机关不尽相同，有的国家主管公司登记的机关为法院，例如德国；中国主管公司登记的机关为工商行政管理机关。公司申请登记时，可由全体股东指定代表或共同委托代理人向登记机关办理有关手续，应向登记机关提交公司登记申请书、公司章程、验资证明等文件。登记机关对申请的有关文件进行审查，符合公司法规定设立条件的，予以核准登记，发给公司营业执照。公司营业执照签发的日期，为有限责任公司的成立日期。

(三) 有限责任公司的资本和股份

1. 有限责任公司的资本

有限责任公司的资本是指公司股东出资的总额。有限责任公司的资本采取法定资本制，即公司章程中所载明的公司资本额在公司设立时必须由股东一次认缴，即使有的国家公司法规定股东可以分期缴纳出资，但也必须在设立时一次认足，然后对公司负按期缴纳的义务。公司如增加或减少资本，必须修改公司章程和向原登记机关办理变更登记的手续。法定资本制有利于保证公司拥有充实的资本，能够防止不法人员利用公司进行欺诈、投机活动。

2. 有限责任公司的股份

该股份是作为公司资本构成的基本单位而存在的，是股东在公司中享有权利和承担义务的依据。有限责任公司的股份一般不是等额的，因而每个股东实际上在公司股本中只持有一股。股份的量化是通过股东出资在公司资本总额中所占的比例来决定的，股东根据其出资在公司资本总额中所占比例的多少来享受权利和承担义务。有限责任公司的股份不表现为股票形式，而是由公司开具出资证明书，具有股东权利义务凭证的性质，在公司法上一般称之为股单。股单都必须载明持股人的姓名，不能像股份有限公司的股票那样自由流通,但在一定条件下可以转让。

3. 有限责任公司股份的转让

股东转让出资应当是在有限公司成立之后进行的,股东应当向董事会提出转让的申请,由董事会提交股东会议讨论,经符合法定人数的股东同意才能转让。股东向本公司其他股东转让与向非股东转让所受限制不同。如日本有限公司法第19条规定,股东可以将其股份全部或部分转让于其他股东;如股东欲将其股份全部或部分转让于非股东,则需经股东会承认,而且其他股东在同等条件下有优先购买权。此外,出让人为一般股东还是公司董事,其出资转让所受的限制亦不同。如果出让人为一般股东,须经1/2或2/3以上股东同意才可以转让;如果出让人为公司董事,则必须经过全体股东同意方能转让。

(四) 有限责任公司的组织机构

有限责任公司属社团法人,作为社团(组织),它不可能通过整体行为从事活动,而必须设置机构,以公司机构为其法人的首脑,指挥并代表法人做出民事行为。有限责任公司的组织机构主要包括股东会议、董事会(包括其任命的经理)、监事会。其中,股东会是公司的最高权力机构,董事会是公司的经营管理执行机构,监事会是公司经营活动的监督机构。股东人数较少和规模较小的公司可以不设董事会和监事会。

1. 股东会议

股东会议由全体股东组成,是股东行使其权利的机关。股东会议分为定期会议和临时会议。定期会议是按照公司章程的规定按时召开的,一般是半年或一年召开一次。临时会议一般是为决议公司临时性的重大事项而召开的。临时会议的召开,既可由董事会来作出决定(需多数董事同意),也可由占一定比例的股东来提出。中国《公司法》第39条规定,代表1/10以上表决权的股东,1/3以上的董事,监事会或者不设监事会的公司的监事提议召开临时会议的,应当召开临时会议。

股东会一般由董事会召集,董事长主持。股东会的首次会议则由出资最多的股东召集和主持。召开股东会议,应当于会议召开前若干天(如中国《公司法》规定为15天)通知全体股东。

股东会议通过表决来形成决议。对股东的表决权各国有不同的规定,中国《公司法》规定,股东按照出资比例行使表决权。股东会议形成决议一般采取少数服从多数的方法。法国和德国的法律都规定,同意者所持有的资本超过公司资本1/2时,决议就可通过。但对于一些特别重大事项的通过,各国一般都有较为严格的要求。如法国、德国规定,形成特别决议须经代表资本3/4以上股东同意方可。我国《公司法》第43条规定,股东会会议作出修改公司章程、增加或者减少注册资本的决议,以及公司分立、合并、解散或者变更公司形式的决议,必须经代表2/3以上表决权的股东通过。

股东表决权一般为自己行使,也可委托他人代理行使。股东是法人的,必须指定一人作为其代理人。股东委托代理人出席股东大会行使表决权,应出具委托书,载明授权范围。各国法律对代理表决有一些限制。例如,《法国公司法》第58条规定,股东可以委派其他股东或其配偶作为自己的代理人,如果委派另外的人作为自己的代理人,则应以公司章程的特别规定为限。股东不得只将一部分代理权委托代理人行使而另一部分由自己行使。

关于股东会的权限，各国公司法的规定有所不同，中国《公司法》第37条规定，股东会行使下列职权：①决定公司的经营方针和投资计划；②选举和更换非由职工代表担任的董事、监事，决定有关董事、监事的报酬事项；③审议批准董事会的报告；④审议批准监事会或者监事的报告；⑤审议批准公司的年度财务预算方案、决算方案；⑥审议批准公司的利润分配方案和弥补亏损方案；⑦对公司增加或者减少注册资本作出决议；⑧对发行公司债券作出决议；⑨对公司合并、分立、解散、清算或者变更公司形式作出决议；⑩修改公司章程；⑪公司章程规定的其他职权。

2. 董事会

许多国家公司法比较重视有限责任公司的股东会的作用，对有限责任公司是否设立董事会不作严格要求，尤其是股东较少、规模较小的公司可以不设置董事会，由股东会选举执行董事，由董事来执行公司业务管理，对外代表公司。但对规模大的有限公司，有的国家则规定必须设置董事会。

董事会的组成人数，有些国家法律规定不得少于3人，有些国家还对上限也作了规定。如中国《公司法》规定，有限责任公司董事会，其成员为3～13人。董事会一般设有董事长、副董事长，董事长为公司的法定代表人。

关于董事的资格，各国公司法一般都有所限制。第一，董事必须由完全行为能力的自然人来担任。法人为公司股东的，应委派自然人作为代表。第二，董事一般应从股东中产生。中国台湾地区的公司法明确规定董事只能由股东担任。不过，中国大陆的《公司法》没有这一限制。第三，董事应具有善良的品行和经营能力。对有经济方面犯罪前科且刑满释放未达一定年限者，或者对某一企业破产负有主要责任的企业法定代表人，自企业破产未逾一年年限者，各国法律一般不允许其担任有限责任公司董事。中国《公司法》第146条规定，有下列情形之一的，不得担任公司的董事、监事、高级管理人员：①无民事行为能力或者限制民事行为能力；②因贪污、贿赂、侵占财产、挪用财产罪或者破坏社会主义市场经济秩序，被判处刑罚，执行期未逾5年，或者因犯罪被剥夺政治权利，执行期满未逾5年；③担任破产清算的公司、企业的董事或者厂长、经理，对该公司、企业的破产负有个人责任的，自该公司、企业破产清算完结之日起未逾3年；④担任因违法被吊销营业执照、责令关闭的公司、企业的法定代表人，并负有个人责任的，自该公司、企业被吊销营业执照之日起未逾3年；⑤个人所负数额较大的债务到期未清偿。

关于董事会的权限，中国《公司法》第46条规定，董事会对股东会负责，行使下列职权：①召集股东会会议，并向股东会报告工作；②执行股东会的决议；③决定公司的经营计划和投资方案；④制订公司的年度财务预算方案、决算方案；⑤制订公司的利润分配方案和弥补亏损方案；⑥制订公司增加或者减少注册资本以及发行公司债券的方案；⑦制订公司合并、分立、解散或者变更公司形式的方案；⑧决定公司内部管理机构的设置；⑨决定聘任或者解聘公司经理及其报酬事项，并根据经理的提名，决定聘任或者解聘公司副经理、财务负责人及其报酬事项；⑩制定公司的基本管理制度；⑪公司章程规定的其他职权。

董事会职权的行使是通过召开董事会会议实现的。董事会会议一般由董事长召集和主持，董事长出于特殊原因不能履行职务时，由董事长指定副董事长或者其他董事召集和主持。

有限责任公司董事要对公司尽管理人的注意义务和竞业禁止义务。董事应遵守公司章程，认真执行业务，维护公司利益，不得利用在公司的地位和职权为自己谋取私利，不得侵占公司财产。董事不得自营或者为他人经营与其所任职公司同类的营业或者从事损害本公司利益的活动，否则所得收入应当归公司所有。董事违反法律或违反其职责而使公司遭受损失，董事需负赔偿责任。例如美国有些州的法律规定，由经营失当而导致的公司债务，董事或管理人员应承担赔偿责任。

案例2-2　克里林凯诉朗杰瑞案(1984)

原告克里林凯和被告朗杰瑞都是柏林空中有限责任公司的股东、董事，原告是副总裁，被告是总裁。1977年，该公司与几家旅行社洽谈有关提供服务的合同，但没有成功。1978年6月，被告获悉那几家旅行社有意订约，便于同年7月自行合并了ABC空中出租公司并成为其唯一股东。同年8月，ABC公司与那几家旅行社展开谈判，并于9月达成协议。原告认为，被告违背其对柏林空中有限责任公司的诚信义务。法院判决原告的指控成立，被告败诉。

有限责任公司设经理，由董事会聘任或者解聘。经理对董事会负责，主要行使下列职权：①主持公司的生产经营管理工作，组织实施董事会决议；②组织实施公司年度经营计划和投资方案；③拟订公司内部管理机构设置方案；④拟订公司的基本管理制度；⑤制定公司的具体规章；⑥提请聘任或者解聘公司副经理、财务负责人；⑦聘任或者解聘除应由董事会聘任或者解聘以外的负责管理人员；⑧公司章程和董事会授予的其他职权。此外，经理一般可以列席董事会会议。

3. 监事会

监事会是对公司事务实行监督的机构。有限责任公司经营规模较大的，一般设立监事会；股东人数较少和规模较小的，通常可以不设监事会。设立监事会的，其成员不得少于三人，并应在其中推选一名召集人。不设监事会的，可以设一至两名监事。监事会一般由公司股东和公司职工代表共同组成，具体比例由公司章程规定，其中职工代表由公司职工民主选举产生。监事会作为公司经营活动的监督机构，其成员的职责就是从事专门性的监督工作，所以，公司的董事、经理以及财务负责人不得兼任监事。监事会或者监事主要行使下列职权：①检查公司财务；②对董事、经理执行公司职务时违反法律、法规或者公司章程的行为进行监督；③当董事和经理的行为损害公司的利益时，要求董事和经理予以纠正；④提议召开临时股东会；⑤公司章程规定的其他职权。此外，监事也列席董事会会议。

三、股份有限公司

(一) 股份有限公司的概念与特征

股份有限公司是指将确定的资本分为等额的若干股份，由一定人数以上的有限责任股东所组成的公司。

股份有限公司具有以下主要特征。

(1) 公司的资本总额平分为金额相等的股份。股份有限公司的全部资本,必须分为等额股份,股份以股票(Stock)为表现形式。股东根据持股比例对公司享有权利和承担义务。

(2) 公司可以公开发行股票,而且股票可以自由转让。一般来说,任何人只要愿意支付股金,都可以买到股票而成为股东。因此股份有限公司的股东相当广泛,而且更换频繁。

(3) 股东人数不得少于法律规定的数目。股份有限公司本身是公开招募股东的,它的人数不能低于规定的数目。对于股东人数最低限额,各国公司法有不同的规定。例如,法国、日本法律规定为至少7人,德国商法规定最低为5人,中国公司法规定应当有2人以上。

(4) 股东以其所认购的股份对公司承担有限责任。股份有限公司的债务以公司的全部财产承担清偿责任。股东必须就其所认购的股份向公司缴足股金,并以其认购缴足的股金为限对公司债务承担责任。股东个人的财产与公司的财产是分离的,股东在向公司缴足股金后,即从公司财产中分离出来,股东对公司财产不再享有占有、使用等所有权权能,与公司的债权、债务也不再有直接的关系。公司则独立地享有对公司财产的占有、使用及依法处分权,并以公司财产对公司债务承担责任。

(5) 公司的拥有者和管理者大都是分离的。负责公司一切日常经营管理活动的不是股东,而是董事会、经理等专门的经营管理人员。董事、经理通常要以自己的全部财产,对因其失职而造成的公司经济损失负赔偿连带责任。

(6) 公司的账目必须公开。各国公司法一般都规定,股份有限公司必须在每个财政年度终了时将公司董事会的年度报告、公司损益表、资产负债表等,向政府主管机关、股东及公众公开。股东一般也有权要求检查公司的账目,了解公司的财务和管理状况。

(二) 股份有限公司的设立

股份有限公司具有向社会募集资金的职能,而且其经营规模较大、人员较多,对社会生活影响比较大。因此,各国公司法在公司设立的有关问题上,都设立了比有限责任公司更为严格的要求。

公司的设立,是公司依照法定程序取得法人资格的过程。各国公司法对设立股份有限公司的手续各有不同的规定,但一般来说,公司的设立都要经过这样几个步骤:设立股份有限公司必须要有一定数目的发起人,发起人负责制定公司章程及认购股份;由发起人召开公司创立大会并选出公司第一届管理机构;向政府有关主管部门办理注册登记,经主管机关审查认为符合法律规定的条件准予登记后,公司即告成立。

1. 发起人

股份有限公司的发起人为公司的筹建人。具体说来,发起人是指订立发起人协议、提出设立公司申请、认购公司股份并对公司设立承担法律责任者。各国公司法一般规定自然人和法人都可以充当公司的发起人。关于发起人的国籍,大多数国家不加以限制,但也有些国家法律有一定要求。例如，挪威法律规定，股份有限公司的发起人中应至少有一半是在挪威居住两年以上的。中国法律规定，须有过半数的发起人在中国境内有住所。各国法律对发起人大多有最低数量要求。例如，德国规定至少为5人，法国规定至少为7人，中国规定应当有2人以上200人以下的发起人。

发起人的任务是负责公司的筹备工作，具体包括：①组织人员对所设立的公司进行可行性研究；②认购公司股份；③负责起草公司章程；④通过一定方式筹集资金；⑤办理公司设立申请等有关手续；⑥召开创立大会，选举公司机构等。

发起人除了履行必要的法定义务，还应当对自己设立公司的行为所引起的一定财产后果承担相应的责任。主要包括：①公司发行的股份未能认足或募足并足额缴纳时，应负连带认缴责任；②公司不能成立时，对设立行为所产生的债务和费用负连带责任；③公司不能成立时，对认股人已缴纳的股款，负返还股款并加算银行同期存款利息的连带责任；④在公司设立过程中，因发起人的过失致使公司利益受到损害的，应当对公司承担赔偿责任。

由于发起人对公司的设立承担了特别的义务及责任，所以发起人在公司成立之后，可以因其设立行为而获得报酬及享有其他特别的权益，主要包括：①发起人投资的股份可以成为优先股；②可以以货币以外的其他形式出资；③可优先认购新股；④公司解散时，可以优先分配剩余财产等。

2. 公司章程

公司章程是指依法制定的规定公司宗旨、组织和活动原则、经营管理方法等重大事项的文件。公司章程是由公司发起人制定的，在公司创立阶段，它主要是作为申请募股和申请设立的必要文件来使用，经公司登记机关审核批准后，才成为对公司具有法律约束力的文件。

对公司章程的主要内容，各国公司法一般都有具体的规定。例如，中国《公司法》第81条就明确规定，股份有限公司章程应当载明下列事项：①公司名称和住所；②公司经营范围；③公司设立方式；④公司股份总数、每股金额和注册资本；⑤发起人的姓名或者名称、认购的股份数、出资方式和出资时间；⑥董事会的组成、职权和议事规则；⑦公司法定代表人；⑧监事会的组成、职权和议事规则；⑨公司利润分配办法；⑩公司的解散事由与清算办法；⑪公司的通知和公告办法；⑫股东大会会议认为需要规定的其他事项。

3. 设立方式

股份有限公司的设立方式有发起设立和募集设立两种。

发起设立的认股是在发起人中进行的，无须向社会其他公众发行股票，由发起人协商认购公司的全部股份或公司首次发行的股份，发起人应按照认购的股份数向公司缴纳股款。发起人在入股财产上通常可以享受以实物和非金钱财产(如工业产权、专有技术等)抵缴股款的优惠权利。入股的实物一般可为公司生产经营所需的建筑物、生产经营设施或其他物资。对以实物抵缴股款的，应按有关规定对实物价值进行评估和作价，核定资产；对以工业产权、专有技术作价抵缴股款的，应由发起人共同协商来确定合理价格。

募集设立区别于发起设立的主要之处就在于是向发起人以外的社会公众募股，所以程序较为复杂，包括以下步骤。

(1) 发起人须先行认购公司部分股份。为了防止不具有一定经济能力的发起人完全凭借他人资本来开办公司，各国公司法一般都对发起人认购的股份有最低额的限制。

(2) 募股申请。发起人向有关机关提交募股申请时，发起人必须提交募股审批的有关文件，其中主要的是募股章程。募股章程不同于公司章程，它是专为招募股份而制定的，其主要内容包括公司章程的主要事项、各发起人所认股份数额、股票超过票面金额发行时的价格、发行优先股的总数及其权利义务、发行不记名股的总数、认股人的权利义务、募足股份总数的期限等。

(3) 募股和认股。募股申请经审查批准后，便可公开向社会公众募股。募股前发起人应制作认股书供认股人填写。认股人应在认股书上写明自己所认的股份总数及住所并签名盖章。认股人填写认股书后，便有缴清股款的义务。股款可以一次缴清，也可分期缴清，除发起人外，一般应以现金缴付。如果认股人不在发起人所规定的期间内缴清股款，则视为自动放弃所认购的股份，发起人可就其所认股份另行招募，对因此给公司造成的损失，认股人应负赔偿责任。

(4) 召开创立大会。以募集设立方式组建公司必须在发行股份的股款缴足后召开创立大会。创立大会是为公司设立的首次股东大会，其目的是由认股人对公司发起人发起设立公司的行为进行审查确认，并选举产生公司的组织机构，通过公司章程。创立大会由发起人召集，通知全体认股人参加。创立大会的职权主要有：审议发起人关于公司筹办情况的报告；通过公司章程；选举董事会成员；选举监事会成员；对公司的设立费用进行审核；对发起人用于抵作股款的财产作价进行审核；发生不可抗力或者经营条件发生重大变化直接影响公司设立的，可以作出不设立公司的决议。

目前，西方国家股份有限公司的设立多采用发起设立的方式，因为发起设立的手续较为简便，有利于公司早日成立。有的国家公司法对股份有限公司的设立方式只规定了发起设立一种方式，如德国股份公司法。中国制定公司法时，考虑到本国的实际国情，规定股份公司的设立可以选择发起设立或募集设立的方式。

4. 公司的最低资本额

公司设立必须拥有一定数量的资本，任何股份有限公司的资本都不得低于法定最低资本额，否则公司登记机关将不予核准登记，公司就不能成立。各国公司法对股份有限公司最低资本额的规定有所不同，大陆法系国家一般对公司最低资本额都有明确的规定，如法国规定为10万法郎(不向公众邀约认股的)和50万法郎(向公众邀约认股的)，德国规定为10万马克，意大利为2亿里拉等；英美法系国家对公司最低资本额的要求较低，有的甚至不作要求，如美国《标准公司法》早在1969年就取消了有关公司最低资本额的规定。

5. 设立登记

设立登记是股份有限公司成立必须履行的法律程序。采取发起设立方式设立的公司登记注册，由发起人缴纳全部出资后，选举产生董事会与监事会，由董事会向公司登记机关申请设立登记；采取募集设立方式设立的公司，应当在创立大会结束后一定期限内，由创立大会选举产生的董事会向公司登记机关申请设立登记。董事会在向公司登记机关申请设立登记时，应当报送的文件主要有：董事长签署的登记申请书；政府审批部门的有关批准文件；公司章程；股东名册；创立大会的会议记录；筹办公司的财务审计报告；缴足股款的证明文件及验资证明；董事会、监事会成员姓名及住所；法定代表人的姓名、住所等。设立登记的申请经过审核批准,公司登记机关给予公司登记注册,发给营业执照。公司营业执照签发之日,即为公司成立之日,公司取得法人资格。公司成立后,一般应进行公告。

(三) 股份有限公司的股份

1. 股份的概念与特征

股份有限公司的股份(Share),是指按等额划分的公司资本构成单位。每一股代表一定的金额,每股金额相同。例如,一家股份有限公司的资本总额为10 000 000元,其股份有10 000 000股,每股为1元。股份也是股东对公司具有的权利及义务的体现,任何人拥有公司的股份,便对公司享有了股东权,股东享有权利的大小取决于其所认购股份的性质和数量。股份有限公司的股份是以股票为表现形式的。股票是股份有限公司的股份证书,是股东享有权利的凭证和依据。

股份有限公司的股份具有以下主要特征。

(1) 股份是对公司资本的等额划分,每一股所代表的资本额相等,所包含的权利义务均等。股东投入公司财产的多少和享有权利的大小,是通过持有股份数额的多少来体现的。

(2) 股份以股票作为其表现形式。股票是代表股权的文书,也是股东身份的证明文件,合法持有公司股票的人即可根据该股票行使股东权利。

(3) 股份可以自由转让。股份表现为股票,股票是一种有价证券,可以在证券市场上自由转让,因而股份也可以自由转让,无须征得公司机关或公司其他股东的同意。股份的转让是通过交付股票的形式进行的。

2. 股份的种类

依据不同的标准,可以把股份有限公司的股份划分为以下不同的种类。

(1) 依股东享有权益和承担风险的大小,可将股份分为普通股和优先股。

普通股(Common Stock)是指股份有限公司通常发行的、没有区别待遇的股份,它是公司的基本股份。普通股没有固定的股利率,其股利的有无及多少,视公司的经营状况而定,而且须在公司支付了公司债利息和优先股股利后方能分配。普通股的股东有权在公司解散或清算时,参与分配公司的剩余财产,但须列于公司债权人和优先股股东之后。

普通股的股东一般享有下列权利:①分派股息和红利的权利;②参与股东大会并投票的权利(包括参与选举公司董事等公司重大问题的决策);③转让股份权;④在公司解散时分配剩余财产的权利。

优先股(Preferred Stock)是指在财产权利方面优于普通股的股份。优先股在公司股份中占少数,持有优先股的股东一般为公司的发起人、公司的职工、放弃表决权的股东,以及公司设立时为了尽快募足资金而以优先股吸引入股的股东。优先股与普通股相比,其特点表现在如下三个方面:①优先股的股利是固定的,一般在发行股票时就予以确定,而且在分配股利时先于普通股分配;②在公司解散或清算分配财产时,先于普通股受偿;③优先股一般没有表决权。

根据优先股所享有的优先权内容的不同,可将优先股分为:①累积优先股和非累积优先股。累积优先股(Cumulative Preferred Stock)是指公司某一年度的盈利不足以分派优先股应分的股利，公司应当在以后年度的盈利中补足其欠额的优先股。非累积优先股(Non-cumulative Preferred Stock)是指股利的分配只以公司当年的盈利为限，如果盈利不足以分配，其不足部分，往后年度不再补足的优先股。②参与优先股和非参与优先股。参与优先股(Participating Preferred Stock)是指除按规定优先获取固定比率的股利外，还可以同普通股一起参与分配其余盈利的优先股。非参与优先股(Non-participating Preferred Stock)是指只能按原定比例分配公司盈余，此后即使公司仍有充分盈余，也不能再参加分配的优先股。

(2) 依据股份是否以金额表示，可将股份分为有票面金额股和无票面金额股。

有票面金额股(Par Value Stock)是指在股票票面上标明了一定金额的股份。如在股票上标明每股金额为1美元或10美元等。有票面金额股的每股金额必须一致。有些国家法律规定了股票面额的最低限额，如德国规定股份最低额为50马克，法国规定为100法郎，日本规定为500日元。有票面金额股的发行价可以高于票面金额，即溢价发行，但不能以低于票面金额的价格发行，以免造成公司资本的虚空。

无票面金额股(Non Par Value Stock)，又称份额股，是指在股票上不标明股份具体金额，只注明其占公司资本总额的比例的股份。有些国家的法律明文禁止股份有限公司发行无票面金额股，因为无票面金额股所代表的金额经常处于不确定状态之中，股份转让和交易的难度较大，而且国家难以对公司进行监督。目前只有美国、日本、卢森堡等少数国家允许股份有限公司发行无票面金额股，而且大多对其发行作出了种种限制性的规定。中国《公司法》只允许发行有票面金额股。

(3) 依据股份是否记载股东的姓名，可将股份分为记名股和无记名股。

记名股(Registered Stock)是指在股票上载有股东姓名或名称的股份。记名股不仅要求股东购买股票时须将姓名记入，而且要求股东转让股票时须向公司办理过户手续，否则不产生转让的效力。记名股份的权利只能由股东本人享有，非股东持有股票，不能行使股权。

无记名股(Stock to Bearer)是指不在股票上记载股东姓名或名称的股份。无记名股的转让无须办理过户手续，只要将股票交付给受让人，即产生转让的效力。任何持有无记名股票的人都是公司的股东，都可以对公司主张股东权。大多数国家公司法规定既可以发行记名股，也可以发行无记名股。但有些国家对发行无记名股有一定限制，如规定无记名股必须在缴足股款后才能发行，以免日后催缴股款困难。中国《公司法》规定，公司向发起人法人发行的股票，应当为记名股票，并应当记载该发起人法人的名称或者姓名，不得另立户名或者以代表人姓名记名。对社会公众发行的股票，可以为记名股票，也可以为无记名股票。

3. 股份的转让

股份有限公司的股份的转让，是指股东将自己的股份转让给他人的行为。股份的转让是通过交付股票的形式进行的。股份有限公司的股票原则上是可以自由转让的，只要根据转让人和受让人双方的意愿，按法律规定履行必要的手续，转让就具有法律上的效力。但是，有些国家公司法对股份的转让有一定的限制。大多数国家公司法规定，在公司设立登记之前，股票不得转让。有些国家公司法对股份转让关系的主体，即出让人和受让人作出限制。例如，由于发起人和公司有特殊利害关系，有的国家公司法规定在公司成立后的一段时间内(如中国《公司法》规定为一年)，发起人不得转让其持有的股票。公司董事、监事、经理所持有的本公司的股份，一般在任职期间也不得转让。一些国家对把股票转让给外国人作了限制，如英国公司法规定，非经国家财政部同意，不得将英国公司的股票转让给非居住于联合王国、爱尔兰、马恩岛、英法海峡各岛和直布罗陀的居民。有些国家则规定，股份有限公司不得充当本公司股票的受让人。

股份有限公司的转让方式为：如果是无记名股票，只需出让人将股票交付给受让人，就可达到转让的法律效果；如果是记名股票，则以背书方式转让，出让人须在股票上背书，受让人亦须将自己的姓名或名称记载于股票上，并登记到股东名册之中，转让才告完成。

(四) 股份有限公司的组织机构

股份有限公司的机构设置与有限责任公司一样，也分为股东大会、董事会、监事会三大机构。股东大会是公司的最高权力机构。董事会是由股东大会选举产生的公司决策和管理机构，经理是由董事会聘任的，在董事会领导下的公司管理与执行机构。监事会是由股东大会选举产生的，对董事会及经理的活动进行监督的机构。

1. 股东大会

股东大会是由股东组成的公司最高权力机构，是股份有限公司的非常设机构，一般采取定期会议和临时会议两种方式。定期会议一般每年召开一次。临时会议往往是在有特殊情况出现时，董事会或监事会认为有必要或应董事会拥有一定比例以上股份的股东的请求而召开。中国《公司法》第100条规定，股东大会应当每年召开一次年会。有下列情形之一的，应当在两个月内召开临时股东大会：①董事人数不足公司法规定的人数或公司章程所定人数的2/3时；②公司未弥补的亏损达股本总额的1/3时；③单独或者合计持有公司股份10%以上的股东请求时；④董事会认为必要时；⑤监事会提议召开时；⑥公司章程规定的其他情形。

股东大会必须达到法定人数才能开会，但各国对法定人数有不同的要求，如美国许多州的公司法规定需要有一半的股东出席才能开会，而法国规定只需有代表股本总值的1/4的股东出席即可召开。召开股东大会应当于开会前若干天通知全体股东，并作出公告。股东大会一般由董事长主持。股东大会以表决形式来形成决议，原则上每一股份有一表决权。股东大会的普通决议，一般须经出席会议的股东所持表决权的半数以上通过。股东大会对公司的合并、分立或者解散，以及公司章程的修改等重大事项所作的特别决议，一般须经出席会议的股东所持表决权的2/3以上通过。股东可以委托代理人出席股东大会，代理人应当向公司提交股东授权委托书，并在授权范围内行使表决权。有些国家法律对代理人的资格有所限制，如法国公司法规定，代理人必须是股东的配偶或公司的其他股东。

股东大会作为公司的最高权力机构，享有对公司的重大事务的决策权。但是，随着现代股份有限公司的发展，出现了公司所有权与管理权相分离的趋势，董事会、经理实际掌握着公司的经营管理大权，股东大会的权限日益减少，有些国家公司法也表现出这种倾向。例如，依照《德国股份有限公司法》的规定，董事会成员由监事会选任与解任，而不是由股东大会选任与解任。不过，从大多数国家公司法来看，股东大会还是拥有作为公司最高权力机构的职权，主要有以下几项：①选任和解任董事会成员和监事会成员；②听取并审议董事会、监事会的工作报告；③审定公司的年度财务结算，股息红利分配方案；④决定增加或减少公司的资本；⑤变更公司的章程；⑥决定公司债券的发行；⑦决定公司的分立、合并或解散；⑧对公司其他重要事项作出决议。

2. 董事会

董事会是股份有限公司必备的、常设的经营决策与业务执行机构。各国公司法均规定股份有限公司须设董事会，这一点与有限责任公司不同，股东较少、规模较小的有限责任公司可以不设董事会。董事会是股份有限公司的常设机关，自公司成立开始，董事会即作为一个稳定的机构存在，虽然董事会会议有开会、闭会、休会之分，但活动始终进行。在闭会、休会期间，董事长作为董事会的代表，董事作为公司的任职常设于公司，代表董事会行使职权。董事会作为公司的经营决策与业务执行机构，在公司的经营管理中发挥着中心的作用，已成为领导公司的最重要的机关。《美国标准公司法》规定，公司的一切权力都应由董事会行使或由董事会授权行使，公司的一切业务活动和事务都应在董事会的指示下进行。

董事会是由董事组成的，而董事一般是由股东大会选举产生的。各国公司法对公司董事的人数及资格都作出一些规定。例如，法国《商事公司法》规定，股份有限公司的董事会由3名以上、12名以下的董事组成。中国《公司法》第108条规定，股份有限公司董事会成员为5人至19人。董事会一般设董事长1人，副董事长1人或数人，董事长、副董事长由董事会选举产生。董事长为公司的法定代表人。

各国公司法对公司董事的资格都有所限制，如无行为能力者、限制行为能力者、有涉及公司方面犯罪前科者、公务员等特定身份者等，不能担任董事。关于董事是否必须由股东担任，各国公司法有不同规定。一些国家如法国、比利时的公司法规定，董事必须由股东担任；而另一些国家如美国、日本以及中国的公司法则不要求必须由股东担任，允许非股东担任董事，这反映了股份有限公司管理职业化、专业化的发展趋势。

董事会作为公司的经营决策与业务执行机构，享有广泛的职权，一般说来，除法律和公司章程规定由股东大会行使的权力外，公司的全部业务均可由董事会决定和执行。董事会主要行使下列职权：①负责召集股东大会，并向股东大会报告工作；②执行股东大会的决议；③决定公司的经营计划和投资方案；④制定公司的年度财务预算方案、决算方案；⑤制定公司的利润分配方案和弥补亏损方案；⑥制定公司增加或者减少注册资本的方案以及发行公司债券的方案；⑦拟订公司合并、分立、解散的方案；⑧决定公司内部管理机构的设置；⑨聘任或者解聘公司经理，根据经理的提名，聘任或者解聘公司副经理、财务负责人，决定其报酬事项；⑩制定公司的基本管理制度。

董事会的权力主要是通过董事会会议决议的方式体现出来的。董事会的会议分为定期召开的会议和临时会议。定期召开的会议，一般半年召开一次，有的国家规定三个月召开一次，临时会议一般由符合法定人数的董事或总经理提议召开。董事会会议由董事长负责召集并主持。董事会会议一般应由1/2以上的董事出席方可举行。董事会会议应由董事本人出席。董事因故不能出席的，可以书面委托其他董事代为出席董事会，委托书中应载明授权范围。董事会会议实行一人一票的表决方式，董事会作出表决，须经全体董事的过半数通过。董事应当对董事会的决议承担责任。董事会的决议违反法律、公司的章程和股东大会决议，致使公司遭受严重损失的，参与决议的董事对公司负赔偿责任。但经证明在表决时曾表明异议并记载于会议记录的，该董事可以免除责任。董事对股份有限公司应尽的义务与有限责任公司董事的义务大同小异，这里不再详述。

股份有限公司设经理，由董事会聘任或者解聘，对董事会负责。经理主要行使下列职权：①组织实施董事会的决议，并向董事会提出报告；②负责公司的日常业务活动；③拟订公司年度经营计划、财务结算方案以及分配方案；④聘任或解聘除应由董事会聘任或解聘以外的管理人员；⑤代表公司对外处理重要业务；⑥董事会授予的其他职权。

3. 监事会

在股份有限公司中，董事会的权力往往很大，为对其实行制约和监督，一些发达国家(如德国)在公司法中规定设立监事会行使此职能，形成股东大会、董事会、监事会"三权分立、相互制约"的体制，以防止董事会滥用权力等弊病。

各国公司法对股份有限公司是否设监事会有不同的规定。有些国家实行"双轨制"，即在股东大会之下设董事会和监事会，如德国等；有些国家则实行"单轨制"，即只设董事会而不设监事会，如英国、美国等；还有一些国家实行单轨制与双轨制的共存体制，即规定公司可设监事会，也可以不设监事会，按照公司章程作出选择，如法国等。中国公司法要求股份有限公司必须设立监事会，作为公司经营活动的监督机构。

关于监事会的职权，各国的规定也有很大区别，有的权限广泛，有的则很有限。中国公司法明确地规定了监事会的职权，其职权是较为广泛的，具体规定如下：①检查公司的财务；②对董事、经理执行公司职务时违反法律、法规或者公司章程的行为进行监督；③当董事和经理的行为损害公司的利益时，要求董事和经理予以纠正；④提议召开临时股东大会；⑤监事列席董事会会议；⑥公司章程规定的其他职权。

监事会成员一般由股东大会选任，人数通常为三人以上，并在其中推选一名召集人。有些国家(如德国、中国)公司法规定，监事会由公司股东代表和公司职工代表共同组成。监事会作为监督公司经营活动的机构，公司的董事、经理及财务负责人等一般不得兼任监事。

复习思考题

1. 试述个人企业的优势与不足之处。
2. 有限责任公司主要具有哪些特征？
3. 比较合伙与股份有限公司的主要区别。
4. 试述股份有限公司的股东大会与董事会的关系。
5. 比较股份有限公司股份与公司债的区别。
6. 股份有限公司的股东享有哪些权利？

第三章 代理法

本章概要 介绍代理法的概念、产生和历史发展，着重阐述了西方发达国家关于代理法的主要规定，区分不同的代理种类，并通过对大陆法系、英美法系和中国关于代理的规定的对比，让学生了解各国关于代理的不同法律规定。

本章学习目标 通过对本章的学习，掌握代理法的基本概念，同时掌握大陆法系和英美法系关于代理的不同规定，了解代理法的历史发展和法律适用。

第一节 代理法概述

在现代商品经济条件下，商品交换高度发达，社会关系复杂多样，人们不可能事事亲力亲为。17世纪，商业代理关系产生了。在国际贸易中，许多业务工作都是通过各种代理人进行的，其中包括普通代理人、经纪人、运输代理人、保险代理人、广告代理人以及银行等。在许多情况下，代理人即是公司，有些国家的法律把代理人作为一种商业机构来对待。

代理人对于沟通对外贸易当事人之间的业务联系，促进国际经济贸易的发展，起着相当重要的作用，同时也使国际贸易产生了更为复杂的多方面法律关系。为此，各国都十分重视代理与代理人的法律地位问题。为了调整其法律关系，各国通过立法手段，确认代理制度，规定了一系列关于代理制度的规则。为了消除由各国对代理法律制度的不同规定而造成的障碍，国际统一私法协会于1979年成立政府专家委员会，起草有关国际货物销售代理的统一规则。1983年2月15日，由49个国家代表参加的外交会议在日内瓦召开，正式通过了《国际货物销售代理公约》(以下简称为《代理公约》)。该公约共5章35条，现在仍对各国开放签字。

一、代理的起源

(一) 大陆法系关于代理制度的起源

代理制度是随着社会经济关系的发展而逐步形成的，在早期的罗马法中没有与代理有关的相关规定，后来随着商品经济的发展，才逐步形成萌芽期的代理制度。罗马早期的商品经济完全以家庭为单位，奴隶和家庭成员常常代表家长进行交易，所以在早期的罗马法中没有规定代理制度。到了罗马帝国后期，家长制松弛以及外来商人的进入促使代理制度出现。但这时候的代理制度和现代意义上的代理制度是不同的，它认为被代理人一律向和他签约的代理人承担个人责任,而被代理人和第三人之间是不存在直接责任的。也就是说,被代理人相当于现代意义上的担保人,是为借款人提供担保的人。直到17世纪,荷兰法学家格劳秀斯在其著名的《战争与和平》一书中写道:"代理人的权利直接来源于本人,他的行为基于本人的委任。"这为大陆法系的代理制度的形成提供了理论依据,大大影响了以后大陆法系代理制度的建立。

大陆法系习惯于把符合逻辑的理论作为基础,据此进行法律编纂。在代理方面,《法国民法典》把代理关系规定在委任契约之中,"委任或委任书为一方授权他方以委任人的名义处理其事物的行为,委任契约须经受任人的承诺而成立"。这项规定很明显继承了罗马法关于代理的规定。不同的是,《法国民法典》中对委任契约涉及第三人的权利和义务关系作了明确规定,"委任对于受任人依授予的权限所缔结的契约,负履行的义务。委任人对于受任人权限之外的行为,仅在其明示或默示追认时,始负责任"。这样一来,本人直接对第三人负责,免除了代理人因享有代理权而对第三人负责。在《法国商法典》中,也只规定了一般经纪人和证券经纪人、居间商、运输行纪商等,实际上仍没有把代理从委任之中分离出来。

在德国,有关代理与委任的区别是在1861年的《德国商法典》规定的商事代理制度中出现的。直到1896年,《德国民法典》将代理和代理权的概念和内容规定在总则之中,如第164条、181条规定:"某人在其享有的代理权范围内,以被代理人的名义发出的意思表示,直接为被代理人和对被代理人发生效力。意思表示是明示以被代理人的名义进行,还是根据情况可以推断是以被代理人的名义进行,并无区别。""意思表示在法律上的效力,在受意思瑕疵、对特定情形的明知、应知影响时,应以代理人为判断标准,而不应以被代理人为判断标准。""在通过法律行为授予代理权的情形,如代理人根据被代理人的指令做出行为,则授权人不得就自己知道的情形,主张代理人不知情。授权人应该知道的情形,以应知等同于明知为限,亦同。"将委任规定在"债的关系"之中,放在第二编,"受任人因接受委任而有义务以无偿方式为委任人处理委任的事务",对代理和委任进行区分。按照德国法的规定,将代理的内部关系(委任契约)与代理的外部关系,以及委托授权的单方法律行为与代理人、委托人之间的契约行为区分开来,将委任(委托人和代理人之间的合同)与授权(代理人与第三人为法律行为的权力)相分离。在《德国商法典》中,为了区分授权和委任,从商业角度规定了13种具体的代理人,包括:①民事代理人;②经理人;③一般业务代表;④特殊业务代表;⑤代办商;⑥店员;⑦行纪商;⑧商事居间商;⑨零售居间人;⑩保险代理商;⑪运输代理人;⑫国内承运人;⑬海上承运人。

(二) 英美法系关于代理制度的沿革

在1307年之前,代理制度还处在萌芽时期,那时候社会关系十分简单,代理法还不具备充分发展的条件。直到12世纪中期,伴随教士诉讼主体的不合格,产生了建立代理制度的需要。当时的教会法规认为,修道士在法律上被宣告为民事死亡,但他的一些民法权利仍然保留,并规定由修道院的院长代为行使。根据1307年"寺院院长由于修道士购买用于修道院的货物而被诉"的判例,法官梅特兰指出:"修道士在法律上死亡,促进了代理法的发展。"大约同一时间,律师业的出现也促进了代理制度的发展。从12世纪到13世纪初，指定代理人仍是一项特权，必须经过王室特许，并在法院履行正式手续之后才能完成。1235年，英国颁布实施了《莫顿法案》，指定代理人成为每一个人的权利。但直到13世纪末期，代理人才频繁地在法庭上出现。这是由于当时的普通法审理程序过于复杂，只有少数人可以掌握，这一部分人很快成为专门进行法庭诉讼的人，也就是现代通常所说的"律师"，而这些精通法庭诉讼的人就代替别人进行诉讼，成为最早的代理人。1383年的桑德维奇案，使商业代理成为必要。

案例3-1

桑德维奇案

伦敦市一名商人的学徒向一个法国商人购买了10吨酒，但未付货款。法国商人向法院提起诉讼，导致学徒因无力支付酒钱而被判入狱。后来，该学徒又以他的雇主作为被告提起诉讼，声称雇主命令他到桑德维奇去买酒，授意他进行这笔交易。伦敦市长和市政厅官员审理后认为：根据商法和伦敦地区的惯例，店铺学徒为其主人购买或购买供其主人使用的物品，应由主人直接向卖方支付货款。因此，学徒应无罪释放。

这个判例的意义在于，第三人可以向本人提出权利请求，从而使"代理人—本人—第三人"的关系得以确立，但在这时第三人和本人的关系的性质并未得到确定。从12世纪开始，商业贸易的发展使代理成为必要。1469年的一个判例中更加明确指出："如果我要求我的仆人购买某些物品，或者我把某人作为我的代理人派去购买商品，而此人从另外一个人那里买到了商品。在这种情况下，我应负责履行该合同，即使该货物从未到达我的手中，或者我根本不知道该代理人做了什么，因为我已经向他授权了。"这时，代理中的本人对第三人的责任得以确立下来，使本人直接和第三人形成合同关系，直接对本人负责，这样英美法系的代理制度得以确立，到17、18世纪，形成了专门的商业代理制度。

二、代理的概念

英美法系国家没有从立法的角度给代理下定义，但其法学家都强调代理权的客观性以及对内部关系的独立性。英国《商业代理法》将商业代理定义为："在惯常的商业业务中有权售货，以寄售方式售货，购进货物，或以货物质押借款。"这个定义避免了对定义特征的抽象提炼，但并不完备。在英美法系国家，成文法在确定代理权的范围和性质方面不起重要作用，主要是通过商业习惯和法院的审判实践来解决各类代理方面的权限问题。美国的《法律重述·代理》中对代理下了一个定义："代理是双方明示合意由一方当事人(代理人)遵照另一方当事人(本人)的指示，为其(本人)利益作出一定行为的受托信义关系"。从英国法和美国法的规定可以看出，普通法系更强调代理行为在本人、代理人和第三人之间所产生的权利义务关系，至于代理行为的来由以及如何行使并不重要。

大陆法系从行为的角度对代理下定义。《德国民法典》第164条第1项规定："代理人在代理权限内，以被代理人的名义所作的意思表示，直接对被代理人产生效力。"中国《民法总则》第七章分别对委托代理、法定代理和指定代理作了规定。法定代理，是依照法律的规定发生代理权的代理。这种法律规定，即法定授权行为，是国家立法机关基于保护公民和维护交易秩序的特别需要，而作出的关于具有特定身份的民事主体有权代理他人为民事法律行为的规定。委托代理是指基于被代理人的委托授权而发生代理权的代理，它是依据本人意思而产生代理权的代理，本人意思表示是发生委托代理的前提条件，因此又称为意定代理。指定代理是指依据人民法院或者有关单位的指定行为而发生的代理，这里所谓的"有关单位"，是指依法对被代理人的合法权益负有保护义务的组织。通过以上的规定，我国把代理定义为：代理是指代理人在代理权限内，以被代理人的名义与第三人为法律行为，其法律效果直接归属于被代理人的活动所产生的相互关系的总和。这里所说的"被代理人"，通常又称为本人或委托人，代理人就是受本人委托替本人办事的人；而第三人则泛指一切与代理人打交道的人。按照对代理的规定，在代理中必须存在三方当事人，即代理人、本人和第三人。如果代理人是在本人的授权范围之内行事，他的行为就对本人产生约束力，即本人既可以取得由此而产生的权利，也须承担由此而产生的义务，而代理人则一般不承担个人责任。

代理的适用仅限于不具有人身性质的行为，下列行为不适用代理：具有严格的人身性质，必须由表意人亲自作出决定和进行表示的行为。如结婚登记、子女收养等具有人身性质的行为。涉及严格的人身性质的债务，不得代为履行。如代为作画、代为演出等。

三、代理的类型

(一) 英美法系的分类

1. 根据代理形成的原因分类

(1) 协议代理。代理权来源于本人和代理人之间的代理协议。这种代理协议可以是明示的，也可以是由协议以外的文字、行为或口头表示推断出来的默示协议，但沉默不构成授权。也就是说，代理不是一份合同，而是一个授权。

案例3-2

宾劳诺玛发展公司诉法尼新制造有限公司

被告公司的一个秘书以公司的名义租了辆汽车，但用于办私事。被告人以秘书雇车私用，非公司业务为由，拒绝付款。法院认为，公司秘书有默示的合理权限为公司订车，原告认为秘书为被告的代理人成立，故被告公司应当付款。至于公车私用，只能由公司内部处理。

(2) 追认代理。追认代理是指在代理人未经事前授权而采取行动时，委托人可以于事后承认该代理人的行动，从而使行动对自己产生约束力。英美法系国家的法学家认为，任何行为都是可以追认的，包括违法的行为，后来的判例逐步限制对违法和民事侵权行为的追认。追认代理的三条规则：①代理人必须声称为被代理人采取行动；②代理人行动时，必须有一个有行为能力的被代理人；③在追认代理时，被代理人必须具备自己采取该行动的行为能力。在追认代理中还须注意两个问题：①追认是有时间限制的，必须在时限范围内进行；②沉默不构成追认，除非这种沉默是持久的、令第三人受损的或产生不公平结果的，才可以构成不容否认的代理。

> **案例3-3　菲利普斯诉霍姆福蕾(1835年)**
>
> 本案中，农场的持有人之一与第三人签署涉及农场产权的买卖合同，另一个产权的持有人表示了反对，但是在被告知买卖是阻止受按揭人变卖农场的唯一方法之后，他配合完成交易。三年之后，他起诉要求否定该交易。法院判决认为，产权持有人反对涉及产权的交易，应在知悉交易情况后，立即向买方表示反对，原告在三年以后提出异议显然为时已晚，原告的沉默已经构成对交易的追认。

(3) 不容否认的代理。不容否认的代理又称为代理法上的禁止反言规则。它的含义是，某人以自己的言论或行为作出某种表示，如果其他人依赖此项表示并采取另一行为，前者将不再被容许推翻他前面的言行，否则是不公正的。这种代理的规定出现在衡平法之中，所以又被认为是对追认代理的补充。英美法系的法院在适用不容否认的代理时，须符合三个要求：①存在一项声明，受声明人依赖声明作出行为，声明使声明人的境况有所改变(通常是坏的改变)；②这个声明可以是积极作为的，也可以是消极不作为的；③声明应该由被代理人作出，但后来的判例又有所发展，认为只要有实际权力管理涉及有关合同业务的人代替被代理人作出上述声明，即产生与被代理人自己声明相同的效果。此后，又将声明人扩大到"有管理业务的实际权力的人"。

(4) 为情势所迫的代理。这种代理是对协议代理、追认代理和不容否认的代理的一种补充，它是在以上三种代理没有规定的情况下，基于社会利益的要求而由法律加以规定的代理关系。在1924年之前，法院只承认在因出票人信誉而承兑票据和船长因为情势所迫的情况下，才可以由法律自动构成代理。但在1924年以后的判例中，则扩大了这条规定的适用范围。现代法院在适用该种代理时，要求必须具备以下条件：①必须有紧急情况，这种情况是当事人在订立协议时不可预见的，而且确有作出这种代理的必要性。②必须是不可能与委托人联系，至少是不能与被代理人及时联系，或按照正常的方法联系之后，将造成无法挽回的损失。

> **案例3-4　斯佩内格诉维斯铁路公司**
>
> 维斯铁路公司为原告运一批西红柿到A地，由于铁路工人罢工，西红柿被堵在半路上。眼见西红柿将腐烂，维斯铁路公司只好就地卖掉了西红柿，原告因此起诉到法院。法院认为，虽然维斯铁路公司出于善意，为保护原告利益卖掉西红柿，但当时是可以通知原告的，在可以联系而未联系的情况下私自处理他人货物，不能算是具有客观必需的代理权，被告维斯铁路公司败诉。

2. 根据本人的公开程度分类

(1) 本人完全公开的代理。这是指代理人在实施交易行为时，明确告知交易的对方当事人，自己是以某人的代理人的身份进行交易，该"本人"是交易的实际权利和义务的承担方。代理人不但公开该"本人"的存在，还会公开他的姓名。

(2) 披露本人存在的代理。披露本人存在的代理是指，代理人在实施交易行为时，告知交易对方，自己是以代理人的身份进行交易，但被代理人的姓名与具体身份将不予告知，而由该未完全披露的本人承担交易的权利义务。该种代理须具备两个条件：①代理人必须表明自己是代理人的身份；②被代理人的身份和姓名出于种种原因无法披露，但是这个被称为被代理人的委托人必须确实存在，如果委托人不存在，则应由代理人来承担责任。

案例3-5　凯尔纳诉巴克斯特

原告与被告均为公司的筹建人，1866年1月9日，双方与其他筹建人签署了公司章程。1月27日，原告向代表公司的被告致函，表示愿意出售若干货物，被告代表公司接受，并承诺某日期前付款，原告交付了货物，后来公司虽然成立并使用了这批货物，但是在付款日期到来之前就倒闭了，原告就向被告要求付款。首席法官厄尔判决被告的交易行为没有可受约束的委托人(公司并未成立)，因而被告本人被该交易约束，原告胜诉。

(3) 本人完全不公开的代理。本人完全不公开的代理，是指代理人没有公开本人的存在并以自己的名义与第三人为法律行为。在本人完全不公开的代理中，代理人是以自己的名义而非本人的名义进行交易，代理人不披露本人的姓名、身份和任何使人认为是为某个人的利益而交易的其他信息。

(二) 大陆法系的分类

1. 根据代理人是否以本人的名义与第三人为法律行为分类

直接代理是指代理人在代理权限内，以本人的名义为意思表示或接受意思表示，直接对本人产生法律效力的代理。直接代理类似于英美法系的完全公开本人的代理和披露本人存在的代理。

间接代理是指代理人以自己的名义，为本人之计算，为意思表示或接受意思表示，其法律效果通过协议转移给本人的代理。在大陆法系国家，间接代理实际上就是行纪。如《德国民法典》第383条将行纪定义为"以自己的名义为他人购买或销售货物、有价证券，并以其作为职业的人"。

2. 根据代理人主动为意思表示或接受意思表示分类

积极代理是指代理人为意思表示的代理；消极代理是指代理人接受意思表示的代理。

3. 根据代理权产生的原因分类

法定代理是指代理权的产生不是基于当事人的授权，而是基于法律的规定而产生的代理。法定代理权的产生主要基于以下几点：①根据法律规定而享有代理权，如根据民法的规定，父母对未成年子女的代理权；②根据法院选任而取得代理权，如法院指定的法人的清算人；③根据私人的选任而取得代理权，如亲属所选任的监护人。

意定代理是指来源于本人的意思表示，从而赋予当事人代理权。这种意思表示可以是口头的，也可以是书面形式的；可以向代理人表示，也可以向同代理人打交道的第三人表示。

(三)《国际货物销售代理公约》

按照上述代理公约的规定,本人对代理人代理权的授予,可以是明示的,也可以是默示的。授权无须以书面形式授予或证明,不受任何形式限制。对授权的证明可以采取任何方式,包括证人证明。公约的规定相当宽松,主要考虑到有些国家的法律不强调书面形式的要求。但是,如果本人或代理人设有营业所的缔约国已对上述规定作出保留声明,则根据该国立法的要求,代理权的授予、追认和终止,均须以书面形式作出。

四、代理权的消灭

(一) 代理权消灭的原因

1. 代理权的终止

根据各国法律规定以及《代理公约》的规定,代理权的终止主要有7种情况。

(1) 根据本人与代理人之间达成的协议终止代理权。例如,双方当事人在代理合同中订明期限,期限届满即代理权终止。

(2) 授权代理的某一笔或数笔交易已经履行完毕。

(3) 本人撤销代理权,或者代理人放弃代理权。根据各国法律,原则上都准许本人在代理存续期间撤回代理权。但是,本人在终止代理关系时,须向代理人提前发出合理的通知;本人在代理的存续期间不适当地撤销代理关系,本人须赔偿代理人的损失。

(4) 代理人丧失民事行为能力。

(5) 代理人或者被代理人死亡。

(6) 作为代理人或者被代理人的法人、非法人组织终止。

(7) 根据代理协议适用的法律规定而终止。

2. 委托代理人实施代理行为的情形

各国法律规定,被代理人死亡后,有下列情形之一的,委托代理人实施的代理行为有效。

(1) 代理人不知道并且不应当知道被代理人死亡。

(2) 被代理人的继承人予以承认。

(3) 授权中明确代理权在代理事务完成时终止。

(4) 被代理人死亡前已经实施,为了被代理人的继承人的利益继续代理。

需注意,作为被代理人的法人、非法人组织终止的,可以比照自然人处理。

(二) 对代理人的效果

代理关系终止之后,代理人就失去代理权。有些大陆法系国家为了保护商业代理人的利益,在商业代理中特别规定,在终止代理合同时,代理人对于他在代理期间为本人建立的商业信誉,有权要求本人给予赔偿。这是因为代理合同终止后,这种商业信誉仍将为本人带来好处,而代理人则将因此而失去一定的利益。

(三) 对第三人的效果

本人单方面撤回代理权或终止代理合同,对第三人是否有效,主要取决于第三人是否知情。根据英美法，当终止代理关系时，必须通知第三人，才能对第三人发生法律效力。如果被代理人在终止代理合同时，没有通知第三人，后者由于不知道这种情况而与代理人签订了合同，则该合同对被代理人仍有约束力，被代理人对此仍须负责。而如果代理是根据法律规定而终止的，就不必通知第三人了。

五、无权代理

无权代理是指欠缺代理权的人所作的行为。各国立法根据无权代理的原因和后果的不同，将无权代理划分为狭义的无权代理和表见代理，并分别设立法律进行调整。狭义的无权代理不发生属于有效代理的法律后果；而表见代理则既可能发生代理无效的后果，也可能发生代理有效的后果。

(一) 狭义的无权代理

1. 概念

狭义的无权代理是指行为人既没有本人的实际授权，也没有足以使第三人善意误信其有代理权的外观，但行为人与第三人所为行为之利益牵连于本人的法律关系。狭义的无权代理由于代理人不具备代理权，甚至不具备让人误以为有代理权的情况，使代理行为处于一个效力待定的状态。狭义的无权代理并不都是不利于被代理人的，因此需由本人自己来判断是否追认代理权。如果本人承认了代理人的行为，该无权代理行为就具有代理的效力；如果本人不承认代理人的行为，将导致这个代理行为自始至终不发生法律效力。狭义的无权代理形成的原因有：①不具备明示授权或默示授权的代理，但无权代理人自称是代理人；②授权行为无效或被撤销；③超越授权范围的代理；④代理权消灭后的代理。

2. 狭义的无权代理效力的确定

法律对于不确定的法律行为，总是赋予行为主体以权利，以便于肯定效力待定法律行为的效力。在代理法中，各个国家都赋予本人和第三人一定的权利，这实际上是对无权代理的一种补救措施。

(1) 本人的追认权。所谓追认权，是指本人对无权代理人的代理行为有追认其效力的权利。追认权可以是明示的，也可以是默示的，甚至可以是从本人的行为之中推断出来的。除此之外，法律对追认权的期限也作出规定，追认权必须在除斥期间内作出，否则就丧失追认权。例如，中国《民法典》第117条规定，相对人可以催告被代理人自收到通知之日起三十日内予以追认。被代理人未作表示的，视为拒绝追认。追认权是一种形成权，仅凭权利人的单方意思表示即决定权利人与相对人之间的法律关系的变动。追认权的行使，使无权代理行为成为合法的代理，产生的直接后果是本人直接对第三人负责，经过追认，无效的代理行为被认为是自始至终有效的法律行为。

(2) 第三人的催告权。所谓催告权，是指第三人可以自行规定一个合理的期限，催告本人明确地承认或否认无权代理的代理行为，但如果代理人逾期不表态，应视为否认。《德国民法典》第177条、178条，《日本民法典》第114条、115条，均规定无权代理的相对人，可以规定相当时间催告本人确切答复，对是否无权代理予以追认。在中国《合同法》之中也有类似的规定。

(3) 第三人的撤回权。所谓撤回权，是指在本人对无代理权行为进行追认之前，第三人有权撤回与无代理权人所作的行为。也就是说，在本人未承认之时，相对人有撤回权。第三人行使撤回权，可使不确定的权利义务关系直接归于消灭，避免第三人因本人拒绝或延迟追认而受到损失。

在无权代理的情况下，如果经过本人的承认，使行为转化为真正的代理，无权代理人和相对人之间便不产生直接的关系。如果本人对无权代理不予追认，则无权代理人对善意第三人承担责任。在本人和无权代理人之间会形成两种关系：①由于无权代理行为是为本人利益计算，在本人和代理人之间构成无因管理的关系；②如果无权代理事实上是对本人不利的，并使其受到损害，即构成侵权行为，由无权代理人承担侵权的责任。

(二) 表见代理

1. 表见代理的概念

我国法学界普遍认为，表见代理是指行为人虽无代理权，但善意第三人客观上有充分理由相信行为人具有代理权，而与其为法律行为，该法律行为的后果直接由本人承担的无权代理。表见代理实质上体现了一种有权代理。大陆法系国家认为，在代理关系之中存在两种契约关系：一种是被代理人对代理人的授权行为；另一种是代理人和第三人之间的契约关系。代理权具有独立的法律意义，代理权的发生必须以本人的授权为前提。在表见代理之中，并没有这种明确的授权意思，所以，在大陆法系国家，表见代理实质上是一种无权代理。但是，随着商品经济的发展，为保护善意的第三人，立法上又赋予表见代理以代理的效力。在英美法系国家，认为表见代理是一种有效的代理，它和"不容否认的代理权"基本是相同的。表见代理除了应该具有本人、代理人和第三人的要件之外，还应该具备以下几个特别要件。

(1) 必须是"代理人"以本人名义实施意思表示或者受领意思表示，即出示能够证明自己有代理权的授权书或声称是代理本人的行为。

(2) 必须是本人以其行为表示授予行为人以代理权。这一表示可以是作为的或不作为的，只要使第三人相信无权代理人具有代理权就可以了。例如，亲属关系、劳务合同等。

(3) 需要第三人在作出行为时是善意并且无过失的。如果第三人明知他人无代理权，而仍与他进行法律行为，则不构成表见代理。在判断第三人是否善意时，可依据"客观上足以使第三人信赖"和"第三人主观上善意且无过失"这两个条件来判断。英美法对表见代理的认定原则是：当本人提供"信息"，并且第三人有理由相信此事而遭受损害时，即产生不容否认的代理或表见代理。

(4) 必须是委托代理。在法定代理之中，因为不存在授权行为，所以也就不存在表见代理。

2. 表见代理的类型

(1) 因表示行为而产生授权表象的表见代理。这是指本人以自己的行为表示授予他人代理权，或者知道他人表示愿为其代理人而本人不作反对表示。在这种表见代理之中，按照本人对授权的主观态度，又可以分为积极的表见代理和消极的表见代理。所谓积极的表见代理，是指本人以书面或口头形式，直接向特定的或不特定的第三人表示以他人为代理人，但事实上本人并未对他人进行真实的授权意思表示。例如，借用合作专用章或盖有公章的空白合同书。所谓消极的表见代理，是指由于本人对他人假托自己的授权行为不作否认表示，而客观上使第三人误信，才构成有违背本人真实意愿的表见代理。例如，第三人催告或无权代理人将自己的行为告知本人。

(2) 因越权行为而产生的表见代理。所谓越权代理，是指代理人有代理权，而第三人基于善意，与代理人所进行的超出代理人真实代理权限的行为。该种代理应该具备以下几个要件：①代理人被授予代理权；②代理人与第三人所实施的行为超越了代理权限；③需要第三人在作出行为时是善意且无过失的。

(3) 因行为延续而产生的表见代理。这是指代理权被全部撤回或出于其他原因而消灭，但是由撤销权人的行为造成足以令人信其代理权依然存在的假象而发生的表见代理。从定义可以看出，该种表见代理应具备以下几个要件：①代理人曾经有过代理权；②代理人以本人名义实施意思表示或受领意思表示；③行为时代理权已被全部撤回；④撤回权人造成足以令人信其有代理权的假象；⑤第三人在作出行为时是善意且无过失的。

3. 表见代理下当事人之间的关系

(1) 本人和第三人。表见代理虽然属于无权代理，但各国法律都规定，一旦表见代理成立，就产生与有权代理相同的法律效力，即在本人和第三人之间产生法律关系，本人对第三人负授权的责任(即履行责任而非损害赔偿责任)。

(2) 本人和代理人。本人不得以无权代理人的行为属无权代理为由或以本人无过失为由对抗善意第三人。在表见代理之中，如果本人因向第三人承担责任之后，遭受损失，则他有权向无权代理人请求赔偿。

(3) 代理人和第三人。表见代理已成立，就构成有效代理关系。代理人和第三人之间不发生法律上的权利义务关系。

表见代理始终属于无权代理，法律之所以赋予它和有效代理相同的效力，主要是出于保护交易安全和保护善意第三人的考虑。因此，如果第三人认为向无权代理人追究法律责任对自己更有利，第三人可以主张该表见代理为狭义的无权代理，并按狭义的无权代理追究代理人的责任。

(三)《国际货物销售代理公约》的规定

根据《国际货物销售代理公约》的规定，一旦代理人作出无权或越权行为时，本人和第三人一般不受代理人行为的约束，但是下述情况例外：①如果本人的行为致使第三人合理地并善意地相信，代理人有权代表本人行使，而且是在本人授权范围内行使的，本人不得以代理人无权代理为由而对抗第三人。②本人可以追认代理人的无权或越权代理行为，一经追认，即产生与授权行为相同的效力。这种追认，可以是明示的，也可以是默示的。在本人发出的追认书送达第三人或第三人知悉追认时，追认开始生效。第三人在未收到追认书之前可以拒绝承认追认。③如果代理人的无权或越权代理行为未得到追认，代理人要对第三人承担赔偿责任；如果第三人明知代理人无代理权而与之订立合同，代理人不承担赔偿责任。该公约对无权代理所作的规定，旨在保护善意第三人，使不知该代理人作出无权代理行为的第三人，不因其无权代理行为而遭受损失。

第二节 代理的法律关系

通常情况下，代理包括两种法律关系：本人与代理人的内部关系；本人、代理人和第三人的关系，一般称为外部关系。在这两种法律关系之中，前者是代理关系的基础，因为有前者的存在，才产生后者。

一、代理的内部关系

对于代理的内部关系，即本人与代理人之间的关系，各国都通过国内法来确定。在通常情况下，本人和代理人之间的权利义务通过代理合同来确认。对上述问题，《国际货物销售代理公约》没有具体的规定，大陆法系国家的规定和英美法系国家的判例法所形成的法律原则基本相同。

(一) 代理人的义务

1. 执行的义务

代理人的首要任务就是为代理的本人执行代理义务，只有在本人所委托的义务违法的情况下，代理人才可以拒绝执行代理。代理人在履行其代理义务时，应当以谨慎的态度与娴熟的技巧，勤勉地履行代理职责。凡书面明确代理人任务的，代理人只需依书面行事；书面规定不够明确，代理人应力争调和他所得到的指示和他认为对本人有利的事。否则，因代理人过失造成损失的，要向本人负赔偿责任。同时，代理人不得另行指定代理人。代理关系是一种信任关系，所以一般代理人不得把本人授予的代理权转授他人，让他人来代为履行代理义务。但是在某些情况下，可以变通，例如遇到紧急情况。

2. 服从的义务

接受本人委托的代理人应当在本人有所指示时，服从指示，而没有酌情处理的权利。在没有本人的指示或没有及时接到本人的指示的情况下，代理人才有酌情处理的权利。

3. 诚信忠实的义务

在这个义务中包含以下几方面。

(1) 代理人必须向本人公开他所掌握的有关客户的一切必要情况，以供本人考虑决定是否同意与该客户订立合同。

(2) 代理人不得以本人的名义同代理人自己订立合同，除非事先征得本人同意。代理人不经过本人特别许可，也不能兼为第三人的代理人，两边收取佣金。

(3) 代理人不得密谋私利。代理人不得牟取超出本人付给的佣金或酬金以外的任何私利；如果代理人收了贿赂，本人有权向代理人索还，并有权不事先通知代理人而解除代理关系；代理人不得与第三人串通，损害本人的利益。

(4) 代理人不得泄露商业秘密。代理人不得泄露在他的代理业务中所获取的保密情报和资料,代理人在代理协议有效期间或代理协议终止之后,都不得把代理过程中所获取的保密情报和资料向第三人泄露。

(5) 代理人须向本人申报账目。由于代理人的自由活动权十分广泛,为了便于本人了解情况,迫使代理人诚实行事,代理人有义务对一切代理交易保证账目正确,并根据代理合同的规定或本人提出要求时,向本人申报账目。代理人为本人收取的一切款项应交给本人。

(二) 本人的义务

1. 支付佣金

在本人和代理人之间签有代理协议的情况下,按照代理协议中关于佣金条款的规定,本人向代理人支付佣金是本人的基本义务。在代理人与本人之间没有代理协议时,本人对代理人有补偿的义务,一般来说,这种补偿是完全的补偿,对于无偿代理人的补偿费也是一样。

2. 偿还代理人因履行代理义务而产生的费用

除合同规定之外,代理人履行代理义务所开支的费用,是不能向本人要求偿还的,因为这属于正常的业务开支。但是,如果他因执行本人指示的任务,而支出了额外的费用或遭受损失时,则有权要求本人赔偿。例如,代理人根据本人的指示,在当地法院进行诉讼所遭受的损失和所支付的费用,本人必须补偿;另外,代理人在履行代理义务时所作的侵权行为,本人也要承担责任,这一原则又称为替代责任原则。例如,一家百货商场的职员在商场里打伤了与之争论的顾客,商场对此侵权行为要承担责任。

3. 本人有义务让代理人检查核对其账目

这是大陆法系的一项规定,代理人有权查对本人的账目,以便核对本人付给他的佣金是否准确无误。

二、代理的外部关系

代理的外部法律关系是指代理人、本人和第三人的关系。代理人代替本人与第三人签订合同或作出其他法律行为时,原则上合同一经签订,代理人便退出合同,由本人来承担由此产生的权利义务。但在实践中,各国法律的规定各不相同,有时第三人很难分清楚自己究竟和谁签订合同,导致代理的外部关系更加复杂。

代理行为是一种双方法律行为,它必须借助第三人才能完成。代理人虽然独立地实施法律行为,但该法律行为并不当然地对他产生法律效力,代理人和第三人之间不发生权利和义务关系。下面分别介绍大陆法系和英美法系的规定。

(一) 大陆法系的规定

在确定第三人究竟是和代理人还是和本人签订合同时,大陆法系国家采取的标准是:代理人是以代表的身份同第三人签订合同,还是以他自己的身份同第三人签订合同。如果代理人是以代表本人的身份与第三人签订合同,代理人需明示本人的姓名或表示他是受某人委托来签订合同。在这种情况下，合同的权利和义务就由本人来承担，本人对第三人负责。如果代理人是以自己的身份与第三人签订合同，合同所产生的权利和义务则由代理人自己来承担，本人不再对合同负责。

按照大陆法系的规定，根据代理权的来源，代理分为直接代理和间接代理。在直接代理之中，由于代理人是以被代理人的名义，在代理权限内与第三人实施某种商业活动，如签订合同，其法律后果直接由本人承担。在这种代理关系中，代理人对第三人不承担责任，也不享受权利。在另一种代理——间接代理中，代理人以自己的名义，为本人的计算而与第三人订立合同，日后再将其权利和义务通过另一合同转移给本人。在间接代理中，存在两种合同关系。首先，代理人以自己的名义和第三人签订合同。其次，由代理人和本人签订以前合同为基础的第二份合同。这样一来，第一份合同的权利和义务，就通过第二份合同转移给本人。大陆法系强调，本人不能直接对第一份合同行使权利，不得直接对第三人主张权利。

(二) 英美法系的规定

究竟是由代理人自身来承担责任，还是由本人承担责任，英美法系在此问题上与大陆法系的规定不同，它采用所谓的义务标准，因此必须按照代理中对本人的公开程度的分类作进一步说明。

1. 完全公开本人的代理

代理人在订约时，已向第三人指明本人的姓名，在这种情况下，这份合同的双方当事人为本人和第三人，而代理人在合同成立之后退出合同，由本人行使合同的权利和义务。对上述问题，英美法系有例外的规定，代理人在下列已指明本人的姓名的某些情况下，仍需承担责任：①如果代理人以自己的名义在签字蜡封式合同上签名，他就要对该合同负责；②如果代理人以自己的名义在汇票上签名，他就要对该汇票负责。

2. 披露本人的代理

在这种代理之中，代理人在订约时，仅披露本人的存在但不公开其姓名、身份，代理人已表明了有代理关系的存在，该合同关系的双方当事人仍然是本人和第三人。合同所产生的权利和义务仍由本人承担，而代理人既不能从合同中获取权利，也不必对合同承担义务。

3. 本人完全不公开的代理

代理人在本人的授权范围之内，以自己的名义同第三人订立合同，根本不披露本人的存在，不指明有代理关系存在。在这种情况下，第三人不知道自己是在同本人签订合同，而以为是和代理人订立合同。那么究竟是由代理人自己承担责任，还是由本人承担责任？在这种情况下，仅仅是代理人自己和第三人签订了合同，代理人当然成为合同的另一方当事人，承担因此而产生的权利和义务。那么，未披露的本人能否直接依据代理合同取得另一份合同的权利种和义务？是否也像大陆法系的间接代理规定的那样，需通过再签订一份合同来转移原合同的权利和义务？ 英美法系在这个问题上和大陆法系的规定有所不同，认为未被披露的本人原则上可以通过两种方式直接进入合同，取得权利和承担义务。

(1) 完全不公开的本人有权介入合同，并直接对第三人行使请求权，或在必要时，对第三人起诉。如果本人行使了介入权，他就要对第三人承担义务。

(2) 第三人发现了本人之后，享有选择权。他可以从代理人或本人中任选一人作为履约的对象，也可以选择代理人或本人作为起诉的对象。但第三人一旦选定承担义务的对象之后，就不能再改变。

在英美法系中，完全不公开的本人可以直接行使介入权，无须像大陆法系的间接代理那样，通过另一份合同转移权利和义务，本人可以直接对第三人主张权利，这是英美法系代理制度的一个主要特征。

(三)《国际货物销售代理公约》的规定

《国际货物销售代理公约》没有对本人和代理人的关系作出规定，但通过代理人行为所产生的法律效力，对本人、代理人和第三人的外部关系作出规定。

1. 代理人的行为约束本人和第三人

代理人在本人的授权范围之内，代表本人行使权利，而且第三人已经知道或理应知道代理人的身份，则本人和第三人的关系，受到代理人的行为约束。

2. 代理人的行为只约束代理人和第三人

在这种情况下，代理人的行为对本人没有约束力，需符合以下两个条件：①代理人在本人的授权下代表本人行事，第三人不知道代理人是代理的身份。②代理人的行为，是由在代理人只约束自己的情况下所产生的。

但是，在上述情况下，本人可以直接介入合同，行使代理人从第三人处得到的权利，而第三人也可以对本人行使从代理人那里取得的权利。此问题应注意下述几点：①当代理人因第三人不履行义务或出于其他原因而未履行、无法履行他对本人的义务时，本人可以行使代理人从第三人处得到的权利。此时，代理人应先将第三人的名称通知本人。值得注意的是，本人行使这项权利时，第三人对代理人提出的任何抗辩，本人都应承担。②当代理人未履行或无法履行他对本人的义务时，第三人可对本人行使他从代理人那里取得的权利。不过第三人应承担代理人可能对第三人提出的任何抗辩以及本人可能对代理人提出的抗辩。③本人或第三人要行使上述权利，必须事先通知代理人。④当代理人因本人未履行义务以致不能或无法履行对第三人的义务时，代理人应将本人的名称通知第三人。⑤当第三人不履行其对代理人的义务时，代理人应把第三人的名称通知本人。⑥如果第三人知道本人的身份就不会订立合同时，本人不得对第三人行使代理人从第三人处取得的权利。

通过以上对大陆法系、英美法系和《代理公约》有关规定的介绍，可以看出它们之间各有异同。相同之处是，它们都对代理人表明自己代理身份作了相似规定，但英美法系中完全不公开本人的代理，本人可以直接行使介入权。按照大陆法系的间接代理，本人需通过另一份合同才可对第三人行使权利。《代理公约》在适用范围上明确规定，不适用于第三人在订约时不可能知道代理人是以代理的身份行事的情形。《代理公约》仅规定代理人无法履约时，本人可以直接进入合同，对第三人行使权利，这与英美法系和大陆法系的规定是完全不同的。

第三节　中国代理法

一、概述

中国有关代理的规定主要见于《中华人民共和国民法典》(以下简称《民法典》)第七章，其从一般规定、委托代理以及代理终止三方面作出了规定，构成我国民事代理的基本框架。其中第161条对代理作出规定，民事主体可以通过代理人实施民事法律行为。代理人在代理权限内，以被代理人名义实施的民事法律行为，对被代理人发生效力。从法理上讲，这种代理制度属于直接代理。《民法典》对代理权的产生、无权代理、代理人与第三人的责任以及代理终止等都作出了规定。例如，《民法典》第163条规定，代理包括委托代理和法定代理。第164条规定，代理人不履行或者不完全履行职责，造成被代理人损害的，应当承担民事责任。代理人和相对人恶意串通，损害被代理人合法权益的，代理人和相对人应当承担连带责任。

从上可见，中国《民法典》规定了介入权和选择权。这两个权利行使的条件与《国际货物销售代理公约》和《欧洲合同法原则》的规定基本上是一致的。

二、代理的概念

《民法典》第162条规定，代理是指代理人在代理权限内，以被代理人的名义实施民事法律行为，被代理人对代理人的代理行为，承担民事责任。从代理的概念可见，一项合法的代理应满足以下条件：①代理之中有三方当事人——本人、代理人和第三人；②代理人须以本人的名义向第三人实施法律行为；③须属于民事法律行为，并且代理行为的标的是财产行为。

三、代理的类型

1. 法定代理、委托代理与指定代理

按照代理权产生的原因，代理划分为法定代理、委托代理与指定代理。

(1) 法定代理。它是指依照法律的规定发生代理权的代理。这种法律规定，即法定授权行为是国家立法机关基于保护公民和维护交易秩序的特别需要，而作出的关于具有特定身份的民事主体有权代理他人为民事法律行为的规定。

(2) 委托代理。它是指基于被代理人的委托授权而发生代理权的代理，由于它是依据本人意思而产生代理权的代理，本人意思表示是发生委托代理的前提条件，因此又称为意定代理。

(3) 指定代理。它是指依据人民法院或者有关单位的指定行为而发生的代理，这里所谓的有关单位，是指依法对被代理人的合法权益负有保护义务的组织。

2. 显名代理和隐名代理

代理行为依其是否以本人名义实施，分为显名代理和隐名代理。

(1) 显名代理。显名代理是指以本人名义实施的代理。例如《中华人民共和国民法典》中规定的代理都是显名代理。

(2) 隐名代理。隐名代理是指不以本人名义实施，但依其他情形第三人知道他是代理而成立的代理。

3. 本代理和复代理

按照代理人的选任人是本人还是代理人，代理分为本代理和复代理。

(1) 本代理。本代理是代理人由本人选任或依照法律规定而产生的代理。

(2) 复代理。复代理是代理人基于复任权而选任的代理人所实施的代理。委托代理人为被代理人的利益需要转托他人代理的，应当事先取得被代理人的同意。事先没有取得被代理人同意的，应当在事后及时告诉被代理人，如果被代理人不同意，由代理人对自己所转托的人的行为负民事责任，但在紧急情况下，为了保护被代理人的利益而转托他人代理的除外。

四、代理权

(一) 代理权的发生

1. 委托代理权经本人的授权行为而产生

这种授权行为是本人有单方面的意思表示就可成立的。按照《民法典》第七章第一节第163条的规定："代理包括委托代理和法定代理。委托代理人按照被代理人的委托行使代理权。法定代理人依照法律的规定行使代理权。"第165条规定："委托代理授权采用书面形式的，授权委托书应当载明代理人的姓名或者名称、代理事项、权限和期间，并由被代理人签名或者盖章。"

2. 法定代理权可以因法律规定而产生

如监护人为未成年人的法定代理人，也可以因为主管部门的指定而产生，还可以因为法院的选定而产生。

(二) 代理权的消灭

1. 委托代理的代理权的消灭

(1) 代理期间届满或者代理事务完成。

(2) 被代理人取消委托或者代理人辞去委托。

(3) 代理人丧失民事行为能力。

(4) 代理人或者被代理人死亡。

(5) 作为代理人或者被代理人的法人、非法人组织终止。

需要注意的是，《民法典》第174条规定：被代理人死亡后，有下列情形之一的，委托代理人实施的代理行为有效：代理人不知道且不应当知道被代理人死亡；被代理人的继承人予以承认；授权中明确代理权在代理事务完成时终止；被代理人死亡前已经实施，为了被代理人的继承人的利益继续代理。作为被代理人的法人、非法人组织终止的，参照适用前款规定。

2. 法定代理的代理权的消灭

(1) 被代理人取得或者恢复完全民事行为能力。
(2) 代理人丧失民事行为能力。
(3) 代理人或者被代理人死亡。
(4) 法律规定的其他情形。

五、无权代理

依据《民法典》第171条的规定，行为人没有代理权、超越代理权或者代理权终止后，仍然实施代理行为，未经被代理人追认的，对被代理人不发生效力。相对人可以催告被代理人自收到通知之日起一个月内予以追认。被代理人未作表示的，视为拒绝追认。行为人实施的行为被追认前，善意相对人有撤销的权利。撤销应当以通知的方式作出。行为人实施的行为未被追认的，善意相对人有权请求行为人履行债务或者就其受到的损害请求行为人赔偿，但是赔偿的范围不得超过被代理人追认时相对人所能获得的利益。相对人知道或者应当知道行为人无权代理的，相对人和行为人按照各自的过错承担责任。此外，还规定了被代理人的追认权，善意第三人的撤销权。由此可见，我国对于无权代理作了较为完整的规定。

| 复习思考题 |

1. 简述代理的类型。
2. 什么是狭义的无效代理？
3. 简述表见代理的成因及要件。
4. 代理人的义务有哪些？

第四章 合同法

本章概要 本章先阐述西方国家关于合同有效成立的要件，然后以《国际商事合同通则》为主线，兼顾英美法、大陆法和中国法，阐述关于合同的成立、合同的效力、合同的履行、合同的转让以及违约救济方法等方面的规定，以期让学生了解合同法的主要内容，增强分析问题和解决问题的能力。

本章学习目标 掌握合同的定义和特征；了解西方国家关于合同有效成立的要件；掌握通过要约和承诺成立合同的全过程；了解合同的效力、合同的履行、合同的转让方面的规定；了解主要的违约救济方法。

第一节 合同法概述

合同是商品交换的法律形式，一切商事交易的展开，都离不开合同，国际商事交易更是如此。在当今世界，无论社会制度、法系、种族、语言、文化等如何不同，都无一例外地运用着合同，从生产至分配，流通领域的每个环节是一个又一个紧密相连的合同，从而使社会生活处于相对稳定的状态。

然而，国际社会尚无统一的立法机构，因此，到目前为止，还没有国际社会普遍承认和接受的、统一适用于各类合同的国际合同法。在这种背景下，国际商事交易以及为此而订立的国际商事合同的法律问题，就显得极为复杂。

一、合同的定义和特征

由于社会条件、背景等方面的不同，世界各国法律对合同下的定义不尽相同，但普遍认为，合同是一种民事法律行为，是当事人意思表示一致的协议。

大陆法系国家的合同定义来源于罗马法。依罗马法对合同的定义，合同为双方当事人间发生债权债务的合意。《法国民法典》对合同的定义即从罗马法定义转化而来，该法典第1101条规定："合同是一人或数人对另一人或数人承担给付某物、做或不做某事的义务的一种合意。"此处强调合意，即当事人之间就有关义务达成了一致意见。《德国民法典》虽未对合同下定义，但观其合同在民法典中的位置可知，德国法中的合同是广义的私法合同，泛指一切以意思表示一致为要素而发生的在私法上的行为，其305条规定："依法律行为债务关系或变更法律关系的内容者，除法律另规定外，应依当事人之间的合同。"《德国民法典》把合同纳入法律行为、债务关系的范畴内。

英美法系的传统理论强调合同来源于当事人作出的诺言。美国法学会于1981年编纂出版的《第二次合同法重述》第1条为合同下的定义是："合同是一项或一组这样的诺言：它或它们一旦被违反，法律就会给予救济，或者是法律以某种方式确认的义务的履行。"与上述对合同的传统定义并存，美国尚有所谓的现代定义，比较有代表性的是美国《统一商法典》第1~201条(11)款："合同意为受本法典和其他适用法律规则管制的当事人之间的协议所产生的全部法律义务。"此定义强调当事人之间达成了协议，由此产生了法律义务，与前述传统定义大不相同。

我国的合同法理论，主要是在借鉴大陆法系合同法理论的基础上建立起来的，中国《民法典》第2条对合同定义为："合同是主体之间设立、变更、终止民事权利义务关系的协议。"依此内容，我国关于合同的定义显然是建立在"法律行为说"的基础上，即认为合同是民事主体间设立、变更、终止民事权利义务关系的法律行为。

尽管前述各国法律对合同下的定义各有差异，但强调当事人之间存在协议(或合意，美国传统定义除外)这一点，则是基本一致的。依据上述定义来分析，合同具有三方面特征。

(1) 合同是当事人意思表示一致的协议。这是合同的本质特征。不管双方(或多方)当事人起初有什么意见分歧，到最后，在双方通过要约、承诺的方式就有关的主要问题达成合意时，合同关系即成立，否则就谈不上合同以及赖之而存在的权利义务关系。

(2) 合同是双方(或多方)当事人的民事法律行为，而不是单方的民事法律行为。仅一方当事人订立合同是无实际意义的，至少应有两方当事人参与。合同在本质上属于合法行为，合同当事人作出的意思表示是合法的、符合法律要求的情况下，才具有法律约束力。

(3) 订立合同的目的是产生某种民事法律方面的效果。也就是说，事出有因，不是为订立合同而订立合同，一般包括设立、变更、终止民事法律关系这三种情形。例如，卖方欲以每公吨3000元以上的价格出售500公吨钢材，而买方愿以2900元以下的价格买进，经过讨价还价，双方订立了合同，价格为每公吨2950元，这样就建立了买卖钢材的民事法律关系。

二、合同法与各国编制体系

合同法(Contract Law)是指调整各种合同法律关系的法律规范。合同法在民商法中占有非常重要的地位，它与买卖法、代理法、产品责任法、保险法等有着密切的关系，共同构筑了庞大复杂的民商法制度。

西方国家的合同法编制体系各不相同，大陆法系与英美法系各有特色。

(一) 大陆法系的合同法

在大陆法系国家，合同法是以成文法的形式出现的，如法国、德国、意大利、瑞士、日本等国，其合同法都包含在民法典或债务法典之中。大陆法系国家的民法理论把合同作为产生"债"的原因之一，大陆法系对合同的基本观点是，合同是债的一个种类。债是一个总概念，在此之下，合同、侵权行为、代理权的授予、无因管理、不当得利均是产生债的原因,将有关合同的法律规范与产生债的其他原因,如侵权行为等法律规范并列在一起,作为民法的一编,称为债务关系法或债编。例如,《法国民法典》把有关合同的内容集中在第三卷;《德国民法典》设有"总则"一编,以法律行为的概念,对有关合同成立的共同性问题作出规定,而在后面的各种债务关系篇章,实际上是合同法各论,分别对买卖、互易、使用租赁、使用借贷、合伙、保证、和解等18种合同作了具体规定。

(二) 英美法系的合同法

在英美法系国家,合同领域的法律原则主要包含在普通法之中,这是几个世纪以来由法院以判例形式发展起来的判例法。除印度以外,英美法系各国均无系统的、成文的合同法。所以,英美法系的合同法主要是判例法、不成文法。虽然英、美等国也制定了一些有关某种合同的成文法,如英国1893年颁布的《货物买卖法》、美国的《统一商法典》等,但它们只是对货物买卖合同及其他一些有关的商事合同作了具体规定,至于合同法的许多基本原则,如合同成立的各项规则等,仍需依据判例法所确立的法律原则行事。

(三) 中国合同法律制度

中国《民法典》第三编为《合同》,调整因合同产生的民事关系。该编共3个分编,29章,526条。第一分编为通则,规定了合同的订立、效力、履行、保全、转让、终止、违约等一般性规则。第二分编为典型合同,对市场经济活动和社会生活中应用普遍的买卖合同等19种合同作出规范。第三分编为准合同,对无因管理和不当得利的一般性规则作了规定。

三、国际统一合同法的蓝本——《国际商事合同通则》

长期以来,人们一直期盼统一国际贸易领域的有关法律,特别是统一作为国际商事交易基础的法律——合同法,以排除国际贸易往来中的法律障碍。从20世纪初开始,一些国际组织先后展开了统一各国合同法的工作,坚持不懈地作出努力。1980年,联合国《国际货物销售合同公约》(CISG)施行,它是国际贸易统一法的重大成果,它既包含买卖法内容,也包含合同法内容,对统一不同社会制度、不同法系、不同国家在货物买卖领域的法律原则有重大贡献,受到不同类型国家的普遍欢迎。

然而,《国际货物销售合同公约》管辖的范围仅限于国际货物买卖领域,对合同的有效性等当时难以统一的一些重大问题采取回避态度,在一些问题上存在较大的局限性,因而法律界、贸易界人士迫切希望在更广泛的范围统一合同法。1980年,国际统一私法协会成立了包括世界所有主要法系在合同法和国际贸易法领域的专家在内的工作组,起草统一的国际商事合同法。经过14年坚持不懈的努力,历经多次反复讨论和修改,终于在1994年5月通过了《国际商事合同通则》(Principles of International Commercial Contracts,以下简称《合同通则》),2004年、2010年、2016年又作了修订。该通则在继承CISG合理成分的基础上，进一步全面地确立了国际商事合同领域的各项法律原则，是国际合同法统一化进程中的又一重大成果。该通则尽可能地兼容了不同法律体系和不同社会文化背景的一些通用的法律原则，同时总结和吸收了国际商事活动中广泛适用的惯例和最新立法成果，对今后国际贸易法的进一步统一具有深远意义。

(一)《合同通则》的适用范围和性质

本通则是以"一般规则"(General Rules)的形式出现的，适用于所有的国际商事合同。此处的"国际"，是设想尽可能赋予其广义的解释，包括合同当事人的营业地、惯常住所地在不同国家的情形，以及合同含有国际因素的各种情形。至于"商事"，此处要求合同当事人有正式的"商人"身份或该交易具有商业性质，将消费者交易排除在外。本通则未对"商事"下明确的定义，只是假定应尽可能从广泛的意义来理解"商事"合同概念，以使它不仅包括提供或交换商品、服务的一般贸易交易，还可包括其他类型的经济交易，如投资和特许协议、技术许可协议、专业服务合同等。在1995年结束的"关税与贸易总协定"乌拉圭回合多边贸易谈判中，确立了国际贸易的最新概念——它除涵盖货物贸易之外，还延伸到知识产权转让、投资和服务贸易领域。在上述领域交易而成立的合同，除消费、赠予和援助性质的以外，基本上都是国际商事合同，都属于《合同通则》调整的范畴。由此可见，本通则的适用范围非常广泛。

《合同通则》从性质上说，是一种法典化的法律重述，它具备6种功能。

(1) 当事人同意合同受通则管辖时通则应该作为合同所适用的法律。
(2) 当事人同意合同受一般法律原则、商人法(或类似措辞)管辖时，可以适用通则。
(3) 当事人没有选择合同所适用的法律时，可以适用通则。
(4) 可以用于解释或补充国际统一法律文件。
(5) 可以用于解释或补充国内法。
(6) 可以作为国内和国际立法的范本。

上述6种功能中，第6种是示范法的功能，而其余5种功能的实现，都体现为通则不同程度地适用于具体的国际商事合同纠纷，而且这5种功能中，前3种功能可以归结为通则作为准据法的功能，后2种可以概括为通则作为解释和补充工具的功能。

案例4-1

国际商会仲裁院第7110号裁决

国际商会仲裁院第7110号裁决(1995年)的基本案情是：一家英国公司和一个中东国家的政府部门缔结了9份提供设备的相关合同。这些合同中没有一个明确规定适用某一国内法，但有些合同规定，争端解决应依据"自然正义"。中东原告认为，"自然正义"指的是一般法律原则。英国被告认为，"自然正义"仅仅涉及程序规则，如正当程序和公平听证，而且英国是特征履行地义务人所在的国家，英国法应该是与合同具有最密切联系的法律。大多数仲裁庭成员赞同原告的主张，认为合同应受一般法律原则的管辖，这些一般法律原则并非存在于任何特定国家的法律体制之中，而是适合于国际交易需要并获得广泛国际共识的规则。在仲裁庭看来，

> 获得广泛国际共识的一般原则和规则主要反映在《国际商事合同通则》之中。因此，合同应受《合同通则》管辖并依据《合同通则》来解释。仲裁庭认为，将《合同通则》作为管辖合同的法律是适当的，即使在当事人缺乏此种默示意图时也是如此。事实上，《合同通则》可以视为《国际商会仲裁规则》第13(3)条所指的"最适当的法律"。①

《合同通则》旨在为国际商事合同制定一般规则，可用于解释或补充国际统一法的文件，也可作为国内和国际立法的范本。《合同通则》不是一项国际性公约，因而不需要国家政府参与任何程序，各国当事人完全可依其自身意愿很方便地适用。而且，当无法确定合同的适用法律对某一问题的相关规则时，通则可对该问题提供解决办法。所以，在国际商事合同领域，通则适用的机会很多，为其对适用范围的定位开拓了广阔的空间，有利于其作为合同法通用准则的推广和运用，有利于推动世界范围内合同法统一化的进程。

(二)《合同通则》的内容与结构

本通则分为前言和7个篇章，共109条，对合同法的各组成部分做了全面、明确的规定。在法律术语的表达上尽量采用无歧义的表述，对许多条文规定附加注释并举例说明，每个条文冠之以概括其内容的简短标题，便于理解和记忆。

(三)《合同通则》的总则

总则共含10个条文，概括性地确立了基本原则等重要事项。

首先，总则规定了国际商事领域中的三项基本原则。

(1) 缔约自由(Freedom of Contract)原则。本通则第1.1条标题就是"缔约自由"，它明确规定："当事人可自由订立合同并确定合同的内容。"②在当今世界，经营者自由决定向谁供货或提供服务的权利，以及自由地商定各项交易的贸易条件的可能性，是开放的、以市场为导向的、充满竞争的国际经济的基石。

(2) 合同必须信守原则。本通则第1.3条确定了合同法的另一项基本原则——"合同必须信守"。此条文规定："有效订立的合同对当事人均有约束力。当事人仅能根据合同条款或通过协议或根据通则的规定，修改或终止合同。"合同的约束性是建立在该合同有效成立的基础之上，它不受任何合同无效原因的影响。

(3) 诚实信用和公平交易原则。本通则在第1.7条确立了该基本原则，而且特别明文规定"当事人各方不得排除或限制此项义务"，强调此条款属强制性规定。上述原则包含"诚实信用"和"公平交易"两个概念，并非按不同的国家法律体系中所采用的一般标准来适用。第1.7条用了"国际贸易中的诚实信用和公平交易"的字句，强调必须按照国际贸易的特殊情况去解释，其要求有可能高于某一国的国内标准。

此外，总则第1.4条确立了"强制性规则优先"的原则，即本通则不得否定由主权国

---

① 转引自左海聪. 国际商法[M]. 北京：法律出版社. 2008：68.
② 张玉卿. 国际统一私法协会国际商事合同通则2016[M]. 北京：中国商务出版社. 2019：15.

家自主制定的，或为履行国际公约而制定的，或被超国家所采纳的强制性规定。

另外，总则第1.5条规定，除另有规定外，当事人可排除本通则的适用，或者减损、修改本通则任何条款的效力。

第二节 合同的成立

合同的成立(Formation of Contract)通常是指合同双方当事人作出意思表示并达成一致的一种状态。它是合同法中最重要的组成部分，如果它被否定了，也就谈不上合同的内容、履行等。

一、西方发达国家关于合同有效成立的要件

对于合同的成立，西方发达国家法律均要求具备一定的条件，即所谓合同有效成立的要件，但各国具体要求不尽相同。综合起来，西方发达国家对合同有效成立的要件有以下几项。

(一) 通过要约和承诺达成合意

合意(Agreement)是合同成立的基本条件。有学者认为，"合意"一词源自罗马法，它当时是指合同当事人内心意思的一致，但在现代民法中，合意被认为是由解释所确定的"表示内容的一致，而非内心意思的一致"。

法国学者认为，合同当事人的意思表示比当事人的意愿本身更为重要，意思表示是合同的要素。在英美法系，检验合同意向及是否合意的标准，应采取客观标准。英美法系强调，当事人之间必须达到"相互间的一致"(Mutual Assent)，有的又称之为"意愿的汇合"(Meeting of Minds)，意思是双方当事人均了解有关条件，对此达成了一致意见，而且已做好准备受有关条件的约束。"意愿的汇合"，强调必须是客观的，通过某种形式表现出来，一般是通过要约、承诺反映其意愿。

合同成立的根本标志是当事人的意思表示一致，即达成合意。这首先要求当事人作出订约的意思表示，并通过要约和承诺等方式达成合意。尽管这种合意的形成通常要经过要约与承诺这两个阶段，但这只是合同的成立方式，或者说是合同订立的过程，而不是合意本身，因此不能认为要约与承诺是合同的成立要件，只有合意才是合同的成立条件。

(二) 当事人具有缔约能力

具有缔约能力(The Legal Capacity to Contract)，是民事法律行为的要件，此处的当事人，仅讨论自然人和法人两类。

关于自然人的行为能力，各国法律基本上都规定，未成年人、酗酒者、吸毒者、精神病患者受一定限制，但其具体规定有些出入。例如，判断成年人的年龄标准，未成年人可订立何种合同等。英美法的判例所确立的原则是，未成年人通常没有订立合同的能力，

但是作为例外,他们订立的有关生活必需品的合同是有约束力的。生活必需品不仅包括衣服、食物等维护生存所必需的物品,而且包括该未成年人维系社会地位所合理需要的东西,如手表、自行车等。

法人是指拥有独立的财产,能够以自己的名义享受民事权利和承担民事义务,并且按照法定程序成立的法律实体。较为常见的法人是公司。法人是由自然人组织起来的,它需要通过自然人才能开展活动。根据各国公司法的规定,公司必须通过它授权的代理人才能订立合同,如该公司的董事是法定代表,而且其活动范围不得超出公司章程的规定。

(三) 存在对价关系或约因

1. 英美法系的对价原则

对价(Consideration)是英美法系的一个独特概念,其定义是:"合同一方得到的某种权利、利益、利润或好处,或是他方当事人克服自己不行使某项权利或遭受某项损失或承担某项义务。"

英美普通法把合同分为签字蜡封合同和简式合同两大类,前者以遵守特定的形式为合同生效的条件,后者以存在对价关系为条件。对价是判断当事人双方之间有无法律上的权利和义务的主要依据。法官在解释对价时,主要强调双方当事人各有得失、相互给付,即"我给你某物,是为了你给我他物"。一方当事人作出许诺,另一方当事人提供了对价,法院就有了强制执行这一合同的依据。

根据英美法判例所确立的法律原则,一项有效的对价必须具备以下条件。

(1) 对价必须是合法的。
(2) 对价必须是待履行的对价或已履行的对价,但不能是过去的对价。
(3) 对价必须具有某种价值,但不要求充足、相等。
(4) 已经存在的义务或法律上的义务不能作为对价。
(5) 对价必须来自受允诺人。

应当注意的是,英美法系对对价原则的态度正处在演变之中,总体倾向是采取比较灵活的做法,以使传统法律原则适应现代商业的发展需要。美国《统一商法典》在一些规定中,突破了对价理论。例如,在一定条件下承认无对价的"确定的要约",双方当事人协商一致修改合同不需要对价等。近年来,英国法院的少数判例也呈现改变对价原则中的不合理因素的趋势。

2. 法国法的约因

约因(Cause)是法国法合同有效成立的要素之一。债的约因是指订约当事人产生该项债务所追求的最接近和最直接的目的。在双务合同中,存在两个约因,即双方当事人间存在相对给付的关系。例如,在买卖合同中,卖方的交货义务以买方付款为约因,而买方的付款义务则以卖方交货为约因。

(四) 合同形式符合法律规定

合同可分为要式合同与不要式合同两类。前者是指必须按照法定的形式或手续订立的合同,后者是指法律不要求按特定的形式订立的合同。当代西方发达国家在合同形式问题上都采取"不要式原则",即当事人可采取任何方式订立合同,只是对某些特殊种类的合同,才要求按法律规定的特定形式订立。

西方发达国家要求某些合同需按法定形式成立,其目的和作用有二:一是作为合同生效的要件;二是作为证明合同存在的证据。

德国法侧重于作为合同有效成立的要件,它只要求土地买卖合同必须具备法定形式。法国法侧重于作为证据要求,它规定赠予合同、设立抵押权合同、夫妻财产制合同须采用法定形式。

英国法要求下列合同以书面形式作为成立的条件,否则无效:汇票与本票,海上保险合同,债务承认,卖方继续保持占有的动产权益转让合同。此外,还有一些合同要求以书面文件作为证据,否则法院不予强制执行,此类包括保险合同、土地买卖合同和金钱借贷合同。

美国法要求下列合同必须以书面形式作为证据:不动产买卖合同,从订约时起不能在一年之内履行的合同,为他人担保债务的合同,价金超过5000美元的货物买卖合同。

在合同的形式问题上,《合同通则》与CISG一样,采取十分开放的态度,其第1.2条标题非常鲜明地表达了无形式要求,内容是:"通则不要求合同必须以书面形式订立或由书面文件证明。合同可通过包括证人在内的任何形式证明。"

(五) 具备合法性

1. 英美法系的原则

对英美法系来说,合法性(Legality)是指合同的目的或目标必须是合法的,合同标的、合同的成立和履行也必须合法,而不能是非法的。此要求强调合同不能是成文法所禁止的,不能违反普通法,不能与公共政策相抵触。根据某些美国法学著作的分类,下列三类协议是非法的,不构成合同。

(1) 违反成文法的协议。

(2) 违反公共政策的协议。

(3) 不道德的合同。

凡属类似以上列举的非法协议,均是无效的,不构成合同,其法律后果是既不产生权利,也不产生义务,当事人不能要求履行合同,也不能要求赔偿损失。

2. 大陆法系的原则

在大陆法系中,各国都在民法典中对合同违法、违反公共秩序和善良风俗等问题作出明确规定。

《法国民法典》在总则中有原则性规定,任何个人都不得以特别约定违反有关公共秩序和善良风俗的法律。然后,把违法、违反公共秩序等问题与约因、标的联系在一起作出规定。按照法国法,导致合同非法的情形主要有两种:一是交易的标的物不合法,如贩卖毒品等违禁品的合同;二是合同的约因不合法,即合同所追求的目的不合法。

德国法注重法律行为和整个合同的内容是否有违法的情形。《德国民法典》在总则篇第二章"法律行为"中规定"法律行为违反法律上的禁止者,无效",并且规定,违反善良风俗的法律行为亦无效。上述规定不仅适用于合同,也适用于合同以外的其他法律行为。

(六) 合意必须真实

此要件强调，双方当事人是在正常情形下达成合意的，此合意是他们意思的真实表示。此要件通常通过影响合同效力的几个重要因素来集中体现，诸如是否存在错误、欺诈、胁迫、显失公平、不正确说明、不正当影响等。如果确实存在上述情况，依据各国法律规定，受不利影响的一方当事人有权主张合同无效，或主张撤销合同，详见本章第三节"合同的效力"。

二、要约

(一) 要约的定义

要约(Offer)是指以缔结合同为目的，希望相对人予以承诺的意思表示。提出要约的一方称为要约人(Offeror)，其相对方为受要约人(Offeree)。要约可用书面形式，也可通过口头、行为表示。

《合同通则》第2.2条对要约的定义如下："一项订立合同的建议，如果十分确定，并表明要约人在得到承诺时受其约束的意旨，即构成要约。"此定义说明要约有两个特点。

(1) 要约的确定性，即订立合同的建议必须十分明确，此建议一旦被承诺即为合同成立。一般说来，要约应当对将来协议的条款有十分明确的表述，越详细越被视为确定。当然这也不是绝对的，有时即使某些重要条款在要约中尚未确定，也不能据此就判定该要约是不确定的，尚需考虑其他有关情形。

(2) 要约人受约束的意旨，即该建议需明确地表示，要约人在得到对方对该要约承诺时愿受其约束。然而，这种意旨有时未必被明确地表述，通常要根据具体情况去推断。一般而言，建议包含的交易条件和细节越详细、越明确，就越容易被推定为要约。

此处需注意区分要约和邀请要约(Invitation for Offer)。虽然邀请要约的目的也是成立合同，但它本身不是要约，只是邀请对方向自己发出要约。例如，在商业活动中，有些公司向有关当事人寄送报价单、价目表和商品目录等，其内容可能包括品质规格、价格、交货期等，但这些都不是要约，其目的是吸引对方向自己报出订货单，此种订货单才是真正的要约，经承诺后才能成立合同。由此可见，要约与邀请要约的根本区别在于：作为一项要约，它一经对方承诺，要约人即需受其约束，合同即为成立；而作为邀请要约，即使对方完全同意有关交易条件，该发出方仍可不受其约束，除非他对此表示承诺。

广告是否构成要约，对此各国法律规定不一。关于普通的商业广告，原则上不认为是要约，而仅视为邀请要约。然而英美法院的一些判例主张要约既可向某一人发出，也可向某一群人发出，甚至可向全世界发出。只要广告的文字明确、肯定，足以构成一项允诺，亦可视为要约。在此问题上，北欧各国法律的规定不同，强调要约必须是向一个或一个以上的特定人(Specific Persons)发出，广告原则上仅是邀请要约。CISG规定，除非提出建议的人明确地表示相反的意向，非向特定人提出的建议，仅应视为邀请要约。《合同通则》对此未作规定，不以"向特定人发出"作为构成要约的一项因素。我国《合同法》第15条第2款规定:"商业广告的内容符合要约规定的,视为要约。"

(二) 要约的撤回与撤销

一项要约,一旦被发出,受要约人收到即产生约束力。简而言之,关于要约到达生效这一法律原则,大陆法系与英美法系是一致的。《合同通则》第2.3条第(1)款明确规定:"要约于送达受要约人时生效。"

要约的撤回与要约的撤销,是两个完全不同的概念。

要约的撤回(Withdrawal of Offer),是针对未发生效力的要约而言,是阻止要约生效的行为,即在要约已被发出但尚未到达受要约人的这段时间里,要约人通知对方取消此项要约,使其不发生效力。对此问题,《合同通则》第2.3条第(2)款规定:"一项要约即使是不可撤销的,也可以撤回,如果撤回通知在要约送达受要约人之前或与要约同时送达受要约人。"撤回要约的实用价值在于:要约人在发出要约之后,迅速地发现了要约有误的情形下,或是国际市场该种商品价格或外汇汇率突然发生了不利于己方而需要取消要约的情形下,要约人可用更快的通信方式通知对方。若此撤回通知能赶在要约送达之前或同时送达,均可成功地撤回要约。

要约的撤销(Revocation of Offer),是针对已发生效力的要约而言,是消灭要约效力的行为。也就是说,在要约已到达受要约人之后,要约人通知对方取消该项要约,从而使要约的效力归于消灭。撤销要约的实用价值类似撤回要约,主要起因于交易的重要条件发生不利于要约人的剧变。

(三) 要约的约束力

要约的约束力,是指要约人在发出要约之后至对方承诺之前这段时间内,能否撤销要约或变更要约的内容。

1. 英美法系

英美普通法认为,要约原则上对要约人无约束力,在受要约人发出承诺之前,要约人任何时候均可撤销要约或变更要约的内容。即使要约人在要约中规定了有效期限,他也有权在期限届满之前撤销要约。

显然,上述原则使受要约人缺乏应有的保障,受要约人有可能会蒙受因信赖该要约而与第三方订立合同所造成的损失。为适应当代经济发展的需要,美国《统一商法典》规定,在货物买卖中,在一定条件下可承认无对价的确定的要约(Firm Offer),即要约人在其要约确定的期限内不得撤销的要约,其条件是:①要约人必须是商人;②要约已规定期限,或者如果未规定期限,则在合理期限内不予撤销,但无论如何不超过3个月;③要约需以书面形式做成,并由要约人签字(第2-205条)。

2. 大陆法系

德国法主张,要约原则上对要约人具有约束力。《德国民法典》规定,除非要约人在要约中注明不受约束的字句,否则均受其要约的约束。若在要约中规定了有效期,则在该期限内不得撤销或更改;若未规定有效期,则依通常情形可望得到答复以前,不得撤销或更改其要约。瑞士、希腊、巴西等国均采取此种原则。

法国法原则上主张，要约人在其要约被受要约人承诺以前可撤销要约。法国的法院判例认为，如果要约人在要约中指定了承诺期限，他亦可在期限届满以前撤销要约，但需承担损害赔偿的责任。即使在要约中未规定期限，但若根据具体情况或交易习惯，要约视为应在一定期限内等待承诺者，要约人如果不适当地撤销要约，亦需负损害赔偿之责。

3.《国际商事合同通则》

如前文所述，两大法系对要约可否撤销问题的分歧较大，难以协调。《国际商事合同通则》(以下简称《合同通则》)在此问题上完全继承了CISG的原则。首先是以英美法系的规定作为原则，规定："在合同订立之前，要约得以撤销，如果撤销通知在受要约人发出承诺之前送达受要约人。"也就是说，要约人撤销要约的权利至受要约人发出承诺时即为终止。同时，《合同通则》又以大陆法系多数国家的规定作为例外，明确规定："但是，在下列情况下，要约不得撤销：①要约写明承诺的期限，或以其他方式表明要约是不可撤销的；②受要约人有理由信赖该项要约是不可撤销的，而且受要约人已依赖该要约行事。"

(四) 要约的消灭

要约的消灭，又称为要约的终止，是指要约失去法律效力，要约人不再受该要约的约束。根据各国法律以及《合同通则》，在下述情况下要约失去效力。

1. 要约的期限已过

(1) 要约如果明确规定了有效期限，则在此期限终了时，要约自行失效。

(2) 要约如果没有规定承诺期限，分两种情形：①口头要约若未得到当即承诺，要约即失效。②若当事人以函电方式发出要约，如不在相当期间内或"依通常情形可期待承诺达到的期间内"作出承诺，要约即告失效。至于这个期间到底应为多少天，属于"事实问题"，应由法官根据两地距离的远近、要约与承诺所采取的方式来决定。

2. 要约被要约人撤回或撤销

当事人如果根据适用的法律规范，成功地撤回或撤销了原先发出的要约，该要约即被消灭。

3. 要约被受要约人拒绝

《合同通则》第2.5条规定："一项要约于拒绝通知送达要约人时终止。"对此规则，大陆法系和英美法系是一致的。需注意的是，上述拒绝可以是明示的，也可以是默示的。后者指受要约人的答复似有承诺的意思，但对要约作了实质性的添加、限制或修改。

4. 要约人或受要约人死亡、破产

三、承诺

(一) 承诺的定义

承诺(Acceptance)是指受要约人按照要约所指定的方式，对要约的内容表示同意的一种意思表示。

要约一经承诺，合同即告成立。当今世界大部分国家以及国际公约、惯例均采取此法律原则。然而也有少数国家的法律规定，在经要约、承诺的基本法律步骤之后，尚需双方当事人签订书面合同，只在此时合同才视为成立。

(二) 承诺应当具备的条件

一般说来，一个有效的承诺应具备以下条件。

(1) 承诺必须由受要约人作出。受要约人包括其本人及其授权的代理人。换句话说，只有受要约人才有承诺的权利，其承诺才具有法律效力，任何第三方对要约表示同意，均不是有效的承诺，不能成立合同。

(2) 承诺必须在要约的有效期间内进行。在要约未规定有效期的情况下，承诺必须在"依照常情可期待得到承诺的期间内"(大陆法系)，或是在"合理的时间内"(英美法系)进行。超过上述时间的承诺，一般视为新的要约。

《合同通则》第2.7条对"承诺的时间"明确规定："要约必须在要约人规定的时间内承诺，或者如果未规定时间，应在考虑了交易的具体情况，包括要约人所使用的通讯方法的快捷程度的一段合理时间内作出承诺。对口头要约必须立刻作出承诺，除非情况另有表明。"

(3) 承诺必须与要约的内容一致。在此问题上，传统的英美法系要求非常严格，实行"镜像规则"，即承诺必须像一面镜子一样，反照要约的内容，不容许有丝毫差异，否则即视为反要约。大陆法系的法律原则与此规则相类似。

> **案例4-2**
>
> **荷兰H公司诉英国E公司**
>
> E公司是一家英国的航空公司。一日，E公司为售出某台机器而向荷兰H空中服务公司发出要约：售×机器一台，请汇5000英镑。H公司立即回电：承诺你方要约，已汇5000英镑至你方银行账户，在交货前该笔款项将由银行代你方保管，请立即交货。后来，E公司却将×机器高价售予第三人。H公司便诉至英国法院控告E公司违约。英国法院判H公司败诉，理由之一是：被告要约中规定的付款是无条件的，原告在回电中却变更为付款以交货为前提，这样，尽管原告在回电中使用"承诺"一词，也不能构成有效的承诺。

在商事交易中，受要约人有时会在承诺中对要约作一些微小的修改或附加条件，如果因为这些无关紧要的变更，就使得合同不能成立，势必不利于贸易发展，故《合同通则》对此问题作出了灵活的规定。

《合同通则》第2.11条(1)款首先肯定了各国传统的法律原则，强调作为原则，承诺的内容应与要约一致，对要约意在表示承诺但载有添加、限制或其他变更的答复，即视为对该要约的拒绝，并构成反要约；然后在(2)款中规定，作为一种例外，承认一定条件下的带有变更的承诺："但是，对要约意在表示承诺但载有添加或不同条件的答复，如果所载的添加或不同条件没有实质性地改变该项要约的条件，除非要约人毫不延迟地反对这些不符，则此答复仍构成承诺。如果要约人不反对，则合同的条款应以该项要约的条件以及承诺通知中所载的变更为准。"

(4) 承诺的传递方式必须符合要约提出的要求。有些要约要求受要约人以电报或传真等快速传递方式承诺，受要约人应依此行事，否则承诺无效。如果要约未对承诺的传递方式作出规定，一般应采用要约规定的传递方式。但是，如果受要约人采用比要约指定的方式更为快捷的通信方式来传递承诺，例如要约指定航空邮寄，但受要约人在有效期内采用电报或传真方式，这个承诺在法律上是有效的。

(三) 承诺生效的时间

根据大多数国家的法律和国际公约以及国际惯例的规定，承诺一旦生效，合同即为成立，故承诺生效的时间事关重大。在此问题上，两大法系的分歧比较大。

1. 英美法系的"邮箱规则"

英美法系关于承诺生效时间的一般规则是，一项承诺于发出时生效，即邮箱规则(Mail-box Rule，又称"投邮生效规则")。此项规则有利于受要约人，即便承诺在发出后未被要约人收到，它也被视为有效。例如，以书信或电报作出承诺时，只要受要约人把书信投入邮局信箱，或把电报稿交给电报局，承诺立即生效。即使表示承诺的信函在传递过程中丢失，只要受要约人能证明确实已向邮局交足邮资，写妥地址，合同仍视为成立，其理由是：要约人曾默示指定邮局作为他收受承诺的代理人，故一旦受要约人把承诺交到邮局，就等于交给了要约人，承诺即时发生效力。即使出于邮局的原因使含有承诺内容的信函遗失了，那也应由要约人负责，与受要约人无关，不得因此影响合同的成立。

然而，实际上这些均是表面的理由，真正的理由是要缩短要约人可撤销要约的时间，均衡要约人与受要约人之间的利益。前已述及，英美法系由于固守对价原则，认为要约人在其要约被承诺以前，随时可以撤销要约，这导致受要约人的利益处于不稳定状态。承诺采取"投邮生效"规则，要约人可撤销要约的时间实际上所剩不多，在一定程度上调和了双方当事人之间的利益。

英美法院采纳邮箱规则的另一个理由是，这一规则固然有利于受要约人而不利于要约人，但要约人有权在要约中规定，承诺通知必须送达才生效。因此，要约人只要这样规定，就可使自己处于有利地位。

2. 大陆法系关于承诺生效的规则

德国法采取"到达生效"原则，即承诺在到达要约人时才生效，合同在此时成立。《德国民法典》第130条规定："对于相对人以非对话方式所作的意思表示，于意思表示到达相对人时发生效力。"根据这一法律原则，受要约人承担从发出承诺至到达要约人时止这段时间的风险，如果承诺函在传递过程中遗失，承诺不生效，合同不能成立。

《法国民法典》对承诺生效时间未作规定。法国最高法院认为，承诺生效时间取决于当事人的意思，故这是一个事实问题，应根据具体情况特别是当事人的意思来决定，但往往推定为适用"投邮生效"规则，即承诺于发出时生效。

《日本民法典》在总则部分第97条规定，对隔地人间的意思表示，自通知到达相对人时生效，即采取到达生效。另外在契约一章第526条又规定，隔地人之间的契约，于发出承诺通知时成立，即对合同成立采取投邮生效规则。

3.《国际商事合同通则》的规定

《合同通则》基本上采取到达生效原则,其第2.6条第(2)款规定:"对一项要约的承诺于同意的表示送达要约人时生效。"此外,作为一种例外,《合同通则》第2.6条第(3)款规定:"如果根据要约本身,或依照当事人之间建立的习惯做法或依照惯例,受要约人可以通过做出某行为来表示同意,而无须向要约人发出通知,则承诺于做出该行为时生效。"

(四) 逾期承诺

传统的法律原则主张,承诺逾期送达要约人时无效,即逾期承诺(Late Acceptance)无效。

在此问题上,《合同通则》第2.9条继承了CISG第21条的灵活规定,旨在促成更多的国际交易,其具体规定如下:"①逾期承诺仍应具有承诺的效力,如果要约人毫不延迟地告知受要约人该承诺具有效力,或就该承诺的效力发出通知。②如果载有逾期承诺的信件或其他书面文件表明,它是在传递正常即能及时被送达要约人的情况下发出的,则该逾期承诺仍具有承诺的效力,除非要约人毫不延迟地通知受要约人:此要约已经失效。"

在上述规定中,①款针对的是受要约人自己造成的逾期承诺,例如他发出承诺时,按正常传递速度计算,在到达要约人时已超过承诺的有效期限。在此情形下,如果要约人有意成立该合同,他只要毫不延迟地告知对方该承诺有效,该逾期承诺即为有效,合同于逾期承诺送达要约人时成立。②款则针对不可预料的传递延迟导致的逾期承诺。在此情形下,受要约人对能及时送达承诺的信赖应得到保护,其结果是逾期承诺视为有效,除非要约人毫不延迟地拒绝。

综上所述,逾期承诺是否具有承诺的效力,取决于要约人的反应:在受要约人自己造成逾期承诺的情形下,要约人马上表态认可承诺,该逾期承诺即为有效;在传递延迟导致逾期承诺的情形下,该逾期承诺本应有效,但如果要约人立即表态反对,合同即不成立。

(五) 承诺的撤回

撤回承诺,是受要约人阻止承诺发生效力的一种意思表示,通常发生在商品行情等因素发生变化之时。

由于《合同通则》、CISG基本上采取承诺到达生效的原则,故其承诺是可以撤回的。《合同通则》第2.10条和CISG第22条规定:"承诺可以撤回,只要撤回通知在承诺本应生效之前或同时送达要约人。"德国等一些国家的法律也持此原则。

英美法系对承诺采取"投邮生效"规则,故发出承诺后便不得再撤回。

四、中国法关于合同订立的规定

中国《民法典》规定,当事人在订立、履行合同中,应遵循平等和自愿原则、公平原则、诚信原则、合法原则、公序良俗原则(见该法典第4、5、6、7、8条)。

关于合同订立的方式，中国民法典规定采取要约、承诺方式。关于要约的定义、生效、撤回、撤销，关于承诺的定义、生效、撤回、变更等，该法典采取了与CISG和《合同通则》相一致的规定，仅个别规定有细微的差异。

关于合同订立的形式，中国《民法典》第469条规定：

"当事人订立合同，可以采用书面形式、口头形式或者其他形式。

书面形式是合同书、信件、电报、电传、传真等可以有形地表现所载内容的形式。

以电子数据交换、电子邮件等方式能够有形地表现所载内容，并可以随时调取查用的数据电文，视为书面形式。"

《民法典》第490条又规定：

"当事人采用合同书形式订立合同的，自当事人均签名、盖章或者按指印时合同成立。在签名、盖章或者按指印之前，当事人一方已经履行主要义务，对方接受时，该合同成立。

法律、行政法规规定或者当事人约定合同应当采用书面形式订立，当事人未采用书面形式但是一方已经履行主要义务，对方接受的，该合同成立。"

此处法律、行政法规规定采用书面形式的合同，包括《民法典》分编中所规定的多种合同：①借款合同(自然人之间借款另有约定的除外)；②租赁期限6个月以上的租赁合同；③融资租赁合同；④建设工程合同；⑤技术开发合同；⑥技术转让合同和技术许可合同；⑦保理合同；⑧物业服务合同。此外，一般说来，需经政府审批或登记的合同也应采取书面形式，例如中外合资经营企业合同、中外合作经营企业合同、不动产转让合同等。

《民法典》第491条规定：

"当事人采用信件、数据电文等形式订立合同要求签订确认书的，签订确认书时合同成立。

当事人一方通过互联网等信息网络发布的商品或者服务信息符合要约条件的，对方选择该商品或者服务并提交订单成功时合同成立，但是当事人另有约定的除外。"

第三节　合同的效力

合同的效力(Validity)，即合同的有效性，指合同可约束当事人，可通过法院获得强制执行的效果。

从效力的角度分析，可把合同分为以下4类。

(1) 有效合同，即具有法律效力的合同。它对当事人具有约束力，当一方不履约时，另一方可请求法院强制执行合同的规定。

(2) 无效合同(Void Contract)，即不发生法律效力的合同。无效合同从合同成立时起，对合同当事人就没有约束力，当事人也不能通过承认其效力而使其变得有效。

(3) 可撤销的合同，即当事人一方可根据自己意愿解约的合同，其效力取决于有撤销权的一方是否行使这种权利，该方可依其选择，承认或否认合同对双方的约束力。

(4) 不可强制执行的合同(Unenforceable Contract)，是指那种虽属有效，但由于具有法律技术上的缺陷而不能诉请法院强制执行的合同。例如，美国《统一商法典》第2-201条规定，没有按其法定形式订立的合同，并非无效，而是不能强制执行，因为在诉讼时，必须以法律规定的形式(如书面文件、公证人的证明等)作为合同存在及其内容合理的证据，而不能以口头证言作为证据。

CISG回避了合同的有效性问题，对此未作任何法律规定。《合同通则》在这方面有重大贡献，专门设立了第三章"合同的效力"，以20条条文确立了详尽的法律规则，对规范国际商事交易有重大作用。

《合同通则》第3.2条规定："合同仅由双方的协议订立、修改或终止，除此外别无其他要求。"此条规定摒弃了某些法系和国家对合同有效性的某些特别要求，如英美法系要求合同必须存在对价关系，法国法要求必须存在约因，否则合同不能有效成立。从国际商事合同实践来看，上述特别要求失之于古板、烦琐，实际上已被不同程度地否定。《合同通则》明确地规范了此方面的法律原则，适应了现代国际商事交易的需要。

一般说来，合同的效力涉及面很广，影响合同效力的因素包括当事人的缔约能力、合同的形式、违反公共政策、错误、欺诈、胁迫和显失公平等。前三个问题，已在本章第二节作了简要阐述，下文阐述关于后几个问题的法律规定。

一、错误

各国法律都一致认为，并不是任何意思表示的错误，都足以使表意人主张合同无效，只是在某些特殊情况下，作出错误的意思表示的一方才可主张合同无效或撤销合同。

1. 中国法

中国《民法典》第147条规定："基于重大误解实施的民事法律行为，行为人有权请求人民法院或者仲裁机构予以撤销。"重大误解是指行为人因对行为的性质、对方当事人以及标的物的品种、质量、规格和数量等的错误认识，使行为的后果与自己的真实意思相悖，并造成较大损失。

2. 法国法

《法国民法典》第1110条规定："错误只有在涉及合同标的物的本质时，才构成无效的原因。"根据法国法，关于标的物的性质方面的错误，关于涉及与其订立合同的对方当事人所产生的错误，均可构成合同无效的原因。但是，动机方面的错误不能构成合同无效的原因。

3. 德国法

《德国民法典》第119条规定："表意人所做的意思表示的内容有错误时，或表意人根本无意为此种内容的意思表示者，如可以认为，表意人若知其情事并合理地考虑其情况而不会做此项意思表示时，表意人得撤销其意思表示。"根据德国法，关于意思表示内容的错误、关于意思表示形式上的错误，均可产生撤销合同的后果。

4. 英国法

英国普通法认为，订约当事人一方的错误，原则上不能影响合同的有效性。只有当该项错误导致当事人间根本没有达成真正的协议，或者虽已达成协议，但双方当事人在合同的某些重大问题上都存在同样错误时，才能使合同无效。例如，在合同性质上发生错误，在认定合同的标的物或明确合同的标的物存在与否等重大问题上，如双方当事人发生共同的错误，则合同无效。

> **案例4-3　瑞福斯诉维切豪斯**
>
> 　　原告、被告签订了一份由从孟买出发的轮船"皮尔莱斯号"装载棉花的买卖合同。原告瑞福斯期望卖的是12月份从孟买出发的轮船"皮尔莱斯号"装载的棉花，而被告维切豪斯期望买的却是10月份从孟买出发的轮船"皮尔莱斯号"装载的棉花。结果，原告试图将后一期运输的棉花交付给被告时遭拒绝。英国法官认为，原告、被告双方之间不存在有约束力的合同，因为双方对基本条款有不同的理解，属于对事实的共同误解。当双方当事人在有误解的情况下签订合同，从客观的角度来看，他们属于合理地相信某一事件是真实的。这样，任意一方当事人都不受此合同约束。①

5. 美国法

美国法关于认定合同错误的法律原则与英国法相同。美国一些法学家十分强调"信赖"及其利益的作用，认为保护信赖利益是合同法的重点。这种法学理论在美国司法实践中的一个表现是，如果法院认为对方由于信赖合同已有效成立而积极准备履约，从而改变了他的地位，以致难以恢复原状或不能恢复原状，有错误的一方就不能撤销合同。美国法院的态度是，宁愿让错误的一方蒙受自身错误所造成的后果，也不把损失转嫁给对方。

6.《国际商事合同通则》

《国际商事合同通则》第3.4条对错误下了定义："错误是指在合同订立时对已存在的事实或法律所作的不正确的假设。"第3.5条规定，必须是订立合同时相关的严重错误，才可宣告合同无效，判断错误的分量和重要性应参考主、客观两方面的标准进行衡量，依据的是"一个通情达理的人"的标准。

1) 非错误方

当非错误方符合下列4种条件之一时，错误方才能宣告合同无效。

(1) 双方当事人都犯了相同的错误。

(2) 错误方的错误是由另一方当事人造成的。

(3) 另一方当事人知道或理应知道错误方的错误，但有悖于公平交易的合理商业标准，使错误方一直处于错误状态之中。

(4) 在宣告合同无效时，另一方当事人尚未依其对合同的信赖行事。

2) 错误方

至于错误方，他在下述两种情况下不得宣告合同无效。

(1) 错误是由错误方的重大过失所致。

(2) 错误方已经意识到了这种错误的风险，或根据具体情况，这种风险由错误方承担。

---

① 高尔森.英美合同法概要[M].天津：南开大学出版社，1984：89.

二、欺诈

欺诈(Fraud)是指以使他人发生错误为目的的故意行为。各国法律都认为，凡因受欺诈而订立合同的，蒙受欺诈的一方可撤销合同或主张合同无效。

仅对某种事实保持沉默，是否构成欺诈？德国、法国、英国、美国法律的态度均相似，认为只有当一方当事人负有对某种事实作出说明的义务时，不作这种说明才构成欺诈，如果没有此种义务，单纯的沉默不构成欺诈。

《合同通则》综合了各国在欺诈问题上的基本法律原则，第3.8条规定，如果合同的订立是基于对方当事人欺诈性的陈述，包括欺诈性的语言、做法，或依据公平交易的合理商业标准，该对方当事人对应予披露的情况欺诈性地未予以披露，一方当事人可宣告合同无效。

中国《民法典》第148条规定："一方以欺诈手段，使对方在违背真实意思的情况下实施的民事法律行为，受欺诈方有权请求人民法院或者仲裁机构予以撤销。"第149条又规定："第三人实施欺诈行为，使一方在违背真实意思的情况下实施的民事法律行为，对方知道或者应当知道该欺诈行为的，受欺诈方有权请求人民法院或者仲裁机构予以撤销。"

三、胁迫

胁迫(Duress)，是指为达到非法目的而采取某种方法造成他人巨大的精神压力并使其感到恐怖的一种故意行为。各国法律都一致认为，凡在胁迫之下订立的合同，受胁迫的一方可主张合同无效或撤销合同。从法理上分析，受胁迫情形下所做的意思表示，不是当事人自由表达的意思，不能产生法律上意思表示的效果。

《合同通则》依据各国法律的一致原则，在第3.9条作出规定："一方当事人可宣布合同无效，如果其合同的订立是因另一方当事人不正当的胁迫，而且在适当考虑到各种情况下，该胁迫如此急迫，严重到足以使该方当事人无其他合理选择。当使一方当事人受到胁迫的行为或不行为本身非法，或者其作为手段获取合同的订立属非法时，均为不正当的胁迫。"

上述规定强调胁迫必须是急迫的和严重的，还必须是非法的，包括使合同当事人受到的胁迫行为或不行为本身属非法(如人身攻击)以及以合法手段达到非法的目的(如仅为迫使对方按拟定条款订立合同而提起诉讼)。

中国《民法典》第150条规定："一方或者第三人以胁迫手段，使对方在违背真实意思的情况下实施的民事法律行为，受胁迫方有权请求人民法院或者仲裁机构予以撤销。"

四、显失公平

在英美法系，依据衡平法，如果一份合同的内容是显失公平的(Unconscionable)，即它是如此不公平，以至于"触动了法官的良知"，该合同就不能得到强制执行。美国《统一商法典》提炼、升华了衡平法的这一法律原则，第2-302条规定，如果法院发现合同或其某条款在订立时是显失公平的，可拒绝强制执行该合同或只强制执行显失公平条款之外的条款，从而避免显失公平的结果。

> **案例4-4　Kansas City杂货批发公司诉Weber包装公司**
>
> 在双方当事人订立的货物买卖合同中，有一项限制异议索赔时间的条款(A Clause Limiting Time for Complaints)。该合同买卖的是番茄酱，此商品的潜在缺陷(Latent Defects)只有经过显微镜分析才能被发现。合同中规定的限制性时间，无法满足买方提供检验和索赔的时间要求。于是，法院判决此条款是显失公平的。

《合同通则》吸收了美国等国法律中的上述合理成分，在第3.10条专门对"重大失衡"(Gross Disparity)作出规定。它是指在订立合同时，合同或个别条款不合理地使另一方当事人过分有利，包括另一方当事人利用对方的依赖、经济困境、紧急需要、缺乏远见、无知、无经验或缺乏谈判技巧等事实。《合同通则》规定在发生上述情形时，同时考虑到该合同的性质和目的，法庭可依据有权宣告合同无效一方当事人的请求，修改该合同或其条款。

中国《民法典》第151条规定："一方利用对方处于危困状态、缺乏判断能力等情形，致使民事法律行为成立时显失公平的，受损害方有权请求人民法院或者仲裁机构予以撤销。"

第四节　合同的内容、合同的履行与合同条款

一、合同的内容

合同的内容(Content)，是指合同关于双方当事人的权利与义务的规定。

在合同发生纠纷时，明确各方当事人应履行的义务，是判定合同当事人应承担的责任的前提。本部分主要阐述《合同通则》第5章"合同的内容"有关义务的规定。

(一) 明示义务与默示义务

合同当事人的义务既有明示的，也有默示的。在国际商事交易中，合同各方当事人的义务不一定只限于合同条款明确规定的义务，其他义务也可以是默示的。默示义务来源于合同的性质和目的，各方当事人之间确立的做法和惯例，诚实信用和公平交易原则以及合理性。例如，A出租一套电子计算机网络系统给B，合同未规定A对B所承担的可能的义务，诸如至少应提供关于计算机网络操作的基本信息。显然，高精尖产品的供应商必须向使用者提供基本信息，这是实现该合同目的所必需的，应视为一种默示义务。

英国《货物买卖法》专门规定卖方所售货物需符合"默示条件"(Implied Condition)，美国《统一商法典》规定了卖方需承担对货物的明示担保(Express Warranties)与默示担保

(Implied Warranties)两种义务。《合同通则》重申了被许多国家接受的原则,其第5.1条规定:"各方当事人的合同义务可以是明示的,也可以是默示的。"

(二) 获取特定结果的义务与尽最大努力的义务

《合同通则》第5.4条吸取了法国、美国等国法律的合理成分,规范了标题所说的两种义务。"如果一方当事人的义务涉及获得某一特定的结果,则该方当事人有义务获得此特定结果。"这种获取特定结果的义务,一般在合同中明确作出规定。例如,批发商A在合同中承诺,在合同规定的销售区内1年完成销售10万双皮鞋的定额,然而期满时仅销出6万双,A显然未履行获取特定结果的义务。

"如果一方当事人的义务涉及在履行某一项活动中应尽最大的努力,则该方当事人有义务尽一个与其具有同等资格的、通情达理的人在相同情况下所应尽的义务。"这种义务往往产生于合同并未明确地规定定额之类的要求的情形,是一种弹性标准,评估的关键是以"具有同等资格的、通情达理的人"为对照点,判断是否作出最大努力。

《合同通则》第5.5条规定,在确定所涉义务种类到底是获取特定结果,还是作出最大努力时,应考虑以下4方面:①合同中明确规定义务的方式;②合同的价格以及合同的其他条款;③获得预期结果时通常所涉及的风险程度;④另一方当事人影响义务履行的能力。

(三) 当事人之间的合作义务

在国际商事交易中,一项合同不仅是利益冲突的交汇点,而且在某种程度上应视为合同当事人各方合作的共同项目。这个观点清楚地体现并贯穿于《合同通则》之中的诚实信用和公平交易原则,也体现为在不履约情况下应减轻损害的义务。为了更清楚地表达上述意图,第5.3条专门规定:"每一方当事人应与另一方当事人合作,如果一方当事人在履行其义务时,有理由期待另一方当事人的合作。"此处要求的合作义务,是指一方当事人合理期望的有关事宜,其基本着眼点是不妨碍另一方履约,但也可能会存在需要更积极合作的情形。

二、一般履行

合同的履行(Performance),是指合同当事人实现合同内容的行为。

各国法律均主张,合同当事人在订立合同之后,都有履行合同的义务,如果违反应履行的合同义务,就需承担相应的法律责任。

《合同通则》专门设立了第6章"合同的履行",包含23条规定,对有关合同履行问题作了全面具体的规范,树立了许多以前的国际公约或惯例所未涉及的法律原则,对实际工作的开展有重大而深远的意义,以下简要介绍其主要规定。

(一) 履行时间、地点与顺序

1. 履行时间(第6.1.1条)

合同约定了履行义务的准确时间或依合同可确定时间,当事人按此履行。合同规定了或依合同可确定一段时间，当事人可在此期间选择任何时间履行。如果合同未规定当事人时间，当事人应在一段合理时间内履行义务。

2. 分期履行与部分履行(第6.1.2~6.1.3条)

作为普遍的规矩，《合同通则》要求一次履行和全部履行，债权人有权拒绝分期履行和部分履行。但是，如果债权人拒绝部分履行无合法利益，就不能拒绝，因部分履行造成的额外费用应由债务人承担。

3. 履行顺序(第6.1.4条)

原则上，双方当事人应同时履行合同义务。如果由于特殊的性质导致一方当事人的义务履行需要一段时间，则该方当事人应当先行履行。

4. 提前履行(第6.1.5条)

债权人有权拒绝接受提前履行，但这种权利需以有合法利益为条件。如果债权人接受提前履行，由此造成的额外费用应由该履行方承担，并且不得损害任何其他救济方法。

5. 履行地(第6.1.6条)

如果合同未明确规定履行地，或依据合同也无法确定履行地，一般规则是当事人在自己的营业地履行合同义务。但是，金钱债务例外，债务人需在债权人的营业地履行合同义务。此外，合同订立后如一方当事人变更营业地，他应承担由此造成的额外费用。

(二) 付款

从第6.1.7至6.1.12条，《合同通则》用6条篇幅专门对国际商事交易中的付款作出规范。

1. 付款形式

作为一般原则，允许以任何付款所在地通用的形式付款，例如现金、支票、银行汇票、汇票、信用证等形式。此外，推定付款被承兑作为接受该付款的条件。

2. 转账付款

《合同通则》允许转账付款，在此情况下，债务人的义务在款项有效转至债权人的金融机构时解除。

3. 付款货币

作为一般原则，债务人可选择以付款地货币支付。如果债务人不可能以表示金钱债务的货币支付，则债权人可要求用付款地货币支付。在此情形下，通常采用付款到期的通行汇率。但如果债务人未按期履行合同义务，则债权人可选择付款到期时的汇率或实际付款时的汇率付款。

4. 未规定货币

如果一项金钱债务未明确规定使用某一具体货币，则付款应以付款地的货币支付。

5. 履行的费用

每一方当事人应承担其履行义务时所发生的费用。

6. 指定清偿

对同一债权人负有多项付款义务的债务人，应首先偿付费用、利息，最后偿付本金。此外，还规定了双方当事人均未作出指定时所适用的偿还债务顺序。

三、公共许可

《合同通则》认为，合同的履行应当遵守适用法律所规定的公共许可要求。

本通则所说的公共许可(Public Permission)，包括依据公共性质而设立的所有许可要求，如健康、安全或特殊的贸易政策。它与所要求的特许或许可，是由政府机构批准，还是由政府因特定目的而委托授权的非政府机构批准，无任何关联。

鉴于过去各国法律及国际惯例对申请公共许可的要求各有差异，为统一这方面的规范，《合同通则》第6.1.14条对申请公共许可确立了如下两项原则。

(1) 营业地设在要求公共许可的国家的那方当事人应承担申请许可的义务。此原则反映了目前国际贸易的实践，处在最佳位置的当事人应负责办理申请，因为他可能对申请的要求和程序更为熟悉，有种种便利之处。

(2) 在双方当事人在要求公共许可的国家均无营业地或均有营业地的情况下，履行合同需取得公共许可的当事人应采取必要的措施，以获取公共许可。

第6.1.15条规定了申请许可的程序，强调有义务获得公共许可的当事人，必须在订约后立即采取行动申请许可，并且有义务及时通知对方许可已获批准或遭到拒绝。

在订约之后的合理时间内，如果许可既未获批准又未遭拒绝，则任何一方当事人均有权终止该合同。但如果许可仅影响某些条款，即使许可遭拒绝，也不得终止该合同(第6.1.16条)。

当拒绝许可影响合同的效力时，则拒绝许可导致该合同无效。当拒绝许可只影响合同的部分条款的效力时，则仅该部分条款无效，如果考虑相关情况，维护合同的其余部分是合理的。此外，当拒绝许可导致合同的全部或部分履行不可能时，则适用有关不履行的规定(第6.1.17条)。

四、艰难情形

在《合同通则》第6章"合同的履行"中，专门设立了第2节"艰难情形"(Hardship)，包括3项条文。从整体结构安排来看，本通则把艰难情形视为合同履行之中的一个问题，而将不可抗力放在第7章，视为不履行合同的一个问题。

在第6.2.1条，《合同通则》首先强调了合同约束力的一般原则，不管履行当事人可能承受的负担如何，必须尽可能履行合同，艰难情形属于例外。

第6.2.2条对艰难情形定义如下："所谓艰难情形，是指由于一方当事人履约成本增加，或由于一方当事人所获履约价值减少，而发生了根本改变合同双方均衡的事件，并且：①该事件的发生或处于不利地位的当事人知道事件的发生，是在合同订立之后；②处于不利地位的当事人，在订立合同时不能合理地预见事件的发生；③事件不能由处于不利地位的当事人所控制；④事件的风险不由处于不利地位的当事人承担。"从上述定义来看，除必须具备本条开头所述的改变双方均衡的条件外，同时必须具备并列的4个条件，才能构成艰难情形。应当注意，艰难情形通常和长期合同相关，而且只与未完成的履行相关。

《合同通则》在注释中指出，在一个具体案例中，辨别改变均衡是否是"根本性的"，要依情况而定。但是，如果合同义务的履行能够以金钱方式准确计算，则履行费用或价值的改变达到或超过50%时，很可能就构成"根本性的"改变。此处确立了定量分析的参考标准，有较强的可操作性。这种情况不一定发生在巨大的政治、经济和社会变革的时候，较多地应用在出现各种危机的阶段，例如恶性通货膨胀、原材料价格不正常猛涨等。在这种双方均衡遭到根本性改变的情形下，如果仍然坚持履行原合同，一方当事人将遭受重大的经济利益损失，有违公平合理的原则。

正是基于上述法理，《合同通则》第6.2.3条规定："在出现艰难情形的情况下，不利一方当事人有权要求重新谈判，但重新谈判的要求本身不赋予不利一方当事人停止履约的权利。如果在合理时间内不能达成协议，任何一方当事人均可诉诸法庭(包括仲裁庭，下同)。法庭若认定存在艰难情形，可判决终止合同或修改合同。要求谈判应毫不延迟，且应说明理由。"

上述有关艰难情形的规定，在CISG以及许多国家的合同法中均是没有的，它恰到好处地填补了这样一个空缺——在一方当事人履约负担变得过分沉重，但又尚未达到不可抗力事件的条件时，如何体现公平合理的原则、维持双方当事人经济利益的均衡。《合同通则》在这方面作出了突破，确立了新的法律原则，代表了现代合同法的发展趋势，具有合理性，有利于维护遭遇不测风险的当事人的正当权益。

五、合同的条款

合同的条款又可称为合同的内容，是指双方(或多方)当事人依照程序，通过磋商达到意思表示一致，从而成立合同的具体内容。合同的条款固定了双方(或多方)当事人的权利义务关系，成为法律关系意义上的合同的内容。也有将合同的条款与合同的内容等同使用的，例如《合同通则》第5章标题即为"合同的内容"，实际上讲的就是合同的条款。

在西方国家，合同法属私法范畴，实行契约自由和当事人意思自治原则，对合同的条款一般无强制性规范，可由合同双方(或多方)当事人自行协商订立。

中国学者对合同条款有各种看法。崔建远教授认为，合同的条款可分为三大类：提示性的合同条款，合同的主要条款(指合同必须具备的条款，欠缺它，合同就不成立，例如当事人条款和标的条款)，合同的普通条款(指合同主要条款之外的条款)。[①]

以下按中国《民法典》的用语，先阐述合同的一般条款，再探讨合同的格式条款以及待定条款。

(一) 合同的一般条款

中国《民法典》第470条就合同的内容与条款规定如下："合同的内容由当事人约定，一般包括以下条款：(一)当事人的名称或者姓名和住所；(二)标的；(三)数量；(四)质

---

① 崔建远.合同法[M].2版.北京：法律出版社，2000：48.

量；(五)价款或者报酬；(六)履行期限、地点和方式；(七)违约责任；(八)解决争议的方法。当事人可以参照各类合同的示范文本订立合同。"

依照中国《民法典》的上述规定，我们姑且把上述合同条款称为一般条款。西方国家的法律一般不专门就合同条款作出特别规范，但也有些国家对"默示条款"或"默示条件"作出规定。

英国《货物买卖法》(1979年版)第13条至15条对卖方的品质担保义务作出规定，要求卖方出售的货物须符合下列默示条件：与说明和样品相符，具有商销品质，适合某种特定的用途等。根据英国法，只要买卖双方在合同中没有相反的规定，这些默示条件就依法适用于他们之间的买卖合同。卖方须严格遵守这些默示条件，违反这些默示条件会引起严重的后果，甚至导致买方拒收货物。

美国《统一商法典》第2-313条至2-317条对卖方的品质担保义务作了规定，分为明示担保和默示担保：①明示担保。这是指卖方清楚地、直接地对其货物所作出的担保，明示担保是合同的组成部分。②默示担保。默示担保不是由双方当事人在合同中规定的条款，而是法律要求卖方应当达到的最低标准。如果买卖双方在合同中没有作出相反的规定，则这些法律上的规定将适用于他们之间的买卖合同。根据《统一商法典》，卖方有两项默示担保：适销性的默示担保，货物适合特定用途的默示担保。

《合同通则》重申了被许多国家接受的规则，其第5.1条规定："各方当事人的合同义务可以是明示的，也可以是默示的。"在国际商事交易中，合同各方当事人的义务不一定只限于合同条款明确规定的义务，其他义务可以是默示的。默示义务(Implied Obligations)来源于合同的性质和目的，各方当事人之间确立的习惯做法和惯例，诚实信用和公平交易原则以及合理性(第5.2条)。

此外，《合同通则》还规定了获取特定结果的义务与尽最大努力的义务，以及当事人之间的合作义务等。

(二) 合同的格式条款

此处所说的格式条款(标准条款)，是指由一方当事人单独制定，订立合同时未与对方协商的条款。另外有一种标准合同(Model Contract，也叫示范合同、格式合同)，其条款是由某一国际组织或某一企业根据长期贸易实践制定的，由各国当事人自由采纳，可以协商更改。此种标准合同将合同的条款标准化、格式化，有利于节省谈判的时间和费用，同时允许双方当事人协商修改，受到各国当事人的欢迎。例如，国际商会于1997年定稿的《国际货物销售示范合同》，尽管它仍有偏袒卖方利益的倾向，但总体上还是比较全面、均衡的。

《合同通则》对标准条款(Standard Terms)的定义如下："标准条款是指一方为通常和重复使用的目的而预先准备的条款，并在实际使用时未与对方谈判。" [第2.19条第(2)款]。

中国《民法典》第496条对格式条款下了类似的定义："格式条款是当事人为了重复使用而预先拟定，并在订立合同时未与对方协商的条款。"

上述格式条款(标准条款)在各国使用相当广泛,除国际贸易外,消费零售业和服务业也会采用,涉及面比较广。鉴于此,许多国家立法以及国际统一合同法对标准条款加以规范,大多数倾向于允许当事人双方(或多方)对条款进行协商,通过协商进行修改、补充,同时又对显失公平的条款和做法予以制裁或补正。

1.《国际商事合同通则》的规定

《合同通则》对标准条款问题非常重视,在第二章专门以4个条文作出规范。

(1) 使用标准条款应适用订立合同的一般原则。《合同通则》第2.19条第(1)款规定:"一方或双方当事人使用标准条款订立合同,适用订立合同的一般规则,但应受到本章第2.20条至2.22条的约束。"

此处适用的"一般规则",包括双方达成合意,一方当事人建议的标准条款只有在对方接受的前提下才能有约束力。因此,合同本身所载的标准条款,通常只有在签署整个合同后才能生效,至少是签约方必须在复制的条款下面而不是在其背面签字。例如,A通常在自己的标准条款基础上与用户订立合同,这些条款已印成一份单独的文件。当A向新用户B发出要约时,A没有表示要遵照标准条款。B承诺了该要约。这些标准条款不能在合同中采用,除非A能证明B知道或应该知道A只打算以其标准条款为基础订立合同,原因是这些条款在以前的交易中已被惯常地采用。

(2) 标准条款中对方不能合理预见的意外条款(Surprising Terms)无效。《合同通则》第2.20条规定:"如果标准条款中某个条款是对方不能合理预见的,则该条款无效,除非对方明确地表示接受。"在确定某条款是否属于这种性质时,应考虑到该条款的内容、语言和表达方式。

制定上述规定的主要理由在于,要防止使用标准条款的一方当事人过分利用其有利地位,以叵测的意图将某些条款强加于对方当事人。而这些条款,如果对方当事人了解透彻,根本不可能接受。例如,A是在汉堡经营商品的一位经销商,他在与用户的合同中使用了标准条款,其中有一条规定"汉堡友好仲裁"。在当地商业界,这一条款通常被理解为:如果发生争议应提交一种特别仲裁,该仲裁按当地的特定程序规则进行,在与外国用户订立合同时,该条款没有效力。因为标准条款作为一个整体虽被接受,但不能理所当然地指望外国用户能够理解其中的准确含义,此时,不论该条款是否已翻译成该用户的本国语言,都是无效的。

(3) 非标准条款优先。《合同通则》第2.21条规定:"若标准条款与非标准条款发生冲突,以非标准条款为准。"标准条款是由一方当事人或第三人事先规定好的,并且是在未经双方当事人讨论其内容的情况下适用于某一合同。所以,一旦当事人双方就合同中的某些特别条款进行了专门协商并达成一致,则该非标准条款的效力优先于与之相冲突的标准条款,因为它更能反映双方当事人在具体交易中的意图。

(4) "最后指定"(The Last Shot)原则。《合同通则》第2.22条以"格式合同之争"为题,规定如下:"在双方当事人均使用各自的标准条款的情况下,如果双方对除标准条款以外的条款达成一致,则合同应根据已达成一致的条款以及在实质内容上相同的标准条款订立,除非一方当事人已事先明确表示,或者事后毫不延迟地通知另一方当事人,其不受此种合同的约束。"

上述规定是针对国际商事交易实践中的具体情况确立的。例如，双方当事人相互通过交换印制好的格式合同成交，各自的格式合同都有自己的标准条款，其内容有不一致的地方，应当如何处理？根据《合同通则》的上述规定，采取"最后指定"原则(又译为"最后一枪"原则)，即双方当事人已就标准条款达成一致时，合同应根据已达成一致的条款以及两份标准条款中实质内容相同的条款订立。如果在事后，当事人才发现他们各自的标准条款之间存在冲突，没有理由允许当事人质疑合同的存在。在当事人已经开始履行合同的情况下，必须适用最后发出或引用的条款。

2.《欧洲合同法原则》的规定

《欧洲合同法原则》关于标准条款(此处称为"一般条款""未经个别商议的条款")的规定，与《合同通则》是一脉相承的，但其用语有些出入。

(1) 第2:104条以"未经个别商议的条款"为题，规定如下："①未经个别商议的合同条款，只有当使用此类条款的一方当事人在合同达成之前或在达成合同之时，已采取了合理的步骤提醒对方当事人注意，使得被用来对抗不知存有此类条款的一方当事人。②在一份合同文本中仅仅提及参照此类条款，该条款并非合理地提醒了对方的注意，即使对方签署了该文本。"

(2) 第2:209条以"相互冲突的一般条款"为题，规定如下："①如果在要约与承诺中，除关于相互冲突的合同一般条款外，当事人已形成合意，合同仍然成立。只要一般条款实质上是一致的，它们便构成合同的组成部分。②但如一方当事人有下列情形，合同不成立：事先已明确且并非采用一般条款的形式表示其不欲基于第1款而受一份合同的拘束；或不曾不合理地迟延通知对方当事人，它不欲受此种合同的拘束。③合同的一般条款，是指为不定数量的特定类型的合同，事先已制作完毕的且在当事人之间未经个别商议的合同条款。"

需要指出的是：条款①强调双方合意即为合同成立，实质上一致的一般条款即构成合同的组成部分；条款②规定了合同不成立的两种情形；条款③就一般条款下了定义，指其就是2:104条所说的"未经个别商议的条款"。

(3) 第2:210条以"专业人士的确认书"为题，对国际商事交易中常用的确认书(Confirmation)规定如下："如果专业人士已达成合同，但尚未形成最终的文件，而一方不曾迟延地向对方发出一份书面通知，意在作为合同的一份确认书，但它含有附加的或不同的条款，这些条款将成为合同的构成部分，除非这些条款实质性地变更了合同的条款，或受领方不曾迟延地对此表示反对。"

此条肯定了确认书中的附加条款或不同条款视为合同组成部分的基本原则，同时确定了两种例外情形，其精神与CISG、《合同通则》完全一致。

3. 中国法的规定

中国《民法典》关于格式条款(即标准条款)的规定，是参照《合同通则》制定的。该法典第496条确定了应遵循的公平原则和提请注意的义务，具体条文如下："采用格式条款订立合同的，提供格式条款的一方应当遵循公平原则确定当事人之间的权利和义务，并采取合理的方式提示对方注意免除或者减轻其责任与对方有重大利害关系的条款，按照对方的要求，对该条款予以说明。提供格式条款的一方未履行提示或者说明义务，致使对方没有注意或者理解与其有重大利害关系的条款的，对方可以主张该条款不成为合同的内容。"

该法典第497条规定了主张格式条款无效的几种情形：一是具有本法典的第一编第六章第三节和第506条规定情形的；二是提供格式条款一方免除其责任、加重对方责任、排除对方主要权利的。本条所言第一种情形，包括下列五种：①一方以欺诈、胁迫的手段订立合同损害国家利益；②恶意串通损害国家、集体或者第三人利益；③以合法形式掩盖非法目的；④损害社会公共利益；⑤违反法律、行政法规的强制性规定。而第506条所包括的是无效的免责条款的两种情形，即造成对方人身伤害的，以及因故意或者重大过失造成对方财产损失的。

该法典第498条规定了解释格式条款的三项原则：①对格式条款的理解发生争议的，应当按照通常理解予以解释；②对格式条款有两种以上解释的，应当做出不利于提供格式条款一方的解释；③格式条款和非格式条款不一致的，应当采用非格式条款。

(三) 合同的待定条款①

合同的待定条款相对应的英文是Open Terms，也有人译为暂付阙如条款②、条款存在空缺、开口条款等。这种条款的基本含义是：双方当事人有明确的订立合同的意图，即使缺少某项条款甚至某几项条款，合同仍然可以成立，缺少的条款可以在以后由双方当事人确定，或根据适用法律的有关规定确定。

待定条款，从内容方面来说，包括价格待定、交货时间和地点待定、货物规格待定、付款时间和地点待定、履行方式和数量待定等多种情况。此处从探讨价格待定条款入手，并且以此为研究重点，然后扩展到其他待定条款。

1. 待定条款的法理分析

传统合同法理论关于合同成立的一个重要条件，是合同的确定性。

在享有国际盛名的英国合同法专家P. S. 阿蒂亚的经典之作《合同法导论》中，第5章的大标题就是"确定性"，确定性在合同法理论中的重要地位，由此可见一斑。《合同法导论》在第5章"确定性"中开门见山地指出："尽管合同成立的其他所有条件均被满足，但仍然有可能由于当事人意向或合同文字意义的不确定性而达不成合同。无论如何，这是表述法律的古典方式，其受到合同的特性和内容必须能够精确描述的观念的严重影响。"③

P. S. 阿蒂亚在该专著中还以一个著名判例为例，进一步指出："'同意进行协商的协议'不是一个有效的合同，这是一个非常古老的法律规则。因此，由于价格没有确定，建筑者为开发商建设建筑物的协议被判定没有约束力，达成协议的仅仅是'可以协商公平合理的价格'。"④

---

① 笔者原先将Open Terms译为留待后定条款，后来看到张玉卿教授将其译成待定条款，感觉比较贴切，故决定向其看齐，本书统一将Open Terms译为待定条款。参阅张玉卿主编/审校. 国际统一私法协会国际商事合同通则2016[M]. 北京：中国商务出版社，2019：114-117。潘琪译. 美国统一商法典(汉英对照)[M]. 北京：法律出版社，2018，将Open Terms译为条款存在空缺。
② 沈达明，冯大同，赵宏勋. 国际商法(上册) [M]. 北京：对外贸易教育出版社，1982：19.
③ [英]P. S. 阿蒂亚. 合同法导论[M]. 5版. 赵旭东，等，译.北京：法律出版社，2002：113.
④ [英]P. S. 阿蒂亚. 合同法导论[M]. 5版. 赵旭东，等，译.北京：法律出版社，2002：114.

我国著名法学家沈达明教授指出:"按照传统的提法,双方的合意由于当事人意思内在的不确定性或所使用文辞的不确定性而达不成合同。这一传统的提法是受这样的观念影响,即合同是一个事物,其同一性和轮廓必须能确切地表明。"①

综上所述,传统合同法理论十分强调合同的确定性,如果价格没有确定,就有可能判定该协议不是有效的合同,由此引申合同须具备某些主要条款。合同的主要条款,是指合同必须具备的条款。欠缺它,合同就不成立。它决定着合同的类型,确定了当事人各方权利义务的质与量。②

待定条款是对传统合同法理论关于合同确定性规则的重大突破,它更新了原来的一系列法律规定。待定条款理论主张,若当事人有明确的订约意图,即使缺少某些条款(包括价格等条款),合同仍然可以成立,这些条款可以留待日后依据法律规定、双方约定或被指定的第三方(包含第三方记录的市场资料)来确定。在此方面,待定条款实质上是重新设置了合同成立的一种弹性标准,在当事人有明确的订约意图的前提下,某些条款空缺也视为合同成立。"合同法并不具备完全的确定性……承认合同法有限的确定性的事实,不会威胁到制度的合法性……这种弹性有助于确保公平的结果,非但没有削弱合同法地位,反而加强了合同法的地位,使合同法更具有适应性和成长性。"③"现代合同法强调公平的重要性,强调灵活性优于确定性。"④毫无疑问,如果固守传统的合同确定性规则,对价格等条款的待定问题不采取灵活态度,既不利于维护公平原则,也不利于贸易的发展。

传统的合同法有其特殊的存在环境,对合同要求确定性和完整性,是符合当时的商业发展环境需要的。但是,当代商业环境发生了巨大的改变,近几十年来科学技术和通信方式的快速发展又加剧了这一变化。从国际货物买卖合同的实践来分析,有很多客观原因制约着合同的价格,对于不是立即履行的合同来说,如果从订立一开始就固定合同价格,后面有可能会发生对某一方当事人不公平的结果,这种意外发生在买方、卖方均有可能。假如对合同的价格条款采取一种灵活的态度,使买卖双方能排除客观因素造成的非正常影响而订立合同,对于促进贸易无疑是有益无害的。具体来说,在订约后一段时间才履行的合同,主要有可能遭遇下述特殊情形:气候、经济环境和政治环境等复杂因素导致商品产量和供求关系的变化,各国外汇汇率的变动对价格成本产生的影响,信息不对称、买卖双方对于市场信息的获取不完全并且各有多寡等。在上述情形下,将合同价格问题留待以后确定,不失为对双方相对公平的一种取舍。买卖合同从订约至履行完毕,有可能存在一个较长的周期(几个月、半年、一年甚至几年),在这段时间里,市场的动荡变化是很难预测的,尤其是国际市场的价格经常发生波动,因此在国际贸易中,当事人对于某些敏感性的商品交易和长期大宗供货活动,往往愿意采用活价做法,以减少风险。例如,在五金矿产品的交易中,有时有些当事人在要约中或在签订合同时并不规定商品价格,而规定商品价

---

① 沈达明. 英美合同法引论[M]. 北京:对外贸易教育出版社,1993:52.
② 崔建远. 合同法(修订版)[M]. 北京:法律出版社,1999:68.
③ [美]罗伯特·A. 希尔曼. 合同法的丰富性:当代合同法理论的分析与批判[M]. 郑云瑞,译. 北京:北京大学出版社,2005:268.
④ [美]罗伯特·A. 希尔曼. 合同法的丰富性:当代合同法理论的分析与批判[M]. 郑云瑞,译. 北京:北京大学出版社,2005:25.

格应按交货时伦敦五金交易所的平均时价为基础计算。

正是由于待定条款具有科学性、合理性和实用性，西方发达国家专门就此进行了一系列立法，继而促使国际统一合同法在此方面作出了专门的规范。

2. 西方发达国家有关待定条款的立法

关于待定条款，不管是英美法系国家的国内法，还是大陆法系国家的国内法，均对此进行了立法，但是具体规定各有不同。

首开待定条款先河，并将其组织成为一个体系的，当推美国《统一商法典》(简称UCC)。UCC第2-204条是待定条款体系的核心法条，从整体上、原则上作出规范：如果双方当事人有订约意图，缺少某些条款仍然可以成立合同。然后，UCC第2-305条"价格待定条款"、第2-308条"未规定交货地点"、第2-309条"未规定具体时间"、第2-310条"未规定付款时间或未规定信用开始时间"，分别就价格待定、交货地点待定、交货时间待定、付款时间待定等情形，作出了明确、具体、具有可操作性的规定，从而形成了一个完整的待定条款体系。下面，我们先阐述核心法条，接着重点阐述价格待定条款。

UCC第2-204条有如下规定："如果双方当事人有订立合同的意思，并有合理的补救基础，即使在订立合同时有些条款暂付阙如，但货物买卖合同仍然可以成立，并不因其缺乏确定性而无效。"①

根据UCC，在货物买卖中，最重要的要约内容是确定货物的数量或提出确定数量的方法，至于价格、交货或付款时间等内容，均可暂不提出(Left Open)，留待日后按照合理的标准来确定。例如，如果当事人在合同中对价格未作规定，日后如发生争议，美国法院就解释为应按合理的价格付款；如果当事人对交货或付款时间未作规定，也同样解释为应在合理的时间内履行交货或付款的义务。至于何谓合理，那属于事实问题，应由法院根据案情和周围的情况作出解释。②

设立待定条款，其宗旨是显而易见的，就是为了促成买卖双方达成交易，适应当代经济贸易发展的需要，尽可能使某些合同不致由于缺少某项条款而不能成立。UCC具备现代商法的革新精神，以不同于传统商法的理念和规则，顺应现代商业的发展。

为了填补当事人虽意图订立合同，但因缺少条款而造成的空缺，UCC提供了众多可以放入合同的待定条款，以下重点阐述价格待定条款。

UCC第2-305条以"价格待定条款(Open Price Term)"为小标题，规定如下所述。

(1) 只要当事方确有订立买卖合同的意图，即使价格未定，合同也可以成立。此种情形下，价格应为交货时的合理价格，只要：①合同对价格未作任何规定；②价格留待当事方约定，而当事方未能就此达成一致；③价格将根据第三方或独立机构所记录或制定的双方已同意的市场价格或某一标准来确定，而该第三方或独立机构未能如此记录或制定。

(2) 如果价格可由卖方或者买方单方确定，他必须以诚信确定价格。

(3) 当价格留待以双方协议以外的其他方法确定时，如果由于一方过错致使价格未能确定，另一方可以认为合同已被解除，也可以自行确定合理价格。

---

① 沈达明，冯大同，赵宏勋. 国际商法(上册)[M]. 北京：对外贸易教育出版社，1982：19.
② 冯大同. 国际商法(新编本)[M]. 北京：对外贸易教育出版社，1991：61.

(4) 如果当事方不打算在确定或商定价格前受合同约束,那么,在确定或商定价格前,合同不成立。在这种情况下,买方必须退回已收到的货物,如果无法退回,必须支付货物交付时所具有的合理价值;卖方必须退回买方预付的任何款项。

此条首先肯定了前述第2-204条规定的精神,然后规定价格未定也可以成立合同,该价格为交货时的合理价格;接着又列出了形成这种价格待定条款的三种具体情形,规定了确定价格的诚信义务。第三款规定了一方当事人存在过错情况下的处理办法,第四款规定了价格待定条款排除适用的处理方法。整条规定一环紧扣一环,充分设想了各种不同的复杂情形,具体规范了各种应对处理方法,具有可操作性。

现代商业社会发展的一个明显趋势是固定的合作伙伴和客户群体的形成,这就促使现代商事交易模式从传统的单一、对抗性向复合、协商和共同获利性转变。究其原因,在于个人在现代贸易追求自身利益最大化的过程中,不得不更多地依赖他人。

因此,现代商业环境表现出更多的是文明和公平,价格待定是现代商事发展的选择,其目的并非某个人企图得到超额利润,而是防御由于外部条件发生变化而给双方带来的不公正,这个过程就是他们追求实质公平的过程,追求共同利益的过程,追求共赢的过程。

价格待定条款是与商业发展趋势相统一,相适应的,它的应用可以解决在贸易中因客观因素的不确定性而阻碍贸易的问题。换言之,它是促进贸易的一种方法,是现代商业对商法所提出的要求。它适应现代商业模式的转变,是契约自由原则的体现,是实现实质正义、公平与促进贸易的需要。[①]

除了以上价格待定条款,UCC还分别就交货地点待定、交货时间待定、付款时间待定等情形,作出了具体规定。受篇幅所限,此处不赘述。

从一些大陆法系国家的国内法来看,同样有待定条款。

《德国民法典》第155条规定:"合同双方当事人对已订立合同中的某一事项认为已经取得合意,而实际上并不一致的,如果能够推定,即使该事项尚未确定,合同仍可成立时,对达成合意的事项,仍应认为有效。"

《瑞士债务法典》第2条规定:"当事人合同的必要之点意思表示一致,而对非必要之点保留意思表示者,推定其合同为成立。"

《法国民法典》第2章标题为"契约有效成立的要件",其第3节为"契约的标的和客体",内中第1129条规定:"债之标的,应当是在种类上至少已确定之物。物之数量可以是不确定的,只要其可以确定。"后一句的意思是,只要有确定物之数量的方法,契约的标的这一要件(契约有效成立的要件一共是4项,详见本章第一节——笔者注)就符合要求了,不强求具体化。也就是说,在成立契约时,货物数量允许待定。

综上所述,大陆法系国家也有待定条款的立法,尽管其具体规定与美国《统一商法典》相关规定有些差异,但它们的立法宗旨是相同的,都是为了促进交易的达成和贸易的发展。

3. 《国际统一合同法》的相关规定

前文分别阐述了美国、德国、法国等西方发达国家对待定条款的规定。正是由于在此

---

① 吴兴光,姚娟. 美国《统一商法典》价格待定条款的价值——兼论其对中国立法的启示[J]. 国际经贸探索,2009(6).

事宜上两大法系存在倾向一致的坚实基础，《国际统一合同法》有关待定条款的规定才得以顺利产生。

CISG第14条第1款规定："向一个或一个以上特定的人提出订立合同的建议，如果十分确定并且表明发价人在得到接受时承受约束的意旨，即构成发价。一个建议如果写明货物并且明示或暗示地规定数量和价格，或规定如何确定数量和价格，即为十分确定。"此处明确指出，一个建议即使数量和价格没有具体化，只要规定了如何确定数量和价格(即方法)，就可以构成要约。换言之，价格允许留待后定，货物数量允许留待后定。如果拿此条与美国《统一商法典》对待定条款的规定相比较会发现，实际上两者如出一辙。

CISG第55条又规定："如果合同已经有效地订立，但没有明示或暗示地规定价格或规定如何确定价格，在没有任何相反表示的情况下，双方当事人应视为已默示地引用订立合同时此种货物在有关贸易的类似情况下销售的通常价格。"

学者对以上两条规定的解释存在两种完全相反的意见，笔者认为应该这样理解：如果当事人未在合同中约定价格，但是他们存有订立合同的意图，CISG就承认该合同的成立，并为之提供了补救的方案。

在CISG其他几个条文中，还规定了交货时间待定、支付价款地点待定、交货规格待定的解决方法。

第33条规定："……在其他情况下(包含交货时间留待后定的情况——笔者注)，应在订立合同后一段合理时间内交货。"

第57条规定："(1)如果买方没有义务在任何其他特定地点支付价款，他必须在以下地点向卖方支付价款：①卖方的营业地；②如凭移交货物或单据支付价款，则为移交货物或单据的地点。(2) 卖方必须承担因其营业地在订立合同后发生变动而增加的支付方面的有关费用。"

第58条规定："如果买方没有义务在任何其他特定时间内支付价款，他必须于卖方按照合同和本公约规定将货物或控制货物处置权的单据交给买方处置时支付价款。卖方可以支付价款作为移交货物或单据的条件。"

第65条规定："(1)如果买方应根据合同规定订明货物的形状、大小或其他特征，而他在议定的日期或在收到卖方的要求后一段合理时间内没有订明这些规格，则卖方在不损害其可能享有的任何其他权利的情况下，可以依照他所知的买方的要求，自己订明规格。(2)如果卖方自己订明规格，他必须把订明规格的细节通知买方，而且必须规定一段合理时间，让买方可以在该段时间内订出不同的规格。如果在收到这种通知后没有在该段时间内这样做，卖方所订的规格就具有约束力。"

第65条中提到的"卖方自己订明规格"(Making the Specifications Himself)，是CISG创新的一种救济方法，是CISG赋予卖方的一种权利。但是笔者认为，运用该条规定必须十分慎重。从国际货物买卖实际操作的角度来分析，买方之所以没有在议定的日期或在收到卖方的要求后一段合理时间内订明货物规格，肯定是事出有因，通常可能是市场销路或销售价格发生了不利于买方的变化。在此情况下，卖方武断地自己订明规格，投入生产或发运货物，往往可能凶多吉少，无法收回货款，导致得不偿失，倒不如在一段合理时间后据此直接要求买方作出损害赔偿，这样更加稳妥。

如前文所述，CISG以众多条款体现了对待定条款规定的基本态度——此种条款不影响国际货物买卖合同的成立，而且CISG精心设计了上述众多具有可操作性的条款，来补充和完善留待后定条款，以确保国际货物买卖合同的顺利履行。

《合同通则》对于待定条款也持肯定态度，第2.1.14条有如下规定："如果合同当事人各方意在订立一项合同，却有意将一项条款留待进一步谈判商定或由第三人确定，则这一事实并不妨碍合同的成立。"在《合同通则2016》的修订中，该条包含以下4个小标题的注释：特意待定的合同条款；待定条款本身不构成合同有效成立的障碍；当事人规定的确定待定条款的方式未能奏效；长期合同中的待定条款。[①]

《欧洲合同法原则》第2.201条规定："一项建议一旦符合下列要件即构成要约：它意欲在对方承诺后即形成合同，并且它含有相当确定的条款以形成合同。"

此处所谓相当确定的条款，是指未具体化的一些条款，即前述待定条款。可以看出，与CISG和《合同通则》相似，《欧洲合同法原则》对待定条款也采取开放的态度。

综上所述，采用待定条款的立法是当今国际统一合同法和各国国内法的共同发展趋势。虽然各国在此方面具体的规定不完全相同，但是承认该种条款的合法性和有效性则是共同的取向。CISG、《合同通则》等国际统一合同法在发展过程中，已经而且必将继续对各国合同法产生趋同化、统一化的作用。[②]

4. 中国法的待定条款

在借鉴国际统一合同法合理成分的基础上，中国《民法典》构建了关于待定条款的体系，以三个法条就缺失质量、价款或者报酬、履行地点等内容的情形作出规范。

首先，第510条规定："合同生效后，当事人就质量、价款或者报酬、履行地点等内容没有约定或者约定不明确的，可以协议补充；不能达成补充协议的，按照合同相关条款或者交易习惯确定。" 此处规定了适用顺序：第一是协议补充，第二是按照合同相关条款确定，第三是按照交易习惯确定。

其次，第511条又进一步规定："当事人就有关合同内容约定不明确，依据前条规定仍不能确定的，适用下列规定：

"（一）质量要求不明确的，按照强制性国家标准履行；没有强制性国家标准的，按照推荐性国家标准履行；没有推荐性国家标准的，按照行业标准履行；没有国家标准、行业标准的，按照通常标准或者符合合同目的的特定标准履行。

（二）价款或者报酬不明确的，按照订立合同时履行地的市场价格履行；依法应当执行政府定价或者政府指导价的，按照规定履行。

（三）履行地点不明确，给付货币的，在接受货币一方所在地履行；交付不动产的，在不动产所在地履行；其他标的，在履行义务一方所在地履行。

（四）履行期限不明确的，债务人可以随时履行，债权人也可以随时请求履行，但是应当给对方必要的准备时间。

（五）履行方式不明确的，按照有利于实现合同目的的方式履行。

---

① 张玉卿. 国际统一私法协会国际商事合同通则2016[M]. 北京：中国商务出版社，2019：113-117.
② 吴兴光，龙著华，周新军，等. 合同法比较研究[M]. 广州：中山大学出版社，2002：22.

(六) 履行费用的负担不明确的，由履行义务一方负担；因债权人原因增加的履行费用，由债权人负担。"

再次，第626条专门就价款问题规定："买受人应当按照约定的数额和支付方式支付价款，对价款的数额和支付方式没有约定或者约定不明确的，适用本法第510条、第511条第二项和第五项的规定。"

综上所述，中国《民法典》关于待定条款的规定已经与国际接轨。此外，中国已于1987年加入CISG，在国际货物买卖中当事人也可适用CISG。

第五节 不履行与救济方法

各国法律对合同的不履行的定义不尽相同，《合同通则》在此问题上统一了国际商事领域内的规范，第7.1.1条规定："不履行系指一方当事人未能履行其在合同项下的任何义务，包括瑕疵履行或延迟履行。"根据该条注释，不履行的概念既包括不可免责的不履行(Non-excused Non-performance)，又包括可免责的不履行(Excused Non-performance)。

根据《合同通则》，因另一方当事人对于合同的行为(包括第7.1.2条所述"另一方当事人的干预"和第7.1.3条所述"拒绝履行")，或者因为不可预见的外部事件(第7.1.7条所述"不可抗力")，一方当事人可不履行合同，且不履行可免责。对于可免责的不履行，另一方当事人无权要求损害赔偿或实际履行，但是没有得到履行的一方当事人通常有权终止合同，而不管履行是否可免责。

一、可免责的不履行

《合同通则》使用"可免责的不履行"这一创新概念，用其概括一方当事人不履行合同义务又不应当承担责任的种种情况，具体包括以下方面。

(一) 另一方当事人的干预

如果一方当事人不履行，是由另一方当事人的作为或不作为或由其承担风险的其他事件所致，则另一方当事人不得依赖一方当事人的不履行。

本条规定实际上提供了不履行的两种理由。

(1) 一方当事人不能全部或部分履行，是因为另一方当事人的行为或不行为，使其全部或部分履行变为不可能。

(2) 不履行是由某个事件所导致，而该事件的风险则被合同明示或暗示地分给声称他人不履行的一方当事人承担。

凡属上述由"另一方当事人的干预"导致的不履行，一方当事人可免除责任(包括部分免除责任)。

(二) 拒绝履行

(1) 凡双方当事人应同时履行义务的,任何一方当事人可在另一方当事人提供履行前拒绝履行。

(2) 凡双方当事人应相继履行合同义务的,后履行一方当事人可在应先履行一方当事人完成履行以前拒绝履行。

本条规范了一方当事人可免责的另外两种情形,实际上与大陆法系的概念"不履行合同的例外"相一致。依据前述(2)款,假如一国际货物买卖合同规定,卖方在收到买方开出的信用证后30天内装船,那么卖方在收到信用证之前,有权拒绝履行装船义务。

(三) 不可抗力

此概念源于大陆法系,与英美法系中的"合同落空""履行不能"相似,是指在合同成立以后,并非由于当事人自身的过失,而是由于事后发生的意外情况,使合同的目标不能实现而又不能归责于当事人的一种情形。许多国际商事合同均含有不可抗力条款,然而,各国法律关于不可抗力或类似问题的法律规定不尽相同,往往会导致一些纠纷。为此,《合同通则》第7.1.7条对不可抗力专门作出下述4点规范。

(1) 不可抗力是一方当事人不履行的抗辩。构成不可抗力需具备4个条件:①非该方当事人所能控制的障碍所致;②无法合理预见;③无法合理避免;④无法克服该障碍及其影响。这4个条件须同时具备,缺一不可。如果一方当事人能证明上述事宜,则应免除其责任。

(2) 若上述障碍所造成的不可抗力只是暂时的,免责只在一个合理的期限内具有效力。

(3) 主张不可抗力而免除履行的一方当事人,必须将障碍及对其履约能力的影响通知另一方当事人。若另一方当事人在合理时间内未收到前述通知,则由此而导致的损害,应由一方当事人负赔偿责任。

(4) 不可抗力规定并不妨碍一方当事人行使终止合同、拒绝履行或对到期应付款项要求支付利息的权利。

上文所阐述的不可抗力,与上一节第四部分所规定的艰难情形,既有共同之处,也有一些差别,两者是既互相联系和相似,但性质又不同的两个概念,在实践中必须把握好其要点。

两者的共同之处:①在合同成立后发生的事件;②成立合同时当事人不能合理预见到的事件;③当事人无法控制的事件。

两者的主要区别:①适用的前提条件不同。艰难情形指向的是根本改变合同双方均衡的事件,包括一方当事人履约成本增加或一方当事人履约价值减少等情形,强调履约使一方当事人的负担加重,而不是履约不能。不可抗力要求具备无法控制、无法预见、无法避免、无法克服其后果4个条件,是一种不履约的抗辩理由,其指向是履约不能。②处理方法不同。发生艰难情形时,处于不利地位的当事人有权要求重新谈判,若在合理时间内不能达成协议,任何一方当事人均可诉诸法庭。在发生不可抗力事件的情况下,不利的一方当事人可直接通知对方解除合同或延迟履行合同,无须经过重新谈判。③法律后果不同。

发生艰难情形时,一种结果是终止合同,另一种结果是修改合同。这两种结果可能是通过双方当事人谈判达成的协议,也可能是法庭作出的判决。在发生不可抗力的情况下,其法律后果是解除合同(包括部分解除合同)或延迟履行合同。

值得注意的是,实践中可能存在某种情况,既可视为艰难情形,又可视为不可抗力。如果发生这样的情况,应由受这些事件影响的一方当事人决定寻求何种救济手段。一方面,如果主张不可抗力,其目的在于使其不履行获得免责;另一方面,如果当事人主张艰难情形,则首先是以重新谈判合同条款为目的,以便允许合同经修改某些条款后继续存在。

(四) 免责条款

所谓免责条款(Exemption Clauses),是指合同中规定免除一方当事人违反合同或侵权损害责任的条款,即合同中约定的免除责任的条款。

根据《合同通则》第7.1.6条,免责条款主要包括两种:①直接限制或排除不履行方当事人在不履行情况下的责任的条款。此类条款可用不同方式表述,例如固定的金额、最高限度、有关履行的比例、扣留保证金。②允许一方当事人提供与另一方当事人的合理期望有实质差异的履行条款。在实践中,此类条款主要表现为其目的或作用在于允许履行方当事人单方面地改变所承诺履行的特征,以致变更合同的某些条款。

遵循大多数国家法律制度所采取的态度,《合同通则》第7.1.6条规定了下述有关免责条款的原则:在适用合同缔约自由的原则(第1.1条)时,免责条款原则上有效。然而,如果那样做显失公平,一方当事人就不能援引此类条款,要考虑合同目的,特别是一方当事人通过合同的履行可合理期望得到的利益。如果一方当事人无权依赖免责条款,他们应承担履约责任,并且受损害方当事人可得到对方不履行的全部赔偿。

《合同通则》之所以要对免责条款作出规定,是因为该条款在国际商事合同实践中已相当普遍,并且越来越多地引起合同各方的争议。第7.1.6条选择了一项受欢迎的规则,它给予法庭一种建立在公平原则之上的广泛的自由裁量权,即规定不履行后果的那些条款原则上有效力,但是法庭可以驳回显失公平的条款。

典型的免责条款是溢短装条款(More or Less Clause),在货物合同中,一些难以确定准确重量的商品,如散装的矿石、大豆等,合同条款使用此条款,允许在一定比例的限度内多装或少装。例如,规定货物重量为5000吨(±2%)。

二、违约的归责原则

依据《合同通则》,除本节上一部分所列举的4种可免责的不履行情形以外,其他不履行均属于不可免责的不履行,即通常所说的违反合同或违约,不履行方当事人需承担责任。

在违约归责原则问题上,世界各国基本上有两种法律主张,大陆法系采取过错(或过失)责任原则,英美法系采取无过错(或无过失)责任原则。

大陆法系以过错责任作为确定其民事责任的一项基本原则。按照大陆法系的解释,只有当合同债务人存在可归责于他的过错时,才承担违约责任。过错责任原则来源于罗马法。罗马债务法有两项责任原则：一是过失；二是故意。凡有此两类行为致使他人的财产或人身遭到损害者，都必须承担法律责任。德国法继承了罗马法的原则，其民法典第276条规定："债务人除另有规定外，对故意或过失应负责任。"

英美法系不以当事人的过错作为构成违约责任的必要条件，其法律主张是：一切合同都是担保，只要债务人不能达到担保的结果，就构成违约，应负损害赔偿的责任。《美国合同法重述》第314条对违约的定义是："凡没有正当理由不履行合同中的全部或部分允诺者，构成违约。"

然而，从实践结果来看，大陆法系与英美法系在违约的归责原则问题上的差异，并不像表面看到的那样大。从许多案件的处理结果来看，大陆法系与英美法系可谓异曲同工，并无很大的差异。

对于违约归责原则，《合同通则》与CISG一致，采取无过错责任原则，其第7.1.4条"损害赔偿的权利"的注释明确指出："本条重申像其他救济手段一样，损害赔偿的权利产生于不履行这个唯一事实。受损害方当事人仅仅证明不履行，即他没有得到被(对方)承诺的履行就足够了。尤其没有必要另外去证明，不履行是由不履行方当事人的过错引起的。"在国际商事合同领域采取无过错责任原则，简捷易行，有利于维护合同的严肃性和商业秩序，可避免举证对方当事人的过错过分困难等弊端。

三、违约的分类

大多数国家的合同法以及国际公约、惯例，都把违约主要分为两大类，并冠以不同的称谓。进行此种分类的根本目的，是解决受损害方在何种情况下有权解除(终止)合同的问题。

国际上总的趋势是限制解约权的行使，一般违约的情况下，尽可能通过一些非解约的救济方法进行补偿，只有违约达到相当严重的程度，才赋予当事人解除合同的权利。所以，违约的法律后果分为两种情况：一种是受损害方有权要求损害赔偿，但不得解除合同；另一种是受损害方有权解除合同，同时可要求损害赔偿。

(一) 英国法的违反条件与违反担保

英国法将违约区分为违反条件(Breach of Condition)和违反担保(Breach of Warranty)两类。条件是指合同的重要条款、主要条款。在商务合同中，关于履约时间、货物品质和数量等条款，都属于条件。担保是指合同的次要条款或随附条款。例如，在货物买卖合同中，买方支付货款的时间视为担保。当一方当事人违反条件时，受损害方也可选择作为违反担保处理，即不行使解约权，仅作违反担保处理。例如，货物买卖中的买方收下有缺陷的货物，不解除合同，只向卖方索赔差价。

英国法传统对违约的"两分法"，主要是从违约条款的类别区分，未能完全符合实际生活中的各种复杂情况。于是，近年来英国法院通过判例发展了一种新的违约种类，称为违反中间性条款(Intermediate Term)。当一方当事人违反此类条款时，对方是否有权解除合同，还需视违约的性质及其后果是否严重而定。

(二) 美国法的重大违约与轻微违约

美国合同法将违约分为重大违约(Material Breach)和轻微违约(Minor Breach)。前者指由于债务人未履行合同或履行合同有缺陷,致使债权人不能得到该项交易的主要利益。后者指债务人在履约中尽管存在一些缺点,但债权人已从中得到该项交易的主要利益。从实际结果来看,美国法的重大违约、轻微违约分别相当于英国法的违反条件、违反担保。

(三) CISG的根本违反合同与非根本违反合同

CISG第25条对"根本违反合同"(Fundamental Breach of Contract)下的定义是"一方当事人违反合同的结果,如使另一方当事人蒙受损害,以至于实际上剥夺了他根据合同有权期待得到的东西,即为根本违反合同,除非违反合同的一方并不预知,而且同样一个通情达理的人处于相同情况中,也没有理由预知会发生这种结果。"此处的判断标准主要是违约的性质和严重程度以及违约后果的可预见性,看是否剥夺了当事人的利润等经济利益,要依据各合同的具体情况作出判断。如果违约未达到上述严重程度,即视为非根本违反合同(Non-Fundamental Breach of Contract)。

案例4-5 圣诞火鸡案

买方从国外进口一批供圣诞节出售的火鸡,卖方交货时间比合同规定的期限晚了一个星期。由于圣诞节已过,火鸡难以销售,价格大幅度下跌,使买方遭受重大经济损失。在这种情况下,卖方延迟交货可以被认为是根本违反合同,买方有权撤销合同,拒收迟交的货物,同时可要求损害赔偿。[①]

案例4-6 普通肉鸡案

一份国际货物买卖合同规定,卖方应于7月至8月装运一批普通肉鸡(冻鸡),但实际上卖方的装运日期比合同规定的期限晚了一个星期。在7月至9月这段时间,收货地市场普通肉鸡的价格比较平稳,并没有发生什么变化,销售情况亦正常。在这种情况下,卖方迟延交货就不能被认为是根本违反合同,而应视为非根本违反合同,其法律后果是买方不得撤销合同,不得退货,但可以就卖方迟延交货造成的损失(例如买方被迫进行替代交易的费用等)要求损害赔偿。[②]

案例4-5和案例4-6的主要区别是:前者卖方违约剥夺了买方期待的利润,后者卖方只是轻微地影响了买方的利益,但并未剥夺买方期待的利润。

(四) 《合同通则》的根本不履行与非根本不履行

根本不履行(Fundamental Non-performance)是《合同通则》设立的一个重要概念,它

---

① 转引自沈达明,冯大同,赵宏勋. 国际商法(上册)[M]. 北京:对外贸易教育出版社,1982:224.
② 转引自沈达明,冯大同,赵宏勋. 国际商法(上册)[M]. 北京:对外贸易教育出版社,1982:224.

是一方当事人行使终止合同权利的主要依据。

《合同通则》第7.3.1条第(1)款规定："合同一方当事人可终止合同,如果另一方当事人未履行其合同义务构成合同的根本不履行。"第7.3.1条第(2)款规定了判断是否构成根本不履行应特别考虑的5个因素,其(a)项因素是从CISG第25条移植过来的："不履行是否实质性地剥夺了受损害方当事人根据合同有权期待的利益……。"而(b)、(c)、(d)、(e)共4项因素是新增内容,体现了对CISG的发展和升华,包括对未履行义务的严格遵守是否为合同项下的实质内容、不履行是有意所致还是疏忽所致、能否信赖未来履行等。这些新增内容有非同寻常的意义,它使供考虑的范围更加广泛,有利于更加全面、充分地保护受损害方的利益。如果一方当事人违约的后果尚未达到上述严重程度,即为非根本不履行。

(五) 预期不履行

《合同通则》第7.3.3条对预期不履行(Anticipatory Non-performance)作如下规定："如果在一方当事人履行合同日期之前,该方当事人根本不履行其合同义务的事实是明显的,则另一方当事人可终止合同。"本条确立了一项原则:预期的不履行等同于履行到期时的不履行。

对于一方当事人的预期不履行,另一方当事人可终止合同,但此处终止合同有三个条件:①将会发生的不履行是明显的;②不履行是根本性的;③应得到履行的当事人发出了终止合同的通知(第7.3.2条)。

预期不履行的概念来源于英美法系的提前违约(Anticipatory Breach of Contract),CISG也有预期违反合同的概念,其各自含义不尽相同,但基本意思是一致的。在英美法系中,当一方当事人提前违约时,对方有两种选择:一是解除自己的合同义务,并立即要求提前违约方给予损害赔偿;二是拒绝接受对方提前违约的表示,坚持认为合同仍然存在,等至合同履行期届满时,再采取救济办法。在这两种选择中,前者较为稳妥,因后者需承担至合同期届满这段时间的风险。

案例4-7

Avery诉Bowden(1855年)

英国船方A与俄国货方B订立了租船合同,其中规定A应把船舶开到敖德萨港口,并在若干天内装载一批货物。船到敖德萨港口后,B拒绝提供货物装船服务。当时,装载期限尚未届满,A拒绝接受B的提前违约的表示,坚持要求B装货。但过了几天,在装货期限届满以前,英国与俄国爆发了战争,履行合同在法律上已成为不可能。事后,船方A以货方B违反租船合同为由提起诉讼,要求B赔偿损失。英国法院认为,在两国爆发战争之前,还不存在实际不履行合同的问题,因为装货期限尚未届满,既然船方A拒绝接受货方B提前违约的表示,B就有权得到宣战带来的解除合同的好处,因而判决船方A败诉。[①]

---

① 转引自沈达明,冯大同,赵宏勋.国际商法(上册)[M].北京:对外贸易教育出版社,1982:114.

四、违约的救济方法

违约的救济方法(Remedies for Breach of Contract),又称为违约的补救方法,是指一个人的合法权利被他人侵害时,法律给予受损害方的补偿措施。

各国合同法规定了多种多样的救济方法,它们是长期商业活动和法院审判实践的结晶,告诉人们在其合法权利被侵害时,如何采取适当的步骤和措施,以维护自身的合法权益。

(一) 要求履行

《合同通则》的规定包括金钱债务的履行和非金钱债务的履行。各国国内法相应的词语是实际履行(Specific Performance),包含双重含义:一是指债权人要求债务人完全按合同规定履行有关义务,即要求履行(Require Performance);二是指债权人向法院提起实际履行的诉讼,由执行机关运用国家机器的强制力,使债务人按照合同规定履行其义务。此处主要指第一重含义。

关于金钱债务的履行,《合同通则》第7.2.1条规定:"如果有义务付款的一方当事人未履行其付款义务,则另一方当事人应要求付款。"

在《合同通则》项下,根据合同具有约束力的一般原则(第1.3条),作为一种规则,每一方通常有权要求另一方履行其承担的金钱债务和非金钱债务。这在大陆法系国家是没有争议的,其法律把实际履行视为一种主要的救济方法。然而在普通法系国家却大相径庭,只有在特殊情况下才允许非金钱债务的强制执行,例如土地买卖、公司债券交易、特别名贵和罕见物品(如独一无二的古董和名画等)交易。

继承CISG第46条的基本原则,《合同通则》第7.2.2条对非金钱债务采用了受一定条件限制的实际履行原则,规定:"如果一方当事人未履行其不属支付金钱的债务,则另一方当事人可要求履行……"

根据《合同通则》,实际履行并非一种可以自由裁量的救济手段,即法庭必须裁定实际履行,除非存在《合同通则》规定的下列例外情形的一种。

(1) 履行在法律上或事实上不可能。
(2) 履行或相关的执行会带来不合理的负担或费用。
(3) 有权要求履行的一方当事人可以合理地从其他渠道获得履行。
(4) 履行完全属于人身性质。
(5) 有权要求履行的一方当事人在已经知道或理应知道该不履行后的一段合理时间之内未要求履行。

在国际商事活动中,上述不得要求实际履行的例外情况可能经常存在,特别是在服务贸易方面。例如,合同项下某种合同履行是不可委托的,并且需要艺术性或科学性的独特技能,或者该种履行涉及某秘密和人身关系,那就属于具有完全人身性质的履行,依据《合同通则》不得要求履行。

上述规定反映了国际上被普遍接受的原则:合同义务项下应支付的付款,总是能要求履行的,若此要求未能满足,可向法庭提起诉讼以强制执行。无论货币的种类如何,此规定均适用于到期的支付或可进行的付款。

(二) 修补和替代(Repair and Replacement)

《合同通则》第7.2.3条规定,在适当的情况下,当事人有权要求对瑕疵履行修补、替代或其他补救。此条款将前述要求付款和要求履行的一般原则,适用于一种特殊的但时常发生的瑕疵履行。例如,修补瑕疵货物、改善不足服务、替代瑕疵履行;又如,付款问题,包括发生付款不足、以错误的货币付款、向非双方约定的账户付款等。此外,也存在要求修补或替代的权利。

《合同通则》的这些规定,充分吸纳了许多国家以及《销售合同公约》的有关法律原则[公约第46条第(3)款规定,买方可要求卖方对不符合合同规定的货物作出修补],在国际商事活动中,都有广泛的应用。

(三) 终止合同(Terminate the Contract)

《合同通则》第7章第3节标题为"合同的终止",包括6项规定,对终止合同的条件、法律后果和通知时间等问题作出明确的规范。此处的"终止合同",与之相近似的有解除合同、撤销合同、宣告合同无效(CISG用语)等。

各国合同法以及国际公约、惯例对上述用语的含义和使用不尽相同,然而它们有相通之处:合同各当事人不必继续履行各自的合同义务,原来订立的合同不复存在。应当看到,终止合同是最严厉的一种补救方法,因为一旦终止合同,双方就结束了权利义务关系,往往会使受损害方无法实现其订约时的目标(有些情况下违约方的目标同样也无法实现)。

此外,终止合同往往会使准备履行或提供履行的不履行方当事人,因所发生的费用得不到补偿而造成严重损害。鉴于此,《合同通则》以及各国合同法均对终止合同规定了比较严厉的条件。

根据《合同通则》的规定,在下述几种情形下,合同得以终止。

(1) 发生可免责的不履行。

(2) 另一方当事人未履行其合同义务构成对合同的根本不履行。

(3) 另一方当事人延迟履行,且在受损害方确定的合理的额外期限内通知将不履行,或是在此额外期限届满时仍未完成其义务的履行。

(4) 另一方当事人预期不履行是根本性的。

(5) 一方当事人如果有理由相信另一方当事人将根本不履行,且后者在合理时间内未能对如约履行提供充分保证。

(6) 发生艰难情形,经法庭认定并合理地作出终止合同的判决。

(7) 一方当事人不可免责的不履行。

关于终止合同的一般效果,《合同通则》第7.3.5条作出3款规定:①终止合同解除双方当事人履行和接受未来履行的义务;②终止合同不排除对不履行要求损害赔偿的权利;③终止合同不影响合同中关于解决合同争议的任何规定,甚至包括在合同终止后仍应执行的其他合同条款。

依据上述法条，合同中解决争议的规定，例如法律适用条款、仲裁条款、法院管辖权条款等，一般视为合同的独立成分，它们不因合同的终止而失去效力。在一方当事人通知另一方当事人终止合同的情形下，如果后者有异议，与前者协商未果，后者可将争议提交仲裁或提起诉讼。此时尽管已有一方宣布合同终止，但是作为合同独立成分的上述条款仍然有效，仲裁庭或法庭可据此受理案件，作出裁决或判决。

(四) 恢复原状(Restitution)

恢复原状是终止合同时的一种补救方法，即恢复到损害发生前的状况。这种方法可完全达到补偿的目的，但有时不方便实行，甚至有时是不可能做到的。例如，双方买卖一幅著名画家毕加索的名画，后来交至买方的画作因意外事件被烧毁了，恢复原状即不可能。

各国合同法都有恢复原状的补救方法，然而其地位和作用各有差异。

德国法以恢复原状为原则，以金钱赔偿为例外。《德国民法典》第249条规定："负损害赔偿的义务者，应恢复负赔偿责任的事故发生前的原状。如因伤害身体或毁损物件而应为损害赔偿时，债权人得请求必要数额的金钱以代替恢复原状。"

法国法与德国法完全不同，它以金钱赔偿为原则，以恢复原状为例外。法国法主张，在大多数情况下，一方当事人违反合同义务，均可转变为损害赔偿之债，对方所得到的赔偿是适当数额的金钱。

英美法强调金钱赔偿的补救方法，称之为"金钱上的恢复原状"。至于严格意义上的恢复原状，只有在少数情况下才使用，主要适用于受损害方因对方的重大违约而有权解除合同时，他可寻求恢复原状的补救手段，最后取决于法庭的判决是否支持此要求。

《合同通则》第7.3.6条的标题为"恢复原状"，规定在终止合同时，任何一方当事人可主张返还他所提供的一切，条件是该方同时亦返还他所收到的一切。如果实物返还不可能或不适当，只要合理，应以金钱予以赔偿。

由上观之，恢复原状是合同终止时任何一方当事人的一种权利，双方当事人的权利是对等的，需同时返还从对方所收到的一切。在返还不可能或不适当的情况下，例如某件珍贵的古董已被毁坏，实物偿还已经不可能，则应以金钱赔偿。

(五) 损害赔偿(Damages)

损害赔偿是在商事领域使用得最多、最为广泛的补救方法，它直接触及当事人的经济利益，有时它被单独使用，有时又被连同其他补救方法一起使用。正因为其作用之重要以及问题之复杂，《合同通则》在第7章专设第4节"损害赔偿"，包含13条规定之多。

1. 损害赔偿的权利

《合同通则》第7.4.1条首先确立了不履行情况下要求损害赔偿的一般权利的原则，其例外是本通则规定的可免责的不履行。其次，本条重申，损害赔偿的权利像其他补救方法一样，产生于不履行这个唯一事实，即采取无过错责任原则，无须证明对方当事人的过错。最后，本条也阐明损害赔偿既可单独使用，亦可与其他补救方法同时使用。

2. 损害赔偿的范围

这是指在发生违约情形之后，在要求损害赔偿时，应根据什么原则来确定损害赔偿的金额，一般分为法定的损害赔偿和约定的损害赔偿，下文阐述的是前者。

针对损害赔偿的范围，《合同通则》作出如下规范。

(1) 完全赔偿。第7.4.2条确立了完全赔偿的原则，规定受损害方对由合同的不履行导致其遭受的损害，有权得到完全赔偿。该条主要吸收了大陆法系在损害赔偿问题上的原则，强调损害既包括该当事人遭受的任何损失，也包括其被剥夺的任何收益。前者一般称为实际损失，后者则称为所失利益或结果性(间接)损失。

《合同通则》从诚信和公平交易原则出发，在全球范围内确立了完全赔偿的法律规定，有利于切实保障受损害方当事人的正当权益。

(2) 损害的肯定性。《合同通则》第7.4.3条重申了广为人知的关于损害肯定性的条件，允许对未来损害进行赔偿，对机会损失的赔偿可根据可能性程度来确定。至于能否以充分的肯定程度来确定损害赔偿的金额，则取决于法庭的自由裁量权。

(3) 损害的可预见性。在国际商事活动中，损害赔偿不是毫无限制的。对此《合同通则》第7.4.4条确立了"可预见"的上限："不履行方当事人仅对在订约时他能预见到或理应预见到的、可能因其不履行而造成的损失承担责任。"此原则与CISG第74条的原则一致。上述限定与合同的真正性质相关：并不是受损害方被剥夺的所有利益都包含在合同范围之内，不履行方对于订约时不能预见到的损害不必承担赔偿责任，并且可不承担不能投保的风险。对损害的可预见性要求，来源于英美法系。

案例4-8 哈德里诉巴辛达尔(1854年)

原告经营一家磨坊，蒸汽机运行时曲轴突然断裂，遂将曲轴作为样品，交由负责经营运输的被告运去外地换回新曲轴。后来因被告的疏忽，致使该磨坊的工作延误了几天。原告在诉讼中要求被告赔偿因误工所引起的工资、利润损失。法官在判决书中指出：原告告诉被告的全部情况，未能使被告意识到，在运输曲轴过程中发生的延误会使磨坊不能继续获得利润，这种延误所导致的特殊结果，在大多数情况下也是不会发生的。所以，原告蒙受的利润损失，不能被合理地看作当事人双方在订约时本来可公平地、合理地预见到的违约后果。

损害的可预见性原则，旨在防止受损害方"狮子开大口"，提出不合理的损害赔偿要求，以维护国际贸易中诚信和公平交易原则以及合理原则。

3. 损害赔偿的证明和计算

在损害赔偿问题上，如果损害赔偿责任成立，接下来的关键环节便是事关双方当事人直接利益的损害赔偿额的证明。

关于损害的证明，《合同通则》对两种情况进行区分并作出规定：①存在替代交易时，在受损害方当事人已终止合同，并在合理时间内以合理方式进行了替代交易的情况下，该方当事人可对原合同价格与替代交易价格之间的差额以及任何进一步的损害要求赔偿。②依照时价确定损害时，在受损害方当事人已终止合同，但未进行替代交易的情况下，如果对于合同约定的履行存在时价，则该方当事人可对合同价格与合同终止时的时价之间的差额以及任何进一步的损害要求赔偿。

关于损害赔偿的计算，《合同通则》作出了详细具体的规定，如第7.4.9条至7.4.12条分别规定了"未付金钱债务的利息""损害赔偿的利息""金钱赔偿的方式"和"估算损害赔偿金的货币"，具有很强的可操作性。

4. 损害的减轻

《合同通则》第7.4.8条对"损害的减轻"作出规定，不履行方当事人对于受损害方当事人所蒙受的本来可采取措施减少的那部分损害，不承担责任。本条的目的是避免受损害方消极坐等的现象，促使其采取合理措施减轻损害。对于这种试图减少损害而发生的一切合理费用，受损害方有权要求赔偿。许多国家的民商法都体现了"减轻损害学说"的理念，体现了公正、合理原则。

(六) 违约金

违约金(Liquidated Damages)是指以保证合同履行为目的，由双方当事人事先约定，当债务人违反合同时，应向债权人支付的金钱。

在国际商事合同实践中，经常存在对不履行的约定付款。违约金的支付方法主要有两种：一是规定一笔约定的金额，任何一方若违约即需支付对方此金额；二是规定一个百分比率(例如合同金额的0.5%)，任何一方履约时间如果推迟一定期限(例如一周)，则需支付对方上述比例的金额。违约金条款的使用简便易行，受损害方不必举证对方违约所造成的实际损害如何，但有时也会出现违约金过分高于实际损害的情形。

关于违约金条款的有效性，各国法律规定不一。大陆法系国家承认该条款，而不管对负有特别法律义务的条款是否存在司法复审的可能性。德国法在这方面表现得尤为明显，认为违约金是对债务人不履行合同的制裁，具有惩罚的性质。然而，普通法系国家对于意欲发挥制止不履行作用的罚金条款则明确反对，只允许预先约定的损害赔偿金额。

《合同通则》第7.1.13条第(1)款原则上承认，任何规定不履行方当事人对于其不履行要支付一笔特定金额给予受损害方当事人的条款有效，其结果是后者有权得到这笔约定的金额，而不管实际遭受的损害如何。不履行方当事人不能以受损害方当事人遭受的损害较小，或根本没有受到损害为由而拒绝付款。针对违约金金额大大超过因不履行以及其他情况造成的损害之情形，《合同通则》明确规定可将该约定金额减少至一个合理的数目，而不考虑任何与此相反的约定[第7.4.13条第(2)款]。

五、中国法关于违约责任的规定

中国《民法典》第三编合同之第一分编第八章违约责任，含17条，规定当事人一方不履行合同义务或者履行合同义务不符合约定的，应当承担下列违约责任。

(1) 继续履行。当事人一方不履行非金钱债务或者履行非金钱债务不符合约定的，对方可以请求履行，但是有下列情形之一的除外：①法律上或者事实上不能履行；②债务的标的不适于强制履行或者履行费用过高；③债权人在合理期限内未请求履行。(第580条)

(2) 采取补救措施。对违约责任没有约定或者约定不明确的，受损害方根据标的的性

质以及损失的大小,可以合理选择请求对方承担修理、重作、更换、退货、减少价款或者报酬等补救措施。(第582条)

(3) 赔偿损失。当事人一方不履行合同义务或者履行合同义务不符合约定,给对方造成损失的,损失赔偿额应当相当于因违约造成的损失,包括合同履行后可以获得的利益,但是不得超过违反合同一方订立合同时预见到或者应当预见到的因违约可能造成的损失。(第584条)

(4) 支付违约金。当事人可以约定一方违约时应当根据违约情况向对方支付一定数额的违约金,也可以约定因违约产生的损失赔偿额的计算方法。约定的违约金低于或过分高于造成的损失的,人民法院或者仲裁机构可以根据当事人的请求予以调整。(第585条)

(5) 定金交割。当事人可以约定一方向对方给付定金作为债权的担保。定金合同自实际交付定金时成立。债权人履行债务后,定金应当抵作价款或者收回。给付定金的一方不履行约定的债务的,无权要求返还定金。收受定金的一方不履行约定的债务的,应当双倍返还定金。(第586、587条)

中国《民法典》还对预期违约明确作出规定:"当事人一方明确表示或者以自己的行为表明不履行合同义务的,对方可以在履行期限届满之前要求其承担违约责任。"(第578条)

第六节 合同的变更、转让与消灭

一、合同的变更

合同的变更,是指在合同成立之后、尚未履行完毕之前,当事人就合同的内容进行修改或补充。合同的变更具有以下特征。

(1) 合同的主体不改变,即原来的当事人保持不变。
(2) 合同的变更需经合同双方(或多方)当事人协商一致。
(3) 合同的变更仅是对合同内容的部分变更,例如履行的时间、数量、方式等,而不是全部内容或合同性质的变更。

合同的变更通常是由于合同订立后,某些情况发生了变化,依据当事人之间的协商而作出的,也有依据法律规定而作出的。法律规定的允许一方当事人变更合同的事由主要包括不可抗力、情势变迁等。合同的变更一般不溯及既往,对已履行的合同部分不产生效力。

从各国法律规定的实践来看,普遍允许当事人通过协议或出现法律规定的事由时变更合同。《合同通则》允许在一定条件下变更合同,根据其第2.18条、第3.2条的规定,合同的修改除需当事人的协议外,别无其他要求;如果合同规定对合同的任何变更必须以书面形式作出,则该合同不得以其他形式变更。

此外，《合同通则》还将重大失衡和艰难情形作为一方当事人主张变更合同的理由，其第3.10条规定，在重大失衡的情形下，依有权宣告合同无效一方当事人或收到宣告合同无效通知的另一方当事人的请求，法庭可修改合同或其条款，以使其符合公平交易的商业标准。《合同通则》第6.2.3条规定，如出现艰难情形，处于不利地位的当事人有权要求重新谈判，如果合同各方不能在合理时间内达成协议，任何一方均可诉诸法庭，而法庭则可以在认定确实存在艰难情形的条件下，为恢复合同的均衡而修改合同。

中国《民法典》规定的变更合同的情形有下列两种：
(1) 当事人协商一致，可以变更合同(543条)；
(2) 当事人对合同变更的内容约定不明确的，推定为未变更(第544条)。

二、合同的转让

合同的转让，又称为合同的让与，是指合同当事人一方将其合同的权利和义务全部或部分转让给第三人。合同的转让实际上是合同的主体发生变更，即合同权利的受让人成为合同之债的新债权人，或合同义务的受让人成为合同之债的新债务人，而合同的内容仍保持不变。

(一) 合同转让的特征

(1) 合同的转让实际上是合同主体的变更。
(2) 合同的转让不改变原合同的权利义务关系。
(3) 合同的转让不仅涉及转让方与受让方的关系，而且涉及受让方与原合同一方的关系。

(二) 合同转让的分类

从合同转让的内容这个角度出发，可将合同的转让分为三种：合同权利的转让；合同义务的转让；合同权利和义务的概括转让。我们将在下文分别介绍各国法律对上述问题的有关规定。

1.合同权利的转让
1) 不允许任意转让的情形

合同权利的转让是指合同债权人将合同的权利全部或部分转让给第三人。从各国实践来看，绝大多数合同的权利都是可以转让的，但是对于下列三种合同权利，许多国家的法律一般都不允许任意转让。

(1) 根据合同权利的性质不能转让的权利，即合同只能在特定当事人之间成立，如果转让给第三人就会影响合同内容的履行，从而违背当事人的订约目的。这类合同权利包括信托权利、表演或出版权利、受聘权利等。
(2) 法律禁止转让的权利。
(3) 合同当事人约定不得转让的权利。

2) 合同权利转让中的债务人

合同权利转让中最重要的问题是该转让是否需经债务人同意。对此，各国立法作出三种不同规定。

(1) 转让合同权利不必征得债务人的同意。此主张认为，债权人转让其合同权利仅依据原债权人与新债权人之间的合同即可成立，不必征得债务人的同意，也不必通知债务人。如果未通知债务人，而债务人仍旧向原债权人作出清偿，则债务人已清偿的债务可告解除；如果债务人被通知或知悉合同权利的转让，则不论其是从何处得悉该转让的，都不应向原债权人履行义务，否则不能解除其义务。采取此种法律主张的国家有德国、英国、美国等。

(2) 转让合同权利必须通知债务人。此主张认为，债权人转让其债权虽不必征得债务人的同意，但必须将债权转让的事实及时通知债务人，只有在债务人接到债权转让的通知或者对债权转让作出承诺后，债权转让才对其发生效力，债权受让方才能享有受让的权利。采取此种法律主张的国家有法国、日本等。

(3) 转让合同权利必须经债务人同意。此主张认为，合同权利的转让必须经过债务人的同意才能生效。例如，《中华人民共和国民法通则》第91条规定，合同一方将合同的权利、义务全部或者部分转让给第三人的，应当取得合同另一方的同意，并不得牟利。

2. 合同义务的转让

合同义务的转让，是指债权人或债务人与第三人之间达成转让债务的协议，由第三人取代原债务人承担债务。由此可见，债务的转让有两种方法：一是通过债权人与第三人之间的协议；二是通过债务人与第三人之间的协议。

在债权人与第三人之间订立债务转让协议的情况下，通常转让协议一经成立即生效，无须经过债务人的同意，债务人可以据此免除自己的合同义务。从一定意义上来说，债权人与受让人之间的这种协议，事实上是一种为第三人即原债务人创设权益的合同权利。鉴于此，各国法律基本上都不要求这种合同必须经债务人同意。

债务人与第三人之间协议转让债务的情况与前述情况有所不同。由于义务是合同义务人必须做出的行为或不行为，且义务的履行直接关系到权利人权利的实现，具有不同的履约能力或信用的义务人会对合同履行的程度和质量产生直接的影响。因此，对于债务人与第三人达成的转让债务协议，一般都要求经过债权人的同意。债务人与第三人达成转让债务协议，一经债权人的同意即发生效力；如果债权人拒绝同意，则债务人与第三人订立的转让债务协议无效。《德国民法典》第415条规定："第三人与债务人约定承担债务者，须经债权人的追认始发生效力。"《法国民法典》将变更债务人的权利赋予债权人，该法典第1271条规定："债权人得解除旧债务人的债务而由新债务人代替。"英国普通法也认为，非经债权人的同意，合同的债务不得转移。美国法虽然也认为合同的债务非经债权人同意不能转让，但允许在某些情况下代行债务，即允许他人代替原债务人履行债务，但原债务人不能因此而解除自己的义务。

3. 合同权利和义务的概括转让

合同权利和义务的概括转让，是指由原合同一方当事人将其在合同中的权利和义务一并转让给第三人，由第三人概括地继受这些债权和债务。对此，各国法律基本上都要求须经另一方当事人的同意方可成立生效。在取得合同另一方的同意后，受让方将完全代替原合同当事人一方的地位，原合同当事人一方将完全退出合同关系。

(三)中国法的规定

中国《民法典》对上述三种转让分别规定：

(1) 合同权利的转让："债权人可以将债权的全部或者部分转让给第三人，但是有下列情形之一的除外：(一)根据债权性质不得转让；(二)按照当事人约定不得转让；(三)依照法律规定不得转让。"(第545条)债权人转让债权未通知债务人的，该转让对债务人不发生效力。(第546条)

(2) 合同义务的转让："债务人将合同的义务全部或者部分转移给第三人的，应当经债权人同意。"(第551条)

(3) 合同权利和义务的概括转让："当事人一方经对方同意，可以将自己在合同中的权利和义务一并转让给第三人。"(第555条)

三、合同的消灭

合同的消灭，是指合同出于某种原因而不复存在，当事人之间的权利义务关系归于消灭。

合同的消灭是英美法系的概念，大陆法系将其归入债的消灭的范畴。大陆法系各国在其民法典或债务法典中，对债的消灭作出规定，其中包括合同的消灭，因为合同是债的一个种类。中国法律将合同的消灭称为合同的权利义务终止。大多数国家把诉讼时效的完成作为消灭合同和其他债的关系的原因之一。

(一) 大陆法系关于债的消灭的规定

大陆法系各国法律主张，除合同的解除、撤销以及履行不能可作为消灭债的原因之外，清偿、抵销等各种原因也可导致债的消灭。在这方面，大陆法系各国的规定大同小异，以下简要介绍其主要规定。

1. 清偿

清偿是指债务人向债权人履行债的内容。大陆法系各国法律一致主张，清偿是消灭债务的主要原因之一，当债权人接受债务人的清偿时，债的关系即告消灭。例如，在货物买卖合同中，卖方向买方交货，买方向卖方支付货款，都属于清偿。清偿的标的物一般应当依照合同的规定。但是，如果经债权人同意，债务人亦可用合同规定的标的物之外的物品来清偿，这就是所谓的代物清偿。德国、日本等国法律均规定，代物清偿可产生消灭债的效力。

2. 提存

提存是指债务人履行债务时，由于债权人受领延迟或者不能确定谁是债权人，遂将应给付的物品或金钱寄托于法定的提存所，从而使债的关系归于消灭。

提存的程序一般为：呈交提存书，向提存所交付提存物，通知债权人。

提存的效力主要有三方面：

(1) 债务人免除责任。

(2) 风险转移至债权人。

(3) 费用由债权人承担。

3. 抵销

抵销是指双方当事人互负债务，且债务的种类相同，均已届清偿期，依据法律规定或合同规定，在等额的范围内消灭各自的债务。

抵销的优点主要有以下两点。

(1) 手续方便，避免交换履行。

(2) 当一方当事人破产时，抵销方法可避免交换履行所引起的不公平的结果。

4. 免除

免除是指债权人免除债务人的债务，即债权人自愿放弃其债权。免除是债消灭的原因之一。

5. 混同

混同是指债权与债务同归一人而使债的关系消灭。产生混同的情况主要有：死亡的自然人是债权人或债务人，而由其债务人或债权人继承其债权或债务；作为债权人的公司同作为债务人的公司合并；因债权转让或债务承担而使债权、债务集中于一人。

但是，下列两种混同情形不能消灭债。

(1) 债权已被作为他人权利的标的。例如，A把对B的债权出质于C，成为C的质权的标的，后来即使C继承了A的债权，债权债务已发生混同，但其出质的债权并不因此而消灭。此举目的是保护第三人的利益。

(2) 票据流通中的特殊混同。票据债务人通过背书流通的票据，其票据的债权即使发生混同，依据各国票据法的规定，并不消灭，在票据未到期以前仍可流通，以确保票据的流通性。

6. 时效完成

时效是指依照法律的规定，在一定期间，由于一定事实状态的继续存在，而引起民事法律关系的消灭或发生的一种法律制度。时效制度主要有两方面的作用：一是保持社会关系的稳定；二是避免在举证问题上发生困难。

大陆法系各国把时效分为取得时效和消灭时效。前者是关于取得物的所有权的制度，即占有人在取得时效期满后即可取得该物的所有权。后者是关于诉权的制度，即债权人在诉讼时效期间不行使有关权利，其诉权即归于消灭。

大陆法系各国法律都把时效消灭作为债消灭的一种原因，并把消灭时效分为普通期间与特别期间，前者较长，后者较短。关于普通消灭时效期间，德国、法国规定为30年，日本规定为20年，瑞士规定为10年。关于特别消灭时效期间，《法国民法典》规定，教师的讲课报酬权、工人对工资的请求权为6个月，律师、医师等对其报酬及费用的请求权为2年。

(二) 英美法系有关合同的消灭的法例

关于合同的消灭，英美法系长期司法审判的判例将其归纳为下述几种情形。

1. 因双方当事人的协议

英美法系主张，合同是通过双方当事人的协议而成立的，因而也可依照双方当事人的协议而解除。在简式合同中，如果双方当事人达成协议终止合同，实际上是各自放弃了其在尚待履行的合同中的权利，这本身就是对价，故得以消灭合同。

通过协议而消灭合同，包括以新的合同代替原合同，更新合同，依照合同规定的条件除合同，一方当事人弃权等情况。

2. 因履行

履行是合同消灭的主要原因。合同一经履行，当事人之间的权利义务关系即自行终止。

3. 因违约

在一方当事人违约涉及"合同的根基"时，即在英国法系规定的违反条件下，受损害方有权解除合同，并可请求损害赔偿。

4. 依据法律

在一方当事人宣告破产时，依据有关破产法的规定，履行破产清算程序，法院发出解除令，破产人即解除一切债务和责任，其未履行的合同全部依法消灭。

此外，法院依法判决混同，例如合同的权利和义务最后归属于同一人，合同即告消灭。

5. 超过法定时效

一些英美法系国家把诉讼时效已经完成作为合同消灭的一个重要原因。《英国1939年时效法》(Limitation Act, 1939)第2条规定，简式合同的时效期间为6年，签字蜡封合同的时效期间为12年。

美国无全国统一的时效法律，由各州以成文法作出规定。对由违反合同而引起的诉讼时效期间，各州大多以口头合同和书面合同来进行区分，口头合同多数规定为5~6年，书面合同多数规定为10年。此外，美国《统一商法典》规定货物买卖合同的时效期间为4年。

(三) 中国法的有关规定

中国《民法典》第557条规定："有下列情形之一的，债权债务终止：(一)债务已经履行；(二)债务相互抵销；(三)债务人依法将标的物提存；(四)债权人免除债务；(五)债权债务同归于一人；(六)法律规定或者当事人约定终止的其他情形。合同解除的，该合同的权利义务关系终止。"

中国《民法典》还规定，诉讼时效期间为3年，自权利人知道或者应当知道权利受到损害以及义务人之日起计算；国际货物买卖合同和技术进出口合同争议的诉讼时效期间为4年。

|复习思考题|

1. 简述合同的概念与特征。
2. 根据西方国家法律，合同有效成立一般应具备哪些要件？
3. 中国《民法典》对合同订立有何规定？
4. 什么是承诺？承诺应具备什么条件？

5. 试述英美法、美国《统一商法典》以及《合同通则》对承诺要约的变更问题的规定及演变。

6. 试述影响合同效力的主要事项，以及《合同通则》对这些问题的主要规定。

7. 试述《合同通则》对价格问题的规定。

8. 试述艰难情形与不可抗力的定义，以及艰难情形与不可抗力的异同。

9. 如何理解"待定条款是对传统合同法理论关于合同确定性规则的突破"？

10. 依据《合同通则》，在哪些情况下当事人具有终止合同的权利？

11. 依据《合同通则》，哪几种情况属可免责的不履行？

12. 《合同通则》针对损害赔偿的范围，主要规定了哪几项法律原则？

13. 案例分析：

我国某出口公司于2月1日向美商报出某农产品，在发盘中除列明各项必要条件外，还表示"PACKING IN SOUND BAGS"。在发盘有效期内美商复电称"TELEX FIRST ACCEPTED PACKING IN NEW BAGS"。我方收到上述复电后，即着手备货。数日后，该农产品国际市场价格猛跌，美商与其律师共商逃避损失的计谋。随后，美商又来电称"××日电对发盘中的包装条件作了变更，因此是一项'还盘'，你方未对该'还盘'予以确认，所以合同并未成立"。而我方出口公司则坚持合同已经成立。于是双方对此发生争执。你认为此案应如何处理？试简述理由。

第五章
国际货物买卖法

本章概要 本章以1980年《联合国国际货物销售合同公约》为主线，兼顾西方发达国家和我国的国内法规定，阐述国际货物买卖合同的成立、卖方和买方的义务、违反货物买卖合同的救济方法、货物风险的转移等一系列法律规定，最后介绍国际货物买卖中的格式合同，评述《国际商会国际销售示范合同》。

本章学习目标 了解CISG的重要意义和适用范围；了解国际货物买卖中的要约和承诺；掌握卖方和买方的义务(含卖方对货物的品质担保和权利担保)；了解国际货物买卖合同的主要救济方法；了解CISG和中国《民法典》关于货物风险转移的规定。

广义的买卖法，一般包括调整动产和不动产的买卖方面的法律关系的法律规范。本章取狭义的买卖法的概念，专门阐述调整货物这种动产买卖的法律关系的法律规范，侧重于国际货物买卖。

第一节 国际货物买卖法概述

一、国际货物买卖法的渊源

(一) 有关货物买卖的国内法

西方发达国家有关货物买卖的法律，一般也适用于国际货物买卖，然而这些买卖法所采取的形式并不一样。在大陆法系国家，买卖法大多以独立的章节形式编入民法典之中。例如，《法国民法典》第三篇第六章，《德国民法典》第二编第二章，《日本民法典》第二章第三节，它们都是专门就买卖中的法律关系作出具体规定，成为民法典不可分割的组成部分。这些国家除民法典之外，还设立专门的商法典，对商行为、海商、保险、票据和公司等方面的法律关系分别作出具体规定。这些国家采取民法与商法分立的做法，把民法与商法分别编纂为两部法典，以民法为普通法，以商法作为民法的特别法。民法的一般原则可以适用于商事活动，但如属商法另有特别规定的事项，则应适用商法的有关规定。也有一些大陆法系国家采取民商合一的形式，只有民法典而没有单独的商法典。例如，意大利、瑞士等国就只有民法典，它们把有关商法的内容编入民法典或债务法典之中。

英美法系国家既没有民法典，也没有大陆法系意义上的商法典，其买卖法由两个部分组成：一是普通法，体现于法院在司法判例中形成的关于买卖方面的法律规则；二是成文法，或称制定法，即立法机关对货物买卖的立法。成文法方面具有代表性的，是《英国货物买卖法》和美国《统一商法典》。前者是英国在总结了几个世纪以来有关货物买卖的司法判例的基础上制定的，经过多次修订，现今生效的是1994年修订的《货物供应与销售法》(Sale and Supply of Goods Act，1994)。该法为英美法系国家制定各自的买卖法提供了一个样板。后者是由美国统一州法委员会和美国法学会制定的供各州采纳的样板法，于1952年公布，以后经过多次修订，后来增补了2A(租赁)、4A(电子资金划拨)等内容。该法典第2篇专门对货物买卖作出具体规定，其内容在西方各国的买卖法中是最为详尽的。美国50个州中，迄今除路易斯安那州对《统一商法典》的适用有部分保留之外，其他各州均已通过立法程序采用了《统一商法典》。

(二) 有关国际货物买卖的国际条约

各国买卖法的差异导致的法律冲突，给国际货物买卖活动带来诸多不便，国际上一些法律界、贸易界人士，很早就作出努力，试图通过国际条约的形式来统一国际货物买卖的法律。迄今已生效的关于货物买卖的条约有三个，即1964年的《国际货物买卖统一法公约》和《国际货物买卖合同成立统一法公约》以及1980年的《联合国国际货物销售合同公约》(CISG)。

1. 1964年的《国际货物买卖统一法公约》和《国际货物买卖合同成立统一法公约》

这两个公约均由国际统一私法协会拟定，并于1964年海牙会议上通过，前者于1972年8月18日生效，后者于同年8月23日生效。这两个公约内容比较烦琐，有的概念比较晦涩难懂，而且偏向大陆法传统，迄今批准或参加的国家有比利时、冈比亚、德国、以色列、意大利、荷兰、圣马利诺和英国8国，该公约在国际上影响不大，未能起到统一国际货物买卖规范的作用。

2. 1980年的《联合国国际货物销售合同公约》及其缔约国

CISG由联合国国际贸易法委员会起草，于1980年维也纳外交会议上通过，并于1988年1月1日生效。截至2020年12月，已有包括下列国家的96个缔约方核准和参加：阿根廷、澳大利亚、奥地利、白俄罗斯、比利时、贝宁、塞哥维亚、保加利亚、巴西、巴勒斯坦国、布隆迪、加拿大、智利、中国、哥伦比亚、克罗地亚、古巴、塞浦路斯、捷克共和国、丹麦、多米尼加、厄瓜多尔、埃及、爱沙尼亚、芬兰、法国、格鲁吉亚、德国、希腊、几内亚、洪都拉斯、匈牙利、冰岛、伊拉克、以色列、意大利、吉尔吉斯斯坦、拉脱维亚、莱索托、立陶宛、卢森堡、毛里塔尼亚、墨西哥、蒙古、黑山、荷兰、新西兰、挪威、秘鲁、波兰、摩尔多瓦、罗马尼亚、俄罗斯联邦、圣文森特和格林纳丁斯、圣马力诺、新加坡、斯洛伐克、斯洛文尼亚、西班牙、瑞典、瑞士、叙利亚、越南、乌干达、乌克兰、美国、乌拉圭、乌兹别克斯坦、赞比亚等。[①]

(三) 有关国际货物买卖的国际惯例

国际贸易惯例是商人们在长期的贸易实践中逐步形成的一些习惯做法和规则，它们不具有法律强制性，由当事人约定是否采用。一经当事人采用，它们就在当事人之间产生相

---

① UNCITRAL(联合国国际贸易法委员会)网站，2020-12-29访问

当于法律的效力。它们来自商人的实践，很容易为商人们所接受，因而在国际贸易中应用广泛。不过这些惯例往往不完整、不明确，缺乏统一性和规范性，因此一些非政府国际组织进行了贸易惯例的编纂工作。在国际货物买卖方面最重要的一项惯例，是国际商会制定的《国际贸易术语解释通则》。该通则于1936年制定，以后经数次修改。最新文本是2020年的修订本Incerterms2020，对FOB、CIF、CFR等11种价格术语作了详细的解释，具体规定了买卖双方在交货方面的权利与义务，在国际上已经得到广泛承认和采用。此外，国际法协会制定的《1932年华沙-牛津规则》(Warsaw-Oxford Rules)，就CIF合同进行了详细的解释，在国际上也有较大的影响。

二、中国有关国际货物买卖的法律

中国有关国际货物买卖的法律主要体现在《对外贸易法》(1994年通过、2019年修订)和《民法典》之中。《民法典》第三编为《合同》，调整因合同产生的民事关系。该编共3个分编，29章，526条。第一分编为《通则》，规定了合同的订立、效力、履行、保全、转让、终止、违约等一般性规则。第二分编为《典型合同》，其中的第九章《买卖合同》对货物买卖作了具体规定。第三分编为《准合同》。此外，中国于1987年成为《联合国国际货物销售合同公约》(CISG)的缔约国，因而该公约也适用于中国。应当注意，中国在批准该公约时提出了两项保留。

1. 关于书面形式的保留

CISG第11条规定，国际货物销售合同无须书面订立或书面证明，在形式方面也不受任何其他条件的限制。此规定同中国当时的《涉外经济合同法》关于涉外经济合同(包括国际货物买卖合同)必须采用书面形式订立的规定不一致，故中国政府在核准CISG时对该条款提出了保留。1999年颁布实施的《中华人民共和国合同法》不再要求合同必须采用书面形式订立，与CISG第11条规定相一致，故中国政府于2013年撤回了对CISG的这一保留。

2. 关于CISG适用范围的保留

CISG第1条b项规定，如果合同双方当事人的营业地处于不同的国家，即使他们的营业地所在国不是公约的缔约国，但如果按照国际私法规则导致适用某一缔约国的法律，则公约将适用于这些当事人所订立的国际货物销售合同。中国政府对此提出保留，认为公约的适用范围仅限于双方的营业地分处于不同缔约国的当事人间所订立的货物销售合同。

三、1980年《联合国国际货物销售合同公约》的适用

CISG是统一国际货物买卖法的重要成果，近40年来许多国家的法院和仲裁机构以其作为判案的适用法律，在国际上具有深远的影响。下面我们介绍除实体规定之外的一些关于CISG适用问题的规定。

(一) CISG的结构

CISG首列序文，接着是101条规定，分为4个部分：第一部分是适用范围和总则；第

二部分是合同的订立；第三部分为货物的销售，包括总则、卖方的义务、买方的义务、风险转移、卖方和买方义务的一般规定共五章；第四部分是最后条款，规定了对CISG的批准、接受、核准和加入、保留、公约的生效等事宜。

(二) CISG所适用的合同当事人

CISG适用于营业地在不同国家的当事人之间所订立的国际货物销售合同，具体包括两种情况：①双方营业地所在国都是CISG缔约国，那么CISG将被适用；②虽然双方或一方的营业地所在国不是CISG缔约国，但如果国际私法规则导致适用某一缔约国的法律，那么CISG将适用，双方就是CISG所指的合同当事人。例如，营业地在中国的某公司与营业地在伦敦的某公司订立买卖合同，如果依据国际私法规则该合同应适用中国法，则即便英国不是CISG缔约国，该合同仍可适用CISG，因为中国是CISG缔约国。根据CISG第1条第(3)款的规定，营业地是否在不同的国家是考虑合同"国际性"的唯一标准，当事人的国籍等因素是不予考虑的。

(三) CISG不适用的货物买卖

CISG第2条规定，它不适用于以下6种货物销售。

(1) 供私人、家属或家庭使用而购买的货物的销售。这类销售往往受制于各国的消费者保护法，有许多特别的、强制性的规定，因而CISG规定它不适用于这种销售。

(2) 经由拍卖的销售。这类销售有特殊性，往往由各国的拍卖法调整。

(3) 根据法律执行令状或其他令状的销售。

(4) 公债、股票、投资证券、流通票据或货币的销售。这类销售属于证券买卖，在各国都由特殊的法律，如证券交易法等进行调整。

(5) 船舶、气垫船或飞机的销售。这类销售因其价值高，一般作特殊处理，适用不动产销售的法律。

(6) 电力的销售。

(四) CISG不适用的事项

根据CISG第4条，CISG只适用于销售合同的订立以及买卖双方因此种合同而产生的权利和义务，尤其不适用于下列事项。

(1) 合同的效力或其他任何条款的效力，或任何惯例的效力。

(2) 合同对所售货物的所有权可能产生的影响。

各国合同法对上述两方面的规定有很大差别，CISG并不试图就此达到统一，故上述事宜由有关的国内法来调整。

(五) CISG适用的任意性

根据CISG第6条，营业地在CISG缔约国的当事人可以约定不适用CISG，他们也可以减损CISG的任何规定或改变其效力，但必须尊重营业地所在国已经提出的保留。

案例5-1 美国Biophysics公司诉加拿大Dubois海产特制品公司(2006年)[①]

美国Biophysics公司(简称ABC)是一位于特拉华州,主营业地在北kingstown,Rhode岛。Dubois是一家加拿大公司,主营业地在加拿大马尼托巴省。2002年2月19日,双方当事人订立了一个"非排他性的经销协议",据此协议,Dubois购买和转售ABC生产的"灭蚊磁石",其用途为吸引和杀死蚊子。协议要求Dubois在收到ABC的发票后30天内付款,并规定对超期付款金额加收高于以下一项的利息:①年利率18%;②Rhode岛所在州法律允许的最高利率。协议11条h款规定:"本协议按照Rhode岛法律解释和执行。双方当事人同意Rhode岛所在的州法院以及当地的联邦法院对本协议项下的一切事宜拥有排他性的管辖权。"

ABC的诉讼请求是:Dubois偿付因售出和交付的货物欠款13 985美元,加上至提起诉讼之日的利息96 512美元。

为支持其排除适用的诉求,Dubois已书写宣誓书,表示其与Rhode岛无任何联系,作为适用1980年《联合国国际货物销售合同公约》(CISG)的例外,主张适用加拿大马尼托巴省法律,并提供了该法律的副本。

分析

1. 选择法院条款的效果

已经盛行的观点是:当事人可以通过成立含选择法院条款的合同,放弃其挑战个人管辖权的权利。所以,本案中的首要问题是ABC和Dubois之间的协议11条h款所含的选择法院条款是否有效和具有约束力。

2. 11条h款的有效性

选择法院条款被认为"表面是有效的且可强制执行,除非抗辩方显示强制执行在那种情形下是不合理的"。这样,当事人质疑选择法院条款,必须提供"欺诈、不正当影响、谈判力严重不对等或类似的不便等证据,在选择法院条款诉讼中实际上已被剥夺了全部权益"。在此,Dubois未提供任何欺诈、不正当影响等证据,也未能证明在诉讼中实际上已被剥夺了全部权益。Dubois建议,11条h款应被视为合同的附合协议,对方将ABC描绘成"拥有全世界客户的大生产厂商",而将Dubois的运作刻画为"以马尼托巴省为根基的家庭型小经销商"。然而,Dubois声明,其年毛收入超过100万美元,并且没有任何迹象表明其是被迫与ABC订立协议的。

3. CISG的效果

Dubois寻求规避选择法院条款,其主张是:与ABC的协议适用CISG(依据法典at 15 U.S.C.App.West1998),根据该规定,美国和加拿大均是缔约国,但是它未能解释怎样从眼前的诉讼中排除CISG。

无论如何,看来CISG是不适用的。CISG适用于"双方当事人营业地在不同国家的货物买卖合同,两国均是CISG缔约国,而且该合同无适用法律条款"。更要明确的是,CISG第6条规定:"当事人可排除本公约的适用,或者依据第12条,减

[①] 韩永红. 国际商法[M]. 吴兴光, 译. 北京: 对外经济贸易大学出版社, 2011: 88-90.

损或改变任何规定的效力。"此处应注意，11条h款规定，本协议"应依据Rhode岛所在州法律解释和执行"。此规定足以排除CISG的适用。在许多判例中，已经申明了这个规则，例如 Delchi Carrier SpA V. Royorix Corp.71 F.3d 1024, 1028 n.1(2d Cir.1995)一案，该公约规定得很清楚，当事人可通过合同作出选择，受CISG以外的法律约束；又如Viva Vino Import Corp.V.Farnese Vini S.r.l. 2000 WI.1224903(E.D.Pa. Aug.29. 2000)一案，CISG适用于缔约国当事人之间订立的货物买卖合同，"除非合同含有意思相反的选择法律条款"。

结论

基于以上所有理由，Dubois排除适用的诉求被否定。

第二节 国际货物买卖合同的成立

一、国际货物买卖合同的含义

货物买卖合同是指一方为取得货款，把有形动产及其所有权转移给另一方而订立的协议。与国内货物买卖合同相比，国际货物买卖合同要复杂得多，因为它具有"国际性"或"涉外因素"。这里说的"国际性"，可以根据许多标准来划分，例如以当事人国籍为标准，以当事人营业地为标准，以行为地为标准，以货物是否跨越国境或关境为标准等。例如CISG，就是以营业地为标准来确定国际性的。国际货物买卖合同是众多合同中的一种，同时受合同法与买卖法的制约。

二、国际货物买卖合同的形式与证据

许多国家的法律对货物买卖合同的形式并没有特别的要求，当事人既可以采取书面形式，也可以采取口头形式，还可以以行为的方式来订立合同，德国、英国、瑞士、奥地利等国法律都有这样的规定。在这方面，CISG的规定很典型，其第11条规定："销售合同无须书面订立或书面证明，在形式方面也不受任何其他条件的限制。销售合同可以用包括证人在内的任何方法证明。"也就是说，在CISG项下，证人的口头证言可以用来证明销售合同的有关问题，口头证据是可以被采纳的，口头证据在司法程序中具有法律效力。

案例5-2

MCC Marble Ceramic V. Ceramica[①]

(美国第11上诉巡回法院，1998年)

案情与背景

上诉人(原告)为经营瓷片零售的美国佛罗里达公司(简称MCC)，被上诉人(被告)

---

① 吴兴光编译自Ray August. International Business Law. Prentice Hall，2000：545-550.

为生产瓷片的意大利公司(简称Dagos)。1990年10月，MCC公司总裁与Dagos公司代表在意大利一场交易会上商谈购买瓷片的协议。前者不懂意大利语，他通过翻译交谈。双方就价格、品质、数量、交货、支付等主要条款达成了口头协议，然后将上述条款记录在Dagos预先印制的格式合同中，前者代表MCC公司签署了合同。此后，双方又于1991年2月达成了按要求合同(Requirement Contract)，后来MCC公司只按照上述合同的条件发出一些要求交付瓷片的订单。

此后，MCC对Dagos提起诉讼，指控后者违约，未能满足其1991年4月、5月、8月的订单。Dagos抗辩说，由于MCC对过去的交货支付货款有错误，故其无义务去履行MCC的订单。此依据是MCC已履行的预先印制的合同条款，它是用意大利语写的，包括正面和反面，在MCC代表的签字上面有如下规定。

"买方在此声明，他知道背面的买卖条款，并特别同意排序为1—8的条款。"

在上述格式合同背面，第6条(B)款有如下规定：

"买方在约定的时间内不支付或延迟支付，将赋予卖方自行中止或撤销合同的权利，以及撤销其他未履行完毕的合同的权利，而且买方无权取得赔偿。"

MCC抗辩道，其所收到的瓷片质量低于合同规定，根据1980年《联合国国际货物销售合同公约》，其有权按质量不符问题的比例减少付款。

然而Dagos指出，合同背面的第4条条款规定："对货物缺陷可能导致的索赔必须在收到货物后10天之内以经证实的书面信函提出。"对于交货的质量问题，尽管有证据支持MCC的索赔请求，但是MCC从未提交过书面材料。

MCC强调，双方当事人从未打算将订货单背面的条款适用于他们之间的协议，同时还提交了此方面的三份证人誓词。

初级法院和地区法院认为，尽管上述誓词是真实的，然而对书面合同适用的解释事宜，并未解决重要的事实问题，故作出Dagos胜诉的判决。

讨论

由于MCC营业地在美国，Dagos营业地在意大利，两国均是CISG缔约国，故本案适用CISG。

本案焦点在下述两个问题。

1. CISG之下的主观意图

CISG第8条第(1)款指出："一方当事人所作的声明和其他行为，应按照他的意旨解释，如果另一方当事人已知道或者不可能不知道此一意旨。"

此规定要求考虑在签署合同时一方当事人意旨的证据，如果另一方当事人当时已经知道这样一种意图。

前述三份誓词恰恰属于这种证据，它们不仅证明了MCC代表的意旨，也表明了Dagos代表已经知道对方不打算同意格式合同的背面条款。

2. 口头证据与CISG

CISG本身未就口头证据问题作出明确规定，然而CISG的起草者主张允许当事人依靠口头合同，因为他们为了避开反欺诈法的规定，明确规定了口头合同的强制执行力。

此外，CISG第8条第(3)款明确地指引法院，"应适当地考虑到与事实有关的一切情况，包括谈判情形"，以确定当事人的意图。

著名的美国学者John O.Honnold指出："第8条第(3)款'应适当地考虑到与事实有关的一切情况'，似乎足以推翻任何禁止法庭考虑其他协议有关情况的国内法规则。①第8条第(3)款使法庭从禁止其考虑当事人之间有关证据的国内法规则解脱出来，增加对合同解释的灵活性，是与下述日益盛行的观点相一致的——口头证言规则已经成为现代交易行政管理的累赘。"

考虑到MCC在本案中的誓词，我们可以得出结论，初级法院和地区法院作出Dagos胜诉的判决是不合适的。

然而，MCC的誓词并未覆盖MCC与Dagos的所有交易和订单，三份证据均是证实最初谈判情形的，故Dagos抗辩道，在能追溯到那些订单损失的限度内，我们应维持法院的判决。然而，上诉巡回法院认为，上述所有合同是否包含出现在第一个合同中的条款，无法通过记录判断。此外，由于CISG第8条第(3)款要求法院在解释合同时考虑"当事人之间确立的任何习惯做法、惯例和当事人其后的任何行为"，当事人是否打算坚持最初合同的背面条款所指的10天之内索赔，将对MCC在后来的交货中是否受前述限制产生影响。关于MCC与Dagos之间的其余合同，因为重要的事实问题仍然存在，所以我们不能支持地区法院作出Dagos胜诉的任何部分。

结论

地区法院的判决强调，MCC的总裁代表其公司签署了预先印制的、含有背面条款的标准(格式)合同。然而，我们得出结论，管辖本国际货物买卖合同的CISG否定了该法院对本案的判决，因为MCC已提出下述这个重要事实——双方当事人的主观意旨受预先印制的合同背面条款的约束。CISG也排除"口头证言规则"的适用，该规则阻止考虑牵涉到先前的或当时谈判的口头协议证据。鉴于此，我们推翻地区法院的判决，将本案发回该院重审，以得出与本观点相一致的结论。

中国《民法典》第469条规定，当事人订立合同，可以采用书面形式、口头形式和其他形式。

但是，也有一些国家对买卖合同的形式有所要求，如美国《统一商法典》第2-201条规定，价金超过500美元的货物买卖合同必须采取书面形式，否则该合同不能在法院得到强制执行。《法国民法典》第1341条规定，所有价值在5000法郎以上的交易，合同必须制成书面形式才有效，货物买卖合同也不例外。

CISG中文译本将Offer译为"发价"，将Acceptance译为"接受"，国内学者不同意者甚多，以下分别译为"要约"和"承诺"。

---

① 这是指美国《统一商法典》中反映"口头证言规则"的第2-202条："当双方在确认性备忘录中所同意的条款或当事方以其他方式的书面文件中规定的表示当事方所商定的最终协议的条款，不得以任何前存协议或同时达成的口头协议加以反驳。"——译者注

三、国际货物买卖中的要约

(一) 要约应当具备的条件

货物买卖中的要约需符合合同法的一般规定，同时还需符合买卖法的特别规定。一般说来，货物买卖中的要约应当符合下列条件才有效。

(1) 要约必须清楚表明要约人受要约的约束，并与对方订立买卖合同的意思，即一旦要约被对方接受，要约人就必须与对方订立买卖合同。在国际贸易中，发盘人经常在其发盘中附有某种保留条件，例如须以我方最后确认为准(Subject to Our Final Confirmation)、有权先售(Subject to Our Prior Sale)或注明"仅供参考"(For Reference Only)等字样，并没有清楚表明受发盘条件约束的意思，因而并不构成具有法律效力的要约，而只是邀请要约。在业务中，卖方寄送价目单、商品目录，买方向卖方询价，都不构成要约。

(2) 要约的内容必须十分确定、清楚。要约必须包括拟订立的买卖合同的主要条款，例如商品的名称、价格、数量、品质或规格、交货期及交货地、付款方式等。缺少主要条款将使买卖合同的内容难以确定，给合同的履行带来困难，这样的要约将被各国法律视为无效。不过要约人也无须详尽无遗地列出合同的所有条款，只要具备主要的条款使合同内容得以确定即可。至于必须包括哪些条款才视为达到十分确定、清楚的程度，各国买卖法及《销售合同公约》的规定有不同的要求。

大陆法系各国对要约需具备的条款一般都有较严格的解释，要求尽可能详细地列出各项条款。根据CISG，一个发盘一般应具备三项主要条款才视为十分确定：①应当载明货物的名称；②应明示或默示地规定货物的数量或确定数量的方法；③应明示或默示地规定货物的价格或确定价格的方法。美国《统一商法典》对买卖合同应当包括的条款要求更低，该法典第2-204条规定，一项货物买卖合同即便没有载明合同的主要条款，该合同仍然有效，只要双方当事人确有订立合同的意思，而且有合理的补救基础；第2-305条进一步规定合同的价格条款留空(Open)时确定价格条款的办法，第2-308条和2-309条还分别规定了在合同未明确规定交货时间、交货地点时的替代办法。

(3) 要约必须向一个或一个以上的特定的人(Specific Persons)发出。CISG第14条(1)款、(2)款对此有明确规定，主要采纳了北欧一些国家的法律原则。

(4) 要约必须送至受要约人才生效。各国法律对此规定一致，CISG第15条(1)款明确规定："要约于送达受要约人时生效。"

(二) 要约的撤回与撤销

CISG第15条、16条对要约的撤回与撤销问题作了规定，其规定与《国际商事合同通则》完全一致，本书第四章"合同法"已作阐述，此处不赘述。

四、国际货物买卖中的承诺

(一) 承诺须具备的条件

根据各国法律以及CISG,一项有效的承诺须具备以下条件。

(1) 承诺必须由受要约人作出。本书第四章"合同法"第二节"合同的成立"已作阐述,此处不赘述。

(2) 承诺必须与要约的内容一致。按照各国法律,承诺不得对要约的内容进行更改、扩充、限制,否则就构成对要约的拒绝。美国《统一商法典》和CISG则采取了比较灵活的态度。CISG第19条第(1)款规定,对要约表示承诺,如载有添加、限制或其他更改,应视为对要约的拒绝,并构成反要约(Counter-offer)。第19条第(2)款又规定,承诺中载有对要约的添加或不同条件,如在实质上并不变更要约的条件,则除要约人在不过分延迟的期间以口头或书面提出异议,仍可构成承诺,合同仍可有效成立,合同条件以要约中的条件及承诺时所添加或更改后的条件为准。第19条第(3)款对"实质性的变更"作了明确的界定:"有关货物价格、付款、货物的质量和数量、交货地点和时间、一方当事人对另一方当事人的赔偿责任范围或解决争端的添加或不同条件,均视为在实质上变更要约的条件。"也就是说,含有对以上6项条款的添加或不同条件的承诺是无效的承诺,构成了反要约。对这6个方面之外的条款作出变更,如包装条款、单据条款等,一般不视为实质性的变更。

(3) 承诺必须在要约的有效期内进行。各国法律和CISG都规定,承诺应在要约的有效期内作出。CISG第21条对承诺的期限的计算作出了明确的规定,其第1款规定:"要约人在电报或信件内规定的承诺期间,从电报交发时刻或信上载明的发信日期起算,如信上未载明发信日期,则从信封上所载日期起算;要约人以电话、电传或其他快速通信方法规定的承诺期间,从要约送达受要约人时起算。"第2款规定:"在计算承诺期间时,承诺期间内的正式假日或非营业日应计算在内;但是如果承诺通知在承诺期间的最后一天未能送达要约人,因为那天在要约人营业地是正式假日或非营业日,则承诺期间应顺延至下一个营业日。"根据各国法律,如果承诺未在要约的有效期内作出,而在有效期之后才到达要约人,则该承诺无效,合同不能成立。CISG对逾期承诺的效力,在第21条中作出灵活的规定,该规定与《国际商事合同通则》第2.9条规定完全相同,本书第四章"合同法"已作阐述,此处不赘述。

(二) 承诺的生效时间

在书面承诺生效时间问题上,CISG采取到达生效原则。CISG第18条第(2)款规定:"承诺要约于表示同意的通知送达要约人时生效。"它还规定:"如果表示承诺通知在要约人所规定的时间内,或者如果要约中没有规定时间,则在一段合理的时间内,未能送达要约人,该承诺即为无效,但须考虑交易的情况,包括要约人所使用的通信方法的迅速程度。对口头要约必须立即承诺,但情况表明有不同要求者除外。"由此可见,在承诺生效时间问题上,CISG基本上采取德国法的原则,即到达生效原则,但它也规定了到达生效原则的例外情况。CISG第18条第(3)款规定,如果根据要约的要求或依照当事人之间确立的习惯做法或惯例,受要约人可以作出某种行为,例如与发运货物或支付货款有关的行为,来表示同意,而无须向要约人发出通知,则承诺于该项行为作出时生效,不过该项行为必须在要约有效期内,或如果要约没有规定有效期则在一段合理的时间内作出。在此种情况下,承诺并不需要等到货物送达要约人时才生效。

> **案例5-3**
>
> **费兰图诉洽尔维奇国际公司(1992年)**
>
> 作为卖方的被告(美国)洽尔维奇国际公司与俄罗斯一家外贸公司签订了销售鞋子的合同,规定所有争议在莫斯科仲裁,随后被告即与位于意大利的原告费兰图协商落实货源。1990年5月,被告将一份自己已签名的书面文件寄给原告签署。该文件不仅包含交货、价格及信用证支付条款,而且规定了上述仲裁条款。被告当月给原告开出了信用证,部分货物安排装运,被告也支付了部分货款。8月,原告签署了上述书面文件,同时附了一封信表示不接受仲裁条款。由于被告拒绝接受其余的货物,原告向美国法院起诉。被告当即辩称:该案应在莫斯科仲裁。美国联邦法院于1992年判决被告胜诉,其理由是:当事人一方为美国公司,另一方为意大利公司,因此应适用《联合国国际货物销售合同公约》。CISG第18条第(1)款规定,承诺既可以用声明的方式,也可以用其他行为的方式;原告对被告要约中的仲裁条款没有及时表示异议,反而接受了被告的履行,原告的这种行为构成了CISG中的承诺。

(三) 承诺的撤回

CISG第22条规定:"承诺得予撤回,如果撤回通知于承诺原应生效之前或同时送达要约人。"这项规定与《国际商事合同通则》的规定完全一致。

第三节 卖方和买方的义务

买卖合同通常对买卖双方的权利和义务都作出规定,双方应根据合同规定履行义务。CISG以及各国买卖法对买卖双方的义务也作出具体的规定,这类规定大多数属于任意性规范,当事人在合同中可以作出与这些规定不同的约定。只有当买卖合同对某些事项没有作出规定或规定得不明确时,才适用CISG或有关国家的买卖法来确定当事人的权利和义务。但这些法律中如果有强制性的规定,则必须适用这些规定,买卖合同的条款不得与这些强制性规定相抵触。

一、卖方的义务

在国际货物买卖中,卖方的义务主要有以下三项:①按合同规定交货;②交付与货物有关的单据;③转移货物的所有权。在第①项交货义务中,主要涉及交货的时间与地点,卖方对货物的品质担保以及权利担保等重要事宜。

下文根据CISG和各国买卖法，阐述上述几方面的主要法律原则。

(一) 交货

1. 交货地点

如果合同规定了交货地点，则卖方应在合同规定的地点交货。当合同没有规定交货地点时，则应根据适用法律来确定交货地。各国法律通常按特定物的买卖和非特定物的买卖两种情况对交货地点加以区分：①如果买卖合同的标的物是特定物，各国法律一般规定，卖方应在订约时该特定物所在地交货；②如果买卖合同的标的物是非特定物，根据有些国家的法律，如法国、德国、瑞士、英国等国法律，卖方应在其营业地交货。但有些国家的法律，如《日本民法典》，则规定卖方应在买方营业地交货。

CISG第31条对卖方交货地点作了如下规定。

(1) 如果合同没有规定具体的交货地点，而合同涉及货物的运输，卖方应把货物交给第一承运人，以运交买方。这里所说的"运输"，是指除买方、卖方之外的承运人的运输，不包括卖方自行送货或买方自行派车取货这两类情形。当运输需由两个以上的承运人来完成时，卖方只需将货物交给第一承运人，即履行了交货义务。

(2) 如果合同没有规定交货地点，又无须承运人运输，根据CISG，如果该合同出售的货物是特定物，或从特定存货中提取的，或尚待制造或生产的未经特定化的货物，而双方当事人在订立合同时，已知道这些货物是在某一特定地点，或将在某一特定地点制造或生产，卖方应在该地点把货物交给买方处置。

(3) 在其他情况下，卖方应在他订立合同时的营业地把货物交给买方处置。所谓交给买方处置(At the Buyer's Disposal)，是指卖方采取一切必要措施，让买方能够取得货物。如做好交货前的准备工作，将货物适当包装，刷上必要的标志，并向买方发出通知让其提取货物等。

中国《合同法》第141条规定："出卖人应当按照约定的地点交付标的物。当事人没有约定交付地点或者约定不明确，依照本法第六十一条的规定仍不能确定的，适用下列规定：

(一) 标的物需要运输的，出卖人应当将标的物交付给第一承运人以运交给买受人；

(二) 标的物不需要运输，出卖人和买受人订立合同时知道标的物在某一地点的，出卖人应当在该地点交付标的物；不知道标的物在某一地点的，应当在出卖人订立合同时的营业地交付标的物。"

2. 交货时间

如果买卖合同对交货时间作了规定，则卖方应按合同规定的时间交货。如果合同没有规定交货时间，根据大陆法系国家的法律，买方有权要求卖方即时交货，卖方也有权在合同成立后立即交货。中国《合同法》也有类似规定，第62条第4款规定："履行期限不明确的，债务人可以随时履行，债权人也可以随时要求履行，但应当给对方必要的准备时间。"

CISG对交货时间作了如下规定。

(1) 如果合同中规定了交货日期，或从合同中可以确定交货日期，则卖方应在该日期交货。

(2) 如果合同中规定了一段交货时间(例如7月至8月)，或从合同中可以确定一段时间(例如收到信用证后一个月内)，则除情况表明买方有权选定一个具体日期外，卖方有权决定在这个期间的任何一天交货。

(3) 在其他情况下，卖方应在订立合同后一段合理的时间内交货。

根据英美法系的规定，合同没有明确交货时间时，卖方应在合理的时间内交货[英国《货物买卖法》第29条第(2)款，美国《统一商法典》第2-309(1)条]。

(二) 提交有关货物的单据

在国际货物买卖中，装运单据(Shipping Documents)具有非常重要的作用，它是买方提取货物、办理报关手续、转售货物以及向承运人或保险公司请求赔偿时必不可少的文件。在象征性交货中，卖方将代表货物所有权的单据交给买方时，即意味着交货，交单的时间和地点即为交货的时间和地点。有些学者甚至把CIF交易称为"单据买卖"。所以，移交有关货物的单据是卖方的一项重要义务。

各国国内法对卖方的交单义务一般都没有作出具体规定，因为各国的买卖法主要是针对国内交易制定的，而在国内货物买卖中，单据的作用不像在国际贸易中那样突出和重要。CISG明确规定，提交与货物有关的单据是卖方的一项重要义务。但它并没有具体规定卖方应提交哪些单据，这个问题取决于买卖合同的规定和有关国际贸易惯例的要求。一般说来，这类单据主要指提单、保险单、商业发票，有时还可能包括领事发票、原产地证书、重量证书、品质检验证书等。

CISG第34条规定，如果卖方有义务移交与货物有关的单据，他必须按照合同所规定的交单时间、地点和方式移交这些单据。如果合同对卖方交单的时间、地点和方式未作出规定，则应按照惯例和诚信原则来处理。

CISG还规定，如果卖方在合同规定的交单时间以前已经移交了单据，他可以在这个时间届满之前对单据中任何不符合合同之处加以修改。但卖方行使这项权利不得使买方遭受不合理的不便，或承担不合理的开支，而且买方有权保留按照CISG请求损害赔偿的权利。

(三) 卖方的品质担保义务

卖方对货物的品质担保义务，是指卖方对其出售的货物的质量、用途、性能及特征等方面的担保。这种担保，当事人可以在合同中作出明确的规定。不过各国买卖法及CISG也有具体的规定。如果买卖合同在品质方面无具体规定，则应适用有关的法律规定，其中有些规定是当事人不能通过合同进行排除或变更的。

1. CISG的规定

CISG就卖方对货物的品质担保义务，采用了货物与合同相符(Conformity)的说法。根据第35条，卖方交付的货物必须与合同规定的数量、质量和规格相符，并须按照合同所规定的方式装箱或包装，除双方当事人另有协议外，货物必须符合下列要求，否则即为所交货物与合同不符。

(1) 货物适用于同一规格货物通常使用的用途(Ordinary Purposes)。

(2) 货物适用于订立合同时买方曾明示或默示地通知卖方的任何特定用途(Particular Purposes)，除非情况表明买方并不依赖卖方的技能和判断力，或者这种依赖对他来讲是不合理的。

(3) 货物的质量与卖方向买方提供的货物样品或样式相同。

(4) 货物按照同类货物通用的方式装箱或包装，如果没有此种通用方式，则按照足以保全和保护货物的方式装箱或对货物进行包装。

如果当事人没有其他约定，则以上4项义务适用于卖方，它们反映了买方在正常交易中对所购买的货物抱有的合理期望。因此，只要双方当事人在合同中没有作出相反的约定来排除或改变上述义务，CISG的上述规定就适用于他们之间的合同。CISG第35条第(3)款还规定，如果买方在订立合同时已经知道或者不可能不知道货物不符合合同，则卖方无须承担货物与合同不符的责任。

CISG还对卖方承担上述义务的时间作出了明确的规定，其第36条规定，卖方应对货物在风险转移于买方时所存在的任何不符合的情形承担责任，即使这种不符合合同的情形是在风险转移于买方之后才明显表现出来的。这就是说，CISG认为，卖方对货物应符合合同要求的责任，原则上是以风险转移的时间为衡量标准，即只要货物在风险转移于买方时符合合同的要求，卖方就算是履行了义务。如果在风险转移于买方之后，货物发生腐烂、变质、生锈等情况以至于与合同的要求不符，卖方不承担责任。但是也有例外的情况，即如果货物与合同的要求不符的情形要在风险转移于买方之后的一段时间才能发现或显露出来，例如有些货物要经过科学鉴定甚至需要经过使用一段时间后才能显示其是否与合同的要求相符，在此情况下，尽管风险已经转移于买方，卖方仍应承担责任。

2. 大陆法系国家法律的规定

大陆法系国家在民法典、债务法典中对卖方的品质担保义务作了规定，其规定较为简单，把卖方的这种担保义务称为对货物的瑕疵担保义务，要求卖方保证所出售的货物不存在瑕疵。这种瑕疵一般是隐藏的缺陷，对于明显的、买方自己能发现的瑕疵，卖方一般不承担担保责任。到底什么是瑕疵？有些国家(如德国)以货物是否适合买卖双方在订立合同时所指明的用途而定，如货物按合同规定的用途加以使用会产生不利和有害影响，则货物是有瑕疵的。有些国家(如法国)以货物能否满足该类产品的通常使用目的而定，不能满足该类产品通常使用目的的货物是有瑕疵的。有些国家法律规定，卖方对某些瑕疵是不承担担保责任的，如《德国民法典》规定，买卖的标的是根据质权以公开拍卖的方式出售的，则卖方对货物的瑕疵不负担保责任。

3. 英美法系国家法律的规定

关于卖方对货物的品质担保义务，英美法系中具有代表性的是英国《货物买卖法》和美国《统一商法典》的规定。

1) 英国《货物买卖法》

英国《货物买卖法》(1979年修订本)第13条至15条对卖方的品质担保义务作了规定，该规定要求卖方所出售的货物必须符合下列默示条件。

(1) 凡是凭说明(Description)的交易，卖方所交的货物必须与说明相符；如兼用凭样品买卖和凭说明书买卖，所交货物只与样品相符是不够的，还必须与说明相符。

(2) 在凭样品买卖(Sale by Sample)的交易中，应认为含有下列默示条件：①所交货物在质量上与样品相符；②买方应有合理的机会把货物与样品进行比较；③所交货物不应存在导致不合商销的缺陷，而这种缺陷是在合理检验样品时不易发现的。

(3) 如果卖方是在营业中出售货物，则应包含一项默示条件，即卖方依据合同提供的货物应具有商销品质(Merchantable Quality)，但下列情况除外：①有关货物的各种缺陷在订约之前已特别提醒买方注意；②买方在订约之前已对货物进行过检验，而货物所存在的缺陷经过检验，本来是应当能够发现的。

(4) 如果卖方是在营业中出售货物，而且买方已经明示或默示地让卖方知道，他要求货物须适合某种特定用途，在这种情况下，合同就包含一项默示条件，即卖方依据合同所提供的货物，应合理地适合于这种特定用途；除非情况表明，买方并不信赖也没有理由信赖卖方的技能和判断力。

英国1994年修订的《货物供应与销售法》，以"令人满意的品质"(Satisfactory Quality)取代了前述"商销品质"。该法第14条第(2)款规定：

"(2A) 为本法之目的，如果考虑到货物的说明、价格(如果相关)以及其他有关情况，货物达到被合理地认为满意的标准，则该货物具有令人满意的品质。

(2B) 为本法之目的，货物的品质包括其状态和条件，在适当的情况下，下列内容(不限于这些内容)属于货物品质。

(a) 适合一般供应该种货物的所有目的；
(b) 外观良好且已完成；
(c) 不存在微小的缺陷；
(d) 安全；
(e) 持续性。"

从根本上来看，"令人满意的品质"与"商销品质"并无本质区别。

以上这些默示条件是成文法规定的，根据英国法，只要买卖双方在合同中没有相反的规定，这些默示条件就依法适用于他们之间的买卖合同。卖方须严格遵守这些默示条件，违反这些默示条件会引起严重的后果，甚至导致买方拒收货物。不过，买方亦可以把违反条件当作违反担保来处理，即不解除合同而请求损害赔偿。根据英国法，在国际贸易中，上述默示条件是可以由双方当事人通过合同约定来排除的。在国内交易中，对于供私人使用的消费交易(Consumer Sale)，卖方不得在合同中排除上述默示条件；至于非消费交易(Non-Consumer Sale)，法律虽然允许卖方在合同中排除上述默示条件，但不能超出"公平合理"的限度，否则法院将不予强制执行。

2) 美国《统一商法典》

美国《统一商法典》第2-313至2-317条对卖方的品质担保义务作了规定，分为明示担保和默示担保。

(1) 明示担保。明示担保是指卖方明白地、直接地对其货物所作出的担保。明示担保是合同的组成部分，可通过下列三种方式产生：①如果卖方对买方就有关货物在事实方面作出确认或许诺，并作为交易基础(Basis of the Bargain)的一部分，就构成一项明示担保，保证所出售的货物与他作出的确认和许诺相符。这种对事实的确认和许诺可以用货物的标签、商品说明及目录等方式表示，也可以记载在合同中。②卖方对货物所作的任何说明，只要是作为交易基础的一部分，就构成一项明示担保，卖方所交的货物必须与该项说明相符。③作为交易基础一部分的样品、模型，也是一种明示担保，卖方所交货物应与样品和模型相符。

(2) 默示担保。默示担保不是由双方当事人在合同中规定的条款，而是《统一商法典》要求卖方应当达到的最低标准。如果买卖双方在合同中没有作出相反的规定，则这些法律上的规定将适用于他们之间的买卖合同。根据《统一商法典》，卖方有两项默示担保：①适销性的担保。该法典规定，如果卖方是经营某种商品的商人，则在这类商品的买卖合同中，卖方应保证所出售的货物具有适销品质。该法进一步规定，适销品质至少要满足以下要求：第一，合同项下的货物在该行业中可以无异议地通过检查；第二，如果所出售的货物是种类物，则卖方所交的货物在该规格范围内具有平均良好品质；第三，货物应适合该商品的通常用途；第四，除合同允许有差异外，所有货物的每一单位在品种、品质和数量方面都应当相同；第五，在合同有要求时，应把货物适当地装入容器，加上包装和标签；第六，货物与容器或标签上所许诺或确认的事实相一致。②关于货物适合特定用途的担保。该法典第2-315条规定，如果卖方在订立合同时有理由知道货物将要用于某种特定用途，而且买方相信卖方具有挑选或提供适合该用途的商品的技能和判断力，则卖方应承担所售货物必须适合这种特定用途的默示义务。

美国法允许当事人在合同中排除上述各项明示担保和默示担保(产品责任除外)，但在这样做时必须依照法律的有关规定进行。排除默示担保的条款如果载于合同，则必须使之醒目、显眼，并用大号字或黑体字或不同的颜色书写或印刷，以便引起买方注意。要排除或限制适销性的默示担保时，在措辞上必须使用"适销性"(Merchantability)这个词。明示担保的排除是比较困难的，在一场交易中，如果既有明示担保又有否定或限制这种担保的言词或行动，根据《统一商法典》，应尽可能作出一致的解释。如果两者有矛盾，明示担保的效力应优先于与其相抵触的排除或限制担保的条款。

根据《统一商法典》第2-316条，在下列三种情况下，可以认为卖方排除了对货物品质的担保：①在交易时卖方使用了"依现状"(As Is)、"含有各种残损"(With All Faults)或其他能引起买方注意的措辞，以表明卖方不承担任何默示担保义务；②如果买方在订立合同以前，已经检验过货物或样品、模型等，或者买方拒绝检验，则卖方对于通过此项检验本能发现的缺陷，不承担任何默示担保义务；③根据双方当事人过去的交易做法、履约做法或行业惯例，也可以排除卖方的默示担保义务。

4. 中国法的规定

中国《民法典》第510条规定："合同生效后，当事人就质量、价款或者报酬、履行地点等内容没有约定或者约定不明确的，可以协议补充；不能达成补充协议的，按照合同有关条款或者交易习惯确定。"第511条又规定，如果当事人在合同中就标的物的质量要求没有约定或约定不明确的，首先应当按前述第510条规定加以确定；如果按该条仍不能确定时，应按国家标准、行业标准履行；没有国家标准、行业标准的，按照通常标准或者符合合同目的的特定标准履行。如果当事人在合同中对包装方式没有约定或者约定不明确，依照第510条仍不能确定的，应当按照通用的方式包装；没有通用方式的，应当采取足以保护标的物的包装方式。(第619条)

(四) 卖方的权利担保义务

对货物的权利担保，是指卖方保证对其所出售的货物拥有完全的权利，不存在法律上的障碍，主要包括三方面的内容：①卖方保证对其出售的货物享有合法的权利；②卖方保证在其出售的货物上不存在任何未曾向买方透露的担保物权，如抵押权、留置权等问题；③卖方应保证所出售的货物没有侵犯他人的权利，如担保物权、知识产权等。上述权利担保义务在各国法律中均有规定，是卖方的法定义务，即使买卖合同中对此没有规定，卖方仍需依法承担这些义务。不过当事人一般也可以通过合同条款增加或减少卖方依法应承担的权利担保义务[《法国民法典》第1677条，美国《统一商典法》第2-312(2)条]。但英国《货物买卖法》规定，买卖合同中的这种规定都是无效的。

CISG第41条、42条对卖方的权利担保义务作了如下规定。

(1) 卖方所交付的货物必须是第三方不能提出任何权利或请求(Claim)的货物，除非买方意在受制于这种权利或请求的条件下收取这项货物。这里所说的"权利或请求"，是与货物本身财产权有关的权利或请求，如所有权、担保权益等，并不包括政府当局关于货物违反健康或安全规章等方面而作出的主张。根据该项规定，只要第三方对买方就货物提出了权利或请求，即便由于法律上的依据不足而败诉，卖方仍需向买方承担责任。CISG认为，卖方有义务保证第三方不对货物提出任何请求。这样的规定主要是为了充分保护善意买方的利益，因为买方的本意是买货物，而不是买"官司"来打。第三方对货物提出请求时，卖方须赔偿买方因请求而产生的费用和损失，卖方亦可以直接与第三方交涉或应诉。如果卖方的责任构成根本违反合同，买方甚至可以解除合同。

(2) 卖方所交付的货物，必须是第三方不能根据买卖双方在订立合同时预期货物将在其境内转售或做其他使用的国家的法律，或在其他情况下，根据买方营业地所在国家的法律提出工业产权或其他任何知识产权要求的货物。不过，这项担保义务受以下情况的限制：①卖方在订立合同时已知道或不可能不知道该权利或请求时才承担责任；②买方在订立合同时知道或不可能不知道此项权利或请求时，卖方不承担责任；③此项权利或请求的发生，是由于卖方要遵照买方所提供的技术图样、图案、程式或其他规格，卖方不承担责任。

此外，CISG还规定，买方在已经知道或理应知道第三方对货物的权利或请求后，应在合理时间内通知卖方，否则，买方就会丧失援引上述第41条和42条所规定的权利，除非买方对未及时通知卖方给出合理的理由。

中国《民法典》第612条规定："出卖人就交付的标的物，负有保证第三人对该标的物不享有任何权利的义务，但是法律另有规定的除外。"第613条又规定："买受人订立合同时知道或者应当知道第三人对买卖的标的物享有权利的，出卖人不承担前条规定的义务。"

二、买方的义务

买方的义务主要有两项：一是支付货款；二是受领货物。各国法律关于这两项义务都有一些规定，不过较为简单，以下介绍CISG在这方面的详尽规定。

(一) 支付货款

(1) 履行必要的付款手续。CISG要求买方必须根据合同或有关法律规章的规定，采取必要的步骤和手续，以支付货款。根据一般贸易实践，这些步骤主要是指向政府机关或银行登记合同；向政府有关部门申请进口许可证，取得所需的外汇；申请官方核准向国外汇款；向银行申请信用证或银行付款保函等。这些步骤和手续是买方付款的前提和保证，尤其是在国际贸易中，付款程序远比国内贸易复杂，如果买方不履行这些手续，到时就可能无法付款。因此，CISG将履行这些手续作为买方的合同义务。买方若不依合同或法律规章履行有关的手续，则构成违反付款义务。

(2) 付款地点。如果双方在买卖合同中对付款地点已有明确的规定，买方应在合同规定的地点付款。如果双方没有约定付款的地点，根据CISG，买方在下列地点付款：①在卖方营业地付款。如果卖方有一个以上的营业地，则买方应在与该合同及合同的履行关系最为密切的营业地付款。②如果支付货款以移交货物或单据为条件，买方应在移交货物或单据的地点付款。

此外，CISG还规定，如果卖方营业地在订立合同之后发生变动，则卖方应承担增加的支付方面的有关费用。

(3) 付款时间及条件。CISG第58条就买方付款的时间和付款条件作了如下规定：①如果买卖合同没有规定买方应当在什么时间付款，则买方应当在卖方按合同和CISG，把货物或代表货物所有权的单据移交给买方处置时支付货款。卖方可以把支付货款作为移交单据的条件，如果买方不付款，则卖方没有义务把货物或单据交给买方；反之，如果卖方不把货物或单据交给买方，买方也没有义务支付货款。②如果合同涉及货物的运输，卖方可以在发货时订明条件，规定必须在买方付款时，方可把货物或代表货物所有权的装运单据交给买方。③CISG规定，买方在未有机会检验货物之前，没有义务支付货款，除非这种检验的机会与双方当事人约定的交货或支付程序相抵触。美国《统一商法典》也有类似的规定。在国际贸易中，买方往往是在有机会检验货物之前就已经付了款，如在常见的按CIF、FOB、CFR条件成交时，情况都是这样，这时买方就不能把检验作为付款的条件，但这并不意味着买方放弃对货物的检验权和发现货物与合同不符时行使各种补救办法的权利。即使买方付了款，货到目的地之后，买方仍有复验权，如果发现货物不符合同，有权要求卖方赔偿损失，或采取CISG所规定的其他补救办法。

此外，我们应注意，CISG规定的买方到期付款的义务是自动执行的，无须卖方催告或办理任何手续。如果买方不按时付款，就应负延迟履约的责任。

(二) 收取货物

根据CISG，买方收取货物的义务包括以下两个方面。

(1) 采取一切理应采取的行动,以便卖方能够交付货物。例如,买方应为卖方指定确切的发货地点,派人到现场接收货物,根据贸易惯例(如采用FOB价格术语时)要求安排货物的运输,申报本国规定进口所需的证件等。如果买方没有采取理应采取的行动配合卖方,使卖方无法履行其交货义务,买方须承担违约责任。

(2) 接收货物。买方有义务在卖方交货时及时接收货物。如买方不及时接收货物,有时可能会对卖方的利益产生直接影响。当卖方有义务将货物运送给买方时,卖方一般都要求买方及时卸货并提走货物。如果买方不及时提货,卖方可能要向承运人支付滞期费及其他费用,对此买方须承担责任。

此处应注意收到货物(Receipt of Goods)与接受货物(Acceptance of Goods)这两个概念,英美法系国家严格区分这两个概念。前者是指占有、控制了货物,后者则强调对货物的认可。美国《统一商法典》第2-515条和第2-606条规定,出现下列三种情况之一的,即视为买方接受了货物:①买方拥有合理机会检验货物之后向卖方明确表示接受货物;②买方拥有合理机会检验货物之后在合理的时间内未表示拒收货物;③卖方交货后,买方对货物采取了与卖方的所有权不相称的行为。不过,在货物确实与合同不符而买方以上述三种方式之一接受了货物时,买方只是不能再要求解除合同,买方因货物与合同不符而产生的降价权或索赔权不受影响。

案例5-4 卡尔卡都·马缇尼实业公司诉马克斯鞋业公司(1994年)

被上诉人马克斯鞋业公司是一家巴西的制鞋商,与上诉人达成了出售12 042双鞋子的合同。上诉人美国卡尔卡都·马缇尼实业公司先付了一部分款项,到收取鞋子时,上诉人经检验发现不少鞋子有裂痕和脱皮问题,于是立即停止付款并通知被上诉人拒收货物。被上诉人对此无反应。两个月后,上诉人将鞋子送往另一家公司修理,然后予以出售,并留下钱款。卖方向美国法院起诉买方追讨货款,一审法院认为,在未获得卖方指示的情况下,买方通过将货物修理和出售的方式,采取了与卖方所有权不相称的行为,构成了对货物的接受,因此,应向卖方付款,但买方可以扣除修理费。买方对此判决不服并上诉,1994年马赛州上诉法院最后确认了一审判决。

第四节 违反货物买卖合同的救济方法

货物买卖合同有效订立之后,在当事人之间就产生了相当于法律的效力。对于违反买卖合同的行为,CISG和各国法律都规定了很多救济方法,保护权利受损害一方的利益。以下主要阐述CISG对违反货物买卖合同的救济方法的规定。

CISG在具体规定救济方法之前,首先对根本违反合同下了定义,因为是否构成根本违反合同,与对当事人采取何种救济方法有直接关系。如果某种违约行为已经构成根本违反合同,受损害的一方就有权宣告合同无效(Declare the Contract Avoided),并有权要求损害赔偿或采取其他救济方法；如果某种违约行为不构成根本违反合同，则受损害的一方原则上无权宣告合同无效，而只能要求损害赔偿或采取其他救济方法。CISG第25条规定："如果一方当事人违反合同的结果，使另一方当事人蒙受损害，以至于实际上剥夺了他根据合同有权期待得到的东西，即属于根本违反合同，除非违反合同的一方并不预知而且同样一个通情达理的人处于相同情况下也没有理由预知会发生这种结果。"此处的衡量标准是，看违反合同的后果是否使对方蒙受重大的经济利益损害，即违约后果的严重程度。至于损害是否重大，应根据每个案件的具体情况来决定。例如，违反合同所造成的损失金额的大小，或者违反合同对受损害的一方所产生的消极影响的程度等。但是，如果违反合同的一方能够证明，他并没有预见到会产生这种严重后果，而且也没有理由会预见到这种严重后果，他就可以不承担根本违反合同的责任。

一、买卖双方均可以采取的救济方法

(一) 损害赔偿

CISG第74至77条对损害赔偿的责任范围和计算办法作了具体的规定。

1. 损害赔偿的原则及责任范围

CISG第74条规定："一方当事人违反合同应负责的损害赔偿额，应与另一方当事人因他违反合同而遭受的包括利润在内的损失额相等。但这种损害赔偿不得超过违反合同一方在订立合同时，依照他当时已知道或理应知道的事实和情况，对违反合同预料到或理应预料到的可能损失。"这项规定对买方或卖方所提出的损害赔偿请求同样适用，而且适用于因各种不同的违约情事所提出的损害赔偿要求。对于这项规定有以下4点需要加以说明。

(1) CISG明确规定，损害赔偿的责任范围，应与对方因其违约而遭受的包括利润在内的损失额相等。从法理来分析，就是要使受损害一方的经济状况与合同假如得到履行时他本应达到的经济状况相同。公约特别指明应当包括利润损失，因为如果合同得到完整履行，受损害一方是完全可能获取利润的。

(2) CISG对损害赔偿的责任范围有一个很重要的限制，就是"不得超过违约一方在订立合同时，依照他当时已知道或理应知道的事实和情况，对违反合同预料到的或理应预料到的损失"，即违约一方的赔偿责任仅以其在订立合同时可以预见到的损失为限，对于那些在订约时不可能预见到的损失，违约一方不应承担责任。

(3) CISG没有采取过错责任原则。根据其规定，只要一方违反合同，并给对方造成了损失，对方就可以要求其赔偿损失，而无须证明违约的一方有主观过错。这一点同某些国家的法律规定有所不同。许多大陆法系国家在民法中都采取过错责任原则，即只有当违约一方有故意或过失，并给对方造成损害时，才承担损害赔偿责任。

(4) CISG认为损害赔偿的请求权不因当事人采取其他救济方法而受到影响。根据CISG第45条第(2)款和第61条第(2)款的规定，当卖方或买方违反合同时，买方或卖方可能享有的要求损害赔偿的任何权利，并不因为他已采取其他救济方法而丧失。这就是说，即使他已采取了撤销合同或其他救济方法,但他仍然可以要求违约的一方给予损害赔偿,即两种救济方法可以同时行使。

2. 减轻损失的义务

当一方当事人违反合同时,没有违反合同的他方有义务采取必要的措施,以减轻因对方违约而引起的损失。

CISG第77条规定:"声称另一方违反合同的一方,必须按情况采取合理措施,减轻由于另一方违反合同而引起的损失,包括利润方面的损失。如果他不采取这种措施,违反合同一方可以要求从损害赔偿中扣除原应可以减轻的损失数额。"这项规定适用于买方或卖方的各种违约索赔情况。

(二) 预期违约

所谓预期违约(Anticipatory Breach),是指在合同规定的履行期到来以前,已有事实根据预示合同的一方当事人将不会履行其合同义务。这种预期违约的情况,既可能出现在买方身上,也可能出现在卖方身上,因此,CISG将对预期违约的救济方法作为买卖双方都可以采用的救济方法,专列一条加以规定。

(1) 根据CISG第71条第1款规定,如果订立合同后,另一方当事人出于下列原因显然将不履行其大部分重要义务,对方当事人可以中止履行义务:①一方履行义务的能力或信用有严重缺陷;②一方在准备履行合同或履行合同中的行为显示其将不履行其主要的义务。

上述规定主要包含以下两方面内容。

第一,对预期违约的救济方法。按照CISG第71条的规定,对预期违约的救济方法是中止履行合同的义务,即当一方当事人已明显地将不履行其大部分主要义务时,对方有权中止履行自己的合同义务。但是,根据公约第72条的规定,如果在履行合同的日期到来之前,已明显看出一方当事人将根本违反合同,则另一方当事人不仅有权中止履行合同,而且可以宣告撤销合同。所以,对预期违约须视其是否构成根本违反合同,而分别采取中止合同或撤销合同两种不同的救济方法。

第二,援引中止履行合同这种救济方法必须具备的条件。一方当事人只有在对方显然将不会履行其大部分重要义务的条件下,方可中止履行自己的合同义务。公约对何谓"显然将不履行大部分重要义务"作出了具体规定:一是当事人的履约能力或信用度严重下降,例如买方在订立合同后失去偿付能力或已宣告破产等;二是当事人在准备履行合同或履行合同中的行为已显然显示出当事人将不履行其大部分重要义务。此外,如果订立合同后,一方当事人所在国家发生战争或实行封锁禁运,亦可以认为当事人将不能履行其大部分重要义务。

(2) CISG规定了在援用中止履行合同时所必须采取的通知程序。根据CISG第71条第3款的规定,宣告中止履行义务的一方当事人,必须立即通知另一方当事人;如果另一方当事人对履行义务提供了充分的保证,则必须继续履行义务。中止合同只是暂时停止履行合同,而不是使合同告终,因此,只要另一方当事人提供了充分的履约担保,例如,当买方信用下降时,可由银行为其提供信用担保(如银行保函),在这种情况下,宣告中止履行合同的一方仍必须继续履行其合同义务。

(三) 对分批交货合同发生违约的救济方法

分批交货合同是指将一个合同项下的货物分成若干批交货。例如，一份购买20万吨小麦的合同，可以分为5批交货，每批交4万吨。在这种情况下，如果一方当事人对其中一批货物没有履行合同的义务，并构成根本违反合同，明确对方能否宣告撤销整个合同，或者只能宣告合同对这一批货物无效，而不能撤销整个合同，这对买卖双方十分重要。因此，CISG第73条专门就此作了规定，主要涵盖以下三种情况。

(1) 在分批交货合同中，如果一方当事人不履行对其中任何一批货物的义务，便已对该批货物构成根本违反合同，则对方可以宣告合同对该批货物无效，即宣告撤销合同对这一批交货的效力，但不能撤销整个合同。

(2) 如果一方当事人不履行对其中任何一批货物的义务，使另一方当事人有充分理由断定今后各批货物亦将会发生根本违反合同，则该另一方当事人可以在一段合理时间内宣告合同今后无效，即撤销合同对今后各批货物的效力，但对在此以前已经履行义务的各批货物不能予以撤销。

(3) 当买方宣告合同对某一批交货无效时，如果合同项下的各批货物是互相依存、不可分割的，不能将其中任何一批货物单独用于双方当事人在订立合同时所设想的目的(如大型设备分批装运交货)，买方可以同时宣告合同对已经交付或今后将交付的各批货物均为无效，即可以宣告撤销整个合同。

二、卖方违约时买方可以采取的救济方法

卖方违约主要有以下几种情况：卖方不交货，卖方延迟交货，卖方所交货物与合同不符。CISG没有分别就每一种违约情况规定相应的救济方法，而是从总的方面对卖方违反合同时买方可以采取的各种救济方法作出规定。

(1) 要求卖方履行其合同义务。CISG第46条规定，如果卖方不履行其合同义务，买方可以要求卖方履行其合同或CISG中的义务。例如，如果卖方不交货，买方可以要求他按合同规定交货。但是，如果买方已经采取了与这一要求相抵触的其他救济方法，他就不能采取这种救济方法。例如，如果买方已经宣告撤销合同，就不能再要求卖方履行其合同义务，因为撤销合同与要求卖方履行合同义务两者是相抵触的。CISG所规定的这种救济方法同各国法律中所规定的实际履行(Specific Performance)的救济方法基本上是一样的，即要求卖方依照合同规定履行义务，具体说来就是要求卖方按合同规定交货，而不能用金钱赔偿来代替。

但CISG第28条规定，当事人一方要求另一方当事人履行其某项义务时，法院没有义务作出判决要求具体履行此项义务，除非法院依照其本身的法律，对不属于CISG范围的类似销售合同愿意这样做。CISG之所以作出这样的规定，是为了调和英美法系与大陆法系在实际履行问题上的差别。大陆法系将实际履行作为一种重要的、主要的救济方法，而英美法系却视之为例外的、辅助的、补充性的救济方法。由于两大法系的分歧较大、难以

统一，所以CISG让各国法院依照其本身的法律来处理这个问题。

(2) 要求卖方交付替代货物。CISG第46条第2款规定，如果卖方所交付的货物与合同规定不符，而且这种不符的情形已构成根本违反合同，买方有权要求卖方另外再交一批符合合同的货物，以替代原来那批不符合合同的货物。这种补救方法适用的条件是卖方的违约已构成根本违反合同，否则买方不能采取这种办法。

CISG还规定，关于交付替代货物的要求，必须与向卖方发出货物与合同不符的通知同时提出，或者在该通知发出后一段合理的时间内提出。

(3) 要求卖方对货物不符合之处进行修补。CISG第46条第3款规定，如果卖方交付的货物与合同不符，买方可以要求卖方通过修理(Repair)补救不符之处。这一做法适用于货物不符合合同的情况并不严重、尚未构成根本违反合同，只需卖方加以修理，即可使之符合合同的情形。买方的这一权利有两个限制：①如果根据所有的情况判断这种要求是不合理的，则买方不能要求卖方来对货物进行修理。例如，货物的缺陷轻微，买方有能力修理，而卖方又在千里之外。这种情况下买方可自行修理，或请第三人修理，所需费用和开支可要求卖方赔偿。②这种要求必须在发现或应当发现货物缺陷后，向卖方发出通知的同时或之后一段合理的时间内向卖方提出，否则丧失请求权。

根据CISG第39条和第44条规定，买方如果不在其发现或应当发现货物有缺陷之后的一个合理期限内就货物不符合同规定的情况及时通知卖方，除非具备合理理由，那么买方就丧失了声称货物与合同不符的权利。出于合理原因导致买方未能发出上述通知的，买方仍可向卖方索取赔偿金或请求降低货价，但不能要求利润损失。不过，无论如何，如果买方未能在从货物实际交付之日起2年之内及时就任何货物与合同规定不符的情况通知卖方，除非这一期限与合同的规定不符，否则买方不能获得任何赔偿。

案例5.5　瑞典出口方与德国进口方的海蚌买卖纠纷案(1995年)

德国进口方向瑞典出口方购买了1750公斤产自新西兰的海蚌。买方收到货物后即委托一家官方机构检验，结果发现海蚌的镉含量很高。买方据此要求解除合同。德国最高法院1995年作出判决认为：本案应适用《联合国国际货物销售合同公约》，货物与合同不符即CISG意义中的根本违反合同。货物平均品质是否适合通常用途或是否具有商销性，则是一个依情况而定的问题。据目前所知，镉含量超过德国标准并不意味着它是劣等货，因为与肉类标准不同，德国关于海产品的镉含量标准只是一项行政指标。当事人在没有明确约定时，若货物不适合通常用途或不具有明示或默示告知卖方的特定目的，则货物视为不符合合同。根据绝对盛行的法律观点，除非在出口国存在同样的规则，否则，不能期望与买方国家或使用货物的国家的特定公法规则相符。本案中的货物是易腐品，显然，交货后1个月内提出异议的合同约定与CISG中"合理时间"通知的规则一致，而本案中的买方却几乎等了两个月才将货物与合同不符通知卖方。以上各项理由促成本院作出对卖方有利的判决。

(4) 给卖方一段合理的额外时间让其履行义务。这项规定源自CISG第47条第1款，主要适用于卖方延迟交货的情形。根据CISG，卖方延迟交货时，如果这种延迟并不构成根本违反合同,那么买方是不能解除合同的,买方可以指定一段合理的额外时间,让卖方在此期间交货。如果卖方在该期间届满时仍不交货,买方就有权宣告撤销合同。根据CISG第47条第2款,在这段额外时间内,除非买方已收到卖方的通知,表明卖方将不在这段时间内履行其义务,否则买方就不能对卖方采取任何补救办法。不过买方并不因此丧失其对卖方延迟履约所享有的请求损害赔偿的权利。

(5) 宣告合同无效。根据CISG第49条,卖方违反合同时,买方可以在下列两种情况下宣告合同无效:①卖方的违约行为构成根本违反合同;②如果发生不交货的情况,卖方在买方规定的合理的额外时间内仍不交货,或卖方声明他将不在买方规定的合理的额外时间内交货。

CISG第49条第2款对买方撤销合同的权利进行了限制和规定,如果卖方已经交付货物,买方就丧失了宣告合同无效的权利,除非他按照CISG的下列规定及时提出撤销合同:①对于延迟交货的情形,买方必须在卖方交货后一段合理时间内宣告撤销合同,否则他将失去宣告撤销合同的权利;②对于延迟交货以外的任何违反合同的情形,买方必须在已经知道或理应知道这种违约事情后的一段合理的时间内,宣告撤销合同,否则他亦将失去宣告撤销合同的权利。

此外,CISG第72条规定,如果在履行合同日期到来之前,已明显看出一方当事人将根本违反合同,则另一方当事人可以宣告撤销合同。据此,当卖方出现这种预期违反合同的情形时,买方可以撤销合同。

(6) 要求减价。CISG第50条规定,如果卖方所交付的货物与合同不符,不论买方是否已经支付货款,买方都可以降低价格。降价额度按实际交付的货物在交货时的价值与符合合同的货物在当时的价值两者间的比例计算。

根据CISG,如果卖方已按照CISG规定对其任何不履行合同义务之处作出了补救,或者买方拒绝接受卖方对此作出的补救,买方则不得要求降低价格。

(7) 当卖方只交付部分货物或所交货物只有一部分符合合同规定时,根据CISG第51条,买方这时可采用46条至50条所规定的救济方法,包括退货、降价及要求损害赔偿等。但一般不能宣告撤销整个合同或拒收全部货物,除非卖方的行为已构成根本违反合同。

(8) 当卖方提前交货或超量交货时,CISG第52条规定,买方可以收取货物,也可以拒绝收取货物。但如果卖方在提前交货遭到拒绝以后,等至合同规定的交货期再次向买方交货时,买方仍须收取这批货物。

如果卖方所交货物的数量大于合同规定的数量,买方可以收取全部货物,也可以拒收多交部分的货物,而只收取合同规定数量的货物,但不能拒收全部货物。如果买方收取多交部分的货物,必须按合同规定的价格付款。

(9) 请求损害赔偿。根据CISG,卖方违反合同时买方可以要求损害赔偿,这个权利不因买方采取其他补救办法而丧失。CISG第75条、76条对在买方撤销合同的情况下损害赔偿的具体计算办法作了规定:①如果买方已宣告撤销合同,而在宣告撤销合同后一段合理时间内,买方已以合理的方式购买替代货物,则买方可以取得合同价格和替代货物交易价格之间的差额,以及因卖方违约而造成的其他损害赔偿。②如果买方在撤销合同后没有实际补进原来合同项下的货物，而此项货物又有时价，则买方可以取得原合同规定的价格和宣告撤销合同的时价之间的差额，以及因卖方违约而造成的任何其他损害的赔偿。但是，如果买方是在接受货物之后才宣告撤销合同，则应按接收货物时的时价与合同规定的价格之间的差价来计算，而不是按宣告撤销合同的时价计算。这里所说的"时价"，是指合同原定交货地点的现行价格；如果该地点没有时价，则指另一合理替代地点的现行价格。但在这种情况下，应适当考虑货物运输费用的差额。

(10) 中止履行合同义务。参阅本节"买卖双方均可以采用的救济方法"中关于预期违约的阐述。

三、买方违约时卖方可以采取的救济方法

买方违反合同主要有下列4种情形：一是不按合同规定支付货款；二是延迟支付货款；三是不按合同受领货物；四是延迟受领货物。CISG对上述情形规定了下列救济方法。

(1) 要求买方实际履行其合同义务。当买方不支付货款、不收取货物或不履行其他合同义务时，卖方可以要求买方实际履行其合同义务，除非卖方已采取了与这些要求相抵触的救济方法。但根据CISG第28条，当卖方要求买方实际履行时，法院并没有义务作出要求买方履行义务的判决，除非法院依照本国的法律，对不属于CISG的类似买卖合同应当这样做。

(2) 规定一段合理的额外时间，要求买方在这段时间内履行其合同义务。CISG第53条规定，如买方未按合同规定的时间履行其支付货款、收取货物或其他义务，卖方可以规定一段合理的额外时间让买方在此期间履行其义务。

(3) 宣告合同无效。在下列情况下，卖方可以宣告合同无效：①买方的违约构成根本违反合同；②买方在卖方所给予的合理的额外时间内仍没有履行其义务，或声明将不履行义务。不过，根据CISG，如果买方已支付了货款，卖方原则上就失去了宣告合同无效的权利，除非出现以下两种情况：一是对于买方延迟履约，卖方在知道买方履行义务之前宣告合同无效；二是对于买方延迟履约以外的任何违约，卖方在知道或理应知道这种违约后一段合理时间内宣告合同无效。

(4) 自行确定货物的规格。

(5) 请求损害赔偿。买方违反其义务的，卖方可根据CISG第64至77条的规定向买方要求损害赔偿。卖方可单独行使此项权利，也可以同时采用其他救济措施。此项权利不因卖方采取其他补救方法而受到影响。

(6) 要求支付利息。如果买方没有支付货款或拖欠货款，卖方有权对这些款额收取利息。但是CISG没有规定利息率如何确定，实践中，利息率主要依货物买卖合同所选用的准据法来确定。

(7) 中止履行合同义务。参阅本节"买卖双方均可以采用的救济方法"中关于预期违约的阐述。

第五节 货物风险的转移

货物风险是指足以使货物毁损、灭失的意外事故,如盗窃、沉船、火灾、破碎、渗漏、扣押、征用以及不属于正常损耗的腐烂变质等。货物风险的转移,主要解决对风险造成的损失的承担,从什么时候起由卖方转移给买方的问题,这对确定买卖双方利益关系有重大意义。在国际贸易中,货物的风险更大,因而这个问题尤其重要。各国法律通常都允许当事人在合同中对风险转移的时间作出约定,同时也对风险转移的时间作出规定。在这个问题上各国法律规定并不一致,大致有三种情况:①以合同成立作为风险转移的时间,如瑞士《债务法典》的规定;②以所有权转移的时间作为风险转移的时间,如英国《货物买卖法》和《法国民法典》都采用了这一原则;③以交货时间作为风险转移的时间,当代大多数国家都采用这一原则,如美国《统一商法典》《德国民法典》《奥地利民法典》和斯堪的纳维亚半岛各国的法律都有这方面的规定。

(一) 美国《统一商法典》关于货物风险转移的规定

1. 确定风险转移的时间

买卖双方当事人可以通过协议来划分双方应承担的风险界限,也可以通过采用某种国际贸易术语来确定各方所应承担的风险。如果双方当事人在合同中对风险转移问题没有作出规定,则在没有违约的正常情况下,根据下述两种情况来确定风险转移的时间。

(1) 当货物需要交由承运人运输时:①如果买卖合同授权或要求卖方把货物交由承运人运交买方,但并不要求卖方把货物交到某个目的地,则货物的风险应是卖方把符合合同的货物适当地交付给承运人时起转移给买方;②如果买卖合同要求卖方把货物交到指定的目的地,则货物的风险需于卖方在目的地向买方提交货物并让买方能受领货物时转移。

(2) 当货物已存放在受托人处无须移动即可交货时,如果货物已存放在受托人处,卖方可以不移动货物,而让买方直接向仓库提货。在这种情况下,风险的转移须视受托人是否出具了代表货物所有权的单据(如仓库收据),以及他所出具的是可转让的物权单据,还是不可转让的物权单据而定,具体来说:①如果受托人出具的是可以转让的物权凭证,则货物的风险应从卖方把这项可以转让的物权凭证交给买方的时候转移于买方;②如果受托人没有出具可转让的物权凭证,则应经过一段合理时间,在该受托人承认买方有权占有货物时,货物的风险才转移于买方。如果受托人拒绝按照单据上的指示交货,则卖方的交货不能成立,风险仍由卖方承担。

2. 违约对风险转移的影响

(1) 卖方违约,分为两种情况:①如果卖方所提供或交付的货物不符合合同的要求,已足以使买方有权拒收货物时,则在卖方消除了货物的缺陷,或在买方接受货物之前,风险仍由卖方承担;②如果买方有正当理由撤销他对货物的接受,买方得在保险合同所不包括的限度内,认为卖方自然承担了货物原来的风险。

(2) 买方违约:如果卖方已经把符合合同规定的货物确定在合同项下,而买方在货物的风险尚未转移给他以前,拒绝履行合同或有其他违约行为,则在卖方的保险合同所不包括的差额的限度内，认为在商业上合理的时间内，货物的风险应由买方负担。

案例5-6 多用途塑料制品有限公司诉阿克工业公司(1974年)

原告向法院起诉，称被告违反了他们之间订立的购买40 000磅苯乙烯塑料球合同，要求被告赔偿损失。地区法院判决原告胜诉。康涅狄格州最高法院维持地区法院依据美国《统一商法典》第2-510条第3款作出原告胜诉的判决。

案情

原告于1971年6月30日与被告达成协议。协议规定，由原告生产40 000磅棕色苯乙烯塑料球，并以每磅19美分的价格出售给被告，且这批货物专为被告生产。被告同意在全部生产完毕以后，以每天1000磅的速度提货。原告在两周之内将所订货物如数生产出来，并要求被告提货，但遭到被告的拒绝，理由是公司职员正在休假，人手不够。1971年8月18日，原告向被告致函如下："我方已经生产了40 000磅的棕色高弹性的苯乙烯塑料球，但你方仍未开具提货单。贵方曾表示每天将提走1000磅。我方已按合同将这批货物储存了40多天，但不可能无限期地存放下去，望贵公司速给我方下达发货指令。我们已履行了合同规定的一切义务。"1971年9月22日，原告的工厂连同为被告生产的塑料球一并被大火烧毁，原告的火灾险未包括这些货物在内。于是，原告起诉，向被告索取这批货物的货款。

地区法院作出如下判决：①原告于1971年8月18日给被告的信函构成了有效的交货通知；②被告于1971年8月20日拒绝接受交货构成了违约行为；③1971年8月20日到1971年9月22日这一段时间是商业上的一段合理时间，根据《统一商法典》第2-510条第3款的规定，原告有权认为货物灭失的风险由被告承担；④原告有权得到该批货物的货款及其相应的利息。

被告声称，《统一商法典》第2-510条不适用于本案，因其从未向原告下达过发货指令，并不构成违约。被告还声称，即使第2-510条适用于本案，从1971年8月20日至1971年9月22日这一段时间也不能被认为是商业上的一段合理时间，以此来让买方承担货物损失的风险。

讨论

地区法院作出的被告违约的判决，是以被告同意在生产完成以后每天提取1000磅塑料球这一事实为根据的。但被告争辩其订单已载明对原告的要求，即"生产、储存塑料球，等我方提货"，因此，合同并未规定一个确切的交货时间。但此论点不成立，因为没有证据表明该订单是双方协议的一部分。正如地区法院所调查并确认的一样，由于原告在其1971年8月18日的信函中已向被告发出了交货通知，原告有权交货并得到合同规定的货款。

剩下的问题是，从1971年8月20日买方违约日期到1971年9月22日失火日期的这一段时间是否为商业上的一段合理时间？在此期间，货物损失的风险是否应由买方承担？对此，地区法院的结论是"根据本案事实，这一期限并非商业上一段不合理的时间"，即这一时间是一段商业上合理的时间。《统一商法典》第2-510条第3款有关期限规定的目的，是使卖方取得必要的货物保险。地区法院的调查表明，被告曾数次同意签发发货命令，且这批货是根据合同专为被告生产的，因此，在这种情况下，卖方有理由相信货物会很快脱手，故也无须对其投保。

结论

州最高法院认为地区法院的判决正确无误，维持原判。①

(二) CISG的规定

CISG允许买卖双方在合同中以各种办法来约定风险转移的时间和条件，同时CISG也具体规定了风险转移的规则。这些规则在当事人没有在合同中具体规定风险转移时适用。CISG抛弃了风险随所有权转移的陈旧观念，原则上以交货时间来决定风险转移的时间，在第67至69条中对以下三种情况做了区分。

1. 当合同涉及运输时风险何时转移

如果合同涉及要将货物交给承运人运输以便运交买方，有如下两种情况。

(1) 如果合同规定卖方须将货物交付承运人，但没有规定在某一特定地点交货，那么，自货物依合同交付给第一承运人时，风险即转移，买方须承担运输途中的风险。

(2) 如果卖方有义务在某一特定地点把货物交付承运人，那么货物于该地点交付给承运人时风险即转移。

在以上情况下，卖方保留控制货物处置权的单据，并不影响风险的转移，这与英国法、美国法的规定都不一样。英国法认为，卖方对控制货物处置权的保留使所有权不发生转移，因而风险也不转移；而美国法把卖方对这些单据的保留定为保留某种担保权益。

根据CISG，在以上两种情况下，卖方尚须以在货物上加标记，或以装运单据，或向买方发出通知等方式清楚地将货物确定在合同项下。在此之前，风险仍不转移。

2. 货物在运输途中出售的风险转移

所谓货物在运输途中出售，主要是指这样的情形：卖方先把货物装上船开往某个目的港，在货物运输途中寻找适当的买主订立买卖合同，这种交易在外贸业务中称为"海上路货"(Floating Cargo)。在这种交易中，风险的划分往往比较复杂，因为订立合同时货物已在运输途中，双方当事人可能都不太清楚货物的状况，货到目的地后如果发现损坏或灭失，往往很难判断这种损失究竟发生在运输过程的哪个阶段。对于这种运输途中出售的货物的风险转移，CISG规定了以下三项原则。

(1) 对于运输途中出售的货物，原则上从订立合同时起，风险就转移给买方负担。

(2) 如果情况表明有需要时，则从货物交付给签发载有运输合同单据的承运人时起，风险转由买方承担。至于什么是"情况表明有需要"，则须根据具体情况来确定。

(3) 如果卖方在订立合同时，就已经知道或理应知道货物已发生灭失或损害，而卖方又隐瞒这一事实不告知买方，则这种损失应当由卖方承担。

3. 其他情况下的风险转移

除上述两种情况之外的其他情况即指货物不涉及运输，具体又分为下列两种情况：①

---

① 张文博，等.英美商法指南[M].上海：复旦大学出版社，1995：70-71.

在卖方营业地交货。这时风险从买方接受货物或在货物交由买方处置但买方无理拒收时起转移给买方。②在卖方营业地以外的某一地点交货，在这种情况下，当交货时间已到，而买方知道货物已在该地点交由买方处置时，风险转移于买方。所谓交由买方处置，是指卖方已将货物确定在合同项下，完成交货的准备工作，并向买方发出通知等一系列行为，卖方完成上述行为即表示将货物交由买方处置。

(三) 中国法的规定

中国《民法典》第二分编《典型合同》中的第九章《买卖合同》，对货物风险转移作了详细规定。第604条规定："标的物毁损、灭失的风险，在标的物交付之前由出卖人承担，交付之后由买受人承担，但是法律另有规定或者当事人另有约定的除外。"第605条规定："因买受人的原因致使标的物未按照约定的期限交付的，买受人应当自违反约定时起承担标的物毁损、灭失的风险。"第606条规定："出卖人出卖交由承运人运输的在途标的物，除当事人另有约定外，毁损、灭失的风险自合同成立时起由买受人承担。"第607条规定："出卖人按照约定将标的物运送至买受人指定地点并交付给承运人后，标的物毁损、灭失的风险由买受人承担。当事人没有约定交付地点或者约定不明确，依照本法第603条第二款第一项的规定标的物需要运输的，出卖人将标的物交付给第一承运人后，标的物毁损、灭失的风险由买受人承担。"第608条规定："出卖人按照约定或者依照本法第603条第二款第二项的规定将标的物置于交付地点，买受人违反约定没有收取的，标的物毁损、灭失的风险自违反约定时起由买受人承担。"第609条规定："出卖人按照约定未交付有关标的物的单证和资料的，不影响标的物毁损、灭失风险的转移。"第610条规定："因标的物不符合质量要求，致使不能实现合同目的的，买受人可以拒绝接受标的物或者解除合同。买受人拒绝接受标的物或者解除合同的，标的物毁损、灭失的风险由出卖人承担。"第611条规定："标的物毁损、灭失的风险由买受人承担的，不影响因出卖人履行义务不符合约定，买受人请求其承担违约责任的权利。"

(四) 国际贸易惯例的有关规定

一些影响较大的国际贸易惯例，如国际商会制定的《国际贸易术语解释通则2020》和国际法协会制定的《华沙—牛津规则》等，对风险转移的时间都有明确的规定。例如，按照《国际贸易术语解释通则》的规定，在工厂交货(EXW)合同中，货物的风险是从卖方在工厂把货物交给买方支配时起转移给买方；在FOB、CFR和CIF合同中，货物的风险是从货物在装运港装上船时起转移于买方；在目的港交货合同中，货物的风险是在货物运到目的港交由买方支配时起转移于买方。如果双方当事人在买卖合同中采用了有关的贸易术语，则应按这些贸易术语的规定来确定风险转移的问题。目前，中国外经贸公司的进出口货物合同，都采用FOB等价格术语，故货物风险的转移应按国际商会《国际贸易术语解释通则2020》的规定来处理。

第六节 国际货物买卖中的格式合同

国际格式合同(又称国际标准合同),是指书面的示范合同或一套标准文件,其条款由某一国际组织根据国际商业惯例预先制定,经调整适合于特定交易的各项要求后,由各国当事人自由采纳。国际标准合同将合同的条款标准化、格式化,使当事人简化谈判、签约的手续,节省谈判的时间和费用。这些标准合同是在总结长期贸易实践的基础上制定的,条款比较完备,也有利于国际贸易惯例的形成和发展。在国际货物买卖方面,一些国际组织致力于标准合同的制定,主要有联合国欧洲经济委员会(ECE)、国际商会(ICC)以及一些国际贸易协会。许多贸易协会都制定了本行业的标准合同,较著名的有伦敦谷物与饲料贸易协会、汉堡交易所协会、不来梅棉花交易所、美国丝绸协会、国际羊毛纺织品组织等。联合国欧洲经济委员会在各贸易协会的标准合同基础上制定了一些买卖共同条件和标准合同格式。这些标准合同在国际贸易中有一定的影响。

本节首先提及中国法关于格式合同的规定,然后评价《国际商会国际销售示范合同》。

一、中国法关于格式合同的规定

中国《民法典》关于格式合同(即格式条款、标准条款)的规定,是参照《合同通则》制定的,见该法典第496、497、498条,详见本书第四章第四节第五部分。

二、《国际商会国际销售示范合同》评介

国际商会很早就开展标准合同的制定工作,其下属的国际商业惯例委员会于1995年开始着手制定关于制成品买卖的标准合同,即《国际商会国际销售示范合同》(ICC Model Form International Sale Contract),经各国代表反复讨论修改,于1997年定稿出版。该标准合同的条款比较完备、详尽,值得我们认真研究和借鉴。

该标准合同由A、B两部分组成,A部分是特别销售条款,包括合同的各项具体条款,包括货物、价格、交货条件、交货时间、货物检验、所有权的保留、付款条件、单据、延迟的责任、货物与合同不符时赔偿责任的限制、争议的解决等栏目。订合同时当事人经过协商一致,填写这些栏目即可。B部分是一般销售条款,作为规范化的条款预先印制成标准格式,包括一般规定、货物特征、装运前的检验、价格、付款条件、延迟付款的利息、所有权的保留、交货的条件、延迟交货及其救济、单据、货物与合同不符、当事人之间的合作、不可抗力、争议的解决14个条款。A、B两部分是作为一个整体使用的,但B部分也可以由当事人选定适用于其他的货物销售合同。

我国一些外经贸公司过去的进出口合同是"几十年一贯制",条款往往过于简单,特别是以略式合同形式出现的销售确认书,只有一些基本条件,条款很不完备,一旦发生争议,往往难以妥善解决有关问题。因此,应当认真研究和借鉴《国际商会国际销售示范合同》,根据各时期、各种类商品的特点和销售意图,订立不同的合同条款,切实维护我方正当权益。

应当看到,《国际商会国际销售示范合同》也存在一些不可忽视的问题,主要是在条款内容的规定上过多地考虑了卖方的利益,致使该示范合同具有很大的局限性和一定的不平衡性。鉴于此,在使用该示范合同或借鉴示范合同拟定自己的格式合同时,应当弄清楚前因后果和相关问题,万万不可草率了事。

(一) 关于示范合同适用的范围

该示范合同在其标题中明确了适用范围,即"仅用于旨在转售的制成品"。首先,该合同是专门为"制成品"制定的示范条款,不包括初级产品,如原材料、农副土特产品、食品或易腐的其他非制成品;其次,该示范合同主要用于一般可替代的制成品的销售,对订造产品、最终用户购买设备、电子产品等则不适用。

(二) 关于合同适用法律问题

该示范合同明确规定,合同双方没有相反约定时适用《联合国国际货物销售合同公约》(CISG),即对合同中双方权利义务的解释以及与合同有关争议的解决适用上述公约的规定。合同双方对任何贸易术语的援引,视为对《国际贸易术语解释通则 2010》的援引。这一规定,不仅有利于对上述公约和惯例的推广和使用,尤其是对合同当事人所在国尚未批准加入CISG的合同当事人来说,也可将他们的合同自动纳入CISG管辖的范围。这样,当事人通过了解CISG规定的内容和对惯例规则的解释,可增加对合同的预见性。

但是,该示范合同又规定,在CISG未作规定的情况下,则参照卖方营业地所在国的法律来处理。该示范合同的这一规定,不仅与CISG、《国际商事合同通则》等国际法律文件中通常应适用国际私法的规则相悖,也与我国法律中规定的"适用与合同有最密切联系的国家的法律"不相一致,因为根据国际私法规则,在某些情况下,也可能适用买方营业地所在国的法律。这一规定有偏袒卖方之嫌,在实际业务中也难被买方接受,因为一旦在卖方国家诉讼或仲裁,往往要求买方对外国法(卖方营业地所在国的法律)进行举证。这对买方来说,不仅是很难做到的,有时甚至是不可能的。因此,我国有关公司对示范合同的上述规定,必须谨慎对待。

(三) 关于合同条款某些内容的不平衡性问题

在该示范合同起草过程中,起草成员曾广泛征求了国际商会各个国家委员会的意见,对原稿不少地方进行了修改,兼顾了买卖双方的利益,也给买卖双方在磋商合同时留下了自由商订的空间。但是,出于种种原因,尤其是起草成员多为发达国家的专家,他们更多地考虑了发达国家公司、企业的利益,即卖方的利益,因为发达国家的公司、企业是制成品的主要出口商。上述倾向主要表现为以下条款的规定。

(1) 关于价格。在该示范合同B部分第4条4.1款规定:"如果没有约定价格,则应采用合同成立时卖方现行价目表上所列价格。若无此价格,则应采用合同成立时此类货物的一般定价。"示范合同的上述规定,既不符合CISG和许多国家国内法的规定,也不符合业务上的通常作法。CISG第55条规定:"如果合同已有效地订立,但没有明示或暗示地规定价格或规定如何确定价格,在没有任何相反表示的情况下,双方当事人应视为已默示地引用订立合同时此种货物在有关贸易的类似情况下销售的通常价格。"可见，CISG对价格待定合同的价格确定标准是：订立合同时，此种货物在类似情况下销售的"通常价格"，而不是卖方价格。CISG的上述规定正是为了制约卖方以卖方价格来不合理地操纵货物的销售，而达到买卖双方利益的平衡。而示范合同的规定正好与CISG的规定相背离，只有当没有"卖方价格"时，才采用"一般定价"。国内法的规定，与该示范合同的规定也有很大的不同，如美国《统一商法典》第2-305条关于缺少价格条款时规定"价格应为交货时的合理价格"，而不是卖方价格。同时，该条第2款指出，如果价格可由卖方或买方单方确定，他必须以善意确定价格。我国《民法典》则规定，价款不明确的，按照订立合同时履行地的市场价格确定(第511条)。

(2) 关于延迟付款利息的利率确定。关于利率的确定方法，不仅为买卖双方所关注，且各国国内法律的规定差异甚大。因此，CISG在正式定稿时，第78条只对买方或卖方应付款额收取利息作了原则性规定，取消了原草案中可基于两种因素确定利率的标准，即以卖方国家的官方贴现率加1%，或者以卖方国家无担保短期信贷的利率。《国际商事合同通则》对利率的确定方法作出如下规定："利率应为付款地银行对于最佳借款人通常支付货币的平均短期贷款利率。若该地无此利率，则为货币支付国家的此种利率。当上述两地无此利率时，应为货币支付国家的法律所规定的适当利率。"而该示范合同第6条第2款则规定："利率应比付款地支付货币现行的对信誉良好借款者计收的银行平均短期贷款利率高2%。若在该地没有这样一个利率，则以付款货币国的同一利率为准。如果两地都没有这样的利率，则应以付款货币国法律所确定的适当利率为准。"将示范合同的这一规定与上述公约草案和通则的规定相比较，它显然对卖方有利。

(3) 关于卖方赔付的最高限额。这是一个比较复杂的法律问题，事关双方切身利益。CISG第74条规定了计算损害赔偿额的一般规则，即"一方当事人违反合同应负责的损害赔偿额，应与另一方当事人因他违反合同而遭受的包括利润在内的损失额相等。但这种损害赔偿额不得超过违反合同一方在订立合同时，依照他当时已知道或理应知道的事实和情况，对违反合同预料到或理应预料到的可能损失。"可见，损害赔偿金额一般应是受损害一方遭受的实际损失加上根据合同可预期得到的利润。各国法律一般也都作了类似的规定，只是美国《统一商法典》的规定更加具体，区分了附带损失和间接损失。不论是公约还是国内有关立法，都未规定违约的最高赔偿限额。而示范合同则区分了卖方延迟交货、不交货和交付的货物质量与合同不符三种违约的情况，并对几种情况下的最高赔偿限额分别规定为5%(延迟交货的最高赔偿限额)、10%(货物不符，并终止合同时的限额)、15%(保留不符货物时的最高赔偿限额)。这种规定，总体来说是对卖方有利的。

(4) 关于不可抗力。在示范合同第13条中，明确规定了构成不可抗力的三个基本要素：一是一方当事人不能履行义务是由非他所能控制的障碍所致；二是在订立合同时，不能合理预见这种障碍对他履约所产生的影响；三是当事人不能合理地避免或克服该障碍或其产生的影响。示范合同对确定不可抗力事故的标准，与CISG的有关规定(第79条)基本上是一致的。但是，示范合同未对不可抗力事故的范围作出规定。作为一条示范条款，未免显得过分空泛，因为示范合同与CISG不同，它必须具有可操作性。从业务实践来看，援引不可抗力免除自己责任的大多是卖方。如果对不可抗力事故范围不作出具体规定，卖方很可能援引某些不属于不可抗力的事件，如供应商不供应原料等来免除自己的责任。可见，示范合同的上述规定，对卖方援引不可抗力留下了较大的空间。这与我国和国际上的通常做法也有所不同。

(5) 关于诉讼和仲裁时效。该示范合同在第11条第8款中规定："除非另有书面协议，在货物到达之日起2年后，买方不得对货物不符向法院提起诉讼或向仲裁庭申请仲裁。双方明确约定在此期限届满之后，买方将不以货物不符为由或作出反诉，以对抗卖方因买方不履行本合同而提出的任何诉讼。"对示范合同的上述规定，有两个方面的问题值得探讨：一是关于时效的期限；二是关于期限的起算时间。关于时效的期限，1980年修订的《联合国国际货物买卖时效期限公约》和中国《民法典》，以及美国《统一商法典》均规定，时效期限为4年，示范合同则缩短了2年，明显限制了买方对货物不符请求赔偿的权利的期限。关于诉讼或仲裁期限的起始，也与一些国家国内立法和上述时效期限公约的规定不同。示范合同的规定是"在货物到达之日起"，而美国《统一商法典》的规定是"在诉讼原因发生后"，中国《民法典》的规定则是"自当事人知道或者应当知道其权利受到侵害之日起"。上述时效期限公约对时效期限的计算区分了几种情况，其中由于货物有瑕疵或不符合合同规定而引起的请求权，规定在货物实际交付于买方或买方拒绝接受之日起计算。通过比较这些规定与示范合同的规定可以看出，示范合同把起始计算点提前了，实际上把买方请求赔偿的期限缩短了。

|复习思考题|

1. 简述《联合国国际货物销售合同公约》的适用范围。
2. 根据《联合国国际货物销售合同公约》，卖方和买方各有哪些义务？
3. 什么是卖方对货物的"品质担保"和"权利担保"？
4. 依据《联合国国际货物销售合同公约》，卖方所交的货物必须与合同相符，此方面有何具体要求？
5. 简述《联合国国际货物销售合同公约》有关货物风险转移的规则，简述中国《民法典》有关货物风险转移的规则。
6. 根据《联合国国际货物销售合同公约》，当卖方违反交货义务时，买方可以采取哪些补救方法？
7. 案例分析

我国某出口企业对法国某商人发出某商品的要约，限当月10日前回复有效。9日，法商用电报通知我方承诺该要约，但由于电报局传递延误，我方于11日下午才收到对方的承诺通知，而我方在收到承诺通知前已获悉双方拟买卖的商品价格上涨。对此，我方应如何处理？有何法律依据？

产品责任法

本章概要 本章介绍产品责任和产品责任法的概念、产生和历史发展,以及产品责任法的归责原则及法律适用,着重介绍了世界各国关于产品责任法的法律规定,并通过对比大陆法、英美法和中国法对产品责任的规定,使学生全面了解产品责任的法律规定。

本章学习目标 通过对本章的学习,掌握产品责任法、消费者、生产者等基本概念,掌握产品责任法的归责原则及赔偿,了解产品责任法的历史发展和法律适用。

产品责任法起源于西方国家法院的司法判例,通过法官造法的方式予以确立,逐渐趋于立法,进入规范法律调整阶段。在过去相当长的一个时期内,由于生产力水平低下,产品缺陷容易被发现,商品销售方式基本采用"货离柜台,概不负责"的传统做法,产品责任在19世纪才作为一个法律问题出现。

"19世纪是劳动者运动,20世纪是消费者运动。"自20世纪以来,现代工业迅速发展,使有关消费者保护的问题日益突出,尤其是第二次世界大战后,资本主义国家经济迅速发展,但在生产者和消费者关系上,则显著地向生产者一方倾斜。在这种情况下,消费者的利益越来越得不到保护,从而要求产品的制造商参加产品保险。产品的保险费用急剧增加,最终导致消费品、工业品价格上涨,引起消费者不满。生产者为了减少保险费用,只生产已经进入市场且对消费者无伤害的产品,以此来实现不参加保险的目的,这样做就导致了两方面的后果:①消费者受到伤害却得不到应有的赔偿,消费者受伤害的案件不断增加,例如在美国,仅1982年上半年,就受理了8900多宗有关产品责任的诉讼案件;②阻碍了革新产品和对有高风险但具有潜在效益的产品开发,这种情况既危及生产者自身的存在和发展,也危及受害人获得赔偿的权益。

由于生产力水平不断提高,使生产的技术化加强,产品存在内在危险性和致害性的可能性也大大增加。产品销售由批发、零售等环节组成,消费者很少能和生产者直接进行交易,消费者受损的可能性加大了。现代社会产品信息的广告化,使消费者面对大量宣传无法正确判断而只能盲目地相信,因此在选择上常处于被动地位,致使其利益受损,加之消费者相对于生产者是一些分散的个体,无法和生产企业抗衡,迫使各国政府寻求法律来保护消费者的利益。随着新产品的不断出现,产品竞争日益激烈,"以制造者为中心"渐渐转变成"以消费者为中心",保护消费者利益已成为当今社会发展的重要问题。1962年3月15日,美国总统肯尼迪提出了"关于保护消费者利益的国情咨文",指出消费者是美国经济中一个重要的,但组织不健全、意见不受重视的团体。为保护其合法权益,应采取立法和行政措施,使消费者的权利得以实现,具体表现为4项权利:①安全的权利,即保护消费者的生命及健康权利免受危险商品的侵害;②了解的权利,即保护消费者免受广告欺诈及虚伪陈述的侵害,消费者有权要求明了真相,并使其具备选择商品所必备的知识;③选择的权利,即保护消费者能够自由选择并以合理公平的价格获得达到一定规格的商品和服务的权利;④意见被尊重的权利,即要求政府在制定某项经济政策时,应保证消费者的意见被充分考虑或采纳。1969年,美国总统尼克松在前4项权利的基础上又提出了第5项求偿的权利,即消费者受到不法损害时,有要求惩罚不法制造商并获得赔偿的权利。正是在这一背景下,以保护消费者利益和确定生产者义务为宗旨的产品责任法应运而生。

第一节 产品责任和产品责任法

一、概述

生产产品的目的是满足人们的一定需要,而为达此目的,产品就需达到一定的标准,以保证该产品的安全性和实用性。为此国家制定各种标准,例如,合同规定的质量标准、国家规定的标准、行业标准等。大工业化的生产模式使得消费者在购买产品时,处于绝对弱势地位,无法知道产品的制造过程和工艺水平,因此各国为保护消费者利益,通过国家法律、法规、质量标准以及合同规定来确定产品的质量和规格。一旦产品质量不符合该规定,给消费者造成损失,生产者应承担民事、刑事、行政等方面的责任。这里所讲的"责任"是产品质量责任,并非产品责任。在现阶段,我国的法律未对产品质量责任和产品责任加以区分,在《产品质量法》和《消费者权益保护法》中笼统地加以规定,使得我国的生产者、制造者乃至消费者都将这两个概念混淆。当消费者受到侵害,在要求生产者、销售者承担责任时,经常会被其以"产品质量合格"为由拒绝。因此,我们应首先区分产品质量责任和产品责任。

(一)产品质量责任和产品责任

从概念上来讲,产品质量责任是指产品的生产者、销售者因生产或销售不符合国家有关法律、法规及合同约定的产品有关质量、用途、安全和其他特殊要求,而应承担的责任,即产品质量责任是以该产品不符合国家既定的质量标准为前提的。而产品责任是指经过科学技术手段生产或加工的产品,在该产品进入市场流通领域后,因缺陷致使他人人身或财产受到损害的,应由该产品生产和销售环节中的诸多相关的人对受害者所遭受的损害承担赔偿责任,即一个产品即使完全符合国家既定标准,但由于科技水平、当事人认知水平等因素的限制,仍可能存在不合理的不安全性。也就是说,质量合格的产品也可能会致人损害,生产者、销售者需要承担由此产生的赔偿责任,即产品责任。

从性质上看,产品质量责任是一种综合责任,既包括产品质量违约和侵权的民事责任,也包括产品质量的行政责任和刑事责任。产品责任从总体上来讲是一种民事责任,从性质上来讲属于侵权责任,是一种特殊侵权责任。

从承担责任的依据和条件来看,在没有发生损害时产品质量责任也可以成立,只要有违反质量规定的事实,即使没有造成损害,仍应承担相应的质量责任。而产品责任必须是在给消费者造成实际损害(人身或财产)的情况之下才会产生,仅仅是民事责任,由生产者或销售者承担民事赔偿责任。

由此可见,产品质量责任与产品责任有很大的区别,它们的调整范围各不相同,产品责任被包含在产品质量责任中。

(二) 产品责任的性质

如前文所述,产品责任实际上是一种产品缺陷责任,是因为产品存在不合理的危险性,造成他人人身、财产损害而由生产者、销售者承担的一种责任。从民法理论上来讲,产品责任是一种民事责任,但究竟是属于合同责任,还是侵权责任,仍存在争议。一些国家的学者认为产品责任应属于民事责任中的合同责任,另一些学者认为属于侵权责任,还有一部分学者认为属于请求权竞合(即双重责任)。实际上,产品责任从性质上来讲属于侵权责任。下面我们对几种观点进行具体分析。

1. 产品责任属于合同责任

按照英美法系国家"没有合同就没有责任"的原则,即产品责任只存在于有直接合同关系的买卖双方当事人之间,在没有合同关系的当事人之间,例如旁观者、家庭成员或者朋友间则不存在产品责任,这样使得没有合同关系的受害人权利无法得到保护。这一理论在产品责任的早期占主流地位,但随着经济的发展,它已经不能切实保护消费者的利益。虽然美国的一些州发展了合同责任中的默示担保责任来对其不足加以补充,但仍然无法全面地保护消费者的利益。不可否认的是,随着世界各国产品责任方面法律的完善,合同责任的作用逐渐减小,甚至被取代。

2. 产品责任属于侵权责任

在侵权责任中,双方的主体资格不会受到限制,这就解决了非直接合同关系受害人因使用有缺陷产品而遭受人身、财产和生命的损失,从而使所有因缺陷产品而受到损害的人的民事权利得到应有的保护。但是按照一般的侵权责任要求,要由受损害的一方即原告来承担举证责任,这就相应地限制了受损害一方的权利。在现代大机械化生产的前提下,受损害一方即原告方处于弱势地位,对商品信息不了解,或不具备相应的专业知识来证明究竟是产品的什么缺陷导致了损害的发生,由于举证不能顺利进行导致消费者的合法权利无法获得应有的保护。

随着经济的飞速发展,作为上层建筑的法律也在发生相应的变化,侵权责任法随之有了质的飞跃,特殊侵权行为法出现,使得这一问题得到解决,产品责任、环境污染等新型侵权行为被认为属于特殊侵权行为,其举证责任主要由被告方即产品的生产者、销售者来承担,从而减轻了受损害方即原告方的举证责任,有效地维护了受害者的合法权益。

3. 产品责任属于请求权竞合

这种学说认为产品责任既可以是侵权责任,也可以是合同责任,属于侵权责任和合同责任的竞合,由受损害的当事人即原告自己来选择采取哪一种方法追究另一方当事人的责任。从实践来看,侵权责任更有利于受损害的消费者一方保护自己的合法权利,在侵权责任中,对于当事人双方是否有合同关系不作特别要求,而合同责任则要求当事人双方存在合同关系。从主体所负责任来看,合同责任的限制比侵权责任更多。除此之外,在合同责任中受损害的一方只能就自己的损失提出赔偿要求,而侵权责任中的赔偿范围就不仅仅限于受损害一方的实际损失,还包括精神损害赔偿。因此,侵权责任对产品责任中受损害的一方更为有利,而合同责任在产品责任中的作用就显得有限了。

综上所述,产品责任从性质上来讲,属于侵权责任中的特殊侵权责任。

二、产品责任法及其发展

1. 溯源产品责任法

早在古罗马时期,市民法的一项基本原则为"买主当心",除非出卖人欺诈或经口头、契约明示担保,否则出卖人并不对物件瑕疵承担任何责任。大陆法系国家遵循罗马法的基本规则,扩大了卖方的责任范围,即卖方需要承担瑕疵担保责任,一旦买方购买了瑕疵物品,可要求卖方承担该担保责任。早期英美法系国家也采取罗马法的"买主当心"原则,法律对卖方的保护大大超过对买方的保护。在英美合同法出现以后,产品责任法在合同法的理论基础上获得了发展。产品责任法旨在调整生产者与消费者之间因产品缺陷而产生的损害赔偿的社会关系,它产生于缺陷产品致损的事实急剧增加,却没有法律对此加以规范,而消费者利益急需保护的特定前提之下。现代意义上的产品责任法应是源于20世纪初美国的麦克弗森诉别克汽车公司这一判例。该案突破合同关系之限,确立了疏忽责任规则,使合同关系以外的第三者也可以对生产者或销售者提起诉讼,但疏忽责任规则对消费者的保护并不充分。因此,在20世纪60年代,产品责任法基于制造者侵权责任和担保责任获得发展,特别是美国1963年格林曼诉尤巴电力公司一案,确立了严格责任,使产品责任法得到飞速的发展。1965年,美国法学会在《第二次侵权法重述》中,确立了严格责任规则。这个规则被美国大多数州所接纳,经常为法院判案所援引。严格责任对世界各国解决产品责任纠纷、保护消费者利益产生了巨大的影响。

从20世纪70年代开始,许多国家开始研究并着手制定产品责任法。例如,联邦德国1976年颁布的《药物伤害法》,1976年欧洲理事会通过了《关于人身伤害的产品责任公约》。1972年海牙国际私法会议通过了《产品责任法律适用公约》,1985年欧共体通过了《欧共体产品责任指令》等。欧共体对产品责任的统一立法要求欧共体各成员国均按照指令制定产品责任法或法律草案,实行严格责任规则。截至目前,英国、卢森堡、丹麦、葡萄牙和联邦德国于1987年,希腊、意大利于1988年,荷兰于1990年,比利时、爱尔兰于1991年先后制定产品责任法和消费者权益保护法。西班牙于1993年为实施指令也通过了一项关于缺陷产品引起损害的民事责任草案,法国准备将其纳入民法典。此外,奥地利(1989年)、挪威(1989年)、芬兰(1991年)、瑞典(1992年)、冰岛(1992年)、澳大利亚(1992年)、瑞士(1994年)、日本(1994年)等国家都深受欧共体指令影响,纷纷制定本国的产品责任法。

我国消费者权益保护运动起步较晚。1983年,国际消费者组织联盟将每年的3月15日确定为"国际消费者权益日"。1984年9月,广州市消费者委员会作为中国第一个消费者组织率先成立。1984年12月,中国消费者协会由国务院批准成立。之后,各省市县等各级消费者协会相继成立。中国消费者协会于1987年9月被国际消费者组织联盟接纳为正式会员。中国加入WTO之后，消费者权益保护获得长足的发展。上海市在2004年初率先将消协更名为"消费者权益保护委员会"，更好地体现消费者权益保护运动的趋势，彰显其本质和职能，从形式上更加贴近消费者。随着消费者权益保护组织的发展和"3.15"宣传活动的深入，消费者权益保护意识和能力日益增强。《中华人民共和国消费者权益保护法》(以下简称《消费者权益保护法》)是为保护消费者的合法权益，维护社会经济秩序，促进社会主义市场经济健康发展而制定的法律。1993年10月31日，第八届全国人民代表大会常务委员会第四次会议通过了《消费者权益保护法》中规定的消费者的九项权利，具体包括安全权、知情权、选择权、公平交易权、求偿权、结社权、获知权、受尊重权和监督权；2009年8月27日，根据第十一届全国人民代表大会常务委员会第十次会议《关于修改部分法律的决定》第一次修正；2013年10月25日，根据第十二届全国人民代表大会常务委员会第五次会议《关于修改〈中华人民共和国消费者权益保护法〉的决定》第二次修正；2014年3月15日，由全国人大修订的新版《消费者权益保护法》(简称"新消法")正式实施。最新的《消费者权益保护法》全文包括总则、消费者权利、经营者的义务、国家对消费者合法权益的保护、消费者组织、争议的解决、法律责任、附则，共八章六十三条。另外于2003年1月施行的《上海市消费者权益保护条例》在我国《消费者权益保护法》的基础上新增部分消费者权利，如获得有关知识权、商家承诺视同约定权。

1993年2月22日，第七届全国人民代表大会常务委员会第三十次会议通过《中华人民共和国产品质量法》(以下简称《产品质量法》)。2000年7月8日，第九届全国人大常委会予以修正，自2000年9月1日起施行。2009年8月27日，第十一届全国人大常委会第二次修正。2018年12月29日，第十三届全国人大常委会第七次会议通过修订《产品质量法》等法规的决定。

2. 产品责任法的概念

产品责任法是指国家制定和认可的，调整产品制造者、销售者因所制造或销售的产品具有某种瑕疵或者某种缺陷给消费者或第三人造成损害而引起赔偿关系的法律规范的总和。该法的主要目的是加强制造者和销售者的责任，保护消费者的利益。

产品责任法同买卖法有一定联系，因为买卖法当中卖方对货物品质担保责任与产品责任法的一些规定相似，但从法律性质而言，产品责任法与买卖法又有不同。买卖法属于"私法"范畴，它调整卖方与买方基于买卖合同而产生的权利义务关系，它的规定大多是任意性的，允许双方当事人在合同中加以变更或排除；而产品责任法属于社会经济立法范畴，它主要调整制造者、销售者与消费者之间基于侵权行为所引起的人身伤害和财产损失的责任，它的规定大多是强制性的，不允许当事人事先在合同中加以排除或变更。

3. 产品责任法的特征

(1) 强制性。产品责任法的原则和规定大多属于强制性的，不允许当事人双方加以限制或排除。

(2) 特定性。产品责任法调整的社会关系是特定的，仅调整产品的制造者、销售者与产品的消费者之间的法律关系，即民事侵权法律关系。

(3) 补偿性。产品责任是基于侵权所引起的一种财产责任，即产品的制造者、销售者针对给消费者造成的人身伤害和财产损失进行赔偿,这种赔偿以对消费者造成的损失为限,具有补偿性的特征。

第二节 产品责任法的主要内容

美国产品责任法主要是州法,且各有差异。为了统一各州的产品责任法,美国商务部在1979年1月提出《统一产品责任法》,供各州参考采用,并规定《统一产品责任法》取代并在效力上优于所有与本法相类似的法律,但《统一产品责任法》不妨碍根据美国《统一商法典》以及类似法律的规定追索经济损失。

欧洲各国向来都没有产品责任方面的专门立法,主要通过引申解释《民法典》中的有关规定,来处理涉及产品责任的案件。为了协调欧洲共同体成员国有关产品责任的法律,欧洲共同体理事会于1985年1月25日通过了《关于对有缺陷产品的责任指令》,要求成员国在1988年8月1日以前采取相应的国内法予以实施,但准许成员国有取舍的余地。

我国的产品责任相关法律规定主要集中在《消费者权利保护法》《中华人民共和国产品质量法》,主要内容包括消费者、生产者、经营者的责任,产品质量监督管理和产品质量责任等方面。在产品质量监督管理方面,法律主要规定了国家关于产品质量监督管理的体制,明确了县级以上人民政府技术监督部门的职能,系统地规定了生产者、经销者的产品质量义务。法律的另一方面是产品质量责任,主要包括行政责任(限期改正、没收产品、没收违法所得、罚款、吊销营业执照等)、民事责任(对产品实行"三包"、造成人身伤亡和财产损失要赔偿)、刑事责任(依据刑法和补充规定,对犯罪者处以有期徒刑、无期徒刑直至死刑)。

产品责任法主要是用来确定产品的制造者和销售者对其生产或出售的产品所承担的责任。在研究产品责任法时,首先应了解产品责任法律关系主体,即权利主体和责任主体。对于主体的范围,世界各国的法律规定各不相同。

一、产品责任法的权利主体

产品责任法的权利主体是指因受缺陷产品损害而成为产品诉讼中潜在的索赔主体的一方,它有权提起诉讼,实际上就是消费者。享有索赔权的消费者不仅限于产品的直接购买者,也有可能是购买者的家人、使用该产品的雇工或该物的受赠人。除此以外,还存在另外的潜在的索赔人,他们同制造者和消费者根本没有任何合同关系,也未使用或消费产品,通常只是旁观者,却被产品间接地伤害了,如路人、行人、参观者,也就是我们在后面所讲的原告。

(一) 美国

美国法律对产品责任的权利主体作了比较宽泛的规定。《美国统一产品示范法》第102条(E)项规定产品责任的权利主体为"因遭受损害而提出产品责任索赔的自然人或实体"。这样使得享有索赔权的权利主体不仅限于自然人,还可以是自然人以外的实体。同时自然人作为索赔主体不仅包括产品的直接购买者,还包括购买者的家人、使用该产品的雇工或者受赠人。除此之外,还存在潜在的权利主体,他们同产品的制造者和销售者根本没有任何关系,也未消费或使用产品,通常只是旁观者,却被产品间接地伤害了,如路人、行人、旁观者,他们被称为潜在消费者。例如,美国通过"埃尔默尔诉美国汽车公司"一案扩大了权利主体即索赔人的范围。

> **案例6-1　埃尔默尔诉美国汽车公司**
>
> 原告是一位汽车司机,有一天在被告的销售部看车并准备购买。在此期间,被告出售的另一辆车有缺陷,迎面将原告撞倒使其受伤。原告因此将被告起诉至法院,法院经过审理判决原告胜诉。法院认为:"无辜的旁观者应被给予比使用者和消费者更大的保护,以使其免受不合理预见的缺陷的伤害。"

使用者和消费者有机会事先检查或只使用信誉良好的制造商生产的产品,而旁观者没有选择产品的机会,也无法事先检查,因此,理应获得比使用者本人更大的保护。同时,法院也作出了一些防止误解的说明,其中最重要的是,产品应当按照通常预期的方式和用途使用,而且损失不能通过被害人的合理预见来避免。这样一来,索赔者的范围也确定下来,即只要是因遭受损害而提出产品责任索赔的自然人或实体,均属索赔主体。

(二) 英国

英国《消费者权利保护法》第5条规定,"凡不属于通常用于个人使用、消费和占有的财产"或者"遭受损失或损害的人主要不是将该财产用于个人使用、占有、消费的",则生产者、销售者无须承担产品责任法意义上的产品责任,即个人消费者才能成为产品责任的权利主体。

(三) 德国

德国法律按照受损害的是人身还是财产作出不同的法律规定。《德国产品责任法》第1条第1款规定:"如果缺陷产品造成他人死亡、人身或健康受到伤害抑或财产损失的,生产者应当就造成的伤害对受害者予以赔偿。在造成财产损失的情况下,只有受到损失的是缺陷产品以外的财产,且该财产通常用于私人使用或消费,受害人主要为这个目的而获取该财产,才适用本法。"由此可见,按照德国法的规定,在造成人身伤害的情况下,任何消费者均有权要求赔偿;如若仅仅为财产损害,则只有在为私人目的而获取或使用该财产时,消费者才可以提出索赔。

(四) 中国

《消费者权益保护法》第1条规定:"为保护消费者的合法权益,维护社会经济秩序,促进社会主义市场经济健康发展,制定本法。"《产品质量法》第1条规定:"为了加强对产品质量的监督管理,提高产品质量水平,明确产品质量责任,保护消费者的合法权益，维护社会经济秩序，制定本法。"同时这两部法律还规定因产品缺陷致损，受害人可以要求赔偿。这里的用户、消费者并未将法人和其他组织排除在外。因此，我国产品责任法规定的权利主体包括因产品存在缺陷造成财产损失、人身伤害的一切受害人，如自然人、法人，还有其他组织。

二、产品责任法的责任主体

产品责任法的责任主体是指当缺陷产品给消费者造成人身伤害和财产损失时，依法应承担赔偿责任的自然人和法人，也就是通常所说的被告。下面分别介绍美国法，欧共体、中国法对责任主体的规定。

(一) 美国法对责任主体的规定

美国产品责任法中，产品制造者包含在产品销售者的范围之中，它是指产品在出售给使用者或消费者之前，从事产品设计、生产、制造、组装、建造或加工或负责产品组件的企业或个人。除此之外，还包括实际上不是但自称是制造者的销售者或实体。美国《统一责任示范法》第102条(A)款规定："产品的销售者是指从事产品销售业务的任何自然人或实体，不论交易是为了使用、消费或者再销售。它包括产品制造者、分销商和零售商，也包括产品的出租人和行纪人。"从这个定义可以看出，产品销售者的范围十分广泛。为了更好地理解这个概念，下面反过来看，哪些人不包括在产品销售者之中呢？具体包括：①不动产销售者，指批量建造和销售标准住宅的销售者和兼作其他产品销售的不动产销售者；②专业服务提供者，指法律许可的专业范围内使用或销售产品的专业服务提供者，例如医生、律师等；非专业服务的提供者，即使未得到法律许可的服务，仍属产品责任法的调整范围之内；③旧货销售者，指再行销售基本上保持获得时的原状，但已被消费者或其他使用者使用过的产品的销售者；④融资出租人，指非兼作产品销售者的出租人，融资出租人不是产品制造者、批发者、分销商、零售商，而是依靠其经济能力从事产品出租业务的人。根据租约，选择、占有、使用、维修产品均受出租人以外的人员控制，出租人没有合理的机会检查和发现产品的缺陷。

(二) 欧共体对责任主体的规定

相对于美国产品责任法而言，《欧共体产品责任指令》(以下简称《指令》)及其成员国有关产品责任主体的规定的范围要小一些，主要侧重于对生产者的规定，一般不包括批发商和零售商，只有在无法确定产品生产者时，才由批发商和零售商承担责任。《指令》第3条对生产者的范围规定得十分广泛，主要包括：①成品的制造者、组装者、加工者。成品的最后制造者作为产品责任的义务主体，它的责任仅限于其制造的危险产品，如果缺陷来自其他制造者提供的零部件或原材料，那么它将不承担责任。②零部件的制造者。根据《指令》，如果零部件有缺陷，并导致成品的缺陷，那么消费者可以直接起诉零部件的制造者。③原材料的生产者。如果产品的缺陷是由原材料的生产者所提供的材料质量有缺陷引起的，则原材料的生产者要承担责任。④任何将其名称、商标或其他标识置于产品之上的人。由于他自愿将自己放在一个生产者的地位之上，表明他将主动承担对产品的责任,所以虽然他不是产品的真正制造者,但仍将被视为制造者而承担责任。⑤进口商。进口产品到欧共体内部,以任何形式在其成员国内经销该产品的进口商,均被视为生产者而承担责任,但不适用于欧共体成员国之间的产品进出口商。⑥产品的提供者。如果不能确定谁是产品的生产者,则提供该产品的供应者即被视为生产者,除非受损害的消费者在合理的时间内获知真正的生产者。

(三) 中国产品责任法的责任主体

中国有关产品责任主体的规定主要体现在《侵权责任法》和《产品质量法》之中。《侵权责任法》第5章规定,产品的生产者、销售者、运输者、仓储者等第三人都可以作为产品责任主体。《产品质量法》第4条规定:"生产者、销售者依照本法规定承担产品质量责任。"根据这些法律规定可以看出,中国产品责任的责任主体不仅有范围的限制,而且有先后顺序之分。第一顺序为产品的制造者、销售者,其中包括原材料的供应商、零部件的供应者、零部件的制造者、成品的制造者、进口商、批发商、零售商等;第二顺序为产品的运输者、仓储者。运输者、仓储者的责任的相对主体不是消费者,而是产品的制造者和销售者。

三、产品的范围

确定产品责任首先要对产品这一概念有所了解,明确什么是产品,才能明确相关主体的权利和义务。

政治经济学领域将产品称为商品,认为产品是人类创造的物质成果,具有满足人们需要的使用价值。不同产品具有不同的使用价值,即使是同种类产品也有不同的使用价值,而且使用价值会随着科技和社会发展发生变化。营销学对产品的认定以消费者为中心,认为消费者购买产品不是为了获得产品本身,而是为了满足某种需要。不同领域对产品有着不同的解释,但也有共同之处,即产品是人类劳动的结果。由于世界各国立法宗旨的不同以及对消费者的保护政策存在差异,各个国家对产品范围的规定也各不相同。

(一) 美国法律对产品的界定

美国《统一产品责任示范法》规定:"产品是真正具有价值,为进入市场而产生的能够作为组装整件或部件、零件符号的物品,但人体组织、器官、血液成分除外。"美国在其有利于消费者的公共政策的指导下,对产品的范围规定得十分广泛,几乎包括所有有价值的可以用来进行贸易、销售和使用的物品,无论是有体物还是无体物、动产还是不动产、工业产品还是农业产品、物质产品还是精神产品,只要对消费者或使用者造成损害,都可称为产品责任的"产品",但美国产品责任法排除了人体组织、器官、血液等作为产品的组成部分。

(二) 欧共体法律对产品的界定

《指令》第2条规定:"产品指一切动产,即使被组装或安装在另一动产或不动产中的动产也包括在内,但不包括初级农产品和狩猎产品。"《指令》在对产品范围作出规定的同时，准许各成员国通过国内立法，将农业原产品和狩猎产品包括在产品的范围之内，但服务未被列入产品的范围。

(三) 德国法律对产品的界定

德国《产品质量法》第2条规定："产品是指一切动产，包括构成另一动产或不动产的组成物。"同时明文规定未经初级加工的农产品和其他市场产品不是产品。初级加工是指导致产品变成另一种状态的加工，而且其产品不包括计算机程序，因为计算机程序体现的是一种智力劳动成果。

(四) 中国法律对产品的界定

关于产品的范围，中国《产品质量法》第2条规定："在中华人民共和国境内从事产品生产、销售活动，必须遵守本法。本法所称产品是指经过加工、制作，用于销售的产品。建设工程不适用本法规定；但是，建设工程使用的建筑材料、建筑构配件和设备，属于前款规定的产品范围的，适用本法规定。"因此，产品是指以销售为目的，通过工业加工、手工制作等生产方式获得的具有特定实用性能的物品，但未加工、天然形成的产品，如原矿、原煤、石油、天然气等，以及初级农产品，如农、林、渔等产品，不包括在产品的范围之内。另外，还规定建筑物、工程等不动产也不包括在内。

四、产品缺陷

(一) 产品缺陷的定义

产品缺陷是产品责任法中的一个重要概念，各国立法和实践中对"缺陷"一词的定义和解释，直接关系到权利要求能否实现，同时也是实现责任控制、防止过度责任归责的一道主要闸门。因此，产品缺陷的定义为各国所关注。

1. 美国《统一产品责任示范法》关于缺陷的定义

(1) 产品制造上存在不合理的不安全性。

(2) 产品设计上存在不合理的不安全性。

(3) 未给予适当的警示或指示，致使产品存在不合理的不安全性。

(4) 产品不符合产品销售者的明示担保，致使产品存在不合理的不安全性。

美国1965年的《第二次侵权法重述》第402条A项规定："①任何人出售任何有可能给使用者、消费者或其财产带来不合理危险的瑕疵产品的，如果(a)销售者是从事销售此种产品的人并且(b)在出售后产品实际到达预期的使用者或消费者手中而没有发生实质性变化，那么他对于因此而造成的最终使用者或消费者的人身伤害或财产损害应负侵权责任；②尽管(a)销售者在销售产品前和出售产品时已经尽了所有可能的注意义务，而且(b)使用者或消费者并不是从该销售者处购得该瑕疵产品，或双方没有缔结任何合同，仍适用前款规定。"尽管美国各州对缺陷所下的定义各不相同，但多数法院认为"不合理危险的缺陷状态"为产品责任提供了标准，而另一些法院则只依据"缺陷状态"或"不合理危险"作为标准。由此可以看出，美国产品责任法将缺陷界定为"不合理的危险"。缺陷是产品内在的危险因素，形成缺陷的原因很多，例如，产品设计不合理、制造过程有疏忽等。

2. 欧共体《产品责任指令》关于缺陷的定义

欧共体《产品责任指令》第6条对缺陷作了如下定义。

(1) 考虑到下列情况，如果产品不能提供人们有权期待的安全，即属于缺陷产品：①产品的说明；②能够投入合理期待的使用；③投入流通的时间。

(2) 不得以后来投入流通的产品更好为由，认为以前的产品有缺陷。从美国法和《指令》的有关规定来分析，产品缺陷是指产品缺乏消费者或使用者有权期待的安全性而对消费者或使用者的人身或财产具有不合理的危险。虽然对产品缺陷下了明确的定义，但在实践中对产品缺陷的判定十分困难。

3. 中国《产品质量法》关于缺陷的定义

中国《产品质量法》第46条规定："本法所称缺陷，是指产品存在危及人身、他人财产安全的不合理的危险；产品有保障人身健康和人身、财产安全的国家标准、行业标准的，是指不符合该标准。"将缺陷界定为"不合理危险"，几乎与美国产品缺陷的定义相一致。

从上述各国有关产品缺陷的定义来看，都将缺陷定义建立在"产品具有不合理的危险性""产品缺乏人们有权期待的安全"的认识上，可见安全性是人们对产品质量的一种基本要求。那么，什么是安全性？根据欧共体《产品一般安全性指令》的规定，对产品的安全性可以从以下4个方面理解：①要考虑该产品的使用期限以及通常使用用途；②该产品无危险性或虽有危险性，却与人类健康紧密联系而且已被降到最低限度；③要考虑产品的特性、相互之间的作用以及使用者等因素；④不能仅因后来的产品可能具有较高的安全性而否认现有产品的安全。

(二) 产品缺陷的类别

在产品缺陷的分类上，世界各国的规定比较类似。由于美国是产品责任法最为完善的国家，我们将基于美国产品责任法的分类来介绍。美国《第二次侵权法重述》第402条A项规定："产品缺陷是对使用者或消费者或其财产有不合理危险的缺陷状态。"尽管美国各州对缺陷所下的定义各不相同，但多数法院认为"不合理危险的缺陷状态"为判定产品责任提供了标准，而另一些法院则以"缺陷状态"或"不合理危险"作为标准。由此可以看出，所谓缺陷，是指产品具有不合理的危险。缺陷是产品内在危险因素，形成缺陷的原因很多，例如，产品设计不合理、制造过程有疏忽等。《指令》第6条规定了缺陷的定义：①考虑到下列情况，如果产品不能提供人们有权期待的安全，即属于缺陷产品：a.产品的说明；b.能够投入合理期待的使用；c.投入流通的时间。②不得以后来投入流通的产品更好为由，认为以前的产品有缺陷。虽然对产品缺陷下了明确的定义，但在实践之中对产品缺陷的判定十分困难。根据美国产品责任法的理论，把产品缺陷划分为三大类。

1. 产品制造缺陷

美国《统一产品责任示范法》第104条A项规定，判定产品在制造过程中有不合理的不安全时，应以产品离开制造商支配时，即具有缺陷加以认定。也就是说，产品脱离制造商控制时，即在一些重要方面不符合制造商的设计说明或性能标准，或者不同于同一生产线上生产的同一产品。例如，有一位年轻人买了一辆自行车，前几个月用得比较满意，但是有一次，他突然摔倒并且跌断胳膊。经检查发现是由于自行车的车叉断了，而车叉断的原因是这种关键部位采用的加工钢材有材料缺陷，无论是制造商、产品检验者还是销售者都可以通过检查发现这个缺陷。由此可以看出，制造缺陷可以通过对其规格、技术要求的检验或通过对正常产品的对比检验进行主观识别。由于这种缺陷只影响某一类产品或某批产品，而不至于影响整批产品，所以制造缺陷的赔偿范围比较小，制造者没有太大的负担。在美国，产品制造缺陷引起的诉讼案件远没有设计缺陷引起的诉讼案件多，法院在审理制造缺陷时，也不像审理设计缺陷时要确定特定产品的设计缺陷标准。

2. 产品设计缺陷

美国《统一产品责任示范法》第104条B项规定，产品在设计上有不合理的不安全因素，是指产品存在造成损害的危险并且这种危险已超过防止该危险而设计产品的制造者的成本负担，以及替代的设计将会阻碍产品的有效性。设计缺陷是由产品的构思、方案、计划、图样等设计事项而造成的。具体来说，包括在产品表面提供的任何警告、指示以及结构零件设置不合理，材料或配方选择不适应等。在现实生活中，设计缺陷是难以证明的，在美国通常准许原告通过证明还有更加安全的可供选择的设计方案，并且这种设计方案能够避免损害发生，来证实被告的设计是有缺陷的。尽管如此，设计缺陷的案件仍被认为是难度最大、最不易确认的案件。

3. 产品指示缺陷

这是指对产品有关的危险或产品的不正确使用，未给予适当的警告或指示，致使产品存在不合理的不安全性。美国《第二次侵权法重述》第402条A项指出，当产品具有不为人普遍知悉或合理预见的危险时，如果销售者知道或应该知道这一危险，就应当在产品的包装上说明使用方法及提出危险警告。法院在审理具体案件时，对具体的指示是否具有缺陷的问题的理解也各不相同。例如，新泽西州在1982年的"贝沙达诉约翰逊—曼维尔产品公司案"中，州最高法院裁定石棉制造商对因不可知悉的石棉危险未作警示而导致的损害负有责任，而不得以工艺水平低作为未能警示的抗辩理由。不久后另一案件"费尔德曼诉莱得利实验室"中，同一法院却对同一问题给予了相反的判决，在儿童因使用四环素而使牙齿发生灰色病变的案件中，判决药物制造商仅有义务提供已知悉的危险警告，对制造商尚不可知的危险不负警示义务。具体来说，对产品的警示是否存的在缺陷可以从三个方面判断：①警示的时间。对产品在制造时即已存在的造成原告受损害或类似损害的可能性，应当在产品出厂时即加以警告；对产品经过一段时间，通过最新的科技成果才发现的缺陷，应从发现危险时加以警告。②警示的内容。警示的内容应当是可以避免与产品有关的风险以及安全使用的指示或说明，应注意警示必须是突出和容易理解的。③警示的对象。被生产者警示的对象应该是合理预见的最终使用者，如果是中间人的过失则可以免除生产者的责任。

案例6-2 霍木斯诉阿什富特

被告是一个染发剂制造商,向某理发店提供瓶装染发剂,在该瓶上和说明书上都有"该染发剂可能引起皮肤过敏现象,应对其进行过敏试验"的警示说明。原告来到理发店染发时,理发师明知道这一警示却忽视了这一点,在没有做任何过敏试验的情况下,直接给原告使用了该种染发剂,致使原告受到伤害。于是原告把生产者和理发师都告上法院。法院判决,生产者没有责任,理发师负有责任。

第三节 产品责任的归责理论

一、美国产品责任法的归责理论

美国产品责任法起初沿袭了19世纪中期英国的"温特博特姆诉怀特案"确立的原则。这种基于合同相对性的传统规则作出的判决,确立了合同关系的"非合同即非责任原则",并被解释为"无契约关系的第三人因产品缺陷而受损害,制造者或卖主既无契约责任也无侵权责任"。这一规则保护了处于初级发展阶段的制造商的利益。一直到20世纪60年代,美国才形成相对独立的产品责任法,在这期间美国的产品责任法经历了由合同责任向侵权严格责任的巨大发展,先后形成了合同责任、疏忽责任、担保责任和严格责任4种归责原则。

(一) 合同责任

案例6-3 温特博特姆诉怀特案

该案原告是受雇于驿站长的马夫。一日,因有信件需送往另一处,原告就驾驶驿站长的马车去送信。在送信的途中,马车的一个轮子突然断裂,致使原告受伤,而轮子之所以会断裂是因为被告使用了不符合质量规定的材料。于是原告向被告(马车的制造商)提起求偿的诉讼。被告辩称原告与他无直接的合同关系,不负赔偿责任。法院认为抗辩有效,由于原告与被告之间无直接的合同关系,所以判决原告败诉。

18世纪末到20世纪初,美国一直沿用英国1842年"温特博特姆诉怀特"一案所确立的"没有合同就没有责任"的原则。直到1851年,在罗德曼诉霍力德案中,原告被她的丈夫买来的煤油灯炸伤,因此要求煤油灯的制造商即被告赔偿。法院判决认为,原告和被告之间没有合同关系,所以原告无法获得赔偿。这个判决作出之后,在美国司法界引起非常大的反响,很多法学家认为在这种以合同关系作为基础的产品责任诉讼中,第三者的利益得不到充分保障,受害人得不到赔偿,这种判决有时是显失公平的。于是,在司法实践中创设"例外"来弥补不足。例如,对"固有危险物品的责任"和"非属固有危险责任范畴,但由于某些瑕疵或其他任何原因而制造商对此知晓的,事实上属危险品的责任"例外条件的规定,即使原告、被告之间没有直接的合同关系,只要存在这些例外情况,被告就不得以"合同关系责任"来进行抗辩,否则将加重被告的责任,加强对原告的保护。这个例外,在1852年的"托马斯诉温切斯特案"中作为判案依据使用。

案例6-4 托马斯诉温切斯特案

1852年,托马斯去批发商温切斯特处购买蒲公英制剂,批发商由于疏忽把颠茄错标为蒲公英制剂出售,致使托马斯在使用该种制剂过程中受到伤害。托马斯起诉到法院,法院判决批发商温切斯特应对最后的消费者负赔偿责任。纽约州最高法院认为,尽管原告、被告之间没有合同关系,但由于出售的商品对生命和健康具有"近迫的危险",有过失的制造商或销售者仍应对此负赔偿责任。

这一判决使"例外"成为判案依据,也就是说,受害人在下列情况中可以不受合同关系的约束,而让制造商或销售商承担责任:①缺陷产品对人的安全具有危险;②制造商明知产品有缺陷,却没有向使用人透露;③原告可以证明被告有过失。

(二)疏忽责任

疏忽,又称过失,是指产品的生产者或销售者有疏忽之处,致使产品有缺陷,而且这种缺陷致使消费者的人身或财产遭到损害,对此,该产品的生产者或销售者应承担责任。这一定义和"近迫的危险性"有相似之处,许多法院把"近迫的危险性"的概念扩大到因疏忽而制造的产品上。

案例6-5 麦克弗森诉别克汽车公司

1916年,原告麦克弗森从一家汽车代销商处购买了一辆别克汽车公司生产的汽车,当他以每小时8公里的速度行驶时,一个轮胎爆炸了,麦克弗森受了伤。汽车轮胎是由一家声誉良好的配套商制造的,别克汽车公司购买了该配套商的产品并装在自己的汽车上。在案件审理的过程中,纽约州上诉法院认为,如果别克汽车公司在装配轮胎之前,经过认真的检测,这只轮胎的缺陷是应该被发现的。而本案中,被告没有尽到合理注意的义务,故应承担赔偿责任。制造者的责任不限于他自己制造的产品,他的责任还应扩展到他的产品在生产过程中的配套生产厂或使用的其他零部件,他应当对成品负责。

本案的审理法官卡多佐在判决中指出:具有近迫危险的产品概念并不局限于毒药、爆炸物或其他同类物品,而应扩大到对人身有危险的一切物品上。如果一件物品在制造上有疏忽,依其本质,可合理确定将使生命和人身处于危险之中,那么它就是一件危险品。除此之外,制造商若知悉该物品将由购买者之外的第三者不经检查而使用,则无论有无合同关系，该危险品的制造者都负有仔细制造的义务和责任；同时，制造商所承担的责任不受合同关系的限制，受害者无须与制造商建立关系即可获得赔偿。在这个案件中，上诉法院创设了产品制造商的一般责任原则——产品的制造商要对产品负责。麦克弗森案标志着疏忽责任的开始，在此后的半个多世纪里，疏忽责任原则一直被适用于与产品有关的损害案件中。英美法系国家认为疏忽责任属于一种侵权责任，在以疏忽为理由进行诉讼时，不需要原被告之间有直接的合同关系，但当原告以疏忽为理由向法院起诉被告要求其承担赔偿责任时，举证的责任在原告，原告必须证明：①被告没有做到"合理的注意"，也就是说被告有疏忽之处；②由于被告的疏忽直接造成原告的损失。

(三) 担保责任

英美法系国家把合同条款分为条件和担保两个种类。条件是指合同的重要条款，而担保则是指合同的次要条款，主要分为明示担保和默示担保两种。担保责任是指生产者或销售者因违反了产品的明示或默示担保而应承担的责任。在美国追究担保责任一般都适用《统一商法典》的规定。《统一商法典》第2-313条明确规定，明示担保产生的方式有：①卖方向买方所作的有关货物的声明和允诺如果构成合同组成部分，则该允诺构成明示担保；②货物的说明若是达成交易的基础则构成明示担保，即保证货物与说明相符；③样品和模型若是达成交易的基础则构成明示担保，即保证货物与样品和模型相符。以明示担保责任提起诉讼虽然比以疏忽责任提起诉讼获得胜诉的机会大，但由于它仅适用于原告、被告双方存在直接的合同关系的情况，它的发展在一定程度上受到了制约。为了加强对原告方的保护，美国后来修订了明示担保责任，取得重大的突破。

> **案例66 巴斯克特诉福特汽车公司**
>
> 被告福特汽车公司在卖车的广告中表示，其生产的双层风挡玻璃不易破碎。原告巴斯克特信赖被告在广告中对质量的保证，从销售商处购买了一辆福特牌汽车。但原告在正常驾车行驶时，一辆与其并行的汽车弹起一块石头，打碎了原告的福特汽车的风挡玻璃，使巴斯克特眼睛受伤并致残。原告巴斯克特为此上诉法院，认为福特牌汽车的产品性能与其广告宣传中的承诺不符，福特汽车公司在广告中曾对双层玻璃的安全性大肆渲染，而事实表明该公司违反了担保责任。因此，原告向无合同关系的福特汽车公司提起违反明示担保的诉讼。华盛顿最高法院受理此案后，支持巴斯克特的请求。
>
> 法院认为，制造商借广告向消费者大众作广泛陈述，如果它的虚伪陈述导致消费者受损，则基于公序良俗和诚实信用原则，制造商应承担明示担保责任，因为原告信任了被告在广告中的说明。

从此以后，美国的一些州法院在审判中逐步放宽了对合同关系的要求，即无须原告、被告双方有合同关系。但原告在起诉时必须证明：①被告所作的担保；②原告相信了这个担保；③伤害是由产品不符合被告所作的担保而引起的。

美国《统一商法典》第2-314条第2款规定："除非不予适用或加以修改，如果出售人是出售这种商品的商人，则合同应默示保证该商品适合销售。"一般情况下称为"商销性默示担保"。美国《统一商法典》第2-315条规定："如果卖方在订立合同时，有理由知道买方对货物所要求的特定用途，而且买方信赖卖方的技能和判断能力来挑选适合的货物，则卖方就承担了货物必须适合这种特定用途的默示担保责任。"这种担保我们把它称为"适合特定用途的默示担保"。和明示担保相比较，默示担保在产品责任法领域的发展更为重要。1913年"梅泽特诉阿穆尔公司案"使得默示担保的责任范围扩大到食品。在该案中，原告购买了一盆被告生产的烧舌肉，但舌肉严重变质了。法院判决认为：食品生产者在现有情况下，默示担保其原装销售食品的安全性，此项担保适用于任何在交易过程中使用的人。根据这个默示担保的案例，食品制造商作为保证人对最后的消费者承担责任，形成了"食品案件"的类型。1960年，新泽西州最高法院促使默示担保从食品领域向其他产品领域发展。

> **案例6-7　海宁森诉布鲁姆费尔德汽车公司**
>
> 海宁森先生从布鲁姆费尔德汽车公司购买一辆新汽车作为圣诞节礼物送给妻子。汽车交付一个星期后，海宁森夫人驾车外出时，方向盘突然失灵，汽车撞在墙上，海宁森夫人受了伤，汽车报废。海宁森夫人要求赔偿，汽车公司以海宁森夫人不是产品购买者、与售货单位没有销售合同为由，拒绝赔偿。海宁森夫人于是提起诉讼。新泽西州最高法院判定：虽然海宁森夫人不是购买者，但她仍有权获得对自己人身伤害的赔偿金。法院宣布："应把汽车制造商或销售商负担的商销性适销性默示担保扩展到汽车的购买者、购买者的家庭成员或其他经购买者同意占有或使用汽车的人，在进行补偿时，必须考虑这些人。"

这个案件使违反默示担保的卖方承担责任的范围突破了合同关系的界限，使许多法院最终接受了非合同关系的产品责任诉讼适用默示担保的理论，从而终结了处理由产品使用所致损害的契约原则与侵权原则并存引起的混乱局面。

无论是明示担保还是默示担保，在产品责任法上的发展都突破了合同关系的理论，后来美国在成文法上对此给予了肯定。在修改《统一商法典》时，第2-318条就"利益第三者担保"责任提出三种可供选择的方案：第一方案，卖方的明示或默示担保责任涉及买方的家庭成员、共同居住者或其家庭中的客人。若可以合理预见这些自然人会使用、消费或受该产品的影响并因此受到人身伤害，卖主应对他们的人身伤害负责。第二方案，把担保责任扩大到任何可以合理预见的将使用、消费或受该产品影响的人的人身伤害，而不仅限于在买主家的人。第三方案，将责任扩大到任何可以合理预见会使用、消费或受该产品影响的人的人身伤害和财产损失。从这三个方案可以看出，违反担保已经扩大到各个领域，不再局限于合同的当事人本人。但是作为原告，他仍负有一定的举证责任，即证明被告违反了明示担保或默示担保。这样一来，原告的证明责任加重了，但被告可以通过原告本身违反担保的抗辩而获得免责。

(四) 严格责任

严格责任又被称为侵权法上的无过失责任，是近年来发展起来的一种产品责任理论。由于疏忽责任和担保责任的原告方要承担举证责任，导致原告在诉讼中的地位没有发生实质性的变更，消费者的权利没有得到完全的保护，法院只好寻求新的方法来保护消费者，这种方法就是严格责任。1944年的"艾丝特拉诉可口可乐瓶装公司案"是产品造成损害适用严格责任的重要判例之一。原告因可乐瓶的爆炸而受到伤害，诉称被告出售的瓶装可乐有过失，但无法证明被告的特定过失行为。加州最高法院判决认为，过失存在于制造商一方，法院依照"自我证明"的要求，认定有过失的被告应承担赔偿义务。这个判例被有些州所接受，而一部分州尚不能接受。直到1963年的"格林曼诉尤巴电器公司案"，情况才有了较大的改变。

> **案例6-8　格林曼诉尤巴电器公司案**
>
> 1955年圣诞节，格林曼夫人购买了尤巴电器公司生产的一种电动工具，送给丈夫作为圣诞节礼物，该工具可以连接使用。为此，1957年，原告格林曼先生又买了一个连接装置作为配件使用。一天，当他加工一大块木头，按照说明书进行操作时，被电动工具飞射的木片击中头部而受伤，原告以违反担保为由提起诉讼。加州最高法院判决原告胜诉，尤巴电器公司负有赔偿责任，理由是生产者知道他的产品在投入市场之后，不经检测就会被使用，因此，只要能证明该产品存在引起人身伤害的缺陷，生产者就应对受害者负责。同时法院还指出，虽然原告认为电器有缺陷，但他无法证明工具制造上有疏忽，此案不属于违反担保责任的范围，而属于侵权法上的严格责任。

该案的审查重点从制造商的过失转移到产品的性能上，即审查产品本身及使用所引起的危险，而不审查制造商在设计和生产过程中，是否有足够的注意。本案的审理法官特雷诺指出，为使生产者承担严格责任，原告一方无须证明明示担保的存在，当制造商知道他投入市场的产品将不经检验而被使用，而且其产品被证明有致人伤害的缺陷时，该制造商就负有侵权法上的严格责任。在此处，责任不是以合同关系为基础的，而是以侵权法的严格责任方面的法律来调整。所以，那些在买卖法中足以满足双方要求的担保责任方面的法律，已不能完全保护消费者的利益。特雷诺法官对严格责任又进一步解释："没有疏忽，但公众准则认为哪一方负责任最能有效地减少市场上有缺陷产品对人的生命与健康的潜在威胁，那么就应该由哪一方来负责。很明显，制造商的预测能力是高过消费者的。"

美国法院通过判例创立了"格林曼规则"，即严格责任，该规则标志着严格责任在产品责任领域被正式予以确认。它把对案件审查的重点从制造商的过失转移到产品的性能上，也就是说，原告无须证明被告有疏忽，而只需证明产品有缺陷，减轻了原告的举证责任，从而充分地保护了消费者的利益。1965年，美国法学会出版的《第二次侵权法重述》确认了这一来自判例的原则，从而使产品责任有了明确的依据，其402条A项规定：①凡出售任何有缺陷的产品，对使用者或消费者或其财产带来不合理危险的人，对于由此造成的使用者或消费者的人身伤害或财产损失应承担责任。②只要出售者是从事经营出售此种产品的人，即使使用者或消费者并没有从出售者手中购买该产品，即使同出售者无任何合同关系，上述规则仍然适用，出售者仍需承担责任。以上规定遵循格林曼规则，以严格责任为依据起诉对原告最为有利，因为严格责任是一种侵权之诉，不需要原告、被告之间有直接合同关系。原告起诉时，无须承担证明被告有疏忽的举证责任，它要求被告在无过失的情况下也需承担责任。在这种情况下，原告的举证责任仅限于：①产品存在缺陷；②产品的缺陷是在投入市场时就有的；③损害是由产品缺陷造成的。

综上所述，合同关系责任、疏忽责任、担保责任和严格责任这4项原则，构成各自独立的美国产品责任法的基本体系。美国各州的产品责任法各有差异，同时相互重叠和相互影响，但其总原则基本相同，而从发展趋势看，合同责任已经被取代，严格责任已为大多数州所接受。

二、欧洲国家产品责任法的归责理论

(一) 英国产品责任法的归责理论

传统英国产品责任法的归责原则一直存在于合同法、买卖法和普通侵权法之中。随着欧共体于1985年7月25日实施《欧洲经济共同体产品责任指令》，英国于1987年制定了《消费者保护法》并实施对不安全产品的严格责任制度。英于国产品责任法包含三种归责原则，即合同责任、过失责任和严格责任。

1. 合同责任

在19世纪，西方国家的法律认为，合同在缔约当事人之间具有相当于法律的效力，这个效力几乎是绝对的，使合同仅在缔约当事人之间生效，非合同当事人不能根据合同取得任何利益或负任何责任，这就是合同相互关系责任理论。英国早期的产品责任法严格遵照这个合同理论，对产品责任产生的问题通常都按照合同的明示或默示条款来解决。早在1842年，英国的"温特博特诉怀特案"开了先例，案件的审理及裁决对以后类似案件均有约束力。

这个案件确立了合同关系的"非责任原则"，并进一步解释为：无合同关系的第三人因产品缺陷而受到损害，制造者或卖主既无合同责任也无侵权责任。根据该判例，英国1893年的《货物买卖法》第13条、第14条、第15条分别作了专门的规定，要求出卖人必须保证其出售的商品具有"适销性"。1979年《货物买卖法》经修订，专门对产品质量的适销性和适用性的默示担保条款作了明确的规定(见本书第五章"货物买卖法有关违反条件和违反担保的规定")。但是合同的担保责任理论受直接合同关系的限制，无法全面保护消费者利益，这使得英国产品责任法的归责原则不得不转而求助于侵权行为法。

2. 过失责任

过失责任最早出现在罗马法之中，英国普通法引用了这个概念，认为过失就是违反了注意的义务，即在过失之前必须有注意的义务存在。英国早在1932年的"多诺霍诉史蒂文森案"中确立了"注意"义务。

案例6-9

多诺霍诉史蒂文森

1932年,多诺霍夫人的朋友从史蒂文森的咖啡馆里为她买了一瓶生姜酒。在生姜酒快要用完时,多诺霍夫人发现瓶底匿伏着腐烂的蜗牛,因而受到惊吓患上了肠胃病。多诺霍夫人向法院起诉,要求史蒂文森承担赔偿责任。法院认为,咖啡馆的所有人史蒂文森应该对本案负责,因为作为制造者具有注意的义务。尽管其他人没有提起诉讼,但是大部分人只是从瓶子里倒出部分生姜酒,并不会把瓶子里的姜渣全倒出来,而多诺霍夫人的诉讼证明了史蒂文森生产的生姜酒产品质量控制系统不完善,据此,他应承担赔偿责任。

最终,英国法院以3∶2的多数判决认定原告胜诉。法官在判决中指出:"产品制造者以某种方式出售这些产品时,已表示他意图使这些产品到达直接消费者那里,处于离开他时的状态,而消费者没有进行中间检查的适当可能性,他也知道在准备和提供这些产品时,如果缺乏合理的注意将导致消费者人身或财产的损害,那么该制造商对消费者负有合理注意的义务。"

这个判例确立了制造商对他的产品负有注意的义务,制造商对其产品给消费者造成的损害应承担赔偿责任。本案的法官同时指出:"你必须合理注意,以避免那种你应当预见到可能伤害你的邻居的作为或不作为。那么从法律的角度来讲,谁是我们的邻居呢?答案好像是这样的,如果一些人受我的行为影响非常紧密、直接,以至于我应当考虑在我有意进行某种作为或不作为时,这些人是否受我的影响,那么这些人就是我的邻居。"这就是著名的"邻人原则",即制造商对产品的责任对象不限于合同当事人或使用产品的第三人,而是适用于因产品有缺陷而受到损害的一切消费者。这种过失作为一种独立的侵权行为形式,作为处理产品责任案件时的归责原则,不仅实现了英国产品责任归属的创新,而且发展了英国的侵权行为法。过失责任必须由原告来举证,这时原告应证明:①被告对原告负有注意的义务;②被告违反了该义务;③原告因此受到伤害;④原告受到伤害与被告违反义务有因果关系。

案例6-10

格兰特诉澳大利亚针织品公司

格兰特向上诉法院起诉澳大利亚针织品公司,声称由于穿了被告生产的衬裤引起皮炎,理由是针织品上有过量的亚硫酸盐。但是,衬裤已经被洗过了,格兰特无法举证。法院对生产者的调查表明,制造过程是正确的,生产者了解残留的亚硫酸盐会对人体有害并已采取了预防措施,尽管如此,法院认为如果衣物上仍然留有过量的亚硫酸盐,那么必定是由某一方面的过错造成的。最终,法院以过错责任推定的方式,认定制造商有责任,判决制造商赔偿损失。

法院认为,制造商的过失不是其工作系统不良或监督检查不利的证明,他可能对其雇员在受雇过程中的过失负替代责任。如果能合理推测原告的伤害是由这种过失造成的，法院就可以把这种伤害确定为制造者的责任。这意味着在英国的法院里，证据可能不是铁一样的事实，它可以是推断出来的。在现代工业发展的情况下，原告的举证十分困难，几乎到了不可能的状态，因而法院在处理具体案件时，往往采用"事实自我证明"的规则，即证据可以不是铁一样的事实，可以是推断出来的。这样可以减轻原告的举证责任，要求被告必须设法证明自己没有推定的过失，否则就承担责任，并逐步提高制造商证明自己无过失的要求，但仍存在制造商因证明自己无过失而免责的可能性。

3. 严格责任

欧共体颁布的《关于对有缺陷产品的责任指令》，要求成员国通过相应的国内法予以实施，但准许各成员国留有某些取舍余地。英国根据《关于对有缺陷产品的责任指令》制定了《消费者保护法》，在该法中确立了因缺陷产品致损而引起的严格责任原则。这标志着英国产品责任法走向成熟。

(二) 法国产品责任法的归责理论

法国一直都没有独立的产品责任法，有关产品责任方面的法律规定都集中在《法国民法典》之中，通过合同法和侵权法的各项原则来调整产品责任的诉讼。

1. 瑕疵担保责任

法国法规定，凡买卖标的物不符合一般用途或双方约定的特殊用途时，均属有瑕疵。《法国民法典》第1641条、第1643条规定，出卖的标的物含有隐蔽瑕疵以至于不适应其应有用途或减少其用途，致使买方知此情景不会买受或必须减价才愿接受时，出卖人应负担保责任；出卖人即使不知标的物含有隐蔽瑕疵仍负担保责任，买受人要证明瑕疵在买卖当时就已存在。反之，卖主对后来出现的瑕疵不负责任，除非买主能辨明那些瑕疵是货物所固有的，并在短时间内提出要求。这些规定沿用大陆法传统的过失责任原则，对消费者的保护仍缺乏力度。后来，法院在司法实践之中对法律进行解释，形成了一项原则：无论何时，只要制造者或供货者的产品有"内在缺陷"，他就要承担责任，即法院判定一个职业的卖主应当被推定为知道任何影响其产品的"内在缺陷"。这样法国产品责任法的瑕疵担保责任逐渐演变为严格责任。但是这种以合同关系作为基础的产品责任，诉讼的主体仅限于合同双方当事人，当买主起诉要求赔偿损失时，他只可向最后的卖主索赔。这样会造成买主利用侵权法再一次起诉制造商。为防止重复诉讼，法国法院在判例中把卖主的责任扩大到合同范围之外，允许在连锁买卖关系中任一点上的购买者有权直接对一切制造者或批发商提起诉讼，制造商对最后的购买者如同对其直接购买者一样负有义务，我们把这种诉讼制度称为"直接诉权"制度。作为最后的买主，他享有一种选择权，可以在自己的直接卖主、中间卖主或制造商之间，任意选择其一，依民法追究瑕疵担保责任。如果买主以外的其他人受到伤害，则无法从担保方面寻求法律帮助，只能根据侵权责任加以调整。

2. 侵权责任

《法国民法典》第1382条、第1383条规定，"任何行为使他人受损害时，因自己的过失而致使损害发生之人应对他人负赔偿责任""任何人不仅对因其行为所引起的损害，而且对因其过失或疏忽所造成的损害负有赔偿责任"。由此可以看出，侵权责任是以过失责任为基础的，受害者很难证明生产者的过失。法院为了更有力地保护受害者的利益，对这两条规定作了灵活解释，认为只要有生产者将致人损害的有缺陷的产品投入流通的事实，即可认定其有过失，应承担责任。《法国民法典》第1384条规定："任何人不仅对其自己的行为所造成的损害，而且对应由其负责的他人的行为或在其管理下的物件所造成的损害，均应负赔偿责任。"法国最高法院扩大了该条规定的适用范围，使"管理下的物件造成的损害"扩大至火车、汽车、电气、瓦斯等产品缺陷所致的损害，促使法国传统的侵权过失责任逐渐向严格责任发展。

3. 严格责任

为了实施《欧共体产品责任指令》，法国提出了修改民法的草案，建立了无过失的责任，提出从今后起，所有制造商、销售商、供应商、出租商等都要受到新法的制约，而且新法是受害方唯一可获得救济的规则，但是新法尚未实施。

(三) 德国产品责任法的归责理论

德国产品责任方面的立法在大陆法中是最早的，主要通过侵权行为法来追究责任，即通过举证倒置，以达到保护消费者利益的目的。

1. 合同责任

《德国民法典》规定，卖方应向买方保证他所出售的物品在风险责任移转于买方的时候不存在失去或减少其价值，或降低其通常的用途或合同规定的使用价值的瑕疵。它规定，卖方应担保货物在风险责任转移于买方时具有他所担保的品质。如果违反这种担保，买方享有要求退货、减价或解除合同的权利。但是，如果买方在订立买卖合同时，已经知道出售的货物有瑕疵，卖方可不负瑕疵担保的责任。德国法院认为，无论卖主是不是专业的卖主，都不能推定其有过失或知情，并认为对不履行合同义务的当事人不推定其有过失。利用合同关系要求卖方承担产品责任，原告要承担举证的责任，此种归责原则对消费者的保护并不全面。

2. 侵权责任

《德国民法典》第823条、第826条规定，一个人如果违反法律，故意或因粗心大意损害他人的生命、身体、健康、自由、财产或其他权利时，应当赔偿受害人由此蒙受的任何损害。这是德国法关于侵权责任的一般规定，当时并没有作为产品责任的主要归责原则，直到1968年11月16日联邦最高法院在著名的鸡瘟案中才确立这一原则。

> **案例6-11**
>
> **鸡瘟案**
>
> 该案的原告为一家养鸡场场主，他给鸡注射了制造商提供的疫苗后，未有效起到免疫的效果，致使他的4000多只鸡病死，损失达10万马克。联邦法院认为，既然"防瘟疫苗"没起到防止鸡瘟的效果，则足以证明该产品存在缺陷，判令被告承担赔偿责任。

鸡瘟案确立了产品缺陷引起损害的侵权行为的责任，只要受害人能证明损害是由产品缺陷造成的，则产品制造者即被推定为有过失。除非制造者能推翻这一推定，否则缺陷的风险责任即落在制造者身上，制造者需就其无过失负举证责任，从而使举证责任倒置。这种侵权责任有些接近严格责任，成为德国产品责任法中保护消费者利益的归责原则。

3. 严格责任

德国为了实施《欧共体产品责任指令》，专门制定了德国的《产品责任法》。该法明确规定了严格责任适用于所有因缺陷产品产生的人身伤害、健康损害和财产损害，同时适用民法典关于产品的侵权责任，由法官根据对消费者最有利的原则进行选择。

三、中国法关于产品责任的归责原则

中国《产品质量法》第4条规定："生产者、销售者依照本法规定承担产品质量责任。"这里所说的"产品质量责任"包括承担相应的行政责任、民事责任和刑事责任。承担民事责任，包括产品的合同责任和产品侵权损害赔偿责任。在判定承担产品质量责任的归责原则时，采用对产品的明示担保和默示担保的条件。在产品质量法的规定中，所谓默示担保，是指国家法律、法规对产品质量规定的必须满足的要求。所谓明示担保，是指生产者、销售者通过标准、产品标识、使用说明、实物样品等，对产品质量作出的明示承诺或保证。在产品责任的诉讼中，消费者可以以违反担保为理由提起诉讼，也可以以产品有缺陷为理由提起诉讼。在产品责任的举证方面，我国目前采用过失责任和无过失责任原则并举。

第四节 被告的抗辩与损害赔偿

一、被告的抗辩理由

各国的产品责任法在保护消费者利益的同时，也赋予被告一些抗辩权利，可以减轻或免除其责任，以达到保护被告的合法利益的目的，使双方利益达到平衡。

(一) 美国法的规定

1. 担保的排除和限制

美国《统一商法典》规定，买卖双方可以在合同中明示或默示地限制或排除其在产品销售中的担保条件。在以担保责任为理由的诉讼之中，被告如果已在合同之中排除各种明示担保或默示担保，他就可以提出担保已被排除作为抗辩理由，但在消费交易中，卖方如有书面担保就不得排除各种默示担保。

2. 相对疏忽

在侵权的产品责任诉讼中，被告可以以相对疏忽进行抗辩，要求减免责任。在美国普通法早期的规定中，认为被告在侵权诉讼中可以以承担疏忽进行充分的抗辩，即原告在使

用产品的过程中也有过错，一旦确认原告承担疏忽，被告可以不承担责任。近年来，美国许多州已通过立法和判例放弃了承担疏忽原则，而采取相对疏忽原则，即法院只是按原告的疏忽在引起损害中所占的比重相应地减少其索赔的金额，也就是说，被告只能以此作为抗辩理由要求减轻其责任。

3. 自担风险

自担风险是指：①原告已经知道该产品有缺陷或带有危险；②尽管如此，原告也甘愿将自己置于这种危险或风险的境地；③由于原告甘愿冒风险而使自己受到伤害。

根据美国《侵权行为法重述》第402条A项的解释，受害人自担风险，他就不能要求被告赔偿损失。但从美国各州的法律发展趋势来看，采取相对疏忽原则的各州都规定，自担风险只能作为原告减少其索赔金额的依据，而不能完全阻止原告索赔。

4. 非正常使用产品或误用、滥用产品

如果原告非正常使用产品，或误用、滥用产品，已超出被告可以合理预见的范围，而且被告亦采取措施予以防范，被告可以以此作为抗辩理由，要求免除责任。

5. 擅自改动产品

如果原告变动或改装了产品或其中部分零件，从而改变了该产品的状态或条件，因而使自己受损害，原告就无权要求被告承担责任。

6. 带有不可避免的不安全性

如果某种产品即使正常使用也难以完全保证安全，而且权衡利弊，该产品对公众是有益的，是利大于弊的，则销售这种产品的人可以要求免除责任。即使在严格责任的诉讼中，被告也可以提出这一抗辩理由。

(二) 欧共体各国的法律规定

1. 未将产品投入流通

欧共体指令及其成员国产品责任立法，均对此作出明文规定，在以"未将产品投入流通"为理由进行抗辩时，应当注意何为"投入流通"。产品是否投入流通，应以最初生产者投入流通为准，与其后的各流通环节上的批发、零售、输入等无关。产品未投入流通一般是指产品并未脱离生产者的控制。

2. 产品投入流通时，引起损害的缺陷尚不存在

只要生产者能够证明，引起损害的缺陷在产品投入流通时不存在，或该缺陷是产品脱离其控制后出现的，则生产者不承担责任。

3. 将产品投入流通时的科学技术水平尚不能发现缺陷存在

这个抗辩理由又被称为"开发的风险"，是指如果产品被投入流通时的科技知识水平使生产者无法发现产品的缺陷，那么即使以后由于科技进步证明了产品存在缺陷，生产者对损害也不负责任。

4. 产品符合政府机构颁布的强制性法规而导致产品存在缺陷

这一抗辩理由在许多国家立法中都有明文规定。欧共体指令第7条D款规定："产品为符合官方政府所规定的强制性法规而制造产生缺陷的，生产者不承担责任。"对这一抗辩理由有些国家不予承认，例如荷兰。

5. 时效

在产品责任的诉讼中,时效已过也是重要的抗辩理由,欧共体《产品责任指令》规定:①损害赔偿的诉讼时效为3年,诉讼时效期间从原告知道或理应知道该缺陷和生产者的身份起计算;②受害者的索赔权利从造成损害的产品投入流通市场满10年后消灭,但受害者在此期间对生产者提起诉讼的除外。

(三) 中国的法律规定

(1) 未将产品投入流通。产品在未被投入市场之前,本来不应该存在发生损害的可能性,因此也就无从产生产品责任;同时这条规定也排除了产品因被盗或遗失而流入市场、发生损害而产生的赔偿责任。

(2) 产品投入流通时,引起损害的缺陷尚不存在。中国《产品质量法》第29条规定:"只要生产者能够证明,引起损害的缺陷在产品投入市场时不存在,或该缺陷是在产品脱离其控制之后出现的,则生产者不承担责任。"

(3) 将产品投入流通时,科技水平尚不能发现缺陷的存在。

(4) 因产品责任而发生的诉讼,《产品质量法》第45条规定:"因产品存在缺陷造成损害要求赔偿的诉讼时效期间为2年,自当事人知道或者应当知道其权益受到损害时起计算。因产品存在缺陷造成损害要求赔偿的请求权,在造成损害的缺陷产品交付最初消费者满10年丧失;但是,尚未超过明示的安全使用期的除外。"

二、损害赔偿的形式与范围

一件缺陷产品引起的损害后果可能是多种多样的,主要表现为下列几种情形。

(1) 因缺陷产品所致的对人身或财产的损害,以及此类损害带来的间接资金损失。

(2) 维修或替换产品以排除缺陷的危险因素的费用,以及因产品不能使用而引起的诸如利润损失等金钱损失。

(3) 产品本身的缺陷给产品自身造成的损害。

(4) 维修或替换产品以排除未对人身或财产构成威胁的缺陷的费用。

各个国家对上述损害赔偿作了特别规定或限制,下面分别介绍。

(一) 美国

按照美国法院的判例和《统一产品责任示范法》第102条F项的规定,在产品责任诉讼中,原告可以提出的损害赔偿的请求范围相当广泛,判决金额常常都在100万美元以上,有时甚至上亿。具体说来,原告可以提出的损害赔偿包括以下两方面。

1. 补偿性损害赔偿

(1) 人身伤害的赔偿。产品责任中的人身伤害,一般是指产品具有缺陷而对他人生命、身体、健康所造成的损害,具体包括生命的丧失、肢体的伤残及健康受损。对人身伤害应赔偿由此造成的财产损失历来被视为确定人身伤害赔偿的一般原则,在美国即指合理的医疗费用和身体残疾的补偿费用。除此之外，还包括由肉体的伤残引致的精神损害赔偿和收入的减少及挣钱能力的减弱。在人身伤害的赔偿金额中，精神损害的赔偿比重远远大于肉体伤害的赔偿比重。

(2) 财产损失的赔偿。财产损失是指缺陷产品造成的缺陷产品之外的其他财产损失，通常包括替换受损坏的财产或修复受损财产所支出的合理费用。

(3) 商业性损害赔偿。它又称为"产品伤害自己"，一般除了包括产品毁灭之外，还包括产品本身价值的减少、不能使用、必须修缮或丧失营业利益等。美国各州对产品自身的损害是否可以得到赔偿持不同的态度，要具体案件具体分析。

2. 惩罚性损害赔偿

如果有过错的被告全然置公共政策于不顾，受损害的原告可以要求法院给予惩罚性的损害赔偿。这种赔偿是作为惩罚被告的一种方式，给予原告超出其实际损失的损害赔偿金。多数情况之下，适用于被告故意侵权及被告有意识地引起伤害的情形。

(二) 欧共体国家

《欧共体产品责任指令》第9条规定："本指令的损害是指：①由死亡或人身伤害引起的损害；②缺陷产品以外的任何财产的损失或灭失。"由此可以看出，《指令》规定的损害只包括缺陷产品以外的人身损害和财产损失。同时《指令》规定，上述财产应当在以下情形时才可以获得赔偿，而且损害赔偿额不得低于5000欧洲货币单位：一是通常为个人生活消费所需的那类产品；二是受害人主要将其用于个人使用或消费。

关于精神损害赔偿，《指令》没有具体作出规定，但是并不排除适用国内法的规定。同时，准许各国对最高赔偿金额作出规定。例如，德国《产品责任法》规定："由于产品有缺陷，致人死亡，使人身或健康受到伤害或财产遭受损害，产品制造人有义务对由此产生的损失予以赔偿。在财产损害的情况下，仅在有缺陷产品外的另一财物遭受损失，而该物一般确定为供个人使用或消费，并已为受害人专门使用过的。"人身损害的最高赔偿金额为1.6亿马克。

英国《消费者保护法》规定："损害是指死亡或人身伤害或财产的毁损灭失，对缺陷产品本身的损害或组装到另一产品中的产品损害或纯经济损失，不予赔偿。财产损害造成的最低赔偿额为275英镑。"

(三) 中国

因产品质量不合格而造成他人财产、人身损害的产品，生产者、销售者应承担赔偿责任。中国《民法典》第119条规定："侵害他人造成人身损害的，应当赔偿医疗费、护理费、交通费、营养费、住院伙食补助费等为治疗和康复支出的合理费用，以及因误工减少的收入。造成残疾的，还应当赔偿辅助器具费和残疾赔偿金；造成死亡的，还应当赔偿丧葬费和死亡赔偿金。"《产品质量法》第41条规定，中国产品质量责任的赔偿范围为"实际损失"，包括财产损害和人身损害两个方面。

第五节 缺陷产品的召回制度

一、概述

缺陷产品召回制度是指产品的生产者、进口商或者经销者在获悉其生产、进口或经销的产品存在可能威胁消费者健康、安全的缺陷时,依法向政府部门报告,即通知消费者,并从市场和消费者手中收回有问题产品,予以更换、赔偿的积极有效的补救措施,以消除缺陷产品危害风险的制度。该制度始于20世纪60年代的美国。1966年,美国国会制定了《国家交通与机动车安全法》,该法根据《美国法典》第49条第301章授权交通部下属的国家公路交通安全管理局负责制定机动车安全运行标准,并监督汽车制造商执行相关标准。此后,美国又先后出台多项关于产品安全和公众健康的立法,并引入召回制度,如《消费者产品法》(CPSA)、《儿童安全保护法》(CSPA)、《食品药品与化妆品法》(FDCA)以及《交通召回增加责任与文件》(TREAD)。这些法律的颁布实施,使得美国缺陷产品召回制度逐步完善。

欧洲各国自20世纪70年代以后,同样面临大量由产品缺陷造成的公共安全问题,美国缺陷产品召回制度的有效实施,促使欧洲各国开始建立和实行缺陷产品召回制度。此后,欧共体制定了一系列成员国均应遵守的关于缺陷产品召回的一般法律(GPS法令),各成员国转化此法为自己的国内法,其他发达国家也先后颁布了缺陷产品召回的法律制度。目前,实行缺陷产品召回制度的国家有美国、日本、欧共体成员国、澳大利亚、韩国、加拿大等。

二、美国缺陷产品召回制度

(一) 产品召回监督主管部门

1. 基本机构——消费者安全委员会

根据美国《消费者产品安全法》第4条的规定,消费者安全委员会(CPSC)作为《消费者产品安全法》的执行机构,其主要职能为:①负责具有潜在危险的消费品的生产及销售的管理,保护消费者,避免造成伤害;②协助消费者鉴定消费品的安全性能;③制定统一的消费品安全标准;④促进对造成死亡、疾病、受伤等事故的产品危害原因以及防治措施的研究和调查;⑤提供消费品安全问题信息咨询服务并编制有关教育计划方案。[①]消费者安全委员会对一般消费品享有最广泛的执法管辖权,具有实施产品召回方面的职能。

2. 特殊机构

除消费者安全委员会外,还有一些特殊机构,负责对CPSC无执法权的特殊产品进行召回。

(1) 国家公路交通安全管理局(NHTSA),负责维护机动车和道路交通安全,负责机动

---

① 肖法. 柠檬法与美国消费维权[N]. 海峡消费报,2003-02-19.

车及其配件质量监督和缺陷产品的召回。

(2) 食品药品管理局(FDA)，负责生物制品、食品、化妆品、药品、医疗器械、放射性电子产品、兽医产品的质量监督和召回。

(3) 农业部食品安全检验局(FSIS)，负责肉类、家禽等产品质量监督与缺陷产品的召回。

(4) 环境保护署(EPA)，负责对高使用频率的发动机、杀虫剂产品、超出排放标准的机动车等进行监督和实施缺陷产品召回。

(5) 海岸警卫队(USCG)，负责调查因娱乐船只及其设备存在缺陷而引发的安全问题；负责要求制造商对存在安全隐患的船只机器设备作出召回处理。

美国是产品召回制度最为发达的国家，不同监督主管部门的职能和负责的事项各不相同，其内容差别较大，本书仅介绍一般消费品召回制度。

(二) 一般消费品召回制度

1. 美国一般消费品召回的法律依据

在美国，消费品召回的法律依据是美国国会于1972年10月颁布的《消费品安全法》，该法是美国关于消费品安全的基本立法，以保护消费者，防止其受到缺陷产品不合理的伤害为目的。这部法律覆盖了大部分提供给个人消费者使用、消耗或娱乐的产品，由其他法规明确调整的除外。该法案确立了产品安全制度的基本模式，设置了两项确保消费品安全的制度：信息披露制度和强制认证制度。信息披露制度的内容是消费品安全委员会建立伤害信息交换中心，专门负责收集、调查、分析并发布与消费品有关的死亡、伤害和疾病的原因的数据和信息，以便发现消费品安全隐患和事故，进行预防控制，避免事故发生[1]。强制认证制度的内容是根据消费品安全委员会的要求，某些消费品必须经过认证。

2. 消费者安全委员会的职责

根据《消费品安全法》设立消费者安全委员会，该委员会具体负责以下有关产品安全方面的事项。

(1) 制定标准。与企业及各个州共同制定有关产品性能、警示标签等方面的标准。标准分自愿标准和强制标准两种，强制标准为最低标准，是自愿标准的基础。

(2) 监督活动。监督检查消费品是否遵守安全法规，确认存在重大安全隐患的产品，寻求更安全的标准。

(3) 宣传活动。通过网络、媒体等渠道向政府及消费者进行宣传活动，介绍相关消费品安全知识，帮助消费者了解产品的安全性能，指导消费。

(4) 受理举报。通过电话网络等方式收集公众投诉，鼓励消费者举报不安全产品。

3. 缺陷产品召回程序

(1) 启动召回。接受消费者投诉或者企业报告，通常在发现产品不安全24小时内向消费者委员会报告。

(2) 缺陷确认。通过确认缺陷的类型、缺陷产品的销售量及其危险程度等来确定该产品的风险等级，这是召回制度的核心环节。

---

[1] 陈飞，等. 消费品安全监管概论[M]. 北京：清华大学出版社，2012：46.

(3) 风险评估。美国一般通过公众所面临的风险程度来对缺陷产品进行评估，分为极为危险(A级)、中等危险(B级)、轻微危险(C级)。只要达到这三个级别中的任一级别，都需要采取措施。

(4) 补救方案。一旦确认产品需要召回，要立即与企业联系，制订书面召回计划。

(5) 发布召回信息。通过电视、新闻、报纸、网络、海报、手机信息等方式，以安全委员会和企业名义共同发布召回公告。

(6) 实施召回。召回的具体措施包括产品回收、采取补救措施等。

三、欧盟缺陷产品召回制度

(一) 产品召回监督主管部门

1. 欧盟委员会

欧盟委员会(Commission of European Union)，简称欧委会，是欧盟常设机构，具有立法和执行职能，负责实施欧盟条约和欧盟理事会作出的决定。在产品质量监管方面的主要职能有：①立法，即起草产品安全法规；②执法，即监督产品安全法规的有效执行；③协调，即在欧盟内部交流产品安全风险信息，协调各国风险产品的控制和查处；④推动，即推动欧盟各国加强产品安全管理机构的建立和完善，适时地给予资金上的帮助和组织人员培训。欧盟委员会下设健康与消费者保护总司、企业总司、市场总司和环保总司。其中，健康与消费者保护总司负责开展与消费者保护相关的立法与管理工作；企业总司负责化学品和一般消费品的立法工作，以及玩具、化妆品、医药、兽药等安全生产工作；市场总司负责追究不合格产品生产商的法律责任；环保总司负责化学制品的安全问题。

2. 欧盟食品安全监督委员会

欧盟的食品监管机构主要以委员会的方式出现，由成员国代表组成委员会，包括食品常任委员会、食品科学委员会和咨询委员会三部分。其中，食品常任委员会和食品科学委员会的作用较为显著，咨询委员会基本不起作用。

3. 欧盟食品安全局

为应对疯牛症等食品安全事件，欧盟在2002年筹备，2004年正式成立食品安全局(European Food Safety Authority，EFSA)，负责为欧盟委员会、欧洲会议和欧盟成员国提供风险评估结果并为公众提供信息。

(二) 缺陷产品的召回制度

1. 产品伤害和监测系统与伤害数据库

1986年，欧盟委员会开始收集关于家庭和休闲意外的数据信息，并将这些数据信息记录在欧洲家庭和休闲事故监测系统中，后来该系统发展成为欧洲公共卫生信息网。1999年，欧盟制定《伤害预防方案》，由此欧洲公共卫生信息网进行改进并更名为伤害检测系统以及伤害数据库。2002年，欧盟颁布《公共卫生方案》替代《伤害预防方案》，直至2007年，该数据库已经包含所有伤害类型。该数据库通过全面介绍欧盟成员国的伤害情况，有针对性地制定伤害预防措施，提高消费者的安全感，让成员国可以对造成伤害的产品进行认知和比较,从而减少伤害的发生,因此该预警系统成为缺陷产品召回的重要组成部分。

2. 消费快速预警系统

欧盟建立消费快速预警系统的目的是在欧洲特别是欧盟成员国之间实现快速交换和传递消费品安全信息,具体分为食品和饲料快速预警和非食品类快速预警。

食品和饲料快速预警是一个连接欧盟委员会、欧洲食品安全管理局和欧盟各成员国的食品和饲料安全主管机构的网络。系统明确要求成员国机构必须将本国有关食品和饲料对人体健康所造成的直接或间接风险,以及限制某种产品出售所采取措施的所有信息,通报给欧盟快速预警系统。系统收到信息后会加以整理和研究,之后上报欧盟委员会转发相关部门,继而通知系统内的其他成员国。成员国收到信息后立即对自己的国内市场进行检查,确认是否存在问题产品,并采取相应措施,然后回报欧盟委员会。如果发现是欧盟成员国以外的国家或地区的食品或饲料含有对人体有危害的成分,而该国没有能力进行处理,欧盟则应采取紧急措施。

非食品类消费品快速预警系统是依据《欧盟一般产品安全指令》而设立的,主要针对非食品的消费品。按照《指令》的规定,在该预警系统中的消费品是指:①向消费者提供的产品;②并非为消费者设计,但仍然可能被消费者使用的产品,如机械类产品;③以服务形式向消费者提供的产品,或向服务行业提供的,却被消费者大量使用的产品。预警程序与食品和饲料快速预警的程序基本相同,由欧盟委员会的健康与消费者保护司选择市场上对于消费者来说具有风险的产品进行采样、检测,一旦发现该产品具有危害消费者人身安全的危险并被有关职能部门或销售商等阻止销售或进行召回时,立即上报该产品信息给健康与消费者保护司,经过确认后通报快速预警系统,各成员国通过这个系统共享信息,检查自己国家市场上是否有该种产品正在销售,以便各成员国采取后续的应对措施。

3. 缺陷产品召回程序

《欧洲产品安全——包括召回在内的纠正措施指南》(以下简称《指南》)是由欧洲产品安全执法论坛,欧洲工业和工人联合会联盟,欧盟的零售、批发和国际贸易代表,欧洲消费者组织共同签署的。该指南不具有强制执行力,但是得到欧盟成员国、消费者组织以及行业的认可和支持,《指南》中的程序规定被大部分成员国作为法律依据。在市场上,一旦有消费者抱怨,或产品涉及诉讼,或经由产品测试、服务工程师反馈等,即有证据表明该产品有可能给消费者或非预期用户带来危害、存在安全隐患时,需要采取整改措施。

(1) 前期规划。①制定整改措施,整改措施要符合法律规定,尽量减少消费者的不便,减少该产品造成的不良影响。②组建整改团队,具体包括设计、生产、质量检测、风险管理的专业人员。③监控产品信息,即利用监测系统检测并采集与产品有关的所有信息,并对产品进行追踪,用来确定受影响的产品的批次和型号、经销商、产品原材料及其供应商信息。④技术文件,具体包括有关产品的生产设计、使用材料等一系列信息。⑤鉴别危害程度,评价风险水平。对危害的性质、起因、受影响的产品型号、受影响的人员等信息进行采集,以便确定危害的范围以及危害的程度;同时对使用该产品而受伤害的人员的信息如伤害程度、发生危险的可能性、市场上还存在多少该种产品、有多少已经销售被消费者使用等加以调查，来确定危险等级，以便采取相应的措施。《指南》将危险等级分为三级：严重危险，必须立即采取措施；中等危险，采取必要的措施；轻微危险，不需要采取措施。⑥决定采取措施。严重危险的，隔离存货，通知零部件供应商联络客户；中等危险的，一般将销售中的产品召回并上报主管机构；轻微危险的，只需在设计和生产中对产品加以改变即可。

(2) 启动召回。①与召回有关的人员包括该产品生产公司人员、专业客户、供应商、国家贸易组织、市场监管机构、警察、检测机构、专家顾问、维修服务等。他们负责进行沟通和联络，收集召回信息。②跟踪用户。确定用户，联系用户。③召回事宜的告知。召回信息可以通过卫星、有线电视、图文和数字电视、互联网、公司网站、电子商务平台、新闻机构以及社团进行发布。

(3) 实施召回。①回收产品。从分销商处收集该产品，如果产品是可以移动的，通知消费者将产品交回最方便联系的分销商或零售商；如果产品不方便移动，由工作人员从消费者处回收产品。②销毁产品。需要销毁的产品必须有明确清晰的标志，销毁时注意不要造成环境污染。③及时发布监控补救措施及进展，并总结经验。

四、中国缺陷产品召回制度

我国关于缺陷产品召回制度方面的立法主要体现在《民法典》《产品质量法》《消费者权益保护法》之中。中国《民法典》第582条规定："履行不符合约定的，应当按照当事人的约定承担违约责任。对违约责任没有约定或者约定不明确，依据本法第510条条的规定仍不能确定的，受损害方根据标的的性质以及损失的大小，可以合理选择请求对方承担修理、重作、更换、退货、减少价款或者报酬等违约责任。"《消费者权益保护法》第19条规定："经营者发现其提供的商品或者服务存在缺陷，有危及人身、财产安全危险的，应当立即向有关行政部门报告和告知消费者，并采取停止销售、警示、召回、无害化处理、销毁、停止生产或者服务等措施。采取召回措施的，经营者应当承担消费者因商品被召回支出的必要费用。"这些规定是我国建立缺陷产品召回制度的立法依据。

2004年3月15日制定发布的《缺陷汽车产品召回管理规定》(第60号令)标志着我国对缺陷产品管理开始走向法制化。2014年制定《缺陷汽车产品召回管理条例实施办法》并于2015年7月10日经国家质量监督检验检疫总局局务会议审议通过，予以公布，自2016年1月1日起施行。2007年8月27日又颁布了《儿童玩具召回管理规定》(国家质检总局第101号)，该规定的颁布实施进一步扩大了我国缺陷产品的召回范围。目前，我国颁布的有关召回方面的规章制度有《食品召回管理规定》(国家质检总局第227号)、《药品召回管理办法》(国家食品药品监督管理局令29号)、《医疗器械召回管理办法》(国家食品药品监督管理局令29号)等，这意味着我国缺陷产品召回制度逐步建立。同时必须指出，我国现行的缺陷产品召回规章制度，法律效力层次比较低，仅对本部门产生相应的法律效力，无法对其他部门产生法律约束力。而以美国为代表的欧美产品召回制度具有极强的可操作性，它们不仅就产品召回作出一般性规定，而且以一系列法律文件的方式为召回制度制定了具体的操作规则，使产品召回形成了比较健全的法律体系。目前，我国急需在组织机构、法规制度、安全标准、信息采集、缺陷认定、信息公告和预警、产品召回实施等方面建立一套完善的法律体系，促使得我国产品召回制度可以有效实施，更有力地保护消费者的合法权益。

第六节　产品责任的诉讼管辖和法律适用

一、诉讼管辖

确定产品责任的管辖权，是受理产品责任案件时首先需要解决的问题，美国产品责任法和欧洲各国的国内法对这个问题都作出了明确规定。

(一) 美国

美国法律分为联邦法和州法两个部分，各州都有立法的权力，各州都制定了自己的法律，因此州与州之间常常存在法律的冲突，所以冲突法特别重要，下面分别介绍美国冲突法的几项原则。

1. 实际控制原则

只要被告在法院辖区内被送达传票，该法院就对其有管辖权，即使被告仅仅是坐飞机路经此地，法院也可因有效地送达传票而取得对被告的管辖权。

2. 住所地原则

只要被告在该州内有住所，即使诉讼开始时被告不在其住所所在的州，该州仍然对他有管辖权。

3. 最低限度联系和长臂管辖权

早期的美国各州普遍遵循"实际控制"原则，但这样一来导致各州法院因被告在本州没有住所而无法行使对一些案件的管辖权。

案例6-12　国际鞋业公司诉华盛顿州法院

联邦最高法院认为：本案的上诉人——国际鞋业公司虽然设立于密苏里州，但它在华州雇用10多个推销员为该公司展览样品，接受订单，并将订单寄回公司，说明该公司在华州有业务活动，涉及本案的纳税义务直接产生于这些活动，故该公司与华州已有足够的联系，按照公平和正义原则，该州要求该公司纳税是公平合理的。同时最高法院确认，一个公司的经济活动构成了公司在宪法上的公平对等和实质公正原则意义内的"出现"，并判定如果被告人与一个州有"最低限度的接触"，该法院就有管辖权，因此，联邦最高法院维持了华州法院的一审判决。

在这一判例出现以后，20世纪50年代，美国有些州开始制定"长臂管辖法"。1955年，伊利诺伊州首先制定"长臂管辖法令"，该法令后被各个州效仿和援引。1963年，美国统一州法委员会公布了一项标准的长臂管辖法，即《统一州际和国际诉讼法》。该法规定，只要有下列接触之一而提起诉讼，法院就有管辖权：①在该州经营商业；②签订合同，在该州供应货物；③在该州的作为或不作为造成侵权伤害；④在州外的作为或不作为而在该州造成侵权伤害，如果其在该州经常从事商业或招揽商业，或从事任何其他持续性的行为，或从该州所使用或消费的商品或提供的劳务中获得相当收入。通过"最低限度联系"原则，美国法院扩大了国内法的管辖范围。从1969年开始，美国法院对外国制造或生产的产品在美国造成人身或财产损害的，即对该产品的外国制造商或生产者行使司法管辖权，并认为美国各州的法院是最合适的法院，因为原告、证人和证据均在美国。

(二) 欧洲

欧洲国家在产品责任方面采取分别对待的方法，对欧共体内部成员国适用其内部的公约，对欧共体以外的国家则适用国内法的规定。

1.《民商事案件管辖权和判决执行公约》

《民商事案件管辖权和判决执行公约》是由欧共体成员国中的法国、德国、比利时、意大利、卢森堡和荷兰6个国家签订的，于1973年2月1日生效。公约规定，在成员国有住所的人之间关于侵权行为的诉讼，向损害发生地法院提起。对于在共同体成员国内没有住所的被告人，管辖权适用各成员国国内原有的规定。在产品责任的诉讼中，往往存在共同被告人，如制造商、出口商、进口商和零售商或第三人的情况，所以根据该规定，共同体成员国之间进行产品责任诉讼，原告即可以在本国确定一家法院对进口商和其他被告提起诉讼。

2. 欧共体对非成员国

德国法采取被告住所地原则，即依被告住所地来决定管辖的原则。如果确属侵权行为的诉讼，根据德国法，由侵权行为地法院管辖。而法国法和德国法的规定不同，法国法采取依当事人国籍来确定管辖权的原则。根据法国新的民事诉讼法的规定，在侵权行为管辖上，除被告住所地的普通管辖权之外，还扩大了行使管辖权的侵权行为地法院的范围——既可以由损害事件发生地法院管辖，也可以由损害承受地法院管辖。

(三) 中国

在产品责任方面，《中华人民共和国民事诉讼法》第265条规定："因合同纠纷或者其他财产权益纠纷，对在中华人民共和国领域内没有住所的被告提起的诉讼，如果合同在中华人民共和国领域内签订或者履行，或者诉讼标的物在中华人民共和国领域内，或者被告在中华人民共和国领域内有可供扣押的财产，或者被告在中华人民共和国领域内设有代表机构，可以由合同签订地、合同履行地、诉讼标的物所在地、可供扣押财产所在地、侵权行为地或者代表机构住所地人民法院管辖。"该法第266条规定："因在中华人民共和国履行中外合资经营企业合同、中外合作经营企业合同、中外合作勘探开发自然资源合同发生纠纷提起的诉讼，由中华人民共和国人民法院管辖。"从我国的法律规定可以看出，我国在确定产品责任管辖权时，采用被告人住所地或侵权行为地法院管辖的原则，并最终由当事人自己选择其一。

二、法律适用

产品责任的法律适用是指一国法院在审理产品责任案件时，应适用哪一国法律来确定双方当事人的权利和义务。

(一) 美国

产品责任实行严格责任以前，美国各州普遍按照1934年颁布的第一版《冲突法重述》的规定适用损害发生地法来确定当事人的责任，产品在什么地方对消费者或用户造成了损害，就适用那个地方的法律来确定产品生产者和销售者的责任。但近年来，随着严格责任的出现，这项规则不断受到批评。特别是在涉及交通事故产品责任的案件中，由于汽车有可能远途行驶，经常跨州越国，完全以出事地点的法律来确定汽车生产者或销售者的产品责任，有时可能对受害者不利。因此，在1972年公布的第二版《冲突法重述》中，原则上废弃了第一版《冲突法重述》的侵权行为地原则，而采取比较灵活的规则——最密切联系原则。第二版《冲突法重述》第145节中规定：①当事人对侵权行为中的权利和义务，应由同该事件及当事人有最密切联系的州的法律决定。②在确定问题应适用何种法律时，应考虑的是：a.损害发生地；b.引起损害的行为的发生地；c.当事人住所、居所、国籍、公司所在地和各当事人的营业地点；d.各当事人之间关系集中的地点。最密切联系地法的适用，使法官可以自由地选择和特定民事纠纷有最密切联系地的法律。从美国所形成的众多判例可以看出，法院对最密切联系原则的使用大多数是从保护消费者利益的角度考虑的。

(二) 大陆法系国家

德国和法国在审理产品责任的案件时，一般都适用法院地的国内法。德国法一般规定适用传统的侵权行为地法，如果侵权行为地和损害发生地不在一处，则适用有利于受害者的法律。法国法采用侵权行为地法中的加害行为地法。

(三)《关于产品责任的法律适用公约》

《关于产品责任的法律适用公约》又称《海牙公约》，由第12次海牙国际私法会议制定，于1973年10月2日签订，于1979年10月1日生效。到现在为止，批准国有法国、荷兰、挪威、南斯拉夫、比利时、意大利、奥地利、卢森堡、瑞士、葡萄牙等。该公约共22条，对产品的范围、损害的含义和责任主体作了规定。适用受害者惯常居住地的法律为第一顺序，但必须符合下列条件之一。

(1) 该国为应负损害赔偿责任者的主要营业地所在国或为直接被害人取得产品的所在国。

(2) 如果不具备适用直接被害人惯常居住地的条件，则适用侵害发生地所在国的法律。该国仍须符合下列条件之一：①为直接受害者惯常居住地国；②为被请求负损害赔偿责任者的主要营业地所在国;③为直接被害人取得产品所在地国。

(3) 如果不具备前两条所规定的条件,而不能直接适用被害人惯常居住地法时,应适用损害地法,但如果原告不这样主张,则应适用被请求负损害赔偿责任者的主营业地所在国法。

(4) 如果被请求负损害赔偿责任的被告,能证明其不能合理地预见该产品或同类产品经由商业渠道在侵害地国或直接受害人惯常居住地国出售,则该两国法律均不得适用,唯一能适用的是被请求负损害赔偿责任者的主营业地国的法律。

(四) 中国

在产品责任的法律适用方面,《中华人民共和国涉外民事关系法律适用法》第45条规定:"产品责任,适用被侵权人经常居所地法律;被侵权人选择适用侵权人主营业地法律、损害发生地法律的,或者侵权人在被侵权人经常居所地没有从事相关经营活动的,适用侵权人主营业地法律或者损害发生地法律。"

| 复习思考题 |

1. 什么是产品责任?什么是产品责任法?
2. 美国产品责任法有何特征?
3. 试述美国产品责任法关于承担产品责任的4种学说的要点。
4. 在涉外产品责任的法律适用方面,中国法律的主要规定是什么?

第七章
国际货物运输法律制度

本章概要 本章主要介绍国际海上货物运输、国际航空货物运输、国际铁路货物运输和国际货物多式联运的法律制度，重点阐述有关国际海上货物运输的国际公约、提单、海上货物运输合同的相关规定。

本章学习目标 了解国际航空货物运输、国际货物多式联运的相关法律制度，掌握《海牙公约》的主要内容以及提单运输的相关法律规定。

第一节　国际海上货物运输

国际货物运输的方式很多，包括海上运输、铁路运输、公路运输、航空运输、邮政运输、江河运输、管道运输和国际多式联合运输等。在上述各种运输方式中，海上运输是最主要的运输方式。这不仅因为海上运输的运输量大，运输成本较低，还因为从历史上看，国际贸易主要是从航海贸易发展起来的，许多有关国际贸易的法律和惯例都是在总结航海贸易长期实践经验的基础上产生的。

一、海上货物运输概述

(一) 海上货物运输的概念

国际海上货物运输是承运人收取运费，使用船舶将托运人托运的货物经由海路从一国的港口运至另一国的港口的运输方式。20世纪下半叶以来，集装箱运输和滚装运输发展迅猛，大大推动了海上货物运输的发展，尽管航空货物运输和陆上货物运输发展同样快速，但海上货物运输在国际货物运输业中的统治地位仍不可动摇。

国际海上货物运输一般分为班轮运输和租船运输两种方式。前者指的是轮船公司按照固定航线、在固定的港口按事先公布的船期表和运价费率航行的水上运输方式。班轮运输适合于货流稳定、货物种类多、运输数量少的杂货运输。租船运输，又称不定期运输，指租船人向船东租赁船舶用于运输货物的一种方式。租船运输没有事先制定的船期表、航线，挂靠港口也不固定。

(二) 有关海上货物运输的国际公约

随着海上货物运输业的发展，许多国家都专门制定了有关海上货物运输的法律，如美国于1893年制定了《哈特法》，澳大利亚于1904年制定了《海上货物运输法》，英国于1924年通过了《海上货物运输法》等，我国也于1992年11月7日颁布了《中华人民共和国海商法》。目前，国际上调整海上货物运输的公约主要有三个：1924年的《关于提单统一法律规定的国际公约》(International Convention for the Unification of Certain Rules of Law Relating to Bill of Lading)，简称《海牙规则》(Hague Rule)；1968年的《修改统一提单若干法律问题的国际公约的议定书》(Protocol to Amend the International Convention for the Unification of Certain Rules of Law Relating to Bill of Lading)，简称《维斯比规则》(Visby Rule)；1978年的《联合国海上货物运输公约》(United Nations Convention on the Carriage of Goods by Sea)，简称《汉堡规则》。

《海牙规则》是关于提单运输的第一部国际公约。美国通过《哈特法》后对航运界产生了重大影响，各国纷纷立法。但由于各国立法不一，各轮船公司制定的提单条款也不相同，极大地妨碍了海上货物运输合同的签订，不利于国际贸易的发展。因此，制定统一的国际海上货物运输公约来制约提单已势在必行。1924年通过的《海牙规则》迈出了统一国际海上货物运输法的第一步。《海牙规则》规定了承运人最低限度义务、免责事项、索赔和诉讼、责任限制和适用范围以及程序性等几个方面。欧美许多国家都加入了这个公约。有的国家通过国内立法使之国内化；有的国家根据这一公约的基本精神，另行制定相应的国内法；还有些国家虽然没有加入这一公约，但它们的一些船舶公司的提单条款也采用了公约的精神。《海牙规则》是目前提单运输最重要的和最普遍适用的国际公约。

《海牙规则》无论是对承运人义务的规定，还是免责事项、索赔诉讼、责任限制，均体现着承运方的利益，而对托运人的保护则相对较少。随着国际贸易的发展，《海牙规则》的部分内容已落后，不适应新的需要，对其进行修改已成必然趋势。从20世纪60年代开始，国际海事委员会着手修改《海牙规则》，于1968年通过了《维斯比规则》。该规则只是对《海牙规则》进行了部分修订，并不是一个独立的规则，应结合《海牙规则》使用，因而又称《海牙-维斯比规则》。《维斯比规则》扩大了《海牙规则》的适用范围，明确了提单的证据效力，强调了承运人及其受雇人员的责任限制，修订了承运人对货物损害赔偿的限额，规定并延长了诉讼时效。然而《海牙规则》的基本精神和原则并没有发生改变，船货双方的利益仍处于不均衡状态，修改呼声不断。在这一背景下，联合国于1978年通过了《汉堡规则》。《汉堡规则》对《海牙规则》进行了根本修改，扩大了承运人的责任，确定了完全过失责任制，从而使《海牙规则》中的航海过失免责归于无效。[①]但是，加入《汉堡规则》的国家较少。

2008年12月，联合国国际贸易法委员会通过了《联合国全程或部分国际海上货物运输合同公约》(United Nations Convention on Contracts for the International Carriage of Goods Wholly or Partly by Sea)，简称《鹿特丹规则》(Rotterdam Rules)，该规则力图为海上货物运输技术和商业发展提供新的法律框架，以应对集装箱运输、门对门运输以及电子运输单证迅猛发展的需求，并进一步平衡船货双方的利益。《鹿特丹规

---

① 马得懿，陈雷. 试论航海过失免责的生命力——兼对汉堡规则废除航海过失免责的理性分析[J]. 河北法学，2002(11).

则》共18章96条，与之前的公约相比，有以下重大变革：①适用范围不仅限于海运。为了适应集装箱运输以及国际货物多式联运的发展，《鹿特丹规则》规定，即使承运人接收、交付货物的地点在内陆，公约依然适用，同时适用公约的运输合同类型也有所增加；②增加了电子运输单证的规定，填补了以往国际公约在这一问题上的空白；③承运人责任期间、适航义务和管货义务、责任基础、免责事项和赔偿限额等重要内容均发生了变化，呈现出加重承运人责任的趋势；④货方的界定和权利进一步明确，以使货方的利益和意志得到更多体现。①但《鹿特丹规则》仍存在体系内容较为庞大、复杂和烦琐，部分内容不够完善，可操作性尚待检验等问题，这些不足增加了此规则被接受的难度。截止到2019年8月，仅有喀麦隆、刚果、西班牙和多哥4个国家批准，②此规则尚未生效。

二、国际海上货物运输合同

(一) 国际海上货物运输合同的当事人

国际海上货物运输合同指的是托运人按照合同约定支付运费，承运人将指定的货物从一国港口运送到另一国港口的合同。国际海上货物运输合同的当事人包括承运人与托运人。承运人本人或委托他人以本人名义与托运人订立国际海上货物运输合同。托运人是本人或者委托他人与承运人订立国际海上货物运输合同的人，托运人可以是出口人，也可以是进口人。运输合同中收货人并不是合同的当事人，但收货人可以根据合同的规定在一定条件下享有向承运人收取货物的权利。

(二) 海上货物运输合同当事人的义务与权利

1. 承运人的义务与权利

1) 承运人的义务

(1) 使船舶适航的义务。承运人在船舶开航前和开航当时，应当谨慎处理，使船舶处于适航状态，妥善配备船员、装备船舶和配备供应品，并使货舱、冷藏舱、冷气舱和其他载货处所适于并能安全收受、载运和保管货物。这是承运人的首要义务。

(2) 妥善、谨慎地管理货物的义务。承运人应当妥善、谨慎地装载、搬移、积载、运输、保管、照料和卸载所运货物。

(3) 不得绕航的义务。承运人应当按照约定的、习惯的或者地理航线将货物运往卸货港。但船舶在海上为救助或者企图救助人命或者财产而发生的绕航属于合理绕航，承运人对合理绕航造成的货物灭失或损害不承担责任。

(4) 按约定交付货物的义务。承运人应当在合同明确约定的时间内，在约定的卸货港交付货物。

承运人违反上述义务，导致货物毁损、灭失的，应承担赔偿责任。

---

① 郭萍，张文广.《鹿特丹规则》述评[J]. 环球法律评论，2009(3).
② https://uncitral.un.org/en/texts/transportgoods/conventions/rotterdam_rules/status.

2) 承运人的权利

承运人有收取运费的权利。运费是承运人按合同规定履行义务时收取的对价和报酬。承运人享有留置权。承运人的留置权指的是托运人应当向承运人支付的运费、共同海损分摊、滞期费和承运人为货物垫付的必要费用以及应当向承运人支付的其他费用没有付清，又没有提供适当担保的，承运人可以在合理的限度内留置其货物。承运人留置的货物，自船舶抵达卸货港的次日起满60日无人提取的，承运人可以申请法院裁定拍卖。拍卖所得价款，用于清偿保管、拍卖货物的费用和运费以及应当向承运人支付的其他有关费用。

3) 承运人责任期间

承运人对集装箱装运的货物的责任期间，是指从装货港接收货物时起至卸货港交付货物时止，货物处于承运人掌管之下的全部期间。承运人对非集装箱装运的货物的责任期间，是指从货物装上船时起至卸下船时止，货物处于承运人掌管之下的全部期间。在承运人的责任期间，货物发生灭失或者损坏，承运人应当负赔偿责任。

4) 承运人责任限制

海上货物运输风险较大，为了保护承运人的利益，减轻承运人的赔偿责任范围，促进海上货物运输业的发展，国际公约和各国海商法通常把承运人的赔偿责任范围限制在一定范围内。根据我国海商法，承运人对货物的灭失或者损坏的赔偿限额，按照货物件数或者其他货运单位数计算，每件或者每个其他货运单位为666.67计算单位，或者按照货物毛重计算，每公斤为2计算单位，以两者中赔偿限额较高的为准。但是，托运人在货物装运前已经申报其性质和价值，并在提单中载明的，或者承运人与托运人另行约定更高的赔偿限额除外。

5) 承运人的责任免除

根据《中华人民共和国海商法》(以下简称《海商法》)的规定，在责任期间货物发生的灭失或者损坏是出于下列原因之一的，承运人不负赔偿责任：①船长、船员、引航员或者承运人的其他受雇人在驾驶船舶或者管理船舶中的过失；②火灾，但是由于承运人本人的过失所造成的除外；③天灾，海上或者其他可航水域的危险或者意外事故；④战争或者武装冲突；⑤政府或者主管部门的行为、检疫限制或者司法扣押；⑥罢工、停工或者劳动受到限制；⑦在海上救助或者企图救助人命或者财产；⑧托运人、货物所有人或者他们的代理人的行为；⑨货物的自然特性或者固有缺陷；⑩货物包装不良或者标志欠缺、不清；⑪经谨慎处理仍未发现的船舶潜在缺陷；⑫非由于承运人或者承运人的受雇人、代理人的过失造成的其他原因。承运人援引上述免责条款时，除第②项规定的原因外，应负举证责任。但货物的灭失、损坏或者迟延交付是由承运人的故意或者明知可能造成损失而轻率地作为或者不作为造成的，承运人不得援用限制赔偿责任的规定。

此外，我国《海商法》还规定，对于下列情形，承运人也不负赔偿责任：①因运输活动物的固有的特殊风险造成活动物灭失或者损害的；②承运人在舱面上装载货物，应当同托运人达成协议，或者符合航运惯例，或者符合有关法律、行政法规的规定，承运人依照规定将货物装载在舱面上，此种装载的特殊风险造成货物灭失或者损坏的；③承运人自向收货人交付货物的次日起连续60日内，未收到收货人就货物因迟延交付造成经济损失而提交书面通知的。

2. 托运人的义务与权利

1) 托运人的义务

(1) 提供约定的货物。托运人托运货物，应当妥善包装，并向承运人保证，货物装船时所提供的货物的品名、标志、包数或者件数、重量或者体积的正确性。由于包装不良或者上述资料不正确，对承运人造成损失的，托运人应当负赔偿责任。托运人托运危险货物，应当依照有关海上危险货物运输的规定，妥善包装，作出危险品标志和标签，并将其正式名称和性质以及应当采取的预防危害措施书面通知承运人，否则承运人可以在任何时间、任何地点根据情况需要将货物卸下、销毁或者使之不能为害，而不负赔偿责任。托运人对承运人因运输此类货物所受到的损害，应当负赔偿责任。

(2) 申报和办理货物运输手续的义务。托运人应当及时向港口、海关、检疫、检验和其他主管机关办理货物运输所需要的各项手续，并将已办理各项手续的单证送交承运人；因办理各项手续的有关单证送交不及时、不完备或者不正确，使承运人的利益受到损害的，托运人应当负赔偿责任。

(3) 支付运费或其他费用的义务。托运人应按照合同规定的方式，在约定的时间内向承运人支付运费，以及运输过程中发生的亏舱费、滞期费、共同海损分摊费用以及其他应由其支付的费用。亏舱费又称为空舱费(Dead Freight)，指的是托运人未能按合同规定的数量提供货物致使承运人船舶的所订舱位部分空舱而导致的损失。滞期费(Demurrage)指的是当船舶装货或卸货期限超过约定的装卸时间而产生的费用。共同海损分摊费用(General Average Contribution)是指共同海损发生后，受益各方应分摊的为共同海损而支出的费用。托运人与承运人可以约定运费由收货人支付，但此项约定应当在运输单证中载明。

2) 托运人的权利

托运人有权根据运输合同的规定，把货物交付托运并在目的港收取货物。货物毁损、灭失或迟延交付时，托运人有权向承运人要求赔偿。

(三) 海上货物运输合同的解除

海上货物运输合同签订后，双方当事人应全面、正确地履行合同义务。当事人履行合同义务完毕，合同即终止。双方当事人也可以经协商一致解除合同。根据我国海商法的规定，当事人在下列两种情形下亦可以解除合同：其一，船舶在装货港开航前，托运人可以要求解除合同。但是，除合同另有约定外，托运人应当向承运人支付约定运费的一半；货物已经装船的，应当负担装货、卸货和其他与此有关的费用。其二，船舶在装货港开航前，因不可抗力或者其他不能归责于承运人和托运人的原因致使合同不能履行的，双方均可以解除合同，并互相不负赔偿责任。

三、提单运输

(一) 提单的概念和内容

1. 提单的概念

根据我国《海商法》，提单(Bill of Lading, B/L)是指用以证明海上货物运输合同和货物已经由承运人接收或装船,以及承运人保证据以交付货物的单证。提单具有以下作用。

(1) 提单是海上货物运输合同的证明。一般来说,承运人和托运人在提单签发前,按惯例已经有运输合同的口头协议,提单只是运输合同的证明而不是运输合同本身。提单虽不是海上货物运输合同,却可以证明运输合同的内容。承运人的权利义务适用提单的规定。

(2) 提单是承运人接收货物或将货物装船的证明。承运人签发提单,就意味着货物已装上船,或者在其保管下,等待装运。所以,提单一经承运人签发,即表明承运人已将货物装上船舶或已确认接管。提单作为货物收据,不仅证明收到货物的种类、数量、标志、外表状况,而且证明收到货物的时间或货物装船的时间。

(3) 提单是货物的权利凭证(Document of Title)。提单代表货物,谁占有提单,谁就提取提单项下的货物。提单的持有人可以在货物运输过程中通过处分提单来处理提单项下的货物,实现国际贸易的快速自由流转。提单的这种作用使其具有流通性,可以通过背书的方式进行转让。提单持有人一经背书并将提单交付给受让人后,受让人便可以取得该提单项下的货物。提单还可以用于债务担保。

2. 提单的内容

提单并无统一的格式,可由轮船公司自行制定。目前,大部分提单是根据《海牙规则》或《维斯比规则》制定的,包括正面条款和背面条款两部分。提单正面条款通常包括托运人名称、收货人名称、被通知人、收货地或装货港、目的地或卸货港、船名及航次、货名及件数、货物重量和体积、运费预付或运费到付、正本提单的份数、船舶公司或其代理人的签章、签发提单的地点及日期。根据《海牙规则》规定,承运人或船长或承运人的代理人向托运人签发提单,应载明下列各项:①与开始装货前由托运人书面提供者相同的、为辨认货物所需的主要唛头,如果这项唛头是以印戳或其他方式标示在不带包装的货物上,或在其中装有货物的箱子或包装物上,该项唛头通常应在航程终了时仍能保持清晰可辨认。②托运人用书面提供的包数或件数,或数量,或重量。③货物的表面状况。根据我国《海商法》,提单内容包括下列各项:a.货物的品名、标志、包数或者件数、重量或者体积,以及运输危险货物时对危险性质的说明;b.承运人的名称和主营业所;c.船舶名称;d.托运人的名称;e.收货人的名称;f.装货港和在装货港接收货物的日期;g.卸货港;h.多式联运提单增列接收货物地点和交付货物地点;i.提单的签发日期、地点和份数;j.运费的支付;k.承运人或者其代表的签字。提单缺少上述规定内容的,并不会影响其性质。

提单背面的条款主要是规定承运人与托运人的权利和义务,通常包括相关概念的解释、法律适用、承运人的责任与豁免、共同海损、责任期限等。由于提单最初是由承运人制定的,承运人总是试图在提单中加入尽可能多的免责条款,为了平衡船货双方的利益,《海牙规则》《维斯比规则》和《汉堡规则》都对提单背面条款进行了规范。根据《海牙规则》,承运人不能在提单条款中排除其按《海牙规则》所应承担的基本义务,即使承运人在提单中加入了这样的免责条款,这类免责条款也是无效的。

(二) 提单的种类

1. 根据货物是否已装船, 可分为已装船提单和备运提单

已装船提单(On Board B/L; Shipped B/L), 是指承运人将货物装上指定船舶后所签发的提单, 其特点是提单上必须以文字表明货物已经装在某船上, 并记载装船日期, 同时还应由船长或其代理人签字。如果在货物尚未装船或尚未装船完毕的情况下, 承运人提前签发已装船提单, 则称为预借提单(Advanced B/L)。如果在货物装船完毕后, 承运人以早于该货物实际装船完毕的时间签发提单, 称为倒签提单(Antedated B/L)。预借提单和倒签提单的共同之处在于使提单上载明的签发日期与货物实际装船完毕的日期不符, 不同之处在于预借提单是在货物实际装船完毕前签发的, 而倒签提单则是在货物实际装船完毕后签发的。在实践中, 托运人由于备货迟延或者没有及时找到承运船舶, 造成货物不能按时装船, 承运人就无法开出符合信用证要求的已装船提单。在这种情况下, 托运人可能会主动向承运人提出要求, 请求承运人倒签提单。通过倒签提单, 托运人至少能够从下述两个方面受益: 一方面, 托运人可以借此掩盖其违反买卖合同和信用证中规定的货物装船日期的真相, 因而很轻易地逃避了其本应承担的迟延交货的违约责任; 另一方面, 托运人还可凭借倒签提单及其他单证顺利结汇。预借提单和倒签提单会严重损害收货人的利益, 往往会受到实施欺诈行为的指控。

备运提单(Received for Shipment B/L), 又称收讫待运提单, 是指承运人已收到托运货物在等待装运期间向托运人所签发的提单。在国际货物买卖中, 由于货物未装船, 买方无法估计货到目的港的信息, 所以一般不愿意接受备运提单。在签发备运提单的情况下, 托运人可在货物装船后调换已装船提单, 也可经承运人或其代理人在备运提单上批注具体船舶名称及装船日期, 并签字盖章后使之成为已装船提单。

2. 根据提单是否批注, 可分为清洁提单和不清洁提单

清洁提单(Clean B/L)是指承运人对货物表面状况未加批注的提单, 这说明货物在装船时表面状况良好。承运人或者代其签发提单的人, 知道或者有合理的根据怀疑提单记载的货物的品名、标志、包数或者件数、重量或者体积与实际接收的货物不符, 在签发已装船提单的情况下怀疑与已装船的货物不符, 或者没有适当的方法核对提单记载的, 可以在提单上批注, 说明不符之处、怀疑的根据或者说明无法核对, 此即为不清洁提单(Unclean B/L; Foul B/L)。国际商会《跟单信用证统一惯例》规定, 除非信用证中明确规定可以接受批注, 否则银行只接受清洁提单。如果货物在目的港卸货后发现表面有缺陷而承运人签发的是清洁提单, 承运人就应承担损害赔偿责任, 除非货物的表面缺陷经过合理检查仍不能发现。此时, 托运人为了取得清洁提单向银行办理结汇, 就会出具一份保函请求承运人签发清洁提单。保函是指由托运人出具的、用以担保承运人签发清洁提单而产生一切法律后果的一种担保文件。《海牙规则》和《维斯比规则》中对保函问题没有具体规定。《汉堡规则》在第17条对保函作了明确规定, 首先规定保函第三方无效: "根据任何保函或协议, 托运人保证赔偿承运人或其代理人因未能就托运人提供列入提单的项目或货物的外表状况批注保留而签发提单所引起的损失, 则上述保函或协议对包括收货人在内的受让提单的任何第三方, 均属无效。"接着又承认保函在当事人之间原则上是有效的:"这种保函或协议对托运人有效,除非承运人或其代表不批注本条第2款所批注的保留是有意诈骗相信提单上对货物的描述而行事的包括收货人在内的第三方,在上面这种情况下,如未批注的保留与托运人提供列入提单的项目有关,承运人就无权要求托运人给予赔偿。"但是如果承运人有意诈骗,则保函仍视为无效,承运人不得享有责任限额的利益。

3. 根据提单收货人抬头的不同,可分为记名提单、不记名提单和指示提单

记名提单(Straight B/L)是指提单上的收货人栏内填明收货人名称的提单。记名提单只能由该特定收货人提货,承运人也只能向该收货人交付货物,由于这种提单不能通过背书方式转让给第三方,不能流通,故在国际贸易中使用较少。不记名提单(Bearer B/L)指提单收货人栏内没有指明任何收货人,只注明"交付持票人"(Bearer)字样的提单。谁持有不记名提单,谁就可以向承运人提取货物。承运人也是见单交货。不记名提单无须背书转让,流通性极强,但风险大,故在国际贸易中很少使用。指示提单(Order B/L)是指提单上的收货人栏填写"凭指定"(to Order)或"凭某人指定"(to Order of...)字样的提单。指示提单持有人可以用背书方式转让提单,在国际贸易中使用广泛。

4. 根据运输方式的不同,可分为直达提单、转船提单和联运提单

直达提单(Direct B/L)是指船舶中途不换船而直接将货物运到目的港所签发的提单。如果合同和信用证规定不准转船,则必须使用直达提单。转船提单(Transshipment B/L)是指从装运港装货的轮船,不直接驶往目的港,而需在中途转船所签发的提单,在这种提单上要注明"转船"字样。联运提单(Through B/L)是指经过海运和其他运输方式联合运输时由第一承运人所签发的包括全程运输的提单。联运提单虽包括全程运输,但各承运人通常只负担其所负责的航程内的货损责任。

5. 根据提单内容的繁简,可分为全式提单和略式提单

全式提单(Long Form B/L)是指列有提单应有的全部条款的提单,包括正面和背面条款。略式提单(Short Form B/L)只列出提单正面的必须记载事项,而略去提单背面的内容。略式提单与全式提单在法律上通常具有同等效力。

(三) 提单当事人的义务与责任

前文已述及,有关提单的国际公约有三个,即《海牙规则》《维斯比规则》和《汉堡规则》。目前,国际上基本以《海牙规则》为主。根据《海牙规则》的规定,提单当事人的基本义务与责任如下所述。

1. 承运人的义务与责任

《海牙规则》规定了承运人最低限度的义务,包括如下几方面。

(1) 适航义务。承运人须在开航前和开航时谨慎处理使船舶适航;适当地配备船员、装备船舶和供应船舶;使货舱、冷藏舱和该船其他载货处所能适宜和安全地收到、运送和保管货物。

(2) 妥善、谨慎管理货物的义务。承运人应妥善、谨慎地装卸、搬运、积载、运送、保管、照料和卸载所运货物。如果承运人违反了此项义务给货物造成损失,承运人应负损害赔偿的责任,但免责事项造成的损失除外。

(3) 货物接收或装船后签发提单的义务。承运人或船长或承运人的代理人在收受货物归其照管后,经托运人的请求,应向托运人签发提单。货物装船后,如果托运人要求,则签发已装船提单。

(4) 以合理的航线运输的义务。承运人应当按照约定的航线行驶,在约定的时间交货,不得进行不合理绕航。在海上为救助或企图救助人命或财产,或有其他合理需要,船舶可以驶离航线。

2. 承运人责任期间

承运人承担责任的期间是指自货物装上船时起,至卸下船时为止的一段期间,即"钩到钩"。《汉堡规则》把承运人的责任期间扩展为"港到港",即装运港到卸货港的全部期间,解决了货物从交货到装船和从卸船到收货人提货这两段没有人负责的空间问题,延长了承运人的责任期间。

3. 承运人责任限制

承运人或船舶,在任何情况下对货物或与货物有关的灭失或损害,每件或每计费单位超过100金英镑或与其等值的其他货币的部分,概不负责。《维斯比规则》改为双重标准,承运人的责任限额为每件或每单位10 000金法郎或毛重每千克30金法郎,以高者为准。《汉堡规则》规定每件或每装运单位835特别提款权,或毛重每千克2.5特别提款权,也是以高者为准。

4. 承运人的免责事由

《海牙规则》列举了17项承运人的免责事由:①船长、船员、引水员或承运人的雇佣人员,在驾驶船舶或管理船舶中的行为、疏忽或不履行义务;②火灾,但由于承运人的实际过失或私谋所引起的除外;③海上或其他可航水域的灾难、危险和意外事故;④天灾;⑤战争行为;⑥公敌行为;⑦君主、当权者或人民的扣留或管制,或依法扣押;⑧检疫限制;⑨托运人或货主、代理人或代表的行为或不行为;⑩无论出于任何原因所引起的局部或全面罢工、关厂停止或限制工作;⑪暴动和骚乱;⑫救助或企图救助海上人命或财产;⑬由货物的固有缺点、质量或缺陷引起的体积或重量亏损,或任何其他灭失或损坏;⑭包装不充分;⑮标志不清或不当;⑯虽恪尽职责亦不能发现的潜在缺点;⑰非由于承运人的实际过失或私谋,或者承运人的代理人,或雇佣人员的过失或疏忽所引起的其他任何原因,但是要求引用这条免责利益的人应负责举证,证明有关的灭失或损坏既非由于承运人的实际过失或私谋,亦非由于承运人的代理人或雇佣人员的过失或疏忽所造成。承运人可以放弃公约规定的权利和豁免,或加重他所应承担的责任和义务,但是这种放弃或增加,须在提单上注明。

《汉堡规则》废除了《海牙规则》和《维斯比规则》中的免责规定,规定凡是在承运人掌管货物期间发生货损,除非承运人能证明承运人已为避免事故的发生及其后果采取了一切可能的措施,否则便推定损失系由承运人的过失所造成,承运人应承担赔偿责任,很明显,《汉堡规则》扩大了承运人的责任。

5. 托运人的义务与责任

托运人应按合同约定提供托运的货物,并对货物情况作正确陈述,即托运人应保证,他提供的货物标志、件数、数量和重量均正确无误。如果这些项目不正确,给承运人造成损失，托运人应负赔偿责任。如果托运人在提单中故意谎报货物的性质或价值，则承运人对货物或与货物有关的灭失或损害概不负责。托运人应及时向有关主管机关办理货物运输所必需的各项手续，并将已办理完手续的单证及时送交承运人，并按合同规定及时支付运费和其他费用。《海牙规则》规定托运人提起索赔的诉讼时效期间为1年，《维斯比规则》进一步规定双方同意下可以延长此时效，《汉堡规则》则规定诉讼时效期间为2年，3部规则的对比如表7-1所示。

表7-1 《海牙规则》《维斯比规则》《汉堡规则》比较

项目	《海牙规则》	《维斯比规则》	《汉堡规则》
公约适用范围	(1) 缔约国签发的提单； (2) 租船合同项下的提单	(1) 任何缔约国签发的提单； (2) 从缔约国港口起运； (3) 提单中列有首要条款	(1) 任何缔约国签发的提单； (2) 当事人合意选择该公约； (3) 装货港、卸货港、备选卸货港位于缔约国； (4) 租船合同项下的提单
货物的适用范围	不适用于舱面货和活牲畜		依约定/惯例可装舱面货；活牲畜固有风险免责
承运人的基本义务	(1) 船舶适航的义务；(2) 管货义务；(3) 不作不合理绕航的义务		增加：管船义务
责任基础	不完全过失责任(航行过失免责)		完全过失责任、推定过失责任
承运人的免责	包括承运人的驾船管船过失(共17项)		取消了航行过失免责
责任期间	"钩至钩"		收到交
保函	未规定		善意有效，恶意无效
索赔时效	(1) 提货时发现，当时提出； (2) 损害不明显，3日内提出		(1) 提货时发现，次日提出； (2) 损害不明显，15日内提出； (3) 延迟交付，应在收到货后连续60天内提出
赔偿限额	每件或每单位不超过100金英镑	每件或每单位666.67特别提款权，或毛重每千克2特别提款权	每件或每千克835特别提款权，毛重每千克2.5特别提款权，高者为准
诉讼时效	1年，自货物交付或应当交付之日起算	1年，双方协商可延长。对第三者的索赔期限，还有3个月的宽限期	2年，双方协商可延长。对第三者索赔有90日宽限期

四、租船合同

(一) 光船租船合同

光船租船合同(Bareboat Charter Party)，是指船舶出租人向承租人提供不配备船员的船舶，在约定的期间由承租人占有、使用和营运，并向出租人支付租金的合同。光船租船合同的主要内容包括出租人和承租人的名称、船名、船籍、船级、吨位、容积、航行区域、用途、租期、交船港与交船时间、船舶检验、船舶保养与维修、租金支付、支付币种及方式、船舶保险、适用法律、仲裁地点等。光船租船合同实质上是一种财产租赁合同，出租人仅保留船舶的所有权,而把船舶的使用权和占有权都转移给承租人。出租人和承租人可以在合同中加入租购条款的,承租人按照合同约定向出租人付清租购费时,船舶所有权即归于承租人。

出租人负有提供适航船舶和备有船舶文书的义务。出租人应当在合同约定的港口或者地点,按照合同约定的时间,向承租人交付船舶以及船舶证书。交船时,出租人应当做到谨慎处理,使船舶适航。交付的船舶应当适于合同约定的用途。出租人违反前款规定的,承租人有权解除合同,并有权要求赔偿因此遭受的损失。因船舶所有权争议或者出租人所负的债务致使船舶被扣押的,出租人应当保证承租人的利益不受影响;致使承租人遭受损失的,出租人应当负赔偿责任。

承租人则负有如下义务:①在光船租赁期间,承租人负责船舶的保养、维修;②在光船租赁期间,承租人应当按照合同约定的船舶价值,以出租人同意的保险方式为船舶提供保险,并负担保险费用;③在光船租赁期间,出于承租人对船舶占有、使用和营运的原因使出租人的利益受到影响或者遭受损失的,承租人应当负责消除影响或者赔偿损失;④未经出租人书面同意,承租人不得转让合同的权利和义务或者以光船租赁的方式将船舶进行转租;⑤未经承租人事先书面同意,出租人不得在光船租赁期间对船舶设定抵押权;⑥承租人应当按照合同约定支付租金。承租人未按照合同约定的时间支付租金连续超过7日的,出租人有权解除合同,并有权要求赔偿因此遭受的损失。但是船舶发生灭失或者失踪的,租金应当自船舶灭失或者得知其最后消息之日起停止支付,出租人应当按照比例退还预付租金。

(二) 航次租船合同

航次租船合同(Voyage Charter Party),是指船舶出租人向承租人提供船舶或者船舶的部分舱位,装运约定的货物,从一港运至另一港,由承租人支付约定运费的合同。有关航次租船合同的法律规定大多属于任意性规范,仅在合同没有约定的情况下适用,故合同当事人的订约自由度较高。航次租船合同的装货、卸货期限及其计算办法,超过装货、卸货期限后的滞期费和提前完成装货、卸货的速遣费,双方均可自由约定。但我国海商法要求航次租船合同以书面形式订立。航次租船合同的内容,主要包括出租人和承租人的名称、船名、船籍、载货重量、容积、货名、装货港和目的港、受载期限、装卸期限、运费、滞期费、速遣费以及其他有关事项。航次租船合同可以签发提单,但提单仅作为货物的收据和权利凭证,承租人和出租人的权利义务依据租船合同约定。出租人应当提供约定的船舶;未经承租人同意,不得更换船舶。提供的船舶或者更换的船舶不符合合同约定的,承租人有权拒绝或者解除合同。因出租人过失未提供约定的船舶致使承租人遭受损失的,出租人应当负赔偿责任。出租人在约定的受载期限内未能提供船舶的,承租人亦有权解除合同。但是,如果出租人将船舶延误情况和船舶预期抵达装货港的日期通知承租人,承租人应当自收到通知时起48小时内,将是否解除合同的决定通知出租人。因出租人过失延误提供船舶致使承租人遭受损失的,出租人应当负赔偿责任。承租人有转租船舶的权利,转租后,原合同约定的权利和义务不受影响。承租人应当提供约定的货物;经出租人同意,可以更换货物,但是,更换的货物对出租人不利的,出租人有权拒绝或者解除合同。因未提供约定的货物致使出租人遭受损失的,承租人应当负赔偿责任。出租人应当在合同约定的卸货港卸货。合同订有承租人选择卸货港条款的,在承租人未按合同约定及时通知确定的卸货港时,船长可以从约定的卸货港中自行选定一港卸货。承租人未按照合同约定及时通知确定的卸货港,致使出租人遭受损失的,应当负赔偿责任。出租人未按照合同约定,擅自选定港口卸货致使承租人遭受损失的,应当负赔偿责任。

(三) 定期租船合同

定期租船合同(Time Charter Party),是指船舶出租人向承租人提供约定的由出租人配备船员的船舶,由承租人在约定的期间按照约定的用途使用,并支付租金的合同。定期租船合同的内容,主要包括出租人和承租人的名称、船名、船籍、船级、吨位、容积、船速、燃料消耗、航区、用途、租船期间、交船和还船的时间和地点以及条件、租金及其支付,以及其他有关事项。定期租船合同不直接涉及货物运输中承运人与托运人的关系,具有明显的船舶租赁性质。定期租船合同下,标的物与所有权人不发生分离,出租人仍对船舶拥有占有权和处分权,并负责船舶的驾驶和管理。出租人负责配备船员,负责船员工资、伙食以及船舶的维修保养、物料和食品的供应等。承租人在租期内有权使用船舶的舱位,指挥船舶的具体营运安排,负责船舶的燃油费、港口使用费、货物装卸费等营运费用。船舶所有人转让以及租出船舶的所有权,定期租船合同约定的当事人的权利和义务不受影响,但是应当及时通知承租人。船舶所有权转让后,原租船合同由受让人和承租人继续履行。

出租人的主要义务包括:①按照约定的时间交付船舶。出租人未在约定的时间内交付船舶的,承租人有权解除合同,出租人应将船舶延误情况和船舶预期抵达交船港的日期通知承租人的,承租人应当自接到通知时起48小时内,将解除合同或者继续租用船舶的决定通知出租人。因出租人过失延误提供船舶致使承租人遭受损失的,出租人应当负赔偿责任。②提供适航的船舶。出租人交付船舶时,应当做到谨慎处理,使船舶适航。交付的船舶应当适于约定的用途,否则承租人有权解除合同,并有权要求赔偿因此遭受的损失。船舶在租期内不符合约定的适航状态或者其他状态,出租人应当采取可能采取的合理措施,使之尽快恢复。船舶不符合约定的适航状态或者其他状态而不能正常营运连续满24小时的,对因此而损失的营运时间,承租人不付租金,但是不符状态是由承租人造成的除外。

定期租船合同中,承租人享有如下权利:①向船长发出指示的权利。承租人有权就船舶的营运向船长发出指示,但是不得违反定期租船合同的约定。②转租船舶的权利。承租人可以将租用的船舶转租,但是应当将转租的情况及时通知出租人。租用的船舶转租后,原租船合同约定的权利和义务不受影响。③获得相关款项及费用的权利。在合同期间,船舶进行海难救助的,承租人有权获得扣除救助费用、损失赔偿、船员应得部分以及其他费用后的救助款项的一半。承租人的主要义务包括:①按约定的区域运输。承租人应当保证船舶在约定航区内的安全港口或者地点之间从事约定的海上运输。承租人违反前述规定的,出租人有权解除合同,并有权要求赔偿因此遭受的损失。②按约定运输货物。承租人应当保证船舶用于运输约定的合法货物。承租人将船舶用于运输活动物或者危险货物的,应当事先征得出租人的同意。承租人违反规定运输货物致使出租人遭受损失的，应当负赔偿责任。③按约定支付租金。承租人未按照合同约定支付租金的，出租人不仅有权解除合同，要求赔偿损失，还有权对船上属于承租人的货物和财产以及转租船舶的收入行使留置权。④返还船舶时保持船舶具有良好的状态。承租人向出租人交还船舶时，该船舶当具有与出租人交船时相同的良好状态，但是船舶本身的自然磨损除外。船舶未能保持与交船时相同的良好状态的，承租人应当负责修复或者给予赔偿。⑤按约定的时间返还船舶。如果完成最后航次的日期约为合同约定的还船日期，但有可能超过合同约定的还船日期的，承租人有权超期用船以完成该航次。超期期间，承租人应当按照合同约定的租金率支付租金；市场的租金率高于合同约定的租金率的，承租人应当按照市场租金率支付租金。

第二节　其他类型的国际货物运输

一、国际航空货物运输

(一) 有关国际航空货物运输的国际公约

1. 两大公约体系

目前，国际上关于国际航空货物运输的公约主要有：1929年在华沙签订的《统一国际航空运输某些规则的公约》(Convention for the Unification of Certain Rules for International Transportation by Air，简称《华沙公约》)；1955年在海牙签订的《修改1929年10月12日在华沙签订的〈统一国际航空运输某些规则的公约〉的议定书》(Protocol to Amend the Convention for the Unification of Certain Rules Relating to International Carriage by Air，简称《海牙议定书》)；1961年在瓜达拉哈拉签订的《统一非缔约承运人所办国际航空运输的某些规则以补充华沙公约的公约》(Convention Supplementary to the Warsaw Convention, for the Unification of Certain Rules Relating to International Carriage by Air Performed by a Person other than Contracting Carrier，简称《瓜达拉哈拉公约》)；1971年在危地马拉城签订的《修订经海牙议定书修订的〈统一国际航空运输某些规则的公约〉的议定书》(简称《危地马拉城协议书》)；1975年在蒙特利尔签订的第1、2、3、4号《关于修改〈统一国际航空运输某些规则的公约〉的附加议定书》。《华沙公约》是国际航空货物运输领域的基本公约，共有5章41条，包括适用范围、定义、运输凭证、承运人的责任、关于联合运输的规定、一般和最后条款。从整体上看，《华沙公约》为调整国际航空运输创立了一整套相对完整的基本制度，目前已被150多个国家接受，我国于1958年加入了该公约。其余的文件都是对《华沙公约》的修改和补充，但各自相互独立，共同构成了华沙公约体系。

随着历史的发展，《华沙公约》中的某些规定已显陈旧，而且相关修订和补充的文件数量较多。为了使华沙公约及其相关文件现代化和一体化，国际民航组织起草了《统一国际航空运输某些规则的公约》(Convention for the Unification of Certain Rules for International

Carriage by Air，简称《蒙特利尔公约》)，该公约于1999年5月在蒙特利尔召开的国际航空法大会上获得通过。《蒙特利尔公约》共有7章57条，我国于2005年批准加入了该公约。

2. 适用范围

《华沙公约》适用于所有以航空器运送货物而收取报酬的国际运输，以及航空运输企业以航空器办理的免费运输。但不适用于按照国际邮政公约的规定而办理的运输。公约强调"取酬"运输，当托运人为货物运输支付费用时，这种情况就属于"取酬"运输而受公约约束；当承运人接受货物，却没有得到相对方支付的任何报酬时，就属于免费运输，这种情况下，只有那些由航空运输企业来承担的运输才适用公约，因为航空运输企业是商用企业，它们所做的免费运输通常是为了达到宣传招揽顾客的目的。《蒙特利尔公约》亦适用于所有以航空器运送货物而收取报酬的国际运输以及航空运输企业以航空器履行的免费运输。

只有具有国际性的货物运输才适用于公约。一项运输是否具有国际性并不取决于合同双方当事人的国籍或者营业地，而是取决于运输的出发地和目的地是否在公约的两个缔约国领土内。如果出发点和目的地分别在两个缔约国境内，或者都在一个缔约国境内，但在另一缔约国或非缔约国有经停地，则属于公约所指的国际运输。也就是说，在一个公约缔约国境内两点之间的运输，不属于国际运输。

(二) 国际航空货物运输单证

1. 《华沙公约》

货物承运人有权要求托运人填写航空货运单。根据《华沙公约》，在没有相反的证据时，航空货运单是订立运输合同、接受货物和承运条件的证明。托运人应填写航空货运单正本一式三份，连同货物交给承运人。第一份注明"交承运人"，由托运人签字；第二份注明"交收货人"，由托运人和承运人签字，并附在货物上；第三份由承运人在接受货物后签字，交给托运人。《华沙公约》要求航空货运单上包括以下各项内容。

(1) 货运单的填写地点和日期。
(2) 起运地和目的地。
(3) 约定的经停地点，但承运人保留在必要时变更经停地点的权利，承运人行使这种权利时，不应使运输由于这种变更而丧失其国际性质。
(4) 托运人的名称和地址。
(5) 第一承运人的名称和地址。
(6) 必要时应写明收货人的名称和地址。
(7) 货物的性质。
(8) 包装件数、包装方式、特殊标志或号数。
(9) 货物的重量、数量、体积或尺寸。
(10) 货物和包装的外表情况。
(11) 如果运费已经议定，应写明运费金额、付费日期和地点以及付费人。
(12) 如果是货到付款，应写明货物的价格，必要时还应写明应付的费用。
(13) 根据公约要求声明的价值。

(14) 航空货运单的份数。
(15) 随同航空货运单交给承运人的凭证。
(16) 如果经过约定，应写明运期限，并概要说明经过的路线。
(17) 声明运输应受公约所规定的责任制度的约束。

2.《海牙议定书》

如果承运人接受货物而没有填写航空货运单，或航空货运单没有包括上述(1)至(9)和第(17)项，承运人就无权引用公约关于免除或限制承运人责任的规定。显然公约的要求过于烦琐，所以1955年的《海牙议定书》将其简化为3条，规定航空货运单应记载以下几项。

(1) 起运地点和目的地点。
(2) 如起运地点和目的地点均在同一缔约国领土内，而在另一个国家有一个或数个约定的经停地点时，注明至少一个此种经停地点。
(3) 对托运人声明：如运输的最终目的地点或经停地点不在起运地所在国家内，《华沙公约》可以适用于该项运输，且该公约规定在一般情况下限制承运人对货物遗失或损坏所负的责任。

3.《蒙特利尔公约》

《蒙特利尔公约》对航空货运单的表述有所变化："航空货运单或者货物收据是订立合同、接受货物和所列运输条件的初步证据。"与《华沙公约》相比，去掉了"在没有相反的证据时"，把航空货物运输凭证作为订立合同、接受货物和所列运输条件的初步证据，其法律意义在于表示航空货运单的证据效力已足以让法院据此认定事实、作出判决，除非有相反的、更为确凿、充分的证据。但由于航空货运单关于运输条件的记载只是运输条件的简单记录，不代表运输条件的全部内容，所以航空货运单不能起到最终证明航空货物运输合同成立的作用。在航空货物运输合同中，除包含运输条件的条款外，往往还包含国际条约中的一些条款或者行业惯例。因此，《蒙特利尔公约》规定，即使出于某种原因，航空承运人完成货物运输后，没有出具运输凭证，该运输合同依然有效，承运人或托运人仍然受到公约规定的责任限制，必须承担相应的责任。

《蒙特利尔公约》要求托运人填写航空货运单正本一式三份。第一份应当注明"交承运人"，由托运人签字；第二份应当注明"交收货人"，由托运人和承运人签字；第三份由承运人签字，承运人在接收货物后应当将其交给托运人。这与《华沙公约》相似，但《蒙特利尔公约》对航空货运单内容的规定十分简练，其要求的内容只有3项。

(1) 始发地点和目的地点。
(2) 如始发地点和目的地点在同一缔约国领土内，而在另一个国家领土内有一个或数个约定的经停地点时，至少有一个此种经停地点。
(3) 货物的重量。

更为重要的是，《蒙特利尔公约》第9条规定"未遵守凭证的规定，不影响运输合同的存在或者有效，该运输合同仍应当受本公约规则的约束，包括有关责任限制规则的约束"。显然该条款彻底废除了《华沙公约》关于航空货运单不符合法律规定而导致承运人"无权援引免除或限制承运人责任"的强制性原则，表明《蒙特利尔公约》对货运凭证的内容和形式不再采取强制性的做法，显然更为灵活。

(三) 承运人的责任

1. 归责原则

1) 过错推定原则

《华沙公约》规定承运人要对航空运输过程中货物或行李因毁灭、遗失或损坏而产生的损失以及因延误造成的损失承担责任，但是以下情况除外：①承运人如果证明自己和他的代理人为了避免损失的发生，已经采取一切必要的措施，或不可能采取这种措施时，则不需要负责任。②在运输货物和行李时，如果承运人证明损失的发生是由于驾驶上、航空器的操作上或领航上的过错，而在其他一切方面承运人和他的代理人已经采取一切必要的措施以避免损失时，则无须负责任。也就是说，承运人在《华沙公约》项下，适用的是过错推定原则，如果承运人不能证明自己及代理人已经采取一切必要的措施避免损失的发生，或者承运人无法证明对于驾驶上、航空器的操作上或领航上的过错，承运人和他的代理人已经采取一切必要的措施以避免损失，则推定承运人有过错，承运人应承担赔偿责任。《华沙公约》制定之时，一方面航空业尚处于发展初期，诱发航空事故的原因调查和有关证据的获取涉及非常复杂的技术问题，对于普通托运人来说，很难举证证明承运人有过错，适用过错责任原则对于托运人十分不利，也不公平；另一方面，当时的航空技术仍然比较落后，承运人预防和避免航空事故的能力有限，如果要求承运人承担严格责任，就会加重承运人的负担，阻碍航空业的发展，故《华沙公约》采取了相对折中的办法来平衡托运人和承运人的利益，即过错推定原则，免除了托运人的举证责任，由承运人对其过失承担举证责任。1955年的《海牙议定书》删除了"因驾驶上、航空器的操作上或领航上的过失，在承运人及其代理人已就其他一切方面采取一切必要措施以避免损失时就不承担责任"的规定，将承运人的免责范围进一步缩小，但《华沙公约》所确立的过错推定原则一直保留下来。

2) 严格责任原则

《蒙特利尔公约》改变了《华沙公约》的规定。随着航空技术的进步和航空运输业的发展，承运人预防和避免事故的能力日趋完善，加之航空保险业的日益发达，承运人可以通过保险转嫁损失，进一步保护托运人利益的呼声日益增强。《蒙特利尔公约》第18条规定："对于因货物毁灭、遗失或者损坏而产生的损失，只要造成损失的事件是在航空运输期间发生的，承运人就应当承担责任。"以此确立了严格责任原则。承运人归责原则由过错推定向严格责任的转变，反映了国际航空运输立法对于托运人利益保护的增强。需要注意的是，《蒙特利尔公约》的严格责任原则仅适用于因货物毁灭、遗失或者损坏而产生的损失。如果损失是由于延误造成的，则仍适用过错推定原则："只要承运人证明本人及其受雇人和代理人为了避免损失的发生，已经采取一切可合理要求的措施或者不可能采取此种措施的，承运人不对因延误引起的损失承担责任。"

2. 责任范围

航空货物运输中承运人承担责任的范围是因为货物的毁灭、遗失或者损坏而产生的"损失"。两个公约均在第18条对此进行了规定，表述也基本一致。此外，两个公约均规定了承运人对于货物在航空运输过程中因延误造成的损失亦要承担责任。

3. 责任期间

《华沙公约》规定承运人承担责任的期间为航空运输期间，指的是货物在承运人保管下的期间，它包括在航空站内、在航空器上或在航空站外降落的任何地点。但航空运输的期间不包括在航空站以外的任何陆运、海运或河运。如果这种运输是为了履行空运合同，是为了装货、交货或转运，任何损失应该被认为是在航空运输期间发生事故的结果，除非有相反证据。对此，《蒙特利尔公约》则进一步详细地给予说明："航空运输期间，不包括机场外履行的任何陆路、海上或者内水运输过程。但是，此种运输是在履行航空运输合同时为了装载、交付或者转运而办理的，在没有相反证明的情况下，所发生的任何损失推定为在航空运输期间发生的事件造成的损失。承运人未经托运人同意，以其他运输方式代替当事人各方在合同中约定采用航空运输方式的全部或者部分运输的，此项以其他方式履行的运输视为在航空运输期间。"

4. 免责事由

根据《华沙公约》，如果承运人能够证明对于损失的发生，自己没有过错，则承运人可以免责。《蒙特利尔公约》规定，承运人证明货物的毁灭、遗失或者损坏是由下列一个或者几个原因造成的，承运人不承担责任：①货物的固有缺陷、质量或者瑕疵；②承运人或者其受雇人、代理人以外的人包装货物的，货物包装不良；③战争行为或者武装冲突；④公共当局实施的与货物入境、出境或者过境有关的行为。如果承运人证明，损失是由索赔人或者索赔人从其取得权利的人的过失或者其他不当作为、不作为造成或者促成的，则根据造成或者促成此种损失的过失或者其他不当作为、不作为的程度，相应全部或者部分免除承运人对索赔人的责任。

5. 责任限额

考虑到立法之初，国际航空业刚刚起步，为保护当时尚属于发展初期的航空运输业，国际航空货物运输法吸收了海商法中关于承运人责任限额制度的规定。《华沙公约》规定，在运输货物时，承运人对货物的责任以每千克250金法郎为限，除非托运人就货物的价值作出了特别声明。《华沙公约》后来的数次修订对货物运输的责任限额一直没有作出显著改变，直到《蒙特利尔4号议定书》才真正修改了货物运输的责任限额，它规定不论损害赔偿请求权的产生是因为货物在运输中是毁灭、遗失、损坏还是延误，责任限额均为每千克17特别提款权。《蒙特利尔公约》继承了《蒙特利尔4号议定书》的规定，亦把货物损失的责任赔偿限额定为每千克17特别提款权。一般情形下，用以确定承运人赔偿责任限额的重量，仅为该包件或者该数包件的总重量。《蒙特利尔公约》在责任限额方面的制度与《华沙公约》体系相比，新颖之处在于公约第24条确立了一项责任限额的复审制度，即公约的保存人应当对公约规定的责任限额每隔5年进行一次复审，并根据通货膨胀率的变化作出调整，按照规定的程序以决定是否通过。

承运人并不是在任何情况下都可以享有责任限额的保护。如果承运人从事了有意或不顾后果的不良行为，主观上存在严重过错，却还能享受到责任限额的保护，就不符合道德上的价值取向。《华沙公约》规定，如果损失的发生是由于承运人的有意的不良行为(Willful Misconduct)，或由于承运人的过失，而根据受理法院的法律，这种过失被认为等于有意的不良行为,承运人就无权引用公约关于免除或限制承运人责任的规定。同样,如果上述情况造成的损失是承运人的代理人之一在执行其职务范围内造成的,承运人也无权引用这种规定。《蒙特利尔公约》亦规定了承运人不得享有责任限额保护的情形,在表述上和《华沙公约》相比,并无实质性变化。经证明,损失是由承运人、其受雇人或者代理人的故意或者明知可能造成损失而轻率地(Recklessly and with Knowledge)作为或者不作为造成的,则承运人不再享有责任限额利益。但是《蒙特利尔公约》更改了适用范围,承运人不得援引责任限额条款的规定不适用于货物运输,而只适用于行李的毁灭、遗失和损坏以及延误造成的损失和旅客延误造成的损失。

6. 索赔通知和诉讼时效

《华沙公约》规定除非有相反的证据,如果收货人在收受时没有异议,就被认为货物已经完好地交付,并和运输凭证相符。如果有损坏情况,收货人应该在发现损坏后,立即向承运人提出异议,最迟应该在货物收到后7天提出。如果有延误,最迟应该在货物交由收货人支配之日起14天内提出异议。任何异议应该在规定期限内写在运输凭证上或另以书面形式提出。除非承运人方面有欺诈行为,如果在规定期限内没有提出异议,收货人就不能向承运人提起诉讼。诉讼应该在航空器到达目的地之日起,或应该到达之日起,或从运输停止之日起2年内提出,否则债权人就丧失了追诉权。

《蒙特利尔公约》延长了提出索赔通知的时间,规定货物发生损失的,至迟自收到货物之日起14日内以书面形式提出。发生延误的,必须至迟自货物交付之日起21日内提出异议。公约的诉讼时效亦为2年。

二、国际铁路货物运输

目前,关于国际铁路货物运输的国际公约主要有两个:《国际铁路运输公约》(Convention Concerning International Carriage by Rail),《国际铁路货物联运协定》(Agreement On International Railroad through Transport Of Goods,以下简称《国际货协》)。

(一)《国际铁路运输公约》

1980年生效的《国际铁路运输公约》成员国主要为欧洲国家及部分中东国家。公约共7章45条,包含7个附件。其中,附件2《国际铁路货物运输合同统一规则》(Uniform Rules concerning the Contract of International Carriage of Goods by Rail,CIM)是有关货物运输的规定,分别规定了适用范围、运输合同、承运人责任、法律诉讼等内容。CIM适用于至少两个缔约国之间的铁路联运。铁路的运输单据称为运单,内容包括接货地点、日期和交货地点及货物质量情况、件数、标记等,是运输合同成立、运输合同内容和承运人接收货物的初步证据。承运人对货物的灭失、损坏或延误负责,但由于索赔人的错误行为、货物的内在缺陷或承运人所不能避免的原因造成的除外。承运人的责任限制为每千克17特别提款权,但如果承运人故意或者明知可能造成灭失或损坏而不顾后果地作为或不作为,则承运人不享有责任限额利益。对承运人的诉讼时效为1年。涉及承运人欺诈或有意错误行为的案件,诉讼时效为2年。

(二) 国际货协

《国际货协》是由苏联、捷克、罗马尼亚、德意志民主共和国等8个国家共同签订的一项铁路货运协定。1954年1月中国加入,其后,朝鲜、越南、蒙古也陆续加入,但1990年后许多东欧国家退出了该协定。《国际货协》共设4章60条,主要内容包括适用范围、运输合同的订立、承运人和托运人及收货人的权利和义务、铁路的赔偿责任、赔偿请求与诉讼时效等。

1. 适用范围

《国际货协》适用于缔约国铁路之间的国际直通货物联运和国际"铁路-轮渡"直通联运,对铁路部门、托运人、收货人都有约束力。

2. 运输合同的订立

托运人托运时,要填写运单,电子运单和纸质运单具有同等效力。运单是铁路运输合同缔结的证明,但运单中记载事项错误或运单丢失,并不影响运输合同的存在及效力。运单应记载托运人、收货人名称及地址、承运人名称、出发地和目的地、货物名称、数量、重量、包装、运费等信息。托运人应对其在运单中记载和声明的事项的正确性负责。由于记载和声明的事项不正确、不准确或不完备,以及由于将上述事项记入运单中无关栏而产生的一切后果,由发货人承担。

3. 承运人的权利和义务

(1) 按照《国际货协》的规定和双方约定运输货物的义务。如果货物运输由于与承运人无关的原因出现障碍,则承运人应决定是否征求托运人的指示,或者变更货物运输路径。但如果无法变更运输路径、继续运输或将货物交付给收货人,承运人应立即通知托运人,以获取指示。在公约规定的时间内未收到指示或收到不可行指示的承运人,有权处理货物。如果情况紧急,承运人可不等期限届满即采取措施处理货物。

(2) 交付货物的义务。货物到站后,承运人应当将运单和货物交付给收货人。

货物到站后,在收货人付清运单所载的一切应付运输费用后,铁路必须将货物连同运单一起交给收货人;收货人应付清运输费用并领取货物。收货人只在货物因毁损或腐坏而使质量发生变化,以致部分货物或全部货物不能按原用途使用时,才可以拒绝领取货物。运到期限满30日内,承运人如未将货物交付收货人或未交由收货人处理时,收货人可不提出证据,即认为货物已经灭失。

(3) 留置权。为保证收到运输合同所产生的全部费用,承运人有货物留置权。留置权的行使,由承运人行使留置权时所在国的国内法律确定。

(4) 检查货物的权利。承运人有权检查托运人是否遵守了运输合同规定以及货物与托运人在运单中记载的事项是否相符。

(5) 编制商务记录的义务。在运输途中或交付时检查了货物的承运人,应编制商务记录。

4. 托运人和收货人的权利与义务

(1) 按规定提交货物的义务。

(2) 声明货物的价值的权利。

(3) 支付运费等相关费用的义务。收货人应支付运单所载的所有货物的运输费用，即使货物出现短少情形。运输费用根据承运人所使用的运价规程计算。如果发现装载超重，则对于卸下并装到另一车辆上的货物，应根据发现超载当时的有效运价规程，按单独一批货物计算运费。如果发生合同的变更，则按到达办理运输合同变更的车站以前所通过的运输里程和从该站到新目的地的运输里程分别计算运输费用。

(4) 正确填写运单的义务。托运人应对其在运单中所记载的和所声明的事项的正确性负责。

(5) 变更合同的权利。托运人和收货人有权变更货物目的地和收货人，但不能将同一批货物分开进行变更。托运人的变更权，从收货人领到运单时起，或从货物运抵到达国进口国境站时起，即行消失。

但在下列情形下，承运人有权拒绝变更运输合同或者暂缓变更合同：①接到申请书后无法执行；②变更可能违反铁路营运管理规定；③在变更到站的情况下，货物的价值不能抵偿运到新到站的一切预期费用，但能立即交付或能保证这项费用的款额时除外；④在变更到站的情况下，运单记载的承运人发生了变化，但新承运人未同意运送。

(6) 受领货物的义务。收货人有义务领取货物和运单，只有在货物由于承运人的过错而发生质量变化，以致全部或部分不能按原用途使用时，方可拒绝受领。如在货物运到期限届满后10日内承运人未将货物交付给收货人，托运人或收货人有权向承运人提出货物查寻申请书。但货物查寻申请不等于提出货物灭失的赔偿请求。如果货物运到期限届满后30日内承运人未将货物交付收货人，则视为货物已灭失。但如果货物在运到期限届满后6个月内送到，收货人仍有义务受领货物。

5. 铁路的赔偿责任

(1) 责任期间。承运人自承运货物时起，到交付货物时为止，对货物灭失、短少、损坏、运到逾期负责。

(2) 免责事由。对于下列原因引起的货物全部或部分灭失、减量或损坏，铁路不负责任：①由于铁路不能预防和不能消除的情况；②由于货物、容器、包装质量不符合要求或由于货物、容器、包装的自然和物理特性而引起的损坏；③由于托运人或收货人的过失或由于其要求，而不能归咎于承运人；④由于托运人或收货人装车或卸车的原因所造成；⑤由于没有运输该货物所需的容器或包装；⑥由于托运人在托运货物时，使用不正确、不准确或不完全的名称或未遵守《国际货协》的规定；⑦由于托运人将货物装入不适于运输该货物的车辆或集装箱；⑧由于托运人错误地选择了易腐货物运输方法或车辆(集装箱)种类；⑨由于托运人、收货人未执行或未适当执行海关或其他行政手续；⑩出于与承运人无关的原因进行的国家机关检查、扣留或其他行政手续。上述第①和第④事项导致的货物灭失、短少或损坏，由承运人负举证责任。

在下列三种情形下，未履行货物运到期限时，承运人亦免责，但应承担举证责任：①由于承运人不能预防和不能消除的情况；②由于托运人或收货人的过失或由于其要求，而不能归咎于承运人；③由于托运人、收货人或其代理人未执行或未适当执行海关或其他行政手续。

(3) 赔偿限额。《国际货协》根据不同的责任情形，分别规定了相应的赔偿限额：①如果货物灭失或短少，则承运人的赔偿额根据货物价格确定。②当货物重量不足时，如果是由货物自身的自然特性导致的重量减少，承运人仅对超过下列标准的货物重量不足部分负责：液体或生鲜(潮湿)货物重量的2%；干燥货物重量的1%。如果是堆装、散装或罐装货物，每换装一次，上述标准再增加0.3%。如果货物本身的自然特性未导致减量，承运人仅对超过0.2%的货物重量不足部分负责。③货物损坏时，承运人应支付相当于货物价格减低额的款额。④货物运到逾期时，承运人应向收货人支付下列数额的赔偿：逾期不超过总运到期限十分之一时，为运费的6%；逾期超过总运到期限十分之一，但不超过十分之三时，为运费的18%；逾期超过总运到期限十分之三时，为运费的30%。

当声明价格的货物全部或部分灭失时，铁路应按声明价格，或相当于货物灭失部分的声明价格的款额给予赔偿。

6. 赔偿请求与诉讼时效

托运人和收货人有权根据运输合同提出赔偿请求。赔偿请求应附有相应根据并注明请求赔偿的金额，以书面形式提出。但如果双方另有约定，赔偿请求可以电子形式提出。赔偿请求应按每批货物分别提出，但提出返还运输费用多收款额的赔偿请求可按多批货物成组提出；当数批货物编制一份商务记录时，可按商务记录中记载的全部批数提出赔偿请求。如果一批货物的赔偿请求额或应赔款项在23瑞士法郎以内，则不予赔偿。承运人应在收到赔偿请求书之日起的180天内进行审查，并予以答复。如果全部或部分拒绝，应告知索赔人拒绝赔偿的理由。

凡有权向承运人提出赔偿请求的人，即有权根据运输合同提起诉讼。只有提出赔偿请求后，才可提起诉讼。根据运输合同向承运人提出的赔偿请求和诉讼，以及承运人对托运人或收货人关于支付运输费用和赔偿损失的要求和诉讼，可在9个月内提出；但货物运到逾期的赔偿请求和诉讼，应在2个月内提出。诉讼时效按以下规定计算：①关于货物损坏或部分灭失以及运到逾期的赔偿，自货物交付之日起计算；②关于货物全部灭失的赔偿，自货物运到期限期满后30日起计算；③关于退还运费多收部分的赔偿请求，自支付运费之日起计算；④对于其他要求，自查明提出赔偿请求依据的情况之日起计算。

三、国际货物多式联运

(一) 国际货物多式联运概述

国际货物多式联运(International Multimodal Transport)是指按照多式联运合同，以至少两种不同的运输方式，由多式联运经营人将货物从一国境内接管货物的地点运至另一国境内指定交付货物的地点。为履行单一方式运输合同而进行的该合同所规定的货物交接业务，不应视为国际多式联运。20世纪60年代以后，国际海上集装箱运输业迅速发展，国际货物多式联运也随之迅速发展。在多式联运过程中，各种运输方式的运输责任制度是不一致的。在全程运输中，多式联运经营人究竟应按照何种责任制度承担责任，常成为争议所在。因此，统一规定多式联运经营人的责任制度，是开展多式联运必须解决的问题。1975

年,国际航运商会制定了《联运单证统一规则》,规定多式联运采用网状责任制度,即按货损发生区段适用的国际公约或国内立法规定办理。如货物损坏发生在海上,则按海运的国际公约或各国适用的海运法规办理;发生在公路、铁路、内河或航空运输区段,则按各运输方式适用的公约或国内法办理。如果货物损坏的发生区段不能确定,则按《联运单证统一规则》的有关规定处理。该规则是非强制性的,目前各国联运经营人的多式联运提单大多遵循《联运单证统一规则》的规定。

(二) 联合国国际货物多式联运公约

发展中国家为了摆脱海运发达国家对国际多式联运的控制,发展自己的多式联运业务,从1973年开始,经过7年谈判,在联合国贸易和发展会议的主持下,于1980年5月制定了《联合国国际货物多式联运公约》(United Nations Convention on International Multimodal Transport of Goods)。公约由序言、8个部分共40条和1个关于海关事项的附则所组成,包括总则、单据、联运人的赔偿责任、发货人的赔偿责任、索赔和诉讼、补充规定、海关事项及最后条款。但此公约目前尚未生效。

1. 公约的适用范围

公约适用于货物起运地和(或)目的地位于缔约国境内的国际货物多式联运合同。公约规定,国际多式联运需同时具备下列6个条件:①必须有一个多式联运合同;②必须使用一份包括全程的多式联运单据;③必须至少是两种不同运输方式的连贯运输;④必须是国际货物运输;⑤必须由一个多式联运经营人对全程运输总负责;⑥必须是全程单一的运费费率。

2. 多式联运单据

多式联运单据(Multi-model Transport Document)是证明多式联运合同和多式联运人接受货物并负责按照合同条款交付货物的单据,是该单证所载明的货物由多式联运经营人接管的初步证据。如果多式联运单证以可转让的方式签发,而且转让给善意信赖该单证所载明的货物状况的、包括收货人在内的第三方,则多式联运经营人提出的相反证据不予接受。多式联运经营人接管货物时,应签发多式联运单证。多式联运单证应由多式联运经营人或经其授权的人签字。多式联运单证上的签字,如不违背签发多式联运单据所在国的法律,可以是手签,也可以是手签笔迹的复印、盖章、符号或用任何其他机械或电子仪器打出。

根据发货人的选择,多式联运经营人可以签发可转让单证或不可转让单证。多式联运单证以可转让的方式签发时,应列明按指示或向持有人交付。如列明按指示交付,经背书后单证可转让;如列明向持票人交付无须背书即可转让。多式联运单证以不可转让的方式签发时,应指明记名的收货人。多式联运经营人将货物交给此种不可转让的多式联运单证所指明的记名收货人或经收货人正式指定的其他人后,该多式联运经营人即已履行其交货责任。

多式联运单证应当载明下列事项。

(1) 货物品类、识别货物所必需的主要标志、对危险货物的危险特性的明确声明、包数或件数、货物的毛重或以其他方式表示的数量,所有这些事项由发货人提供;

(2) 货物外表状况;

(3) 多式联运经营人的名称和主要营业地;

(4) 发货人名称;

(5) 收货人的名称,由发货人指定;

(6) 多式联运经营人接管货物的地点和日期;

(7) 交货地点;

(8) 在交付地点交货的日期或期间,如双方有明确协议;

(9) 表示该多式联运单证为可转让或不可转让的声明;

(10) 多式联运单证的签发地点和日期;

(11) 多式联运经营人或经其授权的人的签字;

(12) 如双方有明确协议,每种运输方式的运费,或者应由收货人支付的运费,包括用以支付的货币,或者关于运费由收货人支付的其他说明;

(13) 预期经过的路线、运输方式和转运地点,如在签发多式联运单证时已经确知;

(14) 声明:国际多式联运遵守公约的各项规定,任何背离公约并损害发货人或收货人的规定无效;

(15) 如不违背多式联运单证签发的国家的法律,双方同意列入多式联运单证的任何其他事项。

虽然公约列明了15项单据应列明的内容,但多式联运单证缺少其中的一项或数项,并不影响该单证作为多式联运单证的法律性质,前提是该单证必须符合上述第1条第4款的规定。如果多式联运经营人意图诈骗,在多式联运单证上列入有关货物的不实资料,或漏列上述第(1)项或第(2)项,则须赔偿包括收货人在内的第三方因信赖该多式联运单证所载明的货物状况行事而遭受的任何损失,且不得享有公约规定的赔偿责任限制。

如果多式联运经营人或代其行事的人知道或有合理的根据怀疑,多式联运单证所列货物的品类、主要标志、包数和件数、重量或数量事项不能准确地表明实际接管的货物,或无适当方法进行核对,则该多式联运经营人或代其行事的人应在多式联运单证上作出保留,注明不符之处、怀疑的根据或无适当的核对方法。如果多式联运经营人或代其行事的人未在多式联运单证上对货物的外表状况加以批注,则应视为他已在多式联运单证上注明货物的外观状况良好。

3. 多式联运经营人的赔偿责任

1) 责任期间

多式联运经营人对货物的责任期间,即货物在联运经营人的掌管期间,自其接管货物之时起到交付货物时为止。多式联运经营人从下列一方接管货物之时起即视为货物在联运经营人的掌管之下:发货人或代其行事的人;根据接管货物地点适用的法律或规章,货物必须交付运输的当局或其他第三方。下列情形之一出现,即视为联运经营人交付货物:将货物交给收货人;如果收货人不向多式联运经营人提取货物,则按照多式联运合同或按照交货地点适用的法律或特定行业惯例,将货物置于收货人支配之下;根据交货地点适用的法律或规章,将货物交给必须向其交付的当局或其他第三方。

2) 责任形式

多式联运经营人的责任制度形式，主要有两种基本类型，即网状责任制和统一责任制。根据网状责任制，多式联运经营人的责任根据货物损害的发生区段的法律予以确定。网状责任制充分体现了多式联合运输的"复合性"，但是当货物发生损害的阶段难以确定时，这一责任制难以适用。统一责任制则指多式联运经营人对全程运输负责，并且全程运输采用单一的责任制度。公约采用了统一责任制，即如果造成灭失、损坏或迟延交货的事故发生于多式联运经营人掌管货物的期间，多式联运经营人对于货物的灭失、损坏和延迟交付所引起的损失，应负赔偿责任。但值得注意的是，公约的统一责任制是比较特殊的，因为根据公约第19条，如果货物的灭失或损坏发生于多式联运的某一特定区段，而对这一区段适用的一项国际公约或强制性国家法律规定的赔偿限额高于公约规定的赔偿限额，则多式联运经营人对这种灭失或损坏的赔偿限额，应按该公约或强制性国家法律予以确定。也就是说，如果能够确定货物灭失或毁损发生的运输区段，而该运输阶段可适用的现行国际公约或国内法所规定的赔偿限额，高于多式联运公约所规定的赔偿限额，则多式联运经营人应按照国际公约或国内法的规定赔偿货物的毁损灭失，即以限额较高者为准。

3) 归责原则

公约实行推定过错原则，即如果造成货物灭失、损害或者延迟交货的事故发生于多式联运经营人掌管的期间，多式联运经营人对于货物的灭失、损害和延迟交付所引起的灭失，均应承担赔偿责任，除非多式联运经营人证明其本人、受雇人或代理人为避免事故的发生及其后果已采取一切所能合理要求的措施。如果在交货日期届满后连续90日内货物仍未交付，即可认为货物已经灭失。如果货物未在明确约定的时间内交付，或者如无此种协议，未在按照具体情况对一个勤勉的多式联运经营人所能合理要求的时间内交付，即为迟延交货。

4) 责任限额

多式联运经营人赔偿责任限制为每件或每一运输单位920特别提款权，或按货物毛重计算，每千克2.75特别提款权，两者以较高者为准。但是，如果根据合同国际多式联运不包括海上或内河运输，则多式联运经营人的赔偿责任以灭失或损坏货物毛重每千克不得超过8.33特别提款权为限。多式联运经营人对延迟交货造成损失所负的赔偿责任限额，以相当于延迟交付货物应付运费的2.5倍的数额为限，但不得超过多式联运合同规定的应付运费的总额。经多式联运经营人和发货人之间协议，多式联运单证中可规定超过公约规定的赔偿限额。

如经证明，货物的灭失、损坏或延迟交付是由于多式联运经营人有意造成或明知可能造成而由轻率的行为或不行为所引起的，则多式联运经营人无权享有赔偿责任限制的利益。

4. 索赔期间和诉讼时效

货物损害索赔通知应于收到货物的次一工作日之前以书面形式提交多式联运经营人，延迟交付损害索赔通知必须在收到货物后60日内以书面形式提交。诉讼或仲裁时效期间为2年，自货物交付之日起或应当交付之日起计算。但是，如果在货物交付之日后6个月内，或者如果货物未能交付，在本应交付之日后6个月内，没有提出说明索赔性质和主要事项的书面索赔通知，则在此期限届满后失去诉讼时效。

复习思考题

1. 简述提单的作用和种类。
2. 简要评析《海牙规则》《维斯比规则》和《汉堡规则》。
3. 简述国际海上货物运输合同当事人的权利与义务。
4. 简述海上承运人免责的条件。

第八章
国际货物运输保险法律制度

本章概要 本章介绍国际货物运输保险法的主要内容,具体包括国际货物运输保险的基本原则、国际货物运输保险合同、国际货物运输保险的种类、保险条款、承保范围、英国海上货物运输保险法律制度、中国人民保险公司保险条款。

本章学习目标 了解国际货物运输保险的基本原则,掌握伦敦保险协会货物保险条款及中国人民保险公司《海洋运输货物保险条款》的主要内容。

第一节 国际货物运输保险概述

一、国际货物运输保险的概念

国际货物运输保险是指进出口商对进出口货物,按照一定的险别向保险公司投保、交纳保险费,当货物在国际货物运输途中遇到风险时,由保险公司对进出口商因保险事故造成的货物损失和产生的责任负责赔偿。国际货物运输保险属于财产保险,种类包括海上货物运输保险、航空货物运输保险、陆上货物运输保险与多式联运保险。其中,海上货物运输保险起源最早、历史最悠久,陆上、航空、多式联运等货物运输保险都是在海上货物运输保险的基础上发展起来的。

二、国际货物运输保险的基本原则

(一) 最大诚信原则

最大诚信原则是在诚信原则基础上发展而来,最早出现在英国的海上保险法中。海上货物运输保险合同的当事人应该在签订和履行保险合同的过程中,恪守最大限度的诚信,互不隐瞒欺骗,投保人应如实告知与保险标的有关的重要事实,不违反其在保险合同中所做的保证,保险人应当向投保人说明保险合同的条款内容。

(二) 可保利益原则

可保利益原则,又称保险利益原则,是指投保人在保险标的上因具有某种利害关系而享有的为法律所承认的经济利益。就货物运输保险而言,保险利益主要是货物本身的价值,但也包括与此相关的费用,如运费、保险费和预期利润等。它体现了投保人与保险标的之间的利害关系。根据此原则,投保人对保险标的应当具有保险利益,否则保险合同无效。需要注意的是,国际货物运输保险仅要求被保险人在保险标的发生损失时必须具有保险利益,而不是一定要在投保时便具有保险利益。

(三) 近因原则

近因是指导致损失发生的最直接、最有效、起决定性作用的原因。在发生损失的情况下,只有导致保险标的损失的近因在保险责任范围之内,保险人才对保险标的的损失负赔偿责任,这就是近因原则。

(四) 损失补偿原则

损失补偿原则是指当保险标的发生保险责任范围内的损失时,保险人必须在保险责任范围内对被保险人所受损失进行补偿,但保险人的赔偿金额以保险金额或被保险人所遭受的实际损失为限。保险赔偿的目的在于弥补被保险人由于保险标的遭受损失而失去的经济利益,因此被保险人不会因保险赔偿而获得额外的利益。

三、国际货物运输保险合同

(一) 国际货物运输保险合同当事人

国际货物运输保险合同的当事人包括保险人与投保人。保险人又称承保人,是指与投保人订立保险合同,并按照合同约定在保险事故发生后承担赔偿责任的人。投保人也叫要保人或保单持有人,是指与保险人订立保险合同,并按照合同约定负有支付保险费义务的人。在国际货物运输中,投保人通常就是被保险人。被保险人是指其财产受保险合同保障,享有保险金请求权的人。

(二) 国际货物运输合同的保险标的、保险风险与保险事故

保险标的又称保险对象,在国际货物运输保险中,保险标的为国际货物运输中的货物。保险风险,是指尚未发生的、能使保险标的遭受损害的危险或事故,如自然灾害、意外事故等。保险事故是已经发生的保险危险,它是引起保险人支付补偿的依据。

(三) 国际货物运输合同的保险价值、保险金额与保险费

保险价值是投保人投保财产的实际价值。保险金额是指保险人承担赔偿责任的最高限额。保险金额通常不得超过保险价值。保险费是投保人向保险人支付的费用。

(四) 国际货物运输合同的保险责任和保险期间

保险责任是保险人对约定的保险风险造成的损失所承担的赔偿责任。保险期间就是保险人承担责任的期间,只有在保险期间发生保险事故,保险人才承担赔偿损失的责任。

第二节　国际海上货物运输保险法律制度

一、海上货物运输保险范围

海上货物运输保险承保的风险包括海上风险和外来风险。海上风险包括自然灾害和海上意外事故。自然灾害有恶劣气候、雷电、海啸、洪水、地震、火山爆发以及其他人力不可抗拒的自然现象造成的灾害。海上意外事故一般是海上航行过程中无法预防的事故，包括船舶触礁、搁浅、碰撞、沉没、火灾、爆炸、失踪、倾覆、投弃等，还包括海盗行为、船长和船员的不法行为。外来风险指海上风险以外的外来原因造成的危险，包括盗窃、破损、串味、渗漏、短量、破碎、钩损等原因造成的一般外来风险，以及战争、武装冲突、暴动、罢工等造成的特殊外来风险。

根据海损程度的不同，海损可以分为全部损失和部分损失。全部损失是指被保险的货物由于承保风险造成的全部灭失或视为全部灭失，又分为实际全损和推定全损。实际全损是指保险标的物全部灭失，或标的物受到严重损坏完全失去原有形体、效用，或被保险人已无可挽回地丧失了保险标的物，或船舶失踪，经过一段合理时间之后仍无音讯等情况。推定全损是指货物发生保险事故后，认为实际全损已经不可避免，或者避免发生实际全损所需支付的费用与继续将货物运抵目的地的费用之和超过保险价值的情况。保险标的发生推定全损，被保险人要求保险人按照全部损失赔偿的，应当向保险人委付保险标的。保险人可以接受委付，也可以不接受委付。保险人接受委付的，被保险人对委付财产的全部权利和义务转移给保险人。

部分损失指货物所遭受的损失没有达到全损程度的一种损失，分为单独海损和共同海损两种。单独海损是指由保险事故直接造成的保险货物的部分损失。共同海损是指在同一海上航程中，船舶、货物或其他财产遭遇共同危险，为了共同安全或使航程得以继续完成，船长有意采取合理措施所造成的特殊牺牲或支付的特殊费用。

二、保险人与被保险人的权利义务关系

海上货物运输保险合同的被保险人负有最大诚信的义务，被保险人应当将其所知道的或者在通常业务中理应知道的有关影响保险人据以确定保险费率或者确定是否同意承保的重要情况，如实告知保险人。如果被保险人没有履行如实告知的义务，保险人有权解除保险合同。被保险人应当支付保险费，遵守合同规定的保证条款。一旦保险事故发生，被保险人应当立即通知保险人，并采取必要的合理措施，防止或者减少损失。

发生保险事故造成损失后，保险人应当及时向被保险人支付保险赔偿。赔偿的金额以保险金额为限。保险人向被保险人支付保险赔偿前，可以要求被保险人提供与确认保险事故的性质和损失程度有关的证明和资料。被保险人为防止或者减少根据合同可以得到赔偿的损失而支出必要的合理费用。为确定保险事故的性质、程度而支出的检验、估价的合理费用，以及为执行保险人的特别通知而支出的费用应另行支付。

保险标的发生全损，保险人支付全部保险金额的，取得对保险标的的全部权利。但保险人有权放弃对保险标的的权利，全额支付合同约定的保险赔偿，以解除对保险标的的义务。保险人还享有代位求偿权(Subrogation)，保险标的发生保险责任范围内的损失是由第三人造成的，被保险人有向第三人要求赔偿的权利，自保险人支付赔偿之日起，相应地转移给保险人。

三、海上货物运输保险条款与险别

世界各国的主要保险公司大多根据不同风险的特点及损失率，制定了自己的保险条款。其中，影响最大的是英国伦敦保险协会制定的海上货物运输保险条款，即《协会货物保险条款》(Institute Cargo Clauses，ICC)。中国人民保险公司也根据《协会货物保险条款》的基本原则，并结合我国实际制定了保险条款。

(一) 《协会货物保险条款》

1963年，伦敦保险协会推出《协会货物保险条款》，但仍依附于劳合社S.G.保单而存在，保险人承保海上货物运输保险时，需要在原有S.G.保单的基础上加贴《协会货物保险条款》，导致保险单包含的保险责任更加混乱，这遭到很多国家的贸易、航运和保险界人士的批评。伦敦货物保险协会在1982年对原有保险条款进行了一次实质性的变革，彻底取代了沿用几百年的古老的S.G.保险单和1963年《协会货物保险条款》。1982年的《协会货物保险条款》包括A条款、B条款、C条款、战争条款、罢工条款和恶意损害条款，一共6种。A、B、C条款完全取代了1963年的一切险、水渍险和平安险，告别了名不副实的一切险、水渍险和平安险的名称框架体系。除此之外，1982年的协会货物保险条款还增加了保险利益条款、续运费用条款、增值条款、放弃条款和英国法律与惯例条款，扩大了被保险人的义务范围。《协会货物保险条款》于2008年被再次修订，并于2009年正式生效。2009年版本并没有对原有条款进行实质性的变革，仅是对原有条款作了一些合乎时宜的修订。

1. 保险风险

(1) 条款A承保。条款A承保除外责任以外的一切风险所造成的保险标的的损失。一切险是被普遍使用的货物保险，货方的举证责任较小。条款A不承保：①可归咎于被保险人蓄意不当行为(Willful Misconduct)造成的损失、损害或费用；②保险标的的通常渗漏、通常重量或体积损失或通常磨损；③保险标的的包装不足或不当(Insufficiency or Unsuitability of Packing or Preparation)造成的损失或损坏，如该包装由被保险人或其雇员实施，或者在保险订立前已完成；④保险标的的固有缺陷或性质引起的损失、损害或费用；⑤因迟延导致的损失、损害或费用，即使该迟延是由承保风险所导致；⑥因船东、船舶管理方、租船方或船舶运营方的支付不能或经济困境(Insolvency or Financial Default)而导致的损失、损害或费用，而被保险人在保险标的的装载于船上时已知道，或者在正常业务过程中应当知道上述支付不能或经济困境可能导致航程无法正常进行，但此除外责任不适用于善意第三人，即如果保险合同已经转让给善意受让该保险合同的第三方，而第三方根据保险合同提出索赔要求时，保险人仍应承担赔偿责任；⑦因使用原子或核裂变和/或聚变，或其他类似反应或放射性力量或物质所制造的武器或装置而直接或间接导致的损失、损害或费用。

条款A也不承保由以下原因导致的损失、损害或费用：①船舶、船只不适航，或者船舶、船只不适合安全地运输保险标的，而保险标的装载于船舶或船只上时，被保险人对于上述不适航或不适合情况已经知情；②在集装箱或运输工具之内或之上实施装载时，该集装箱或运输工具不适合安全地运输保险标的，且上述情形发生于保险合同订立前，或者由被保险人或其雇员实施，并且其在实施装载时对于上述不适合情况已经知情，但此项除外责任的规定不适用善意购买保险标的的第三人；③保险人放弃船舶适航的默示保证或放弃船舶适合运输保险标的至目的地的默示保证；④战争、内战、革命、叛乱、颠覆或因此引起的内乱，或交战国的敌对行为或对抗交战国的行为；⑤捕获、拘留、扣留、禁制、扣押(海盗行为除外)以及这种行动的后果或这方面的企图；⑥遗弃的水雷、鱼雷、炸弹或其他遗弃的战争武器；⑦由罢工、停工、暴动或内乱所导致或罢工、停工、工潮、暴动或内乱所引发；⑧恐怖主义行为或代表组织或者与组织有关联的行为，而该组织旨在通过暴力或武力方式直接推翻或改变政府；⑨任何人出于政治、信仰或宗教目的实施的行为。

(2) 条款B承保。保险标的损失可合理归因于：①火灾或爆炸；②船舶或驳船搁浅、触礁、沉没或倾覆；③陆上运输工具的倾覆或出轨；④船舶、驳船或其他运输工具同除水以外的任何外界物体碰撞或接触；⑤在避难港卸货；⑥地震、火山爆发或雷电；⑦共同海损牺牲；⑧抛货或浪击落海；⑨海水、湖水或河水进入船舶、驳船、其他运输工具、集装箱或海运集装箱贮存处所；⑩货物在船舶或驳船装卸时落海或跌落造成任何整件的全损。

(3) 条款C承保。保险标的损失可合理归因于：①火灾或爆炸；②船舶或驳船遭受搁浅、触礁、沉没或倾覆；③陆上运输工具的倾覆或出轨；④船舶、驳船或运输工具同除水以外的任何外界物体碰撞；⑤在避难港卸货；⑥共同海损的牺牲；⑦抛货。

在实际业务中，条款B和条款C使用较少。

2. 保险责任期间

保险人的保险责任始于在仓库或在储藏货物的地方首次移动货物的时候。1982年协会货物保险条款项下的保险责任期间始于被保险货物运离仓库的时候，显然2009年协会货物保险条款提前了保险责任开始的时间，更有利于被保险人。保险人的保险责任终止时间则取决于以下4个时间点，以最先发生者作为保险责任的实际终点：①在保险合同载明的目的地最后仓库或储存处所，从运输车辆或其他运输工具上完成卸货；②在保险合同载明的目的地任何其他仓库或储存处所，或在中途任何其他仓库或储存处所，从运输车辆或其他运输工具上完成卸货，上述任何其他仓库或储存处所是由被保险人或者其雇员选择用作在正常运送过程之外的储存货物，或分配货物，或分派货物；③被保险人或其雇员在正常运输过程之外选择任何运输车辆或其他运输工具或集装箱储存货物；④自保险标的在最后卸货港卸离海轮满60天为止。以上4种情形，一旦有一种情形先发生，则保险人的保险责任终止，保险人不再承担保险赔偿责任。

3. 保险合同的终止

在被保险人无法控制的情况下，运输合同在原定目的港以外的港口或地点终止，或由于其他原因在保险标的未能如约定卸货前该运送即告终止时,则保险合同亦同时终止,但是如果保险人立即接到通知并被要求继续履行保险合同,保险人此时有权加收保险费,保险合同仍然有效,直到下列情形之一发生方才终止:①保险标的已在该港或该地出售并交付,或保险标的到达该港或该地届满60天,以先发生者为保险合同终止时间;②如保险标的在上述60天内(或在任何协议延长之期间)运往保险合同所定的目的地或其他目的地时,保险合同的效力于保险责任终止时失效。如无上述情形发生,在被保险人无法控制的任何运输延迟、绕航、被迫卸货、重新装载、转运以及承运人运用运输合同授予的权力所作的任何航海变更的情况下,保险合同仍然有效。

另外,当保险责任开始后,被保险人如变更目的地,应立即通知保险人,并另行商定保险费率和条件。在此费率和条件达成一致前,出现保险事故,只有在保险费率和保险条件符合合理的市场行情的情况下,保险合同才会仍然有效,否则保险合同将失去效力。

(二) 中国人民保险公司《海洋运输货物保险条款》

中国人民保险公司以伦敦协会货物保险条款为蓝本,于1951年首次制定了《海洋运输货物保险条款》。该条款于1981年修订,主要内容如下所述。

1. 责任范围

我国《海洋运输货物保险条款》的险别分为基本险和附加险两大类。基本险可以单独投保,包括平安险、水渍险、一切险。

平安险在三种基本险中承保责任范围最小,其英文为Free From Particular Average,意指单独海损不赔。具体来说,平安险的承保范围为:①被保险货物在运输途中由于恶劣气候、雷电、海啸、地震、洪水自然灾害造成整批货物的全部损失。②由于运输工具遭受搁浅、触礁、沉没、互撞、与流冰或其他物体碰撞、失火、爆炸等意外事故造成货物的全部或部分损失。③在运输工具已经发生搁浅、触礁、沉没、焚毁意外事故的情况下,货物在此前又在海上遭受恶劣天气、雷电、海啸等自然灾害所造成的部分损失。依此项的规定,如果货物的致损原因中既有自然灾害,又有意外事故,则保险人对因此而造成的部分损失承担赔偿责任。④在装卸或转运时由于一件或数件整件货物落海造成的全部或部分损失。⑤被保险人对遭受承保责任内危险的货物采取抢救、防止或减少货损的措施而支付的合理费用,但以不超过该批被救货物的保险金额为限。⑥运输工具遭遇海难后,在避难港由于卸货所引起的损失以及在中途港、避难港由于卸货、存仓以及运送货物所产生的特别费用。⑦共同海损的牺牲、分摊和救助费用。⑧运输契约订有"船舶互撞责任"条款,根据该条款规定由货方偿还船方的损失。从上述①、②项可以看出,在发生"自然灾害"时,保险人只赔偿全部损失;而发生"意外事故"时,保险人既赔偿全部损失,又赔偿部分损失,显然赔偿范围已突破了平安险只赔全部损失的传统,我国《海洋运输货物保险条款》规定的平安险已经和其原意不符。

水渍险的责任范围比平安险大,除承保平安险的责任外,还承保被保险货物在运输过程中,由于恶劣天气、雷电、海啸、洪水以及地震等自然灾害造成的部分损失。

一切险承保的责任范围除包括平安险和水渍险的全部责任外,还负责被保险货物在运输中由于外来原因所致的全部或部分损失。它是国际海上货物运输保险中承保责任范围最大的一种基本险别。

附加险包括一般附加险、特殊附加险和特别附加险，不能单独投保。一般附加险包括偷窃、提货不着险、淡水雨淋险、短量险、渗漏险、混杂沾污险、碰损破碎险、串味险、受潮受热险、钩损险、包装破碎险和锈损险。特殊附加险承保的险别有交货不到险、进口关税险、舱面险、拒收险、黄曲霉素险、出口货物到中国香港(九龙)或中国澳门存仓火险责任扩展险、卖方利益险。特别附加险主要包括战争险、战争险的附加费用和罢工险两类。

2. 除外责任

保险公司对于由下列原因造成的损失不负赔偿责任：①被保险人的故意行为或过失所造成的损失。②属于发货人责任所引起的损失。③在保险责任开始前，被保险货物已存在品质不良或数量短差所造成的损失。④被保险货物的自然损耗、本质缺陷、特性以及市价跌落、运输迟延所引起的损失或费用。⑤陆上货物运输战争险和货物运输罢工险条款规定的责任范围和除外责任。我国《海洋运输货物保险条款》规定的除外责任少于《协会货物保险条款》规定的除外责任。当事人在采用《海洋运输货物保险条款》时，还需要注意我国《海商法》规定的保险人除外责任。

3. 责任期间和索赔时效

保险责任的起讫时间，《海洋运输货物保险条款》采用的是仓至仓条款(Warehouse-to-Warehouse-Clause，W/W Clause)，即保险责任自被保险货物运离保险单所载明的起运地仓库或储存处开始运输时生效，包括正常运输过程中的海上、陆上、内河和驳船运输在内，直到该项货物到达保险单所载明目的地收货人的最后仓库或储存处所，或被保险人用作分配、分派或非正常运输的其他储存处为止。如未抵达上述仓库或储存处，则以被保险货物在最后卸载港全部卸离海轮后满60天为止。如在上述60天内被保险货物需转运到保险单所载明目的地时，则以该项货物开始转运时终止。显然我国《海洋运输货物保险条款》的规定表明保险人的责任期间更短一些，但这对被保险人来说相对不利。

由于保险人无法控制的运输延迟、绕道、被迫卸货、重新装载、转载或承运人运用运输契约赋予的权限所作的任何航海上的变更或终止运输契约，致使被保险货物运到非保险单所载明的目的地时，在被保险人及时将获知的情况通知保险人，并在必要时加缴保险费的情况下，保险合同仍继续有效，保险责任按下列规定终止：①被保险货物如在非保险单所载明的目的地出售，保险责任至交货时为止，但不论任何情况，均以被保险货物在卸货港全部卸离海轮后满60天为止。②被保险货物如在上述60天期限内继续运往保险单所载原目的地或其他目的地时，保险责任仍按通常情形终止。

保险索赔时效，从被保险货物在最后卸货港运离运输工具后起算，最多不超过2年。

4. 被保险人的义务

被保险人应按照以下要求办理有关事项，如因未履行规定的义务而影响保险人利益，保险公司有权对有关损失拒绝赔偿：①当被保险货物运抵保险单所载明的目的地港以后，被保险人应及时提货，当发现被保险货物遭受任何损失，应立即向保险单上所载明的检查、理赔代理申请检验；如发现被保险货物件数短少或有明显残损痕迹，应立即向承运人、受托人或有关当局索取货损货差证明；如果货损货差是由承运人、受托人或其他有关方面的责任所造成,应以书面形式向他们提出索赔,必要时还需取得延长时效的认证。②对遭受承保责任内风险的货物,被保险人和保险公司都可以迅速采取合理的措施,防止或减少货物的损失。被保险人采取此项措施,不应视为放弃委付的表示;保险公司采取此项措施,也不得视为接受委付的表示。③如遇航程变更或发现保险单所载明的货物、船名或航程有遗漏或错误时,被保险人应在获悉后立即通知保险人,并在必要时加缴保险费,该保险才继续有效。④在向保险人索赔时,必须提供下列单证:保险单正本、提单、发票、装箱单、磅码单、货损货差证明、检验报告及索赔清单。如涉及第三者责任,还需提供责任方追偿有关函电及其他必要的单证或文件。⑤在获悉有关运输契约中船舶互撞责任条款的实际责任后,应及时通知保险人。

第三节 国际航空、陆运货物运输保险法律制度

一、国际航空货物运输保险

(一) 伦敦保险业协会《航空运输货物保险条款》

比较有影响力的国际航空货物运输保险法律是伦敦保险业协会的《航空运输货物保险条款》。根据该条款,国际航空货物运输保险通常采用一切险承保责任,保险公司负责承担航空运输险的全部责任,还负责被保险货物由于外来原因所致的全部或部分损失。该条款规定因战争、罢工和下列原因所致的货物的灭失、毁损或费用均不负责:可归属于被保险人的故意或违法行为的灭失、损毁或费用;保险标的物的漏损、失重或自然消耗;由于保险标的物的不良或不良包装或搭配所引起的灭失;由于运载工具对保险标的物的不安全运送原因所引起的灭失、毁损或费用,但仅限于被保险人或其受雇人,对于保险标的物运载工具已不适合,并且已知情者,保险标的物的固有瑕疵或本质缺陷所引起的灭失、毁损或费用;由于迟延交付原因所致的灭失、毁损或费用;由于运输飞机的所有人、经理人、租用人或营运人的破产或债务所引起的灭失、毁损或费用;任何使用原子、核子武器或其他类似武器引起的保险标的物的灭失、毁损或费用。保险期间自保险标的物离开起运地开始至保险单到达所载目的地为止。赔偿责任分为两种:一种是对每一飞机的最高责任额限制;另一种是对每一次空难事故的总责任额的限制。前者是以保障运输货物价值为标准,后者是以保障终点站的集中损失为主,两者都以在损失时目的地货损的实际现金价值为限。

(二) 中国人民保险公司《航空货物运输保险条款》

我国现行的《航空货物运输保险条款》修订于1981年1月1日。该条款的险别分为航空运输险和航空运输一切险两种。航空运输险负责赔偿:①被保险货物在运输途中遭受雷电、火灾、爆炸或由于飞机遭受恶劣气候或其他危难事故而被抛弃,或由于飞机遭受碰

撞、倾覆、坠落或失踪意外事故所造成的全部或部分损失。②被保险人对遭受承保责任内危险的货物进行抢救，防止或减少货损的措施而支付的合理费用，但以不超过该批被救货物的保险金额为限。航空运输一切险除了承担上述航空运输险的责任外，还负责赔偿被保险货物由于外来原因所致的全部或部分损失。

保险人对下列损失不负赔偿责任：①被保险人的故意行为或过失所造成的损失。②属于发货责任所引起的损失。③保险责任开始前，被保险货物已存在的品质不良或数量短差所造成的损失。④被保险货物的自然损耗、本质缺陷、特性以及市价跌落、运输延迟所引起的损失或费用。⑤航空运输货物战争险条款和货物及罢工险条款规定的责任范围和除外责任。

航空货物运输保险采用"仓至仓"条款，自被保险货物运离保险单所载明的起运地仓库或储存处所开始运输时生效，包括正常运输过程中的运输工具在内，直至该项货物运达保险单所载明目的地收货人的最后仓库或储存处所或被保险人用作分配、分派或非正常运输的其他储存处所为止。如未运抵上述仓库或储存处所，则以被保险货物在最后卸载地卸离飞机后满30天为止。如在上述30天内被保险的货物需转送到非保险单所载明的目的地时，则以该项货物开始转运时终止。由于被保险人无法控制的运输延迟、绕道、被迫卸货、重行装载、转载或承运人运用运输契约赋予的权限所作的任何航行上的变更或终止运输契约，致使被保险货物运到非保险单所载目的地时，在被保险人及时将获知的情况通知保险人，并在必要时加缴保险费的情况下，保险继续有效。保险责任按下述规定终止：①被保险货物如在非保险单所载目的地出售，保险责任至交货时为止，但不论任何情况均以被保险的货物在卸载地卸离飞机后满30天为止。②被保险货物在上述30天期限内继续运往保险单所载原目的地或其他目的地时，保险责任仍按上述规定终止。

被保险人应按照以下规定的应尽义务办理有关事项，如因未履行规定而影响保险人利益，保险人对有关损失有权拒绝赔偿：①当被保险货物运抵保险单所载目的地以后，被保险人应及时提货，当发现被保险货物遭受任何损失，应立即向保险单上所载明的检验、理赔代理人申请检验，如发现被保险货物整件短少或有明显残损痕迹，应立即向承运人、受托人或有关当局索取货损货差证明，如果货损货差是由承运人、受托人或其他有关方面的责任造成的，应以书面形式向他们提出索赔，必要时还需取得延长时效的认证。②对遭受承保责任内危险的货物，应迅速采取合理的抢救措施，防止或减少货物损失。③在向保险人索赔时，必须提供下列单证：保险单正本、提单、发票、装箱单、磅码单、货损货差证明、检验报告及索赔清单，如涉及第三者责任还需提供向责任方追偿的有关函电及其他必要单证或文件。

保险索赔时效，从被保险货物在最后卸载地卸离飞机后起计算，最多不超过2年。

二、国际陆运货物运输保险

根据中国人民保险公司于1981年制定的《陆上运输货物保险条款》的规定，保险人承保的基本险有陆运险和陆运一切险，附加险有陆地运输货物战争险，专门险有路上运输冷藏货物保险。陆运险的承保范围是：被保险货物在运输途中遭受暴雨、雷电、洪水、地震等自然灾害,或由于运输工具遭受碰撞、倾覆、出轨、失火、塌方或爆炸等意外事故所造成的全部或部分损失,被保险人对遭受承保责任范围内危险的货物采取抢救、防止或减少损失等措施而支付的合理费用,但以不超过该被救货物的保险金额为限。陆运一切险的责任范围是被保险货物在运输中,出于外来原因造成的短少、短量、偷窃、渗漏、碰损、破碎、钩损、雨淋、生锈、受潮、受热、发霉、串味、沾污等全部或部分损失。陆上运输货物保险的责任期间采用"仓至仓"的责任条款,即保险责任自被保险货物运离保单所载明的起运地仓库或储存处所开始运输时生效,其范围包括正常运输过程中的陆上和其有关的水上驳运在内,直至该项货物运达保险单所载目的地收货人的最后仓库或储存处所或被保险人用作分配、分派的其他储存处所为止。如果没有运抵上述仓库或储存处所,则以被保险货物运抵最后卸载的车站满60天为止。保险索赔时效从被保险货物在最后目的地车站全部卸离车辆后计算,最多不超过2年。

复习思考题

1. 简述国际货物运输保险的基本原则。
2. 简述国际货物运输保险中保险人和被保险人的权利和义务。
3. 简述伦敦保险协会的协会货物保险条款A的主要内容。
4. 比较平安险、水渍险和一切险的责任范围。

第九章
国际贸易支付法

本章概要 本章阐述票据法和国际贸易支付的基本概念和主要内容。通过对票据法的介绍，了解不同类型票据的基本概念，票据法的产生、发展和分类(包括汇付、托收和信用证)，各国票据法和联合国公约的法律规定，以及票据法的整体运行轨迹。

本章学习目标 通过对本章的学习，了解票据、本票、支票、汇票、汇付、托收和信用证的概念，熟悉国际贸易支付的特征和种类，重点是掌握托收、信用证和保理的运作。

第一节 票据与票据法概述

一、票据的性质

(一) 票据的概念

票据(Negotiable Instrument)的概念，有广义和狭义之分。从广义上来理解，票据一般是指用来证明一定事物或设定一定权利而作出的某种凭证，例如股票、债券、货单、车船票、汇票、收据等。狭义的票据是一个专有名词，专指票据法所规定的汇票、本票和支票等票据。从这个意义上来讲，票据是指出票人依据票据法签发的，由本人或委托他人见票时或在票据记载日期无条件支付确定金额给收款人或持票人的一种有价证券。因此，票据通常有三个基本当事人：出票人(Drawer)、付款人(Payer，又称受票人)和收款人(Payee)。本章介绍的是狭义上的票据。

虽然大陆法系国家和英美法系国家对有价证券的表象认识略有不同，但是大多数国家对有价证券实质特征的认识基本一致。无论是大陆法系国家还是英美法系国家都认为有价证券具有以下三个特征：①有价证券是财产权利的体现，其权利内容具有一定的财产价值，而不是单纯的人身关系内容。它可以代表债权，也可以代表物权和股权。而一些仅仅代表人身权利的证书，如结婚证等不属于有价证券。②有价证券是权利和证券的结合体。权利的行使离不开证券，证券权利的发生、转移和行使，都是以证券的存在为前提，且证券的权利具有独立性，凡持有有价证券者或者提示有价证券者基本依法推定为证券权利享有者。③有价证券具有可流通性。有价证券依照交易双方的意思表示合法自由流通转让，不需要证券商的权利人或者第三人同意，也不适用合同法有关权利义务的转让规定。

票据是有价证券的一种，和有价证券有着内在的、本质的联系，持有票据是票据权利发生、行使和转移的必要条件，离开票据就不能主张权利，也不能将票据权利转让给他人。在票据立法方面，不同的国家有不同的规定，英美法系国家一般采取"包括主义"的立法原则，即认为汇票、本票、支票并无实质差别，都由票据法来调整，我国立法也采取这样的立场。而大陆法系国家则采取"分离主义"的立法原则，汇票和本票被纳入票据法，而支票却由专门的支票法来调整，但是它们并没有实质上的区别。

(二) 票据的特征

票据作为依据票据法发行的，以无条件支付一定金额为目的的有价证券，在有价证券体系中有自己的特征。

1. 票据是完整的有价证券

票据权利的产生、转让与交付都是以证券的存在为前提，票据作为货币凭证代表确定数额的金钱，以支付确定金额为标的，因此票据是债权凭证，持票人可以就票据上记载的金额向特定的票据债务人行使兑换请求权和追索权。同时票据还是金钱凭证，持票人可以根据自己所持有的票据要求债务人给付一定金钱，而不是物品或劳务。

2. 票据是设权证券

所谓设权证券，是指票据权利的发生必须首先作成票据，即票据权利由票据行为的出票而创设，没有票据就没有权利。票据权利是与票据的作成同时发生的，票据的作用在于创设一定的权利，因此，票据又是设权证券。

3. 票据是文义证券

票据上的一切权利义务都必须完全以票据法所载文义而定，不能任意解释或者根据票据以外的任何其他文件来确定。也就是说，票据上记载的文义即使有错，也要以该文义为准。例如，当票据上记载的发票日与实际发票日不一致时，应以票据上记载的日期为准。票据的这一特征，主要是为了保护善意持有人，以维护票据安全。

4. 票据是要式票据

票据的制作格式和记载事项都必须严格按照票据法的规定进行，不按照票据法规定制作票据或不按照票据法规定记载事项，会影响票据的效力甚至导致票据无效，票据的签发、转让、承兑、付款、追索等行为均适用严格的形式主义原则。票据上记载的事项又分为应当记载事项和可以记载事项。对于应当记载事项必须记载，否则会导致票据无效，除非票据法另有规定；对于可以记载事项，当事人一经记载，即产生票据法上的效力。

5. 票据为无因证券

所谓无因，是指票据只要具备票据法规定的条件，票据权利就成立，至于票据发生的原因，不必理会。这是因为票据的法律关系只是单纯的金钱支付关系，权利人享有票据权利只以持有票据为必要，至于这种支付关系的原因或者权利人取得票据的原因均可不问，即使这种原因关系无效，对票据关系也不发生影响。票据债务人如果认为持票人取得票据是出于欺诈、恶意或者重大过失等不正当原因，债务人对此负有举证责任。

6. 票据是流通证券

英美法系国家就以"流通证券"来形容票据。这里所说的票据可流通性，是指票据权利的转让要比民商法中的其他权利转让更加方便,其他财产权利的转让应当以通知债务人为要件,而票据权利的转让只需要经过背书或交付的方式即可,不需要通知债务人。一般来说,无记名票据,交付即可转让;记名票据,必须经背书才能转让。

> **案例9-1**
>
> ### 承兑汇票流通后损失案[①]
>
> 20世纪90年代初期,深圳A公司与马来西亚B公司商人签订了一份进口胶合板合同,合同总金额为700万美元,支付方式为D/P,允许分批装运。
>
> 按照D/P方式,第一批价值50万美元的胶合板准时到货,经检验合格;第二批质量与第一批一样。第二批交货后,B商人向A提出:"鉴于贵公司资金周转困难,为帮助贵公司,余款600万美元我方允许贵方采取远期付款。贵公司作为买方,可以接受一张我方开出的见票一年后付款的600万美元的汇票,请中国建设银行深圳分行承兑,承兑后,贵公司可以放心,一年内我方保证将600万美元的胶合板交付贵方。明年今日,贵公司再给我方600万美元的货款。"
>
> 也就是说,A公司现在不付款,只开张远期汇票,B商人就可以交货。收到货后,A公司可以在市场上销售,利用一年的时间,买胶合板的贷款可以用于其他用途,明年到期时,再支付货款。
>
> B商人承兑这张远期汇票并向在新加坡开设的美国银行申请贴现,由于汇票是由中国建设银行承兑的,美国银行向B商人支付了近600万美元的现金,从而成为这张远期汇票的受让人。然而,B商人拿到这笔现金后,拒绝履行合同义务,A公司多次催促其发货,均遭拒绝,不再向A公司交胶合板,随即B公司消失了。
>
> 一年后,新加坡的美国银行持这张已承兑的远期汇票请建设银行深圳分行付款。深圳分行提出:"卖方未交货,我方凭什么付款?"美国银行则认为:"这张汇票上没有提到什么胶合板,只有一句话'见票一年后付600万美元',卖方未交货,就应该去找卖方B,与美国银行无关。B商人是否交货,是否欺骗你们,我行概不知情。我行向B商人付了600万美元才接受了这张远期汇票,我行是善意的对价受让人。"
>
> 通过这个案件我们可以看出,B商人利用了票据的基本特征:首先是流通性,B商人要求信誉良好的建设银行深圳分行承兑,因为承兑后的汇票才能贴现,贴现后,汇票就流通起来了;其次是无因性,票据流通前,本身与其基础关系未分离,票据一旦投入流通,转让给善意的对价受让人,票据本身就与其基础关系相分离;最后是要式性,票据权利义务全凭票据上的文义来确定,票据上的文义未规定的,不能成为任何抗辩的理由。本案中,B公司最后成功骗取了我方大笔款项。为维护国有银行的信誉,经国务院批准,由建设银行深圳分行付给美国银行600万美元。由于我方工作人员的失误,国家遭受了惨重损失,此教训值得永远记住。

[①] 徐南. 国际结算案例与分析[M]. 北京:中国人民大学出版社,2015.

(三) 票据的作用

商品经济的产生和发展促使票据制度的出现，票据制度的完善又在很高程度上促进和推动商品经济的繁荣和发展。票据具有以下基本作用。

1. 汇兑作用

票据的汇兑作用是指票据具有异地兑换或者转移货币资金的作用。在商业交往中，交易双方往往分处两地或远在他国，经常会发生异地之间兑换或转移金钱的需要，如果以现金作为交易工具，不仅会产生运输大量现金的麻烦，还会产生不必要的运输成本和安全风险。如果采用在甲地将现金转化为票据，在乙地再将票据转化为现金的办法，以票据的转移代替现金的转移，则大大减少了上述风险。

2. 信用作用

票据的信用作用是指票据具有使出票人凭借某人信用，于未来将取得的资金作为当前支付能力来使用的作用。票据的这一作用主要体现在汇票和本票上，能够克服金钱支付在时间上的障碍，为保障在一定时间间隔下能享受权利和履行义务，当事人双方必须依法达成协议或者缔结契约。在商业票据中，法律允许该票据经过背书在市场上流通，即通过债权转移来抵销债务。

3. 支付作用

票据的支付作用是指票据具有代表定额货币并可以代替现金支付的功能。汇票、本票和支票的不同作用体现在不同的商业交易中，针对各种交易工具的不同要求，支付这一作用最主要体现在支票上。

4. 融资作用

融资也可以简单地理解为调度资金，票据的这一作用是指票据当事人可以通过票据转让和贴现来融通资金。根据大多数国家的规定，远期汇票具有确定的到期付款效力，在远期汇票还没有到期之前，可以依照贴现规则和转让规则先行转让，以解决短期的融资问题。

二、票据的种类

(一) 汇票

汇票是出票人签发的，委托付款人在见票时或者在指定日期无条件支付确定金额给收款人或者持票人的票据。由于在汇票中存在三方当事人，即出票人、持票人、付款人，由出票人委托付款人无条件支付，所以汇票又被称为"委托证券"。《中华人民共和国票据法》(以下简称《票据法》)规定，票据的付款人可以是商业当事人，也可以是银行。同时，汇票又可以分为见票即付的即期汇票和在未来指定日期经过承兑方可支付的远期汇票。

(二) 支票

支票是指由出票人签发的，委托办理支票存款业务的银行或者其他金融机构在见票时无条件支付确定金额给收款人或者持票人的票据。支票在发票时也有三方当事人，即发票人、收款人和付款人，支票和汇票的不同之处在于支票的付款人是银行，且是见票即付的，这是支票的特征，除此之外，其他方面和汇票大致相同。

(三) 本票

本票是出票人签发的，承诺自己在见票时无条件支付确定金额给收款人或持票人的票据。本票在出票时只有两个当事人，即出票人和收款人。本票是诺成性的票据，在本票中，出票人自己就是付款人。

三、票据法

(一) 票据法的概念和特征

1. 票据法的概念

票据法有广义和狭义之分。广义的票据法是指所有票据法的总称，不仅包括专门的票据法，还包括民法、刑法、诉讼法中关于票据的法律关系的规定；而狭义的票据法则是指规定票据和票据关系的专门立法。因此，票据法是指调整票据关系以及与票据关系有关的其他社会关系的法律规范。票据关系是指票据当事人之间因票据行为而产生的权利义务关系。其他社会关系则是指为保障票据关系的依法产生、变更、实现而产生的社会关系。

2. 票据法的特征

尽管世界各国对票据法的立法体例和具体规定各有不同，但各国票据法的实质并无区别，票据法具有如下特征。

(1) 强制性。票据法虽然属于民商法的立法范畴，但是随着经济的发展，垄断出现，社会经济交往中的主体地位日益不平等，国家逐渐加强对平等主体之间的经济交往的干涉，以帮助处于弱势地位的经济主体，以求实现在经济交往中平等主体之间真正的平等，因此票据法是强制法。在实施票据法的过程中，采取严格的类型法定原则，依据文义主义和要式主义，对非法使用票据者处以刑事处罚或行政处分。

(2) 技术性。从道德的角度进行分类，可以把法律分为伦理道德法和技术性法。相对于"杀人者偿命""欠债者还钱"这些具有比较强烈的道德色彩的法律而言，票据法的制定更多体现技术上的要求，而不去考虑当地的风俗习惯。

(3) 统一性。票据法虽然是世界各国根据自己的实际情况各自制定，但是随着票据跨区域甚至跨国界使用和流通的需要，许多国家的票据法在制定的具体原则上已经趋同，各国立法都试图使本国的票据法和国际票据规则接轨。1930年的《日内瓦统一汇票本票法》和1931年的《日内瓦统一支票法》为许多国家的票据立法提供参考，票据法的国际统一性成为一种不可逆转的发展趋势。

(二) 票据法的立法宗旨

我国《票据法》第1条规定，票据法的宗旨是"为规范票据行为，保障票据活动中当事人的合法权益，维护社会经济秩序，促进社会主义市场经济的发展"。在现代票据法之中，普遍认为票据法的宗旨是保障票据权利的确定和主张票据流通两项，即满足"确定"和"迅速"的要求。所谓的票据权利的确定，是指票据法应当确认任何形式的合法票据，确认这类票据的效力不受票据产生基础的影响。而所谓的票据流通，是指票据法应当保证票据权利人转让票据的权利，并且确保权利转让的迅速和便捷。

(三) 票据的法律原理

1. 票据的无因性原理

(1) 票据以迅捷、简便的方式进行流通。一般来讲，民商法上的财产权利大部分都可以转让，一半的财产转让应以通知债务人为要件；而票据权利的转让无须通知债务人，只需要经过背书或者直接交付即可。一张票据可以经过多次转让，数次易主，但最后的持票人仍然有权要求债务人向其清偿，而票据债务人不得以他没有接到通知为由拒绝付款。这一规定和一般民商法上的债权转让不同。

(2) 强调保护善意第三人。按照一般民法原则，所有人只能把自己所有的权利转让他人，不是自己所有的权利是不能转让给第三人的，如果第三人主张自己是善意的，应负举证责任。在民法原理之下赃物、无主财产等不适用善意取得，且新的债权人通常要承受原权利人在权利上的瑕疵，债务人对原权利人主张的抗辩，对新的权利人也可以主张。而在票据权利转让之中，由于票据的无因性，付款人不管是出于什么原因，持票人都拥有该票据，哪怕这张票据是持票人非法取得的。为了保障票据交易的安全，原则上新的持票人不承受前手在票据上的瑕疵。

2. 票据本身和其基础关系相分离

票据关系是基于票据行为(出票、背书等)而发生的债权债务关系，这是票据本身所固有的法律关系。票据的基础关系是指在票据关系成立之前就已经存在的法律关系，它虽然和票据关系有着某种联系，但处于票据之外，是票据关系产生的基础，所以又被称为非票据关系。基础关系包括票据原因关系、票据资金关系、票据预约关系。

(1) 票据原因关系。票据原因关系是指当事人之间发行、转让、接收票据的依据。票据发行或者转让必然会有一定原因，例如，出票就产生了票据关系，而产生这种出票关系的原因是买卖关系。在不同交易之中会因为不同交易情况而产生不同的票据原因关系，也许是因为买卖关系、借贷关系、赠予关系，也可能是因为担保关系等。尽管票据行为都需要原因关系作为其依据，但各国票据法都规定一旦票据关系成立，票据的原因关系即与票据关系相分离。也就是说，一旦票据经过转手，无论原因关系是否存在或者是否合法有效，都不能影响票据关系。票据权利人行使票据权利时，一般以持有票据为条件。这一原则的确立主要是为了保证交易安全和维护票据流通信用，保护善意受让人的票据权利。

(2) 票据资金关系。票据资金关系是指在汇票和支票的付款人和出票人之间(支票是在出票人与银行之间)进行资金补偿的基础关系。汇票和支票的出票人委托付款人付款，一定是有原因的，这些原因可能是出票人预先将资金存于付款人处、付款人对出票人负有债务、出票人与付款人之间订立信用合同、出票人与付款人之间订有其他合同等，由于这些原因付款人愿意为出票人代为付款，这些原因都被称为资金关系。目前，除法国之外的大多数国家都认为，票据关系和票据资金关系应该相分离，不论出票人和付款人之间是否存在协议或约定，票据的效力不受影响。在这里我们强调，票据的资金关系只存在于汇票和支票之中，由于本票属于自付证券，不存在委托付款的问题，所以也就没有资金关系。票据和资金关系相分离，主要是为了促进票据的流通。

(3) 票据预约关系。票据预约关系是指票据当事人之间在有了原因关系之后、接收票据之前，达成作为授权票据依据的约定而发生的关系。票据预约关系是以授权票据以及票据的有关事项为内容的民法上的合同。票据预约不仅存在于出票人与付款人之间，也存在于背书人与被背书人之间。由于票据预约行为属于民法范畴，世界各国的法律都规定，一旦票据行为成立，就与票据预约行为相分离。换句话来说，即使违反预约行为，只要所签发的票据符合票据法的规定，票据关系仍然成立，违反预约行为只是一种违约行为。票据预约行为的消灭也不影响票据关系，票据仍然有效。

第二节 关于票据的国际统一法

一、西方国家票据法的编制及体系

票据在西方国家出现得比较早，最早出现在古罗马时期，当时称为"自笔证书"，在债权得到实现之后，将证书返还给债务人。到12世纪前后，当时位于地中海地区的各城邦国家在商业交往之中遭遇现金结算的困难，于是在一些专门从事货币兑换的场所出现了一种兑换证书，以供异地取款之用，这种兑换证书成为现代意义的本票和汇票的前身。到16世纪，背书制度开始出现，票据的信用和融资作用变得更为重要，但票据的汇兑作用仍然是票据所追求的基本目的。从这时起，具有现代意义的票据制度开始确立。17世纪末，票据法在世界各国陆续进入成文法阶段，1673年法国路易十四颁布的《商事敕令》和1807年的《法国商法典》，就对汇票、本票相继作出规定。19世纪后期，资本主义各国都制定了自己的票据法。但各国的编制体例各不相同，从形式上看，逐渐形成有代表性的三大法系：①拉丁法系。以法国、比利时、日本等国家为代表，把票据法列入民商法之中。②日耳曼法系。以德国、奥地利、瑞士等国家为代表，采用单行法规的办法。③英美法系。英国采取单行法规的形式，制定了《汇票法》和《支票法》。美国各州原来各自制定了自己的票据法，后来逐渐采用美国《统一商法典》第三编的规定，现在美国的票据法已经趋于统一。

二、具有代表性的统一票据法

随着国际贸易的发展，世界各国都需要制定相关的票据法律来调整当事人之间的债权债务关系，来规范票据内容和行为。在此背景下，各国纷纷制定票据法，有的国家以单行法的方式制定，如中国、英国、德国、日本等；有的国家将票据法规范在商法典中，作为商法典或债权法的组成部分，如法国、比利时和美国等。票据的适用范围也不断扩大，但由于世界各国票据法的编制体例不同,在票据法的具体规定上也存在差异,对票据在各国间的流通十分不利,影响了国际贸易的发展。因此,从19世纪后期开始,国际上就出现了统一票据法运动,直至20世纪才取得实质成果。

(一) 海牙统一票据法

1910年,在德国、意大利两国的倡议下,有31个国家参加了在荷兰海牙召开的国际票据统一会议,会议拟定了《统一汇票本票法(草案)》;1912年,第二次海牙会议又制定了《统一支票法(草案)》。这些有关汇票、本票和支票的规则和公约被称为《海牙统一票据法》。但由于第一次世界大战的爆发,《海牙统一票据法》未能获得参加国政府的批准,此项工作被迫中止,没有取得预期效果。

(二) 日内瓦统一票据法

第一次世界大战之后,在国际联盟的组织下,于1930年在日内瓦召开了有31个国家参加的国际票据法统一会议,这次会议签署了三个公约:《统一汇票本票法公约》《解决汇票本票法律冲突公约》《汇票本票印花税公约》。1930年和1931年制定的这些公约统称为《日内瓦统一票据法公约》。由于该公约集中了三大法系的优点,受到许多国家重视,尤其是大陆法系国家。该公约使拉丁法系国家和日耳曼法系国家在票据法上的差异逐渐消除。

(三) 联合国统一票据法

《日内瓦统一票据法公约》的通过与签署,在很高程度上解决了大陆法系国家在票据法上的分歧,但没有根本解决英美法系和大陆法系的分歧,也就是说,《日内瓦统一票据法公约》未能解决世界范围内的票据法分歧。为了促进贸易的发展,联合国国际贸易法委员会于1988年通过了《国际汇票本票公约》,旨在协调两大法系票据法的差异。

(1) 在票据形式要求方面,英美法系和《日内瓦统一票据法公约》存在一个重要的差异:英美法系对于票据的形式问题采取比较灵活的态度;而《日内瓦统一票据法公约》则采取严格的形式主义。该公约规定汇票必须注明"汇票"字样,必须载明出票期,不得开具无记名票据等。联合国《国际汇票本票公约》在这个问题上基本采用了英美法系的原则,不对汇票形式作特别规定,但在公约中又规定:①汇票必须载明出票日;②不得开具无记名式国际汇票,但背书人可以用空白背书的方法,使汇票在实际上成为空白汇票。因为经过空白汇票背书之后,其受让人将汇票再度转让时,无须背书,交出汇票即可。

(2) 在持票人保护方面,英美法系把持票人分为持票人和正当持票人;而《日内瓦统一票据法公约》则对"合法持票人"的条件作了规定。所谓合法持票人,是指通过一系列不间断的背书证明其是拥有票据所有权的持票人。联合国《国际汇票本票公约》采取英美法系的原则,把持票人分为"持票人"和"受保护持票人"两种。根据《国际汇票本票公约》的规定,受保护持票人必须具备下列条件:①持票人在取得票据时,该票据是完整的;②他成为持票人时,对有关票据责任的抗辩不知情;③他对任何人对该票据的有效请求权均不知情;④他对该票据曾遭拒付的事实不知情;⑤该票据未超过提示付款的期限;⑥没有以欺诈、盗窃等手段取得票据或参加与票据有关的欺诈或盗窃行为。联合国《国际汇票本票公约》对受保护的持票人给予强有力的保护,主要表现在抗辩权上,当事人除例外情况，不得对受保护的持票人提出任何抗辩。

当事人可以针对以下几方面进行抗辩：①关于票据上伪造签名的抗辩；②关于票据曾发生重大改变的抗辩；③关于未经授权或越权代理人在票据上签名的抗辩；④关于汇票须提示承兑而未能提示承兑的抗辩；⑤关于为适当提示付款的抗辩；⑥关于须在不获承兑或不获付款时作成拒绝证书，未正当地作成拒绝证书的抗辩；⑦关于票据时效已过的抗辩，票据时效期间为4年；⑧基于该当事人本人与持票人之间在票据项下的交易，或者由于该持票人有任何欺诈行为而使该当事人在票据上签字而提出的抗辩；⑨给予当事人不具备履行票据责任的行为能力的抗辩。

关于伪造背书的后果，按照英美法系的规定，伪造的背书是不起任何作用的，取得这种汇票的人也不能成为持票人，他不能取得票据上的权利。英美法系的规定旨在保护票据真正的所有者，而风险由直接从伪造者手中取得票据的人来承担。《日内瓦统一票据法公约》则规定，尽管票据曾发生遗失、被盗或其中有一个签名被伪造等情况，但是对于善意且没有重大过失、通过一系列没有间断的背书而取得该票据的人来说，这项背书仍然是有效的。《日内瓦统一票据法公约》的这一规定旨在保护善意持票人，把票据风险转移给票据所有人承担，他可能是丢失票据的出票人或收款人及背书受让人。联合国《国际汇票本票公约》试图用折中的办法来解决这个分歧，它规定凡是拥有经过背书转让或前手为空白背书的票据，并且票据上有一系列连续背书人，即使其中任何一次背书是伪造的或者是由未经授权的代理人签字的背书，只要持票人对此不知情，就应当认为他是票据的持票人而受到保护。同时公约又规定，如果背书是伪造的，则被伪造其背书的人或者在伪造发生之前签署了票据的当事人，有权对因受伪造背书所遭受的损失向伪造人、从伪造者手中直接受让票据的人以及向伪造人直接支付票据款项的当事人或受票人索赔。按照联合国《国际汇票本票公约》的规定，伪造票据的风险最终由伪造者承担，如果伪造者逃匿或破产，则由从伪造者手中取得票据的人负责。事实上，联合国《国际汇票本票公约》对缔约国当事人不具有强制适用效力，只具有任意性效力。

三、中国的票据法

随着我国经济的迅猛发展，我国于1995年5月10日颁布了《中华人民共和国票据法》(以下简称《票据法》)，后又对其进行修订并于2004年8月28日经全国人大常委会通过。我国在制定《票据法》时，充分考虑实际国情，参照《日内瓦统一票据法公约》和其他国家票据法中合理的规定，宗旨是规范票据行为，保障票据当事人的合法权益，维护我国社会主义经济秩序，促进社会主义市场经济的发展。《票据法》第2条规定："在中华人民共和国境内的票据活动，适用本法。本法所称票据，是指汇票、本票和支票。"

我国《票据法》在第5章专门规定了"涉外票据的法律适用"，其中第94条规定："涉外票据的法律适用，依照本章的规定确定。前款所称涉外票据，是指出票、背书、承兑、保证、付款等行为中，既有发生在中华人民共和国境内又有发生在中华人民共和国境外的票据。"第95条规定："中华人民共和国缔结或者参加的国际条约同本法有不同规定的，适用国际条约的规定。但是，中华人民共和国声明保留的条款除外。本法和中华人民共和国缔结或者参加的国际条约没有规定的，可以适用国际惯例。"在处理涉外票据时，应按照我国《票据法》第96至101条的规定："票据债务人的民事行为能力，适用其本国法律。票据债务人的民事行为能力，依照其本国法律为无民事行为能力或者为限制民事行为能力而依照行为地法律为完全民事行为能力的，适用行为地法律。""汇票、本票出票时的记载事项，适用出票地法律。支票出票时的记载事项，适用出票地法律，经当事人协议，也可以适用付款地法律。""票据的背书、承兑、付款和保证行为，适用行为地法律。""票据追索权的行使期限，适用出票地法律。""票据的提示期限、有关拒绝证明的方式、出具拒绝证明的期限，适用付款地法律。""票据丧失时，失票人请求保全票据权利的程序，适用付款地法律。"

第三节　汇票

汇票和本票的概念在大陆法系国家的票据法中均无明文表述，因此汇票和本票十分相似，其区别仅在于汇票的付款人由他人担任，而本票的付款人由自己担任，故汇票是委托证券，而本票是自付证券。大陆法系各国在立法时，往往先详细地规定汇票的规则，然后再将这些规则适用于本票，对于本票的规定与汇票相冲突的除外。英美法系各国对汇票作出明确的定义，1882年《英国票据法》第3条规定："汇票是一人向他人签发的无条件的书面命令，要求其于即日或于一定日期或于未来的特定时间内，向特定的人或向特定人指定的人或持票人支付一定金额。"美国《统一商法典》第3-104条也作出了类似的规定。

一、汇票的概念与特征

汇票是指由出票人签名出具的，要求受票人于见票时或于规定的日期，或于将来可以确定的时间内，向特定的人或凭特定人的指示或向持票人，支付一定数额金钱的无条件的书面支付令。

与本票和支票相比，汇票具有以下特征。

(1) 汇票是典型的票据种类。无论在英美法系国家，还是在大陆法系国家，以及在《日内瓦统一票据法公约》中，都承认汇票是票据的一种。

(2) 汇票是出票人委托付款人无条件付款的命令。票据有三方当事人：出票人、付款人和收款人。出票人就是签发汇票委托他人付款的人；付款人是受出票人的委托付款的人；收款人是从出票人处取得汇票向付款人请求付款的人。汇票必须以书面形式作成，而且必须由出票人签名，汇票的付款是无条件的。

(3) 汇票一般都记载到期日，未记载到期日的，为见票即付的即期票据。

二、汇票的出票

汇票的出票又称为票据的发票，是基本的票据行为。出票是指出票人签发票据并将其交付收款人的票据行为。出票是由"作成"票据和"交付"票据两种行为构成的。作成是指记载法律规定的内容并由出票人签章，也就是制作形式完备的合法票据；交付是指出票人基于自己的意志使汇票脱离自己为他人占有。如果出票人仅仅完成票据的作成，而未交付给收款人，就还不算完成出票行为，因为在这时候它还可以把自己手中的这张作成票据注销作废，使它不能产生法律效力，所以出票人将票据交付收款人时，票据才可以生效。无论是汇票还是本票，它们都是要式证券。各国都在诸如"出票及款式""开立和格式"的章节中，对出票的记载事项作出严格规定。

(一) 出票的记载事项

1. 绝对记载事项

绝对记载事项是指必须在票据上完整记载的事项，该类事项若不记载，票据就不能产生法律效力。各国对票据的绝对记载事项的共同规定有5项。

(1) 票据种类文句。表明特定票据的性质是"汇票"。

(2) 确定的金额。汇票是一种金钱证券，其支付标的必须是钱，其金额记载必须确定，不得浮动不定，也不得具有可选择的不确定性，金额可用文字和数字记载，如果两者间存在差异，以文字记载金额为准；如果多次发生文字和数字金额的差异，则以最小金额为准。例如，《英国票据法》规定，如果在汇票上记载利息条款、分期付款条款、汇率条款，或在分期付款的情况下规定，如果有一期不按时付款，则全部金额应视为立即到期，不影响汇票金额的确定性，这些都是有效的。

(3) 无条件支付的委托。汇票的付款必须是无条件的，并且禁止当事人附条件出票，凡在票上记载附加条件或限定付款方法的，将被视为无效。

(4) 出票日。它是指在形式上汇票发行并记载于票面上的日期。汇票上记载的出票日和实际出票日不符，也不影响汇票的效力。如无证据证明，票据记载的出票日即推定为实际出票时间。

(5) 基本当事人。汇票的基本当事人有三个：出票人、付款人和收款人。出票人是票据的绝对记载事项，出票人不仅要记载其姓名或名称，而且要亲自签名，否则票据无效。各国票据法要求汇票必须记载付款人的姓名或商号。出票人可以指定银行或其他委托人为付款人，也可以自己为付款人。当出票人以自己为付款人时，这种汇票被称为"对己汇票"。对于对己汇票的性质，各国有不同的法律规定，英美法系国家给当事人选择权，持票人可以把它看作本票或汇票处理；而其他国家认为付款人是绝对必要记载事项，无付款人的记载，则汇票或本票无效。关于收款人是否记载的问题，大部分国家认为是绝对必要记载事项，无收款人的记载，则汇票绝对无效。英美法系国家则认为收款人为相对必要记载事项，凡汇票无记载的，即以持票人为收款人，这时的票据为无记名汇票。

案例9-2 汇票拒付案例[①]

A银行向B银行开出汇票，受益人交单后承兑付款，B银行发现汇票上小写金额是"HKD950 000.00"，大写金额为"HONG KONG DOLLARS NINE HUNDRED AND FIVE THOUSAND ONLY"，金额不一致。收到A银行拒付电后，B银行认为所述不符点是打字错误，非实质性不符点，坚持要求A银行付款。

《日内瓦统一汇票本票法公约》第6条规定："汇票应付金额同时以大写及数码记载，两者不一致时，以大写为准。""汇票应付金额不止一次以大写或数码记载，所载金额不一致时，以最小之金额为准。"本案件中，汇票金额同时以文字和数字记载，文字记载金额"HONG KONG DOLLARS NINE HUNDRED AND FIVE THOUSAND ONLY"，数字金额为"HKD950 000.00"，两者不一致，根据上述规定，开证行只能按照文字金额支付90.5万港元。

2. 相对记载事项

相对记载事项是指应当于汇票上记载，但出票人对其未予记载时则可依法推定其内容而并不导致汇票出票无效的记载事项。这类事项若不记载，除法律另有规定之外，票据不会因此无效。《日内瓦统一票据法公约》的规定与大陆法系国家的规定基本相同，英美法系国家的规定与两者略有不同。通常情况下，世界各国都认为以下3项属于相对记载事项。

(1) 到期日。到期日又称为付款日期，即付款到期日或付款提示期间的起算日。大陆法系国家认为，未记载到期日的，视为见票即付。英美法系国家则认为，如果汇票上没有记载到期日，持票人可以自己将其认为正确的日期填补在汇票上，该票据仍然有效。

(2) 出票地。出票地是票据出票时，票上记载的出票处所。大陆法系国家认为，未载明出票地的，视写在出票人旁边(或名称下)的地点为出票地。英美法系国家则认为，如果汇票上没有记载出票地，则可以出票人的营业场所、住所或居住地为出票地。

(3) 付款地。付款地是指票据上记载的付款人支付票据金额的处所。大陆法系国家认为，未记载付款地的，写在付款人姓名旁边(或名称下)地点既是付款地又是付款人住所地。英美法系国家则认为，票据上不一定记载付款地，不管付款人在什么地方，只要持票人能够找到他，就可以向他提示付款。英美法系国家关于本票的付款地的规定和汇票略有不同，在本票中未记载付款地的，则出票地是付款地。

3. 任意记载事项

任意记载事项是指法律允许当事人依法定规则于票据上记载并仅以记载内容而发生效力的事项。在这一方面，各国票据法的规定并不相同，大致包括担当付款人(我国为代理付款人)、预备付款人、付款处所、利息和利率、担保责任的免除、分期付款的记载、禁止转让条款、承兑期限、付款期限的变更、付款地通用货币支付的特约、免除拒绝证书或通知条款等。

4. 无效记载事项

[①] 徐南. 国际结算案例与分析[M]. 北京：中国人民大学出版社，2015：6.

无效记载事项是指因违反票据法关于记载事项规则而导致该记载事项无效或导致票据无效的特别记载。各国对无效记载事项的规定不尽相同，例如《日内瓦统一票据法公约》第9条规定："出票人免持担保付款之记载，视为无记载。"美国《统一商法典》第3-105条规定："凡对票据的基本效力附加协议限制的记载、附加专用基金支付的记载或者类似附加条件支付记载均将导致汇票无效。"大陆法系国家的票据法则采用排除概括无效事项的范围。

(二) 出票的效力

出票的目的在于创设票据权利，使票据进入流通领域。合法有效的出票行为将在基本当事人之间形成票据上的权利义务关系，该效力对票据的当事人同时发生。

(1) 对出票人的效力。汇票是委托他人付款的证券，出票人承担的不是支付票据金额的义务，而是与票面金额给付密切相关的担保责任，包括担保承兑和担保付款的责任。从法律角度来讲，出票人只有在汇票到期日前不获承兑，或汇票持票人于到期日不获付款时，才能向出票人行使追索权，其地位仅为第二债务人。

汇票的担保责任为法定义务，当事人不可约定免除。担保责任是出票人的主要义务，除此之外，在特定情况下，出票人还有票据利益返还义务，以及交付汇票副本义务。

(2) 对收款人的效力。收款人取得汇票之后，就取得了票据上的权利，也就是说，收款人取得承兑权和追索权两项请求权。这两项权利均为附停止条件的权利，只有在汇票被拒绝承兑或拒绝付款之后，才可以行使，因此收款人并不因取得票据而获得任何现实权利。

(3) 对付款人的效力。出票是一种单方法律行为，它只能为他人创设权利，而无法使其承担义务，因此付款人并不因出票人付款委托的单方行为而承担任何票据上的义务，出票人的出票行为对付款人没有任何约束力。

三、汇票的背书

(一) 背书的概念

票据是流通证券，票据的权利人可以通过票据法规定的转让方式将其所享有的票据权利转让给他人。转让的方式有两种：单纯交付和背书转让。

背书转让是指背书人依法定方式在票据背面或其粘单上记载，以转让票据权利或实现其他目的。在汇票背面签名的人称为背书人，接受经过背书的汇票的人称为被背书人。票据的背书有两个方面的效力：一是把汇票上的权利转让给被背书人；二是背书人对包括被背书人在内的一切后手担保该汇票必然会被承兑或付款，如果汇票的承兑人或汇票的付款人拒绝承兑或拒绝付款，任何后手都有权向背书人进行追索。

(二) 背书的方式

1. 记名背书

记名背书又称为完全背书，持票人在背书时，在票据背面写上被背书人的姓名、商号，并签上自己的名字，然后将汇票交付给被背书人，票据的转让即告完成。在完全背中，除背书人签章和被背书人姓名为必要记载事项外，其他不为法律禁止的事项，为任意记载事项。关于背书时是否必须记载背书的年月日的问题，法国、比利时、意大利、荷兰等大陆法系国家的法律认为，背书必须记载日期；而英美法系国家则认为，载明日期并非背书的必要条件。

2. 空白背书

空白背书又称为无记名背书、略式背书或不完全背书，它是背书人不记载被背书人的姓名，仅签章于汇票背面或粘单上的背书。空白背书的绝对记载事项只有背书人一项，其他事项均为任意记载事项，记载与否由背书人决定。现在世界各国均承认空白背书。

(三) 背书的种类

1. 转让背书与非转让背书

根据持票人背书行为的目标和意思内容，可做如下分类。

(1) 转让背书。转让背书是指持票人以完全转让票据上的权利为目的，而在票据上进行背书，其基本效果在于使票据上的权利发生转移。这种转让方式是较为主要的背书方式，世界各国的票据法规定的背书规则主要是为实现转让背书而设置的。

(2) 非转让背书。非转让背书是指背书人作背书的目的不是转让票据上的权利，而是另有用意。常见的非转让背书有：①委托背书。背书人在背书时注明背书的目的只是委托被背书人代为取款，而不是转让汇票的所有权利。主要内容：一是在汇票上载明委任的文句；二是被背书人并非票据真正的所有人，而是票据权利的代理人，可以代理背书人行使一切由票据所产生的权利，违反法律规定的除外；三是被背书人仅能以代理人的身份为背书；四是票据的债务人对持票人提出的抗辩，也可以对抗背书人；五是委托背书中的委托既不因委托人死亡也不因委托人丧失行为能力而失效。②设质背书，又称质权背书，即背书人以票据权利设定质权为目的所作的背书。主要内容：一是在票据上记载"担保金额""质押价值""为担保""为质押"等表明质押意思的真正票据权利人，所以这种背书只起委托背书的效力；二是票据债务人不得以本人对设质背书人的抗辩来对抗设质背书人的被背书人(质权人)，但如果后者明知损害债务人仍接受汇票，不在此限。

2. 一般转让不背书和特殊转让背书

根据背书转让有无法律上的特殊性，可将转让背书分为一般转让背书和特殊转让背书。

(1) 一般转让背书。一般转让背书是指持票人基于普通的权利转让意图，依票据法基本规定在票据上所作的转让背书。它可以分为完全背书和空白背书两种。

(2) 特殊转让背书。特殊转让背书是大陆法系国家票据法的规定，是持票人在背书时，除签名外，还添加某些特殊文句，以限制自身的责任、限制票据的再度转让或附加其他条件等，主要有：①无担保背书，即背书人依法记载免除其担保承兑或付款责任的背书。例如，法国《票据法》规定："除有相反条款的规定，背书人担保票据的承兑及付款。"②禁止背书，即背书人在背书时记载有禁止转让文句的背书。例如，出票人在汇票上载有"不可转让""不得指定人收款"等。按照各国立法规定，禁止转让背书的票据仍然可以由背书取得该票据的被背书人及其后手再以背书而转让，只是该背书对于禁止背书后再由背书取得该票据的持票人，不承担任何票据责任，可以拒绝其他人的追索。这时汇票只能以一般债权让与的方式转让，不发生票据背书转让的效力。③回头背书，即以票据上的出票人、承兑人、付款人、保证人或被背书人等票据债务人为被背书人的背书。回头背书的特殊性在于原票据债务人因回头背书成为票据债权人，此时，债权、债务并不因民法上债的混同原理而消灭。④期后背书，即背书人在付款提示后背书的记载与格式和一般背书完全相同，只是由于其背书时间上的特殊性，其效力比一般背书弱，仅具有通常债权转让的效力。

(四) 背书的连续性

按照《日内瓦统一票据法公约》和大部分国家票据法的规定，汇票的持票人应以背书的连续来证明权利的成立。背书的连续，是指汇票所记载的背书，自付款人至最后的背书人(最后持票人)，在形式上均相互连续而无间断。背书的连续是持票人为了证明自己对汇票具有票据权利，不需要再有其他证据证明自己对票据所具有的权利，票据的债务人将据此来向其付款，因此背书的连续性非常重要。

(五) 转让背书的效力

1. 权利转移效力

一般转让背书依法将原背书人包括原持票人享有的全部票据上的权利完整转移于背书人，包括对付款人的付款请求权、对前手的追索权、对票据保证人的权利等，均由背书人转移于被背书人，即被背书人取代背书人而成为票据上的权利人。

2. 权利担保效力

背书人在无相反记载时，对其后手和其他一切后手，应按照汇票文义负担承兑与付款责任。当持票人(包括背书人的一切后手)如不获承兑或不获付款时，便可向背书人行使追索权。但这种承兑和付款的效力，来自法律的规定，除非法律允许背书人在背书时记载免除担保文句，否则他对背书人来说应负绝对法律责任。

3. 权利证明效力

权利证明效力对持票人而言，如果其所持有的票据上的背书为连续的，应推定其为真正票据权利人，持票人无须另行举证，即可行使票据权利；对票据的债务人而言，当他向背书连续的持票人清偿款项时，也不必要求持票人提供证明，只要债务人是善意的，即使该持票人不是真正的权利人，债务人也必须向持票人付款，同时债务人也免除了向真正票据所有人付款的义务。

(六) 非转让背书的效力

1. 委托背书的效力

委托背书不以票据上的权利转移为目的，而以委托收款为目的，这样委托背书就会产生三方效力。

(1) 代理授权的效力。背书人对委任取款背书，仅赋予被背书人形式票据权利的"代理权"，在性质上产生代理权授予的效力。被背书人对票据无处分权，不得背书转让，只能为背书人的利益再作委托背书。

(2) 不切断抗辩权效力。依据票据法原理,在同一票据上的不同转让背书各具独立性,各票据债务人对其后手的抗辩事由不得对抗票据再背书后的持票人,即"切断抗辩权效果"。而委托背书的效果与此不同,由于票据权利并未转移给持票人,所以票据债务人均可以对抗背书人的事由来对抗背书人。

(3) 权利证明效力。委托背书不产生权利转移的效果,但产生代理权的效果,因此委托背书又具有证明代理权的效力。

2. 设质背书的效力

设质背书同样不产生权利转移的效力,它仅仅使背书人取得对票据权利的质权。

四、汇票的承兑

(一) 承兑的概念

承兑是指付款人在汇票上表示到期日支付汇票金额的一种票据行为。由于汇票是出票人委托付款人到期付款的票据,是单方法律行为,而付款人并不因为出票人的委托而当然地成为票据的债务人,所以为了保护收款人或持票人可以得到票款,票据法专门设立了一项明确付款人是否愿意承担付款的制度——承兑。承兑是付款人在汇票上明确表示愿意支付汇票金额或承担付款义务的票据行为。在汇票被付款人承兑之前,汇票的债务人是出票人而不是付款人,但是付款人一旦承兑了汇票之后,他就成为承兑人,并因此成为汇票的主债务人即第一债务人,而出票人和其他债务人则成为从债务人即第二债务人。如果付款人在承兑汇票之后,又拒绝付款,持票人可以直接对他提起诉讼。但是,承兑并不能解除出票人和背书人对汇票的责任,如果承兑人在汇票到期时不付款,持票人仍有权向任何前手(即背书人和出票人)进行追索。

(二) 承兑的种类

1. 按承兑方式分类

按照承兑的方式,可将承兑分为正式承兑和略式承兑。

正式承兑是指在汇票正面记载承兑文句,并由付款人签章的承兑行为;略式承兑是指由付款人在汇票正面签名,而无承兑文句的承兑行为。

2. 按承兑有无限制分类

按照承兑有无限制,可将承兑分为单纯承兑和不单纯承兑。

单纯承兑是指付款人完全按照汇票上记载的文义予以承兑,不附加任何条件。不单纯承兑是指付款人对兑汇票上所记载的文义加以变更或限制而未完全承兑,具体包括:①部分承兑,即只承兑汇票金额的一部分,这种部分承兑的后果是承兑人对承兑部分的金额承担拒绝付款义务,持票人应在承兑提示期内作成拒绝证书,以便向其前手和出票人追索不获承兑部分的票据金额。②附条件的承兑,付款人在承兑时附加一定条件,如果持票人不同意附加条件,可视为拒绝承兑,持票人向其前手和出票人行使追索权,否则承兑人以所附条件对承兑汇票承担绝对付款责任。

(三) 承兑的方式与程序

承兑的方式通常是由付款人在汇票正面写上"承兑"字样,签上自己的名字,并注明承兑日期。其中,较为重要的是付款人的签字。具体来讲,承兑有以下程序。

1. 承兑的提示

承兑提示是指收款人(持票人)向付款人出示汇票,然后由付款人决定是否予以承兑。提示是承兑的必要前提,它本身是一种票据行为,但它是行使票据权利的行为和保全票据权利的手段。承兑提示中,持票人为提示人(向付款人出示汇票的人),被提示人为付款人。

2. 承兑提示的时间

承兑提示的时间,因汇票记载不同而有所差异:①见票即付的汇票无须承兑;②见票后定期付款的汇票必须在法定时间内提示,各国票据法规定的时间均为1年;③出票人和背书人没有记载的,应在付款到期日之前提示。

3. 承兑和拒绝承兑

持票人在规定的期间内向付款人提示汇票请求承兑时,付款人应在一定时间内作出承兑或拒绝承兑的决定。若付款人对承兑提示不能及时决定,可以请求于第一次提示的次日作第二次提示。《日内瓦统一票据法公约》规定,承兑应于汇票上记载"承兑"或其他相等的字样;英美法系国家则认为,承兑只需要有承兑人的签名即可,不必加注"承兑"字样。若拒绝承兑,以口头表示并退回汇票即可,在有些国家还要求出具"拒绝证明"。

4. 交还汇票

付款人作成承兑记载后,将汇票交还给持票人,承兑即告完成。在汇票交付之前,如付款人涂销其承兑,则视为付款人拒绝承兑。

(四) 参加承兑

参加承兑是许多国家票据法中的一项重要制度,允许相关的当事人主动参加承兑,以维护票据债务人的信用和保证票据的流通。参加承兑是指票据上的预备付款人或第三人,为了特定票据债务人的利益,代替付款人从事票据承兑,以阻止持票人于到期日前行使追索的一种附属票据行为。各国对于参加承兑的规定各有不同,按照《日内瓦统一票据法公约》和大多数国家的规定,参加承兑仅在已经发生追索事由的条件下才可以进行。一般的追索事由是指汇票被拒绝承兑、付款人或承兑人死亡、逃避或其他原因使持票人在提示期间不能提示承兑时,才允许参加人参加承兑。参加承兑的行为必须在付款日期之前作出,参加人的参加承兑行为才可以阻止持票人行使追索权。

五、汇票的保证

(一) 票据保证的概念和特征

票据保证是指票据债务人以外的人为担保票据债务行为的履行,以负担同一债务为目的所作的一种附属票据行为。它是一种补充特定票据债务人信用不足、促进票据流通的制度,保证人可以对全部票据金额作保证,也可以对部分金额作保证。《日内瓦统一票据法公约》以及大陆法系国家的票据法对票据保证作了规定,但是英美法系国家的票据法对此未作具体规定。

票据保证有以下特征。

(1) 票据保证是一种单方行为、要式行为和独立行为。票据保证与民法保证不同，虽然它们都有一定的从属性，都以主债务的存在为前提，但票据保证具有独立性，而民法保证不具有独立性。具体来讲，在票据保证的场合，即使被保证的主债务由于任何原因无效时，除因形式欠缺无效外，保证人仍承担义务；但在民法保证的场合下，如果主债务无效或被撤销，保证债务也就随之无效，保证人可以不承担保证责任。

(2) 票据保证是一种附属票据行为。票据保证只能在合法成立的票据上作成，以形式上有效的出票行为和被保证债务有效为前提。被保证债务即使实质上无效，也不影响票据保证的有效成立。

(3) 票据保证是为担保特定票据债务的履行而作出的票据行为。票据保证的被保证人仅为由保证人指定的特定的票据债务人，该债务人可能是出票人、背书人，也可能是承兑人、付款人等。

(4) 票据保证的行为人，一般应为原票据债务人以外的人。

(二) 票据保证的效力

1. 保证人的责任

(1) 保证人责任的从属性。在被保证债务有效的前提下，保证责任具有从属性，保证人与被保证人的责任相同；被保证人根据票务承担的所有义务，保证人同样承担。

(2) 保证责任独立。保证人在保证的票据实质上无效但形式上有效的情况下，仍应承担保证义务。实质上无效一般是指被保证人无行为能力、被保证人的签名系伪造等。

(3) 保证人可以就票据的全部金额承担保证责任，也可以就票据的一部分金额承担保证责任，保证人仅对所保证的部分承担责任。

(4) 共同保证人承担连带责任。两个或两个以上的人为同一票据提供保证时，保证人之间承担连带责任，保证人不得以特别约定将自己排除。

2. 保证人的追索权

保证人为汇票付款后，就取得被保证人以及被保证人对汇票债务人由汇票所产生的权利，即向汇票的承兑人、被担保人和对于被保证人应付票据的责任者的追索权。

六、汇票的付款

付款是指付款人或担当付款人支付票据金额，以消灭票据关系的行为。

(一) 付款提示

由于汇票具有流通性，付款人事先不知道什么人是票据的权利人，持票人必须在法定的时间内向付款人发出付款提示。对于付款提示的时间，各国有不同的规定：大陆法系国家规定，定日付款、出票后定日付款或见票后定日付款的汇票的持票人，应于付款日(到期日)前或付款日(到期日)后的两个营业日内作出付款提示。《英国票据法》规定，凡是见票即付的汇票，持票人必须在"合理时间"内向付款人作出付款提示，其他汇票如出票后定期付款或见票后定期付款的汇票，必须在到期日向付款人作出付款提示，否则持票人将丧失对出票人及其前手背书人的追索权。《日内瓦统一票据法公约》的规定与大陆法的规定基本相同。

对持票人来讲，付款提示有两方面的效力：履行付款请求权和保全追索权。

(二) 付款

(1) 付款的时间。一般情况下，持票人一经提示付款，承兑人或付款人应即时付款。但有些国家或地区规定，如果持票人同意，付款人可以延期3日付款。例如，我国台湾地区的《票据法》、英国票据法规定，除见票即付的汇票外，付款人有3日的优惠期限，加在到期日上，付款人可以在优惠日的最后一日付款，《日内瓦统一票据法公约》则没有优惠日的规定。按照世界各国的法律或习惯，如果汇票的到期日是星期日或公休假日，则付款日可以顺延至下一个营业日。

(2) 付款人的审查义务。各国法律都规定，付款人应负票据的形式审查义务，即就票据的格式是否合法、绝对记载事项是否齐全和背书是否连续进行审查。对票据的实质性问题，例如，背书人的签名是否真实、持票人是否是真正的权利人等问题，付款人没有审查义务。如果权利人主张付款人承担责任，必须对付款人的恶意或重大过失进行举证。

(3) 付款人付款后的权利。汇票是交回证券，付款人一旦付清票面金额后，汇票上的债权债务关系就归于消灭。付款人有权要求持票人交回票据并在票据上记载"收讫"字样和签章。对持票人拒不交回票据的，付款人有权拒绝付款，并且此时持票人不能取得追索权，因为票据是流通证券，如果已付款的票据进入善意第三人手中，付款人仍有付款义务。

七、汇票的追索权

(一) 追索权的概念

追索权是指汇票到期不获付款或到期不获承兑，或有其他法定原因无从提示承兑或付款时，持票人在履行了保全手续后，向其前手请求偿还汇票金额、利息及费用的一种票据权利。

(二) 追索权的要件

追索权作为票据的一种补充付款请求权的权利出现，是票据权利不能依正常程序实现时产生的，需具备实质要件和形式要件两部分。

1. 实质要件

(1) 不获承兑。当持票人提示承兑而遭到拒绝时，持票人可以选择：一是等到期日时请求付款，如果还遭拒绝则开始行使追索权；二是直接行使追索权，而不必等到期日再请求付款。

(2) 不获付款。不获付款的情况包括：付款人明确表示拒绝付款；付款人被宣告破产、解散、歇业，或付款人死亡、逃避或其他原因使持票人无法得到付款。

2. 形式要件

(1) 提示。它包括承兑提示和付款提示，如果持票人没有在规定的期限内作出承兑提示或付款提示，就会丧失追索权。但在下列情况下，可以不作出承兑提示，同样使持票人具有追索权：一是付款人死亡、逃避或有其他原因，无从承兑提示；二是付款人受破产宣告；三是有不可抗力事件发生，致使不能于规定期间提示，而且事件延迟至到期日30天以外。一切汇票都应为提示付款，否则就丧失追索权。但是在发生以下法定事由时，可以不为付款提示：一是承兑被拒绝；二是承兑人死亡、逃避或有其他原因无从为付款提示；三是承兑人受破产宣告或解散、歇业；四是有不可抗力事件发生，致使不能于规定期间提示，而且事件延迟至到期日30天以外。

(2) 拒绝证书。持票人提示汇票请求承兑或请求付款遭到拒绝时，持票人要行使追索权，就必须请求有关机关作成拒绝证书以资证明。按照大多数国家的规定，一切汇票在遭到拒付时都应作成拒绝证书，否则就丧失对前手的追索权，出票人已在汇票上注明不必作成拒绝证书的除外。

(3) 拒绝事由的通知。大多数国家的规定和《日内瓦统一票据法公约》的规定相同，在作成拒绝证书后的4个工作日内，或在载明"不负担费用"等的情况下，在提示日的4个营业日内，持票人应将停止承兑或停止付款的事实通知背书人和出票人；背书人在接到通知后的2个营业日内，将所知悉的通知内容告知其前手，并记下前通知人的姓名和地址，如此依次通知直至出票人。未尽通知义务的，不丧失追索权，按照英国法的规定，拒付通知必须在合理时间内作出，合理时间包括：①如果当事人居住在同一地区，则拒付通知应于拒付的翌日作出，或于拒付后及时发出通知使对方能于翌日收到；②如果当事人居住在不同地方，则拒付通知应于拒付的翌日发出，如翌日无邮班，则应于下一个邮班发出。

八、伪造签名

伪造签名是指以行使票据权利为目的，假冒他人或者虚构他人名义在票据上签章的行为。按照大陆法系国家的法律和《日内瓦统一票据法公约》的规定，伪造签名的后果有4个方面。

(1) 对于被伪造人的效力。被伪造人由于自己没有在票据上签章，所以不负任何票据责任。票据的签章是票据有效成立的一个必备条件，现在被伪造的自然人没有在票据上签章，自然不负任何责任。被伪造人可以此为由对抗一切权利人，包括善意持票人。

(2) 对于伪造人的效力。由于伪造人并没有在票据上签上自己的名字，他就没有票据行为，所以他不负票据上的责任，但应对其根据刑法来追究刑事责任或根据民法来要求其进行民事赔偿。

(3) 对真正签名人的效力。由于票据行为具有独立性，票据的伪造行为并不影响其他票据行为的效力，所以凡是在票据上真正签名的人，都应对票据负责。

(4) 对其他人的后果。票据伪造还会对其他票据关系人产生一定的效力：①对持票人来说，他对伪造人和被伪造人都不能主张票据上的权利，只可向真正的签章人主张票据权利，对伪造人只可要求民法上的救济；②对付款人来讲，如果付款人没有辨认出票据上的签章是伪造而付了款，该付款行为就有效，因为付款人仅对票据的形式合法负责，对签名的真实性不负责任，除非付款人有欺诈或重大过失。

第四节　汇付与托收

一、汇付

汇付(Remittance)是指工商企业作为汇款人请求其所在地的能够提供外汇汇款业务的银行，通过银行网络系统将款项划拨给指定的国外客户(收款人)的结算方式。[①] 汇付属于商业信用，银行对价款是否支付不承担责任，卖方能否收到价款取决于买方的信用。

(一) 汇款的主要当事人

汇付通常涉及汇款人(Remitter)、收款人(Payee)、汇出行(Remitting Bank)和汇入行(Paying Bank)4个当事人。

1. 汇款人

汇款人是委托银行向国外债权人付款的当事人。在贸易实务中，汇款人通常是进口商或债务人，他需要填写汇款申请书，向银行提供将要汇出的款项并承担相应的手续费用。

2. 收款人

收款人是接受汇款人所汇款项的当事人。在国际贸易实务中，收款人通常是出口商或债权人。

3. 汇出行

汇出行是接受汇款人委托，办理款项汇出业务的银行。汇出行通常是汇款人所在地银行，其职责是按照汇款人的要求将款项汇给收款人。

4. 汇入行

汇入行又称为解付行，是指接受汇出行委托，向收款人解付汇入款项业务的银行，汇入行通常是收款人所在地银行，它必须是汇出行的联行或代理行。

(二) 当事人之间的相互关系

(1) 汇款人和收款人之间是由合同关系确定的债权债务关系。

(2) 汇款人与汇出行之间是委托与被委托的关系，以汇款人填写的汇款申请书为合同凭证。

(3) 汇出行与汇入行之间既有代理关系又有委托和被委托关系，通常是代理关系在前，委托关系在后。

(4) 收款人与汇入行之间表现为账户往来关系，通常情况下，收款人在汇入行设有存款账户。

(三) 汇付方式的种类

根据汇款方式的不同，汇付可分为以下几种。

[①] 卓乃坚. 国际贸易支付与结算及其单证实务[M]. 2版. 上海：东华大学出版社，2018：33.

(1) 信汇(Mail Transfer，M/T)，指汇出行根据汇款人的申请，将信汇授权书通过邮寄方式寄给汇入行，由汇入行解付一定金额给指定收款人的汇付方式。由于通过邮寄方式进行，故信汇的费用低廉，但耗时较长。

信汇存在资金转移速度较慢但费用相对低廉的优点，但是信汇的安全性较低，信汇在传递过程中，可能产生积压或丢失。

(2) 电汇(Telegraphic Transfer，T/T)，指汇出行根据汇款人的申请，通过电报(Cable)、电传(Telex)或银行间SWIFT系统，委托汇入行将汇款支付给指定收款人的汇付方式。与信汇相比，电汇速度快，但费用高。

在国际结算中，金额较大的汇款一般会采用电汇的方式。电汇速度快，安全性高(银行与银行之间直接通信)，就是费用比较高。

(3) 票汇(Remittance by Bankers Demand Draft，D/D)，指汇出行应汇款人的申请，开立以其国外分行或代理行为解付行或为付款人的即期汇票，由汇款人将汇票寄交收款人，收款人凭汇票向汇票上的付款人收取款项。这种支付方式具有取款灵活、手续简便的优点。票汇中开立的汇票可以通过背书转让进入市流通。

在国际贸易事务中，进出口商的佣金、回扣、寄售货款、小样、展品的出售等款项的支付，通常采取汇票汇付。汇票具有取款方便、手续简单的特征，汇款人可以通过背书的方式直接将票据转让给他人。但是汇票在银行体系外传递，环节多，移动速度慢，有被窃、丢失的风险，安全性低。

(四) 汇款办理的程序

1. 信汇或电汇

(1) 申请。汇款人向汇出行提交汇款申请书，并缴款缴费，即"汇款人—申请—汇出行"。

(2) 指示。汇出行在接受委托以后，以电传、电报或汇款委托书等方式向出口地的往来银行发出付款通知；汇入行收到付款通知后通知收款人，即"汇出行—付款通知—汇入行—通知—收款人"。

(3) 解付。汇入行在接到其进口地往来银行指示后，将资金款项解付给收款人，即"收款人—出具收据—汇入行—验明身份付款—收款人"。

(4) 付讫通知。汇入行解付后，借记汇出行账户或向汇出行发付讫通知，即"汇入行—付讫通知—汇出行"。

2. 汇票

(1) 申请。汇款人向汇出行(出票行)提交汇款申请书，并缴款缴费，即"汇款人—申请—汇出行(出票行)"。

(2) 出票。银行向汇款人出具银行即期汇票，即"汇出行—出票—汇款人"。

(3) 汇出行(出票行)寄出汇票票根。汇款人寄出汇票，即"汇出行—汇票票根—汇入行；汇款人—汇票—收款人"。

(4) 提示。收款人向汇入行(付票行)出具汇票，提示付款。

(5) 付款。付款流程为"汇入行(付票行)—验讫付款—收款人"。

(6) 付讫通知。汇入行付款后，汇入行(付票行)向汇出行(出票行)发付讫通知，即"汇入行(付票行)—付讫通知—汇出行(出票行)"。

案例9-3　电汇改票汇致损案

我国企业A公司与另一国B公司双方签订一份进出口贸易合同，合同规定"支付条款为装运月前15天电汇付款"。在后来履约的过程中，B方延至装运月中才从邮局寄来银行汇票一张，并声称货款已汇出。为保证按期交货，我方A公司于收到汇票次日即将货物托运，同时委托C银行代收票据。1个月后，接到C银行通知，因该汇票是伪造的，已被退票。此时，货物已经抵达目的港，并被进口方B公司凭A公司自行寄出的单据提走。事后，A公司进行追偿，但遭B公司拒绝。

本案中，B公司对支付方式作出了变更，买卖合同中规定"支付条款为装运月前15天电汇付款"，而实际履行中，"B方延至装运月中才从邮局寄来银行汇票一张"，说明B公司已经擅自将支付方式由电汇(T/T)改成了汇票(D/T)，对付款方式改变，是对合同的实质性变更，导致合同失效。而我国A公司并没有重视这一变更，也没有立即对该汇票的真假进行鉴别，接受了风险较高的汇付方式，导致货款两空。

另外需要注意的是，目前国际上尚无有关汇付的国际公约或国际惯例，相关法律问题应适用有关国内法的规定。

二、托收

(一) 托收的概念与基本程序

1. 托收的概念

国际商会第522号《托收统一规则》第2条规定，托收是指银行依据所收到的指示处理下述条款所限定的单据，以便于：①取得付款和/或承兑；②凭以付款或承兑交单；③按照其他条款和条件交单。我们将托收(Collection)定义为银行接受出口方委托，凭有关单据向进口方收款的一种支付方式。和汇付一样，托收属于商业信用，银行仅仅起代理收款的作用，出口方是否能收到价款取决于进口方的信用，银行对此不承担责任。

2. 托收的当事人

托收的当事人通常包括委托人、托收行、代收行、提示行和付款人。

(1) 委托人(Principal)即出口方，是向银行申请办理托收业务的当事人，通常是出口商，一般情况下承担与进口商签订的合同项下的责任和与托收行签订的委托代理合同项下的责任。

(2) 托收行(Remitting Bank)又称寄单行，是指接受委托人委托进行托收的银行，通常由卖方所在地银行担任。托收行完全处于代理人的地位，根据委托人在托收申请书中的指示和《托收统一规则》处理事务。

(3) 代收行(Collecting Bank)是指接受托收行的委托,向进口方收取价款的银行。代收行通常在买方所在地。委托人与托收行之间、代收行与托收行之间均为代理关系。代收行处于代理人地位,基本职责是按照托收委托书的指示和《托收统一规则》处理事务。体现为:对托收行指示的执行;对单据的处理;对货物的处理;代收情况通知。

(4) 提示行(Presenting Bank)是向付款人提示汇票的银行。托收行可以自己担任提示行,也可以委托与付款人有往来账户关系的银行担任提示行。

(5) 付款人(Drawee)即进口方,是托收指示中承担付款义务的人。付款人一般为进口商,付款人的基本职责就是履行合同的付款义务。

3. 托收的基本程序

(1) 委托人提出托收申请,并填写托收委托书。

(2) 银行接受托收申请后,委托人将开立的汇票及相关商业单据(如提单、保险单、发票等)交给托收行。

(3) 托收行将汇票及单据寄交代收行。

(4) 代收行收到汇票及单据后,向付款人提示汇票,并在付款人付款或承诺付款时将单据交给付款人。

(5) 银行将收取的价款交给委托人,并收取费用。

(二) 托收方式的分类

1. 按汇票是否附带票据分类

根据出口方开具的汇票是否附带单据,托收可分为光票托收和跟单托收。

(1) 光票托收(Clean Collection)指不附带任何商业单据的托收,出口方仅开具汇票委托银行向进口方收取价款。

(2) 跟单托收(Documentary Collection)中,卖方将开具的汇票连同提单、保险单、发票等商业单据一起交给银行,委托银行收取价款。

国际商事交易大多采用跟单托收,光票托收通常用于收取尾款、样品费等。

2. 按交单条件分类

根据交单条件的不同,跟单托收又可以分为付款交单或承兑交单。

(1) 付款交单(Document against Payment,D/P)是指银行在向买方收取价款时,买方只有付清价款后才能获取托收所附商业单据。买方不付清款项,就不能取得提单等商业单据,也就无法提取货物。按付款时间的不同,付款交单又可以分为即期付款交单和远期付款交单。即期付款交单(Document against Payment at Sight,D/P Sight)是指卖方开立即期汇票,通过银行向买方提示后,买方见票立即付款赎单。远期付款交单(Document against Payment after Sight,D/P after Sight)指卖方开具远期汇票,通过银行向买方进行承兑提示,买方承兑后,于汇票到期日再付款赎单。远期付款交单条件下,买方在付清款项前不能取得随附的商业单据,也就无法提取货物。如果货物运抵目的地的时间早于买方付款时间,此时单据仍在银行手中,而银行没有义务对货物负责,这对已经履行付款义务但仍未取得单据的买方来说十分不利。因此,国际商法《托收统一规则》明确规定,随附商业单据必须在付款时交付托收指示，不应包含远期汇票。①

(2) 承兑交单(Document against Acceptance，D/A)是指卖方开具远期汇票，通过银行向买方进行承兑提示，买方承兑后即可取得商业单据。在此情形下，买方先取得商业单据后付清款项，卖方就有可能面临买方获取商业单据后提走货物而不支付货款的不利情形。

(三)《托收统一规则》的主要内容

目前，各国银行办理托收业务普遍适用的国际惯例是国际商会于1995年制定的《托收统一规则》(Uniform Rules for Collections，URC 522)，内容分为7个部分，共26条，主要内容如下所述。

(1) 银行应严格按托收指示办理托收业务，除托收指示外，银行不从单据审核中获取指示。托收指示中应载明有关当事人的详细情况、托收的金额和货币、所附单据的清单和数量、支付及/或承兑的条件、托收费用、托收利息、付款方法和期限、付款通知形式等内容。托收指示还应记载付款人或将要办理提示场所的完整地址，如果地址不全或有错误，代收行可尽力查明正确的地址，但其本身并无义务和责任去查明。银行只负责确定收到的单据和托收指示所列是否一致。如果单据丢失，银行应毫不延迟地通知委托人，除此之外并无其他义务。

> **案例9-4　托收中代收行的责任**
>
> 中国B进出口公司与国外马斯亚国际贸易有限公司签订了一份出口某产品的合同。B公司按期装运货物后，委托银行办理托收手续，并在托收指示中规定利息与货款一起收取。9月20日，B进出口公司收到托收行通知，该笔货款已经收到，但不包括利息，因为付款人拒付利息。B进出口公司要求买方支付利息遭到拒绝后，认为代收行没有按照托收指示收取货款及利息即放单，应承担责任。代收行则认为，B公司如果坚持利息必须收取不得放弃，应在托收指示中明确强调利息不得放弃，否则代收行在收取利息遭到拒绝时，有权放单。根据URC 522第20条的规定，除非托收指示中明确规定了利息不得放弃，否则即使托收指示中规定了利息的收取，在付款人拒付时，银行仍有权根据具体情况在不收取利息的情形下交单。本案中B公司的托收指示仅委托银行收取货款及利息，并未明确表明利息不得放弃，故代收行有权在利息遭到拒付的情形下交单。②

(2) 银行的义务对象是有关单据，不涉及货物、服务或行为。这一规定包含两方面的主要内容：第一，未经银行事先同意，不得以银行的地址直接发送货物给该银行，或者以该行作为收货人或者以银行的指定人为抬头人。即使银行作为收货人，银行也没有提取货物的义务，其风险和责任仍由发货人承担。第二，银行没有义务对货物采取存储或保险措施，即使托收指示中作出了指示；如果银行采取了措施保护货物，对货物的下落、状况、

---

① 国际商会《托收统一规则》(URC 522)第7条。
② 张丽英. 国际经济法[M]. 杭州：浙江大学出版社，2009：178.

受托保管或保护货物的第三人的行为或不行为,银行亦不负责任,但代收行应毫不延迟地通知发出托收指示的银行。

(3) 银行应善意和合理、谨慎地行事。

(4) 银行的免责事由。

(5) 银行对单据有效性的免责。银行对任何单据的格式、完整性、准确性、真实性、虚假性或其法律效力,或对在单据中载明或在其上附加的一般性和/或特殊性的条款不承担责任;银行也不对任何单据所示货物的数量、重量、质量、状况、包装、交货、价值或存在,或对货物的托运人、承运人、货运代理人、收货人和保险人或其他任何人的诚信或行为和/或不行为、清偿能力、业绩或信誉承担责任。

银行对任何信息、信件或单据在传送中所发生的延误和/或损坏,或对任何电讯在传递中所发生的延误、残损或其他错误,或对技术条款的翻译和/或解释的错误不承担责任。

银行对由于收到的任何指示需要澄清而引起的延误不承担责任。银行对所传递的指示未被执行不承担责任。

银行对由于天灾、暴动、骚乱、战争或银行本身不能控制的任何其他原因、任何罢工或停工而导致的营业中断所产生的后果不承担责任。

第五节 信用证

一、信用证概述

(一) 信用证的概念

信用证(Letter of Credit,L/C),是银行根据开证申请人的申请,向受益人开立的保证当受益人提交符合要求的单据时即承担付款责任的书面凭证。与汇付、托收不同,信用证这一支付方式属于银行信用,只要受益人满足信用证规定的交单条件,银行就有义务支付价款,银行承担第一位的付款责任。使用信用证方式进行支付,降低了交易风险,因为对于卖方来说,交付单据后即可取得银行支付的价款,不用担心交付了货物拿不到价款;对于买方来说,拿到单据后才向银行偿付价款,相当于一手交钱一手交货,还可以从银行处获得一定期限的信贷。信用证是国际商事贸易中最常见、最主要的支付方式。

如果买卖双方在国际贸易合同中约定采用信用证方式支付,则买方应向所在地银行申请开立以卖方为受益人的信用证,并缴纳押金或提供担保。银行接受买方申请开立信用证后,将信用证寄交卖方所在地银行,由卖方所在地银行通知卖方并交付信用证。卖方经审核信用证内容与合同相符后,按信用证规定装运货物并备齐信用证要求的各项单据并开立汇票,在信用证有效期内交给银行并请求议付。议付行审核单据与信用证相符后,向卖方支付价款。价款支付后议付行将汇票和单据寄给开证行,开证行收到后通知买方付款赎单。

信用证尚无统一的格式，但主要内容基本相同，通常包括信用证当事人、信用证类型和号码、开证日期、信用证金额、汇票条款、货物条款、运输条款、单据条款、有效期条款等。

(二) 有关信用证的国际惯例——《跟单信用证统一惯例》

20世纪初，信用证就已经成为国际贸易中经常使用的支付方式，但是由于各国法律规定不同，银行操作习惯不一，容易产生争端。为了避免这些争端，国际商会在1929年制定了《商业跟单信用证统一规则》(Uniform Regulations for Commercial Documentary Credits)，并在此基础上于1933年颁布《商业跟单信用证统一惯例》(Uniform Customs and Practice for Commercial Documentary Credits)，对跟单信用证的定义、有关术语、操作要求以及当事人的权利和义务等作出一系列解释和规定。之后，随着国际贸易的发展，国际商会对它进行了多次修改。1962年开始，该惯例更名为《跟单信用证统一惯例》(Uniform Customs and Practice for Documentary Credits)，此后又于1974年、1983年和1993年多次修订，现行文本是2007年修订本(简称UCP600)。UCP600共39条，专门设置了"定义"(Definitions)和"解释"(Interpretations)条款，以便更好地对某些容易混淆的术语进行解释。UCP600规定了适用范围、信用证独立原则、银行义务、审单标准、免责事由等内容，但它并未包括与信用证有关的一切事项，例如对信用证欺诈、追索权、法律适用等问题并未作出规定。UCP600是一种国际惯例，只有在信用证写明适用UCP600时，它才能够产生相关的法律效力，对当事人具有约束力。除此之外，因为它是一种国际惯例，当事人可以在信用证中订立与UCP600规定不同的条款，也可以排除UCP600中某些条款的适用。

随着电子商务的迅速发展，使用电子单据方式的信用证在很多国家出现，因此，国际商会银行委员会在2001年通过了《UCP600下电子交单的增补规则》(Supplement to UCP600 for Electronic Presentation，eUCP600)，eUCP共12条，涉及eUCP范围、eUCP和UCP的关系、定义、格式、提交、审核、拒绝通知、正本和副本、出单日期、运输、交单后电子记录的损坏和eUCP电子交单的额外免责等方面。

2000年5月，国际商会银行委员会设立了工作组，负责将适用UCP500的跟单信用证项下审核单据的国际标准银行实务整理成文。2002年，国际商会通过了《关于审核跟单信用证项下单据的国际标准银行实务》(International Standard Banking Practice for the Examination of Documents under Documentary Credits，LSBP)，并正式颁布，称为LSBP645。之后，国际商会对其进行修改，分别为LSBP681、LSBP745，使得LSBP745和UCP600相衔接。

为了配合UCP600的实施，国际商会制定《跟单信用证项下银行间偿付统一规则》(Uniform Ruler for Bank-to-Bank Reimbursement under Documentary Credit，URR)，URR最早的版本为URR525，为了配合UCP600的实施，国际商会银行委员会对URR525进行了修订，并在2008年会议通过，成为国际商会第725号出版物正式颁布，称为URR725，于2008年10月1日正式实施。

(三) 信用证的分类

1. 跟单信用证和光票信用证

(1) 跟单信用证(Documentary L/C)指受益人需提交符合信用证规定的全套单据才能得到偿付的信用证。单据指代表货物的权利凭证或证明货物已发运的单据，通常包括提单、保险单、商业发票等。在备用信用证中，单据还包括申请人违约的声明或证明。在国际商事交易中，大多使用跟单信用证。

(2) 光票信用证(Clean L/C)指受益人仅凭开具的汇票即可获得付款的信用证。由于受益人无须提交汇票以外的单据，故称为光票信用证。

2. 可撤销信用证和不可撤销信用证

(1) 可撤销信用证(Revocable L/C)指开证行可以随时修改或撤销的信用证。由于开证行修改或撤销信用证不用事先通知受益人，所以可撤销信用证对受益人十分不利，受益人也不愿接受这种信用证。

(2) 不可撤销信用证(Irrevocable L/C)指一经开出，在有效期内，未经有关当事人同意，不得修改或撤销的信用证。这种信用证对受益人比较有保障，在国际商事交易中使用最为普遍。UCP600第3条明确规定，信用证都是不可撤销的。

3. 即期付款信用证、延期付款信用证、承兑信用证和议付信用证

(1) 即期付款、延期付款、承兑还是议付。即期付款信用证(Credit Available by Sight Payment)指信用证规定的付款银行在受益人提交符合信用证规定的单据时即付款的信用证。受益人可以交付即期汇票，也可以不交付汇票，仅凭单据要求银行付款。

延期付款信用证(Credit Available by Deferred Payment)指信用证规定的付款银行在受益人提交相符单据时并不付款，在付款到期日才付款的信用证。付款到期日通常是装运日期后或单据提示后的一定时间。

(2) 承兑信用证(Credit Available by Acceptance)指受益人向信用证规定的承兑银行提交单据和以该行为付款人的远期汇票，银行审单后承兑远期汇票，并于汇票到期日付款的信用证。远期汇票的付款时间通常是装运日期后或见票后的一定时间。

(3) 议付信用证(Credit Available by Negotiation)指信用证规定的有权议付的银行从提交了相符单据的受益人处购买汇票和/或单据的信用证。议付信用证的实质，是议付行开展单据或票据买入义务，自己成为信用证的受益人。

4. 保兑信用证与未保兑信用证

(1) 保兑信用证(Confirmed Credit)指开证行以外的银行对信用证加具保兑，承诺交单相符时予以付款的信用证保兑行承担的也是主债务责任，与开证行的付款责任相互独立，受益人获得的是开证行和保兑行双重的付款承诺。受益人可选择向保兑行或开证行交单结汇。开证行拒付或倒闭时，受益人仍可向保兑行要求付款，反之亦然。有时候受益人对开证行并不了解或者不方便向开证行请求付款，此种情形下，受益人可要求对信用证加具保兑。根据UCP600第8条的规定，如果开证行授权或要求某一银行对信用证加具保兑，是否予以保兑由该银行自行决定。但如果决定不保兑，应毫不延误地通知开证行。

(2) 未保兑信用证(Unconfirmed Credit)指没有其他银行保兑的信用证。

5. 可转让信用证

可转让信用证(Transferable Credit)应特别注明"可转让"字样，注明后，信用证的受益人(第一受益人)可以要求指定的转让行，将该信用证的全部或部分转让给第二受益人，但第二受益人不可以将信用证再次转让。已转让信用证的内容应和原信用证的内容一致，但信用证金额、截止日、交单期限或最迟发运日或发运期间、保险比例等内容可以根据实际情况变更。可转让信用证中的第一受益人往往是国际货物买卖中的中间商，第二受益人通常是实际供货商。

6. 备用信用证

备用信用证(Standby L/C)源于美国。由于当时美国法律不允许银行为他人债务提供担保，银行为了规避法律规定，采取了签发信用证的方法来提供担保。传统意义上的信用证是一种支付方式，而备用信用证则是一种违约保证，类似银行保函。备用信用证不仅可以用来担保买方支付价款的义务，还可以用来保证卖方交付货物的义务。备用信用证具有"备而不用"的特征，因为它只有在当事人违约时才起作用。当事人一方违约时，受益人向银行提交债务人已经违约的书面申明，银行即履行支付义务。国际商会于1993年在制定UCP500时就明确规定，在可适用的范围内，UCP500可以适用于备用信用证。UCP600亦保留了这一规定，但它主要是为传统信用证制定的规则，备用信用证的很多特点并未得到体现，为了弥补这一不足，国际商会在1998年公布了《国际备用信用证惯例》(International Standby Practice 1998，ISP98)。

二、信用证当事人

信用证基本当事人有申请人、受益人和开证行。信用证的其他关系人包括通知行、指定行、议付行、保兑行等。

1. 申请人

申请人(Applicant)又称为开证人，是指向银行申请开立信用证的人，通常就是国际商事交易中的买方。开证申请人并非信用证的当事人，一般为买卖合同的买方，但不一定是进口商。申请人是信用证业务的发起人，也是信用证下的最终付款人。

2. 受益人

受益人(Beneficiary)是指信用证指定的有权使用信用证并享有信用证利益的人。一般是商事交易中的卖方。在已转让信用证中，受益人是货物的实际供应商。议付信用证中向受益人议付的指定行，也获得了受益人的地位。开证行与受益人之间的关系受信用证法律规范调整。

3. 开证行

开证行(Issuing Bank)是指接受开证申请人申请，为其开立信用证的银行，通常由申请人所在地的银行担任。开证行与开证申请人之间是委托关系。

4. 通知行

通知行(Advising Bank)是指受开证行委托，向受益人通知信用证的银行。通知行通常是受益人所在地银行，但是否接受开证行委托进行通知，由通知行决定。如果通知行决定不接受委托，应毫不延迟地通知开证行。通知行还有权选择另一家银行(第二通知行)通知信用证。通知行与开证行之间是委托关系，但通知行与受益人和开证申请人之间不存在直接的法律关系。

5. 指定行

指定行(Nominated Bank)是指信用证可在其处兑用的银行。如信用证可在任一银行兑用，则任何银行均为指定银行，受益人可在其处交单结汇。指定行可以由通知行担任，也可以由通知行以外的银行担任。

6. 议付行

议付行(Negotiating Bank)是指向受益人购买汇票或单据的银行。议付行购买汇票或单据后，即成为信用证的受益人，可以享有信用证利益。

7. 保兑行

保兑行(Confirming Bank)是指对信用证加具保兑的银行。保兑行一旦在信用证上加具保兑，就不可撤销地承担承付和议付的责任。

三、信用证交易原则

(一) 信用证独立原则

信用证独立原则(Autonomy of Credit)是处理信用证交易的基本原则，其核心是：信用证与作为其开立基础的买卖合同或其他合同相互独立，即使信用证中含有对此类合同的援引，银行也不受该合同的约束。银行关于履行信用证项下义务的承诺，不受开证申请人基于与开证行或与受益人之间的关系而产生的任何请求或抗辩的影响。UCP600第4条明确规定了这一重要原则：一方面，受益人在任何情况下不得利用银行之间或申请人与开证行之间的合同关系；另一方面，开证行应劝阻申请人试图将基础合同、形式发票等文件作为信用证组成部分的做法。根据这一原则，银行不得以开证申请人和受益人之间对买卖合同的争议为理由，不履行付款义务。开证申请人能以受益人违反双方之间的买卖合同为由，要求银行拒绝支付价款。信用证是一种支付手段，如果不保障信用证交易的独立性，就会导致银行介入基础合同纠纷，开证申请人利用合同纠纷要求拒付，会使受益人丧失收汇的可能，破坏信用证的支付功能，降低信用证的存在价值。

> **案例9-5　莫里斯·欧米拉公司诉纽约国家公园银行**
>
> 买卖双方买卖的是一种具有一定强度的新闻纸。受益人提交了符合信用证要求的单据，但遭到了银行的拒付，理由是"对新闻纸的质量是否符合合同约定存在合理的怀疑"。受益人于是对银行提起诉讼。多数法官认为，银行只应关注汇票和单据，如果受益人提交的单据是适当的，银行应承担绝对的付款义务，即使银行明知或有理由相信，新闻纸的强度与合同不符，银行也应根据信用证付款。[①]

---

① Maurice O'Meara Co. V. National Park Bank of New York. 146 N.E.636(1925), Court of Appeals of New York.

(二) 单证严格一致原则

UCP600第5条规定，银行处理的是单据，而不是单据可能涉及的货物、服务或履约行为。信用证是一种单据交易，银行是否付款取决于受益人提交的单据是否符合信用证的要求。如果银行接受了卖方提交的与信用证不符的单据，买方就有可能拒绝付款赎单，银行将承担由此造成的损失。银行在审单时，不仅要求单据本身在表面上与信用证相符，还要求单据之间具有一致性，即要求单证一致、单单一致。但一致性要求并不意味着受益人提交的单据与信用证的要求完全一致。如果银行奉行完全一致原则，就会导致拒付的概率大幅度上升，从而破坏信用证这一支付方式的可靠性。故UCP600第14条规定，单据中的数据，无须与该单据本身中的数据、其他要求的单据或信用证中的数据等同一致，但不得相互矛盾。除商业发票外，其他单据中的货物、服务或履约行为的描述，如果有的话，可使用与信用证中的描述不矛盾的概括性用语。最高人民法院于2005年颁布的《关于审理信用证纠结案件若干问题的规定》也规定了严格一致原则，在第5条和第6条分别规定："开证行在作出付款、承兑或者履行信用证项下其他义务的承诺后，只要单据与信用证条款、单据与单据之间在表面上相符，开证行应当履行在信用证规定的期限内付款的义务。""信用证项下单据与信用证条款之间、单据与单据之间在表面上不完全一致，但并不导致相互之间产生歧义的，不应认定为不符点。"

四、信用证欺诈例外

信用证独立原则在维护信用证交易的同时，也为受益人欺诈提供了"温床"。由于银行处理的是单据，与基础交易无关，加之银行对单据的形式、完整性、准确性、真伪性或法律效力等概不负责，所以实践中出现了受益人伪造单据或在单据中进行欺诈性陈述等现象，极大地损害了开证申请人和银行的利益，因此美国法院率先通过判例法确立了信用证欺诈例外规则。根据该规则，如果受益人存在欺诈行为，即使受益人提交了与信用证表面相符的单据，银行也有权拒绝付款。

> **案例9-6　Sztejn诉亨利·施罗德银行**
>
> 原告与印度公司签订了以信用证方式购买猪鬃的买卖合同。卖方收到被告银行开出的信用证后，即交运了50箱牛毛和其他垃圾，并提交了与信用证相符的全套单据。当被告准备付款时，原告发现了印度公司的欺诈行为，遂向法院起诉，要求法院禁止被告支付信用证项下的款项。法院支持了原告的请求，指出"本案中卖方的行为不是违反了合同的品质担保义务，而是有意的欺诈，而开证行知道形式上正确的单据事实上是虚假和非法的，此时开证行不应被要求认可这样的单据是符合信用证规定的。尽管银行不必关注合同的具体履行，但银行必须确认确实存在单据所代表的货物。"[①]
>
> 美国UCC肯定了判例法的规则，第5-109条规定，欺诈如果是实质性的

---

① 余劲松. 国际经济法学[M]. 北京：高等教育出版社，2016：154.

(Material)，且欺诈行为对整个基础交易来说是决定性的(Significant)，则买方有权要求法院下令禁止开证行支付。[①]同时为了保护善意当事人的利益，UCC还规定了欺诈例外原则。该原则是指在单证相符的情形下，即使存在信用证欺诈情形，开证行也不得拒绝以下当事人提出的付款请求：①已善意给付对价且未得到伪造或实质欺诈通知的指定行；②已善意履行保兑责任的保兑行；③信用证项下已被开证行或指定行承兑的汇票的正当持票人；④开证行或指定行的延期付款义务的受让人，只要该受让人已给付对价又未得到伪造或实质欺诈的通知，而且转让行为又是在开证行或指定行承担延期付款义务之后作出的。

最高人民法院《关于审理信用证纠纷案件若干问题的规定》第8条规定了适用信用证欺诈的几种情形：①受益人伪造单据或者提交记载内容虚假的单据；②受益人恶意不交付货物或者交付的货物无价值；③受益人和开证申请人或者其他第三方串通提交假单据，而没有真实的基础交易；④其他进行信用证欺诈的情形。与此同时，该规定第10条确立了信用证欺诈例外情形：①开证行的指定人、授权人已按照开证行的指令善意地进行了付款；②开证行或者其指定人、授权人已对信用证项下票据善意地作出了承兑；③保兑行善意地履行了付款义务；④议付行善意地进行了议付。

第六节　国际保理

在现代国际贸易支付中，信用证因其可靠性、安全性得到出口商的广泛使用，但是信用证手续复杂且占用资金，有些进口商不愿意采用。出口商则更喜欢采取承兑交单或赊销方式。在这种情况下，大家越来越重视对国际保理的运用。出口商根据自身的实际需要，会要求保理商提供信用销售控制、债款回收、销售账户管理、坏账担保和贸易融资等全部或部分服务。也就是说，供应商将买卖合同项下的应收账款的所有权转让给保理商，保理商为供应商提供资金融通、财务管理、应收账款收取和信用风险承担中的两种或两种以上服务。

国际保理商联合会于1988年制定了《国际保理习惯守则》(Code of International Factoring Custom，也译为《国际保理业务通用规则》)。此惯例后来多次修订，现行版本于2010年颁布。

一、国际保理业务的概念和分类

(一)国际保理的概念

国际保理(International Factoring)又称国际付款保理或保付代理或承购应收账款，是指出口商以赊销、承兑交单方式销售货物时，保理商买进出口商的应收账款，并向其提供资金融通、销售账户管理、应收账款回收、进口商资信评估及信用证风险担保的一系列综合

[①] 吴兴光，蔡红，刘睿，盛琨. 美国《统一商法典》研究[M]. 北京：社会科学文献出版社，2015：316.

性金融服务方式。[①]

(二)国际保理的分类

国际保理根据不同的标准，可以划分为不同的类型。

1. 按保理商分类

根据保理商的不同，可以划分为单保理和双保理。

(1) 单保理是指出口商与进口地的保理商签订保理协议，进口保理商再与出口地的一家银行签订协议，出口地银行只负责传递信息和划拨款项，不承担保理商责任。这种单保理的方式因风险大，比较少用。

(2) 双保理是指由出口商与出口国所在地的保理商签订协议，出口保理商与进口保理商双方也签订协议，相互委托代理业务，并由出口保理商与进口保理商根据出口商的需要，一起提供应收账款催收、资信调查、坏账担保、资金融通、销售分户账管理等服务的金融业务。

2. 按有无追索权分类

依据有无追索权，可以划分为有追索权保理和无追索权保理。

(1) 有追索权保理指保理方凭债权转让向供应商融资后，如果买方拒绝付款或无力支付，保理商有权向供应商要求偿还资金。

(2) 无追索权保理指保理方凭债权转让向供应商融通资金后，即放弃对供应商追索的权利，保理方独立承担买方拒绝付款或无力付款的风险。

3. 按是否提供融资分类

依据是否提供融资，可以划分为到期保理和融资保理。

(1) 到期保理是指保理商根据出口商给予进口商的付款期限计算出到期日，在该到期日将应收款项付给出口商。

(2) 融资保理是指保理方承购供应商的应收账款，给予资金融通，并通过一定方式向买方催还欠款。

4. 按是否公开保理商情况分类

依据是否公开保理商情况，可以分为公开型保理和隐蔽型保理。

(1) 公开型保理是指债权转让一经发生，供应商须以书面形式将保理商的参与情况通知买方，并指示买方将货款直接付给保理方。

(2) 隐蔽型保理是指供应商不将债权转让以及保理商参与情况通知买方，买方仍将货款付给供应商，供应商收到货款后转付给保理商。整个操作过程只在供应商与保理方之间进行。

二、国际保理的作用

(一) 对进口商的作用

1. 进口商避免占用资金

[①] 许南. 国际结算案例与分析[M]. 北京：中国人民大学出版社，2015：92.

保理业务适用于以商业信用购买商品，进口商通过保理组织支付结算的情况。这样，进口商不需要向银行申请开立信用证(L/C)，免去交付押金，从而减少资金积压，降低了进口成本。

2. 简化进口手续

经常往来的买卖双方，可根据交易合同规定，定期发货寄单。通过保理业务，买方可迅速得到进口物资，按约定条件支付货款。这样，大大节省开证、催证等的时间，简化了进口手续。

3. 转移费用

在采用保理业务后，出口商将办理该项业务有关的费用转移到出口货价中，会增加进口商的成本负担。但是，货价提高的金额一般仍低于因交付开证押金而蒙受的利息损失。

(二) 对出口商的作用

1. 有利于出口商进行市场和资信调查

保理业务代出口商对进口商进行资信调查，为出口商决定是否向进口商提供商业信用以扩大商品销售提供信息和数据，它的作用是显著的。保理组织熟悉海外市场的情况，经常向中小出口商提出建议，协助其打进国际市场，加强其竞争能力。

2. 加速资本运转

出口商将货物装运完毕，可立即获得现金，从而满足营运需要，加速资金周转，促进利润增加。

3. 有利于出口商转移风险

只要出口商的商品品质和交货条件符合合同规定，在保理组织无追索权地购买其票据后，出口商即可以将信贷风险和汇价风险转嫁给保理组织。

4. 有利于出口商融资

出口商如从银行贷款取得资金融通，则会增加其负债，提高企业的负债/资产比率，恶化资产负债表的状况，对企业的资信不利，影响其有价证券上市。而出口商利用保理业务，货物装船，出卖票据后，立即收到现金，不仅不会增加资产负债表中的负债，还会增加表中的资产，改善资产/负债比率，有利于企业的有价证券上市与进一步融资，同时可以减少出口商的外汇风险。

|复习思考题|

1. 简述票据的主要特征。
2. 简述票据权利的内容。
3. 什么是汇票？什么是汇票的背书、承兑？
4. 行使追索权的要件有哪些？
5. 简述《托收统一规则》的主要内容。
6. 什么是信用证？有何作用？有哪些分类？
7. 什么是信用证独立原则？
8. 什么是保理？有何作用？

第十章
国际知识产权与技术贸易

本章概要 本章介绍了知识产权(包括专利权、商标权、著作权、专有技术、商业秘密等)的基本概念、特征和内容,并阐述了知识产权国际法律保护制度(含反不正当竞争制度)以及与知识产权紧密相关的国际技术贸易法律。

本章学习目标 通过本章的学习,学生要掌握知识产权以及技术许可合同的基本概念及基本原理,了解知识产权国际保护公约,包括《成立世界知识产权组织公约》《保护工业产权巴黎公约》《保护文学艺术作品伯尔尼公约》《世界版权公约》《知识产权协定》等,并能将其中的内容应用于国际商事活动中。

第一节 概述

一、知识产权

在民事权利制度体系中,知识产权是与传统的财产权利区别存在的。比利时法学家皮卡第认为,物的所有权原则上永恒,随着物的产生与毁灭而发生与终止;但知识产权却有时间限制。一定对象的产权在每一瞬息时间内只能属于一个人(或一定范围的人——共有财产),使用知识产权的权利则不限人数,因为它可以无限地再生。"Intellectual Property"原意为"知识(财产)所有权"或"智慧(财产)所有权"。17世纪中叶的法国学者卡普佐夫第一次将来自知识活动领域的权利概括为"知识产权"。

(一) 知识产权的范畴

1. 知识产权的定义

关于知识产权的定义有"列举主义"和"概括主义"两种。概括来说,知识产权是一系列智力劳动成果权的总称,具体是指人们对于自己的智力活动创造的成果和经营管理活动中的经验、知识结晶、标记、信誉等依法享有的权利。知识产权的概念又有广义与狭义之分。广义上的知识产权,包括文学、艺术、科技成果等一系列人类的智力成果。1967年,斯德哥尔摩《成立世界知识产权组织公约》(The Convention Establishing the World Intellectual Property Organization,WIPO公约),对知识产权作了如下列举式定义。

(1) 关于文学、艺术和科学作品的权利。
(2) 关于表演艺术家的演出、录音和广播的权利。

(3) 关于人们努力在一切领域的发明权利。

(4) 关于科学发现的权利。

(5) 关于工业品式样的权利。

(6) 关于商标、服务商标、厂商名称和标记的权利。

(7) 关于制止不正当竞争的权利。

(8) 在工业、科学、文学或艺术领域一切来自知识活动的权利。

2. 知识产权的范围

1994年，关贸总协定缔约方于马拉喀什订立了《与贸易有关的知识产权协定》(Agreement on Trade-Related Aspects of Intellectual Property Rights，缩写 TRIPs，简称《知识产权协定》)，该协定第1部分第1条对于知识产权的范围进行了划定。

(1) 版权及相关权利。

(2) 商标。

(3) 地理标志。

(4) 工业设计。

(5) 专利。

(6) 集成电路的外观设计(分布图)。

(7) 对未公开的信息的保护。

(8) 在契约性许可中对反竞争行为的控制。

其中，第7项"未公开的信息的保护"，通常理解为侧重于商业秘密和"Know-how"(专有技术)的保护。这种商业秘密的权利人，有权制止其他人未经许可而披露、获得或使用有关信息。与传统的知识产权相比，此项商业秘密的权利人多了两项权利，即制止他人披露和制止他人获得有关信息。多年以来，对于商业秘密是否属于知识产权的范畴一直存在争论。大多数国际公约并未将其列入知识产权的范畴，只是作为一种特殊的保护对象。随着商业秘密、专有技术在国际经济活动中，尤其是在信息化、全球化、电子化的今天，其重要性日益突显，人们逐渐意识到将其列入知识产权范畴的必要性，故TRIPs协定至少在国际贸易领域将商业秘密纳入知识产权范畴，从而给这场争论画上了句号。[①]

狭义上或传统意义上的知识产权包括著作权、专利权、商标权三个组成部分。学理上又将其归纳为两个部分：工业产权和版权。前者包括专利权、商标权、禁止不当竞争等具有实用经济意义的一种无形财产权；后者则侧重于文学产权，包括作品权、传播者的邻接权等。但进入20世纪以来，随着机器化大生产的发展，工业产权和版权两者渗透交叉，又出现了工业版权，这是一种权利结合体的知识产权新类型。

我国《民法典》第123条规定："民事主体依法享有知识产权。知识产权是权利人依法就下列客体享有的专有的权利：

(一) 作品；

(二) 发明、实用新型、外观设计；

(三) 商标；

---

① 郑成思.知识产权法[M].北京：法律出版社，1997：36.

(四) 地理标志；

(五) 商业秘密；

(六) 集成电路布图设计；

(七) 植物新品种；

(八) 法律规定的其他客体。"

由此可见，我国法律在知识产权保护的范畴方面，采用的是广义概念。

(二) 知识产权的法律特征

知识产权的特征是相对于物权、债权、继承权等其他民事权利而言的。具体来说，主要有以下几点。

1. 无形性

知识产权是一种有别于有形财产所有权的无形财产权。知识产权的客体为知识产品，是一种智力成果，不像其他的有形财产那样切实可见，所以，人们对它的拥有只能表现为对某种知识经验的感受和认知，而非表现为一种实在和具体的控制。此外，它可以与所有者相脱离成为一种无形的信息并同时为若干个体所使用。正是由于这种无形性，它不会因为实物形态的使用和消费而导致财产的实际损耗或者消失，也不会发生使无形产品消灭的事实处分。基于该特征，世界各国对知识产权的保护均区别于传统的财产权利，即通过单独立法对其进行确认，并规定知识产权所有人在本国领域内所享有的各项权利，由于该无形财产在世界范围内传播，国际社会还订立了一系列保护知识产权的公约。

2. 专有性

作为一种民事权利，知识产权具有排他性和绝对性的特点。然而，由于精神领域的成果具有可以同时被若干主体客观上掌握和使用的特点，此类权利不同于其他可依托于客观实物的权利，在掌握知识技能的前提下是否使用在很大程度上依赖掌握主体的主观自觉性，故法律多授予知识产权的独占权。专有性主要体现在以下几方面：首先，对于同一智力成果，不能同时存在两个或两个以上属性相同的所有权，依照法律程序，只能确立一个地位的合法性；其次，权利人对智力成果的垄断受到法律的严格保护，未经权利人许可或者依法律规定，任何人都不得侵犯权利人对该知识产权的独占；最后，这种垄断是相对的，法律在效力内容、地域范围、时间等方面对知识产权的专有性和独占性作出一定的限制。

3. 时间性

知识产权的保护并非永恒不变的，智力成果被视为人类智慧的结晶。知识作为社会智慧劳动、经验、技能的积累，为技术的进一步创新提供了基础，一旦将对其的保护永恒绝对化，必然引起对社会发展的阻碍和创新成本的增加。故其仅在法律规定的有效期内受到保护，一旦期限届满，权利就会自动终止或消失，进入公共领域，成为公众自由使用的财富，这是知识产权与其他财产所有权的重要区别之一。对于其他财产所有权而言，只要财产权利客体客观存在，财产权利就"永恒"存在，依照消灭时效或取得实效发生的权利变更也只是涉及主体，财产权利本身并不会受到影响，与知识产权的短暂存在形成了鲜明的对比。知识产权在时间上有有限性，是世界各国为了促进科学文化发展，鼓励智力成果公开，协调知识产权专有性与智力成果社会性之间的矛盾所采取的一种法律手段。

4. 地域性

知识产权具有严格的地域性,有别于有形财产。有形财产的保护,一般没有地域性的限制。公民所拥有的财产,即使发生跨越国境的流转,也不会发生财产所有权失效的问题。而现阶段知识产权的保护主要由各国国内自行决定作出,由各国主管机关依照本国法律授予,保护制度并未在国际上统一,也未形成可以跨越国境的有效的相互监督、制约、影响的保护机制,只能在本国领域内产生效力并受到法律保护。除签有国际公约或者双边协定外,并无域外效力,一国对于外国政府依照外国法律授予的知识产权,没有承认和保护的义务。任何人都可以在自己的国家内自由使用该智力成果,无须权利人同意,也不必向其支付报酬。虽然在国际性知识产权保护的进程中,确定了国民待遇原则,然而学界普遍认为,这是对知识产权地域性特点的重要补充,而非对这一特点的否定。

二、技术转让

(一) 技术转让的概念

在市场经济条件下,技术成果成了独立存在的商品,技术转让就成为市场经济条件下科学技术知识传播、扩散和科技成果推广、应用的基本形式之一,在这个过程中技术转让合同对于规范技术转让活动,保护当事人的合法权益,维护技术市场的秩序发挥着十分重要的作用。[①] 广义的技术转让,是指当事人就专利权、专利申请权、技术秘密、专利实施许可等进行的转让;狭义的技术转让,不包括专利实施许可。由于专利实施许可在技术实践中应用得越来越广泛,国际公约和各国国内立法都采用了广义的理解。

(二) 技术转让合同

一般来说,技术转让是通过签署和履行技术转让合同来完成的。技术转让合同是指当事人之间就专利权转让、专利申请权转让、技术秘密转让、专利实施许可所订立的合同。技术转让合同主要有以下法律特征:①该合同的标的是现存的技术成果,这也是与技术开发合同的最大区别所在;②技术转让合同为双方有偿诺成合同,必须采用书面形式。

技术转让合同可分为4类:①专利转让合同,即专利人作为转让人将其专利所有权或者持有权让与受让人,受让人支付约定的价款所订立的合同。②专利申请转让合同,即转让人将其就某项发明创造申请专利的权利转让给受让人,受让人支付约定的使用费用所订立的合同。③专利实施许可合同,即专利人或者其授权的人作为转让人许可受让人在约定的范围内实施专利,受让人支付约定的使用费用而订立的合同。④技术秘密转让合同,即转让人将其拥有的技术秘密提供给受让人,明确相互之间技术秘密的使用权、转让权和保密义务,受让人支付约定使用费所订立的合同。

三、知识产权领域的反不正当竞争

不正当竞争,是指经营者违反法律规定,损害其他经营者合法利益,扰乱社会经济

---

① 张桂龙. 新合同法解释[M]. 香港:九州图书出版社,1999:307.

秩序的行为。反不正当的概念起源于19世纪50年代的法国，它的立法来源是《法兰西民法典》第1382条，这一条同时又是法国商标法(亦即现代注册商标制度)的起源。因此，从来源上来说，反不正当竞争法与商标权的保护是"同源"的，也说明反不正当竞争法与知识产权法的密切联系。[①]知识产权法关注的焦点是技术创新者与社会公众的利益，通过赋予技术创新者一种新的、独占性的、可以获得经济利益的权利并进行调整的方式，为知识产权人、被许可人和社会公众三者的利益寻求一个平衡点。赋予技术创新者一种独占性的权利，以保证其所追求的经济价值，防止他人随意使用权利人的智力成果，避免有人再花大量的人力、物力去从事重复的技术活动，并以此来鼓励人们从事智力创造活动，推动科学技术进步，促进社会财富增长。反不正当竞争法的立法目的则在于约束或制裁种种限制市场竞争的行为，在尽可能大的范围内保证市场处于自由竞争的状态，从而达到有效利用各种资源、创造更多社会财富的目的，它寻求的是竞争者与竞争者之间、竞争者与消费者之间利益的平衡点。一旦知识产权人滥用自己的独占权，必然会受到反不正当竞争法的限制和制裁，进而丧失原有的权利主体地位。从实质上来讲，反不正当竞争法与知识产权法都是对社会和个人利益分配规则的管理，反不正当竞争法是知识产权制度中的利益平衡器，只有维持设权规则与反不正当竞争规则的分工，私权和公益才能得到更有效的平衡。正因如此，《保护工业产权巴黎公约》《成立世界知识产权组织公约》等国际公约都在反不正当竞争方面作出专门的规定。

第二节　知识产权的种类及国际保护

一、知识产权的种类

(一) 专利

1. 专利概述

按照世界知识产权组织的定义，专利是指政府主管机关(或者代表多个国家的地区主管机关)应申请而发布的，表述一种发明并创设一种法律状态的文件，而这种法律状态就是通常要获得专利所有人许可才能使用(制造、销售或者进口)该专利。发明是只对技术领域的特定问题的解决方法，它可以是一种产品或者方法。有些国家还授予"实用新型"专利保护，但对其要求低于能够获得专利的发明，与专利相比，实用新型专利费用低，保护期短，其权利内容与专利相近。[②]

专利又称独占，授予专利的法律后果是：授予专利的发明未经专利权人许可，其他人不可利用，即专利所有人有权防止他人利用其发明，通常包括防止他人制造、使用或者销

---

① 王洪英，罗娜. 完善我国《反不正当竞争法》对知识产权的兜底保护[J]. 中国法院网，www.chinacouet.org.
② WIPO. Intellectual Property Reading Material，13.

售其发明。[①]一般情况下，专利有以下几个特征：①专利是一项特殊的、能够产生专利权的发明创造；②专利必须符合专利法规定的专利条件；③专利必须经过主管机关的依法审查才能确定。

2. 专利权

专利权是一项重要的知识产权，通常是指一项发明创造的申请人向专利主管部门提出申请，该主管部门依法审查合格后，法律所赋予该申请人的，在一定期限内对其发明的一种独占垄断的实施权。作为一项特殊的知识产权，专利权除了具有无形性、专有性、时间性、地域性等知识产权的一般特征外，还具有以下几个特征：①鲜明的独占性。作为一种对世权，专利权只限于权利人垄断，任何单位和个人都不得以营利为目的擅自使用该权利。②公开性。在申请专利的过程中，申请人需要在相关的文件中载明所要申请的专利内容，主管部门在收到专利申请后，经初步审查认为符合法律要求的，自申请日起满一段时间，即进行公布。③法定性。和著作权相比，专利权并非在发明完成之日自动产生，而是必须经过专利申请人依法申请和主管部门依法审批。

专利权的主体为专利权人，其客体可以分为以下几个种类：①发明专利；②实用新型专利；③工业品外观设计专利。

此外，法律不仅从反面对不得授予专利的对象，即违反国家法律、社会公德或者妨碍公共利益的发明创造作了规定，还列举了专利法不能适用的几种情况：①科学发现、科学原理；②智力活动的规则和方法；③疾病的诊断和治疗方法；④动物和植物品种；⑤用原子核变化方法获得的物质。

案例10-1　华为公司与三星公司专利权纠纷

2016年5月25日，华为公司宣布，在美国和中国提起对三星公司的知识产权诉讼，包括加州北区法院和深圳中级人民法院。华为在诉讼中要求三星公司就其知识产权侵权行为对华为进行赔偿，这些知识产权包括涉及通信技术的高价值专利和三星手机使用的软件。2016年6月，华为再度将三星公司起诉至泉州中院，诉称包括三星最新款Galaxy S7(G9300)在内的共计16款三星手机产品涉嫌专利侵权，并索赔8050万元(含合理支出费用50万元)。2016年7月，对于华为发起的专利诉讼，三星公司在多地提出了对华为的专利侵权诉讼，在起诉书中表示，其为"用于在移动通信系统中发送和接收随机化小区间干扰的控制信息的方法和装置""记录活动图像数据的方法和数码照相机"等6件专利的专利权人，其发现华为技术有限公司生产的、北京亨通达百货有限公司销售的华为Mate8、荣耀等手机和平板电脑上分别使用了其专利权。三星公司认为，华为技术有限公司、北京亨通达百货有限公司的行为侵犯了其专利权，为此诉至北京知识产权法院，要求两被告停止生产、销售、许诺销售等侵权行为，并在其中两个案件中，分别主张赔偿经济损失和合理支出8050万元，共计1.61亿元。2017年4月，泉州中院受理的华为诉三星专利侵权案件作出一

---

① 孔祥俊. WTO知识产权协定及其国内适用[M]. 北京：法律出版社，2002：230.

> 审判决。一审法院认定,三星公司共计22款产品认定构成专利侵权,并判决三星公司停止制造、许诺销售、销售搭载涉案专利技术方案的移动终端共计22款Galaxy系列手机,同时,三星公司赔偿华为终端公司经济损失8000万元及为制止侵权所支付的合理费用50万元。
>
> 三星公司不服法院判决,宣告复议,但经专利局审查认为,三星公司提交的所有无效理由均不成立,复议最终被驳回。

(二) 商标

1. 商标概述

商标是指生产经营者在其经营、制造、加工、挑选或者经销的商品或服务上使用的,为便于识别商品或者服务来源而由文字、图形、字母、数字、三维标志、颜色或其他组合构成的具有显著特征的标志。它一般附在商品、包装、服务设施及其广告宣传品上。具体说来,商标具有以下几个特征:①商标必须具有可视性,商标具有代表、象征、可识别商品或者服务项目功能,其最直接的功能体现是以最直接的方式向消费者展示商品或服务的标识,使消费者对商品或服务的来源有基本认知。②商标必须具有显著特征,使消费者能对商标的外观进行比较,以区分来源不同的商品或服务。③商标是用于商品或服务上的专用标志,便于公众对商品的来源、质量、性能等进行判断。④商标包含无形的价值。对于经营者来说,商标除了标明产品与服务的来源,还代表了商品或其服务项目的质量、信誉、社会影响及其市场竞争能力,凝聚着经营者的劳动所创造出的品牌价值。

2. 商标权及其主体

商标权是指商标所有人依法对其拥有的注册商标所享有的专有权利。注册商标是指经过商标局注册核准的商标。商标权的概念,仅适用于注册商标,是商标注册人依法支配其注册商标并禁止他人侵害的权利,包括商标注册人对其注册商标的排他使用权、收益权、处分权、续展权和禁止他人侵害的权利基础。商标权人的权利范围主要有:①专有权,即权利人对其注册商标专有使用的权利;②禁止权,即商标权人行使该权利时,禁止他人未经许可使用其商标的权利;③转让权,即在法律允许的范围内,商标权人可将其对注册商标的所有权转让给他人所有的权利;④许可使用权,即商标权人通过合同的方式,将其注册商标的专用权许可他人使用的权利。

3. 商标注册

《中华人民共和国商标法》(以下简称《商标法》)第3条规定,商标注册人享有商标专用权,受法律保护。商标注册是商标所有人依照法定程序向商标主管部门(商标局)办理申请注册手续后取得的商标专有权。具体来说,商标注册条件主要有:①商标的构成要素必须具有显著性和易识别性并不得与他人先取得的合法权利相冲突。仅仅表示产品名称、型号、质量、功效及其他特点的标识不得作为注册商标。②申请注册商标不得违反法律的禁止性规定,此条也适用于非注册商标。我国《商标法》第10条对禁止性条款作了8种解释,包括下列不得作为商标注册的标志:"(一)同中华人民共和国的国家名称、国旗、国徽、国歌、军旗、军徽、军歌、勋章等相同或者近似的,以及同中央国家机关的名称、标志、所在地特定地点的名称或者标志性建筑物的名称、图形相同的；(二)同外国的国家名称、国旗、国徽、军旗等相同或者近似的，但经该国政府同意的除外；(三)同政府间国际组织的名称、旗帜、徽记等相同或者近似的，但经该组织同意或者不易误导公众的除外；(四)与表明实施控制、予以保证的官方标志、检验印记相同或者近似的，但经授权的除外；(五)同'红十字''红新月'的名称、标志相同或者近似的；(六)带有民族歧视性的；(七)带有欺骗性，容易使公众对商品的质量等特点或者产地产生误认的；(八)有害于社会主义道德风尚或者有其他不良影响的。县级以上行政区划的地名或者公众知晓的外国地名，不得作为商标。但是，地名具有其他含义或者作为集体商标、证明商标组成部分的除外；已经注册的使用地名的商标继续有效。"③在同种或者类似商品上申请注册的商标不得使用与他人注册商标或者初步审定的商标相同或者相似的文字、图形或者其组合。④注册商标被撤销或者期满不再续展的，自撤销或者注销之日起一年内，与该商标相同或者近似的商标不能被核准。

案例10-2 广药诉加多宝商标侵权案

2014年5月7日，广药集团以商标侵权为由将加多宝公司起诉至广东高院。

广药集团起诉称，其系"王老吉"注册商标所有权人，商标核定使用商品为第32类。2000年5月2日，广药集团与加多宝公司的母公司香港鸿道(集团)有限公司(下称鸿道集团)签订了《商标许可协议》(下称"2000年协议")，同意鸿道集团在我国大陆地区使用"王老吉"商标，为期10年，即至2010年5月1日止。其后，双方于2002年、2003年先后签署《"王老吉"商标许可补充协议》(下称"2002年补充协议")和《关于"王老吉"商标使用许可合同的补充协议》两份补充协议，将许可期限延至2020年5月1日。但上述两份补充协议系以非法手段行贿取得，已被中国国际经济贸易仲裁委员会裁定无效。广药集团发现，加多宝公司在未经许可的情况下，擅自使用"王老吉"商标，侵犯了广药集团的合法权益。六被告彼此配合，共同侵权，应承担连带赔偿责任。

在加多宝公司是否侵犯"王老吉"注册商标专用权问题上，广东高院经审理认为，"2002年补充协议"系因鸿道集团向时任广药集团副董事长和总经理李某行贿得以签订。该协议并非广药集团的真实意思表示，而属于"恶意串通，损害国家利益和第三方当事人利益"的无效合同，自始无效。故加多宝公司使用涉案"王老吉"商标的行为，在"2000年协议"届满之后，就不再存在合法依据。此外，在广药集团已提起仲裁申请并明确主张"2002年补充协议"无效之后，加多宝公司不仅没有立即停止使用被诉标识进行合理避让，反而将一直使用的双面"王老吉"商标标识改成一面"王老吉"、一面"加多宝"标识，其将原积累于广药集团"王老吉"商标之上的商誉转移到"加多宝"商标的主观恶意明显，故其所谓不存在主观过错、不构成侵权的主张不能成立。

据此，广东高院认为，加多宝公司使用涉案"王老吉"商标的行为既无法律依据，亦无合同依据，加多宝公司并非对两份补充协议毫不知情的善意第三人，广药集团关于加多宝公司被诉行为构成侵权并存在侵权主观恶意的主张有理。

(三) 著作权

1. 著作权概述

著作权是指作者或者其他著作权人依法对文学、艺术、科学作品所享有的人身权利和财产权利等专有权利的总称。在广义上，著作权包括法律赋予表演者、音像制作者、广播电台、电视台或出版者对其表演活动、音像制品、广播电视节目或版式设计的与著作权有关的权利。在《中华人民共和国著作权法》(以下简称《著作权法》)中，版权和著作权具有相同的含义。因此，在我国著作权亦称版权。我国新颁布的《民法典》未对著作权加以特别规定，仅在第123条规定受知识产权保护的对象包括作品，此处对于著作权领域"作品"的理解，应适用特别法《著作权法》对作品所做的解释。

著作权是一种特殊的民事权利，它与工业产权构成知识产权的主要内容。著作权应是一种绝对的专属权，因为它的行使是以其他人的不作为来保障实现的。作为一种民事权利，著作权既具有财产权的可让与性、有期限性和可继承性，又具有人身权的不可让与性和永久性。

关于著作权的取得，我国《著作权法》采用了自动取得的方式，其第2条规定，中国公民、法人或者其他组织的作品，无论是否发表，依照本法享有著作权。也就是说，作品创作完成之日，著作权产生，无须履行审查、登记手续。作品有初稿、定稿的，应该以定稿为准。但是外国人或无国籍人的作品，视具体情况而定，一般情况下，其作品首先在中国境内出版的可享有著作权。

著作权的期限，是著作权受保护的有效期，著作期届满，作品进入公共领域，不再受《著作权法》保护，成为社会公共财富。我国《著作权法》采用两种不同的计算方法。著作人身权中的署名权、修改权和保护作品完整权无保护期的限制，永久受到法律的保护。发表权和著作财产权的保护期相同，具体来说分为以下几种：①作品的作者为公民的，其发表权、使用权等权利保护期限为作者终生及其死亡后50年，截止于作者死亡后第50年的12月31日。②法人及其他组织的作品，著作权(署名权除外)由法人或其他组织享有的职务作品，其发表权、使用权等权利保护期限为作品首次发表后50年，截止于作品首次发表后第50年的12月31日；作品自创作完成后50年未发表的，著作权法不再保护。③电影作品和类似摄制电影的方法创作的作品、摄影作品，其发表权、使用权等权利保护期截止于作品首次发表后的第50年的12月31日，但作品自创作完成之后的50年内未发表的，著作权法不再保护。④合作作品的发表权、使用权等权利的保护期为合作者中最后死亡的作者死后第50年的12月31日。⑤出版者享有的图书、期刊的版式设计，保护期为10年，截止于使用该版式设计的图书、期刊首次出版后的第10年的12月31日。⑥录音、录像制作者对其制作的录音录像制品权利的保护期限为50年，截止于该制品首次制作完成后的第50年的12月31日。⑦广播电台、电视台对其广播、转播节目权利的保护期为50年，截止于该广播、电视播放后第50年的12月31日。

2. 著作权的客体

我国《著作权法》所称的客体，即为作品，是指文学、艺术和科学领域内，具有独创性，并能以某种有形形式复制的智力创造成果。

一件作品要成为著作权客体，须具备以下几个要件：①作品的独创性。这是作品受到保护的实质性条件，是法律保护作品表达方式的客观依据。所谓独创性，是指作品由作者独立构思而成，作品内容和形式上都不与其他已发表的作品相同，即非抄袭、剽窃、篡改他人的作品。因此，只要是作者创作产生的作品，能够体现作者的思想感情，即使在同一时间地点存在两部类似的作品，也只能视为巧合，都可以受到著作权的保护。②可复制性，即作品必须能够以一定的客观形式表现出来，被外界所感知，并能通过印刷、绘画、录制等手段予以复制。

我国《著作权法》将文学、艺术和科学领域内的作品分为以下9类。

(1) 文字作品。

(2) 口述作品。

(3) 音乐、戏剧、曲艺、舞蹈、杂技艺术作品。

(4) 美术、建筑作品。

(5) 摄影作品。

(6) 电影作品和以类似摄制电影的方法创作的作品。

(7) 工程设计图、产品设计图、地图、示意图等图形作品和模型作品。

(8) 计算机软件。

(9) 法律、行政法规规定的其他作品。

此外，我国《著作权法》还对不适用该法保护的作品作了规定，共有4类：①法律禁止出版、传播的作品。②法律、法规、国家机关的决议、决定、命令和其他具有立法、行政、司法性质的文件，及其官方正式译文。此类作品带有国家意志性，不属于任何个人智力成果，不为任何人专有，因此其传播和利用也不应当被限制。从另一个角度来说，这些表达官方意志的文件，应当尽可能被公众所知悉。③时事新闻。此类作品只是单纯地反映一定客观事实的存在，并非记录人的创造性作品，因此不属于受《著作权法》保护的范围。④历法、通用数表、通用表格和公式。此类作品具有工具性和通用性，已经成为可以推动人类社会发展的公共财产，因此不能受《著作权法》的保护。

3. 著作权的主体——著作权人

著作权主体可分为原始主体和继受主体两类，前者是指在作品创作完成之后，直接依据法律规定或者合同约定，对著作权客体行使著作权的人。一般情况下，原始主体为作者，但委托作品、职务作品中的出资人和雇主，在有合同约定且无其他基础性权利的情况下，也可以成为原始主体。后者是指通过受让、继承、受赠或者法律规定的其他方式取得全部或者一部分著作权的人，如继承人、受遗赠人、作品原件的合法持有者等。前者的存在不以后者为前提，但后者的权利源于前者。应当注意的是，继受主体不可能获得绝对完整的著作权，只能获得著作权中的财产权。著作权中的部分人身权，如署名权，仍专属于原始创作者。

在实践中，存在一些作品，其相关的著作权主体的确认比较特殊，我国《著作权法》对此作了专门的规定：①演绎作品著作权。演绎作品是指改编、翻译、注释、整理已有作品而产生的作品，其著作权由改编、翻译、注释、整理人所有，但前提是，该演绎行为不得侵犯原作品的著作权。②合作作品的著作权。合作作品是指两个以上作者共同创作的作品。依照法律，其著作权由合作者共同享有。对于可以分割使用的合作作品，作者对各自创作的部分可以单独享有著作权，但行使著作权时不得侵害合作作品整体的著作权。③汇编作品的著作权。汇编作品是指将若干作品、作品的片段或者不构成作品的数据或者其他材料进行汇编，对其内容进行选择和编排以体现其独创性而成的作品。此类作品的著作权由汇编人享有，但是在行使该权利时不得侵犯原作品的著作权。④电影作品和类似摄制电影的方法创作的作品的著作权。此类作品的著作权由制片人享有，但编剧、导演、摄影、作词、作曲等作者享有署名权和依照合同获得报酬的权利。该类作品中剧本、音乐等可以单独使用的作品的作者则有权单独行使著作权。⑤职务作品的著作权。此类作品著作权分两类对待：公民为完成单位任务而创作的作品，原则上公民享有完整的著作权，单位有业务优先使用权；对于主要是利用法人或者其他组织的物质条件创作，并由法人或其他组织承担责任的工程设计图、产品设计图、地图、计算机软件等职务作品，或者法律法规规定或合同约定著作权由法人或者其他组织享有，法人或其他组织可以给予作者奖励。⑥委托作品的著作权。受委托创作的作品，著作权归属由委托人和受委托人通过合同约定。合同未明确约定或者没有订立合同的，著作权归受托人。⑦原件所有权转移作品的著作权。美术等作品原件的所有权转移，不视为作品著作权的转移，但美术作品原件的展览权由原所有人享有。⑧作者身份不明的作品的著作权。作者身份不明的作品，由作品原件的所有人行使除署名权以外的著作权。作者身份确定后，由作者或者其继承人行使著作权。

4. 著作权的内容

著作权的内容是指由《著作权法》保护或者承认的作者和其他著作权人所拥有的权利。具体说来，包含两方面的内容：著作人身权和著作财产权。

(1) 著作人身权又称作者人格权，具体包括：①发表权，即作者决定作品是否公布于众及以何种方式、何时、何地公布于众的权利。该权利是著作权中最重要的权利，也是我国宪法赋予公民言论出版权在著作权法上的重要体现。②署名权，即表明作者身份，在作品上署名的权利。该权利是确认并且保障创作人身份的重要权利。《著作权法》第11条规定，如无相反证明，在作品上署名的公民、法人或者其他组织为作者。《著作权法》第20条规定，作者的署名权、修改权、保护作品完整权的保护期不受限制。应当指出的是，不署名也是作者行使署名权的一种方式，并不等于署名权的放弃。③修改权，即修改或者授权他人修改作品的权利。首先，作者有权对自己的作品进行修改；其次，只有经作者授权后，他人才有修改权，未经授权而对作品进行修改，构成对作者修改权的侵犯。但是，报社、期刊社对作品进行文字性修改、删节，可以不必征求作者的同意，对作品内容的修改，应当经作者许可。④保护作品完整的权利，即保护作品不受歪曲、篡改的权利。保护作品完整权是修改权在内容上的进一步延伸。不仅禁止对原作品的修改，而且禁止他人在再创作的过程中(如翻译、表演等方式)对作品进行歪曲性的改动。但为了方便作品的出版发行，出版人和编辑人对出版作品进行语法或事实的技术性处理，不视为侵犯作者的保护作品完整权。该权利的保护期没有限制，作者死亡后，该权利被作者继承人或者受遗赠人继受，无人继承又无人受赠的，由著作权行政管理部门保护。

(2) 著作财产权又称经济权利，是指著作人自己使用或者授权他人使用该作品而获取物质利益的权利，包括使用权和报酬权，即以复制、发行、展览、广播、放映或者改编、翻译、注释、编辑等方式使用作品，并从中获取报酬的权利。它可以转让、继承、放弃，并且保护期和保护空间有限，这一点与著作人身权有所区别。具体来说，包括：①复制权，即以印刷、复制、拓印、录音、录像、翻录、翻拍等方式将作品制作一份或者多份的权利。②表演权，即公开表演作品，以及用各种手段公开播送作品的表演的权利。③广播权，即以无线电方式向公众传播广播的作品，以有线转播或者传播的方式向公众传播广播作品，以及通过扩音器或者其他传送符号、声音、图像的类似工具向公众传播广播的作品的权利。④展览权，即公开陈列美术作品、摄影作品的原件或复印件的权利。⑤发行权，即以出售或者赠予的方式向公众提供作品的原件或者复印件的权利。⑥改编权，即改变作品，创作出具有独特性的新作品的权利。⑦翻译权，即将作品从一种语言文字转换成另一种语言文字的权利。⑧汇编权，即将作品或者作品的片段通过选择或者编排，汇集成新作品的权利。⑨摄制权，即以摄制电影或者类似摄制电影的方法将作品固定在载体上的权利。⑩出租权，即有偿许可他人临时使用作品的权利。

案例10-3 日本游戏公司诉游戏破解网站案

2018年9月25日，天津光荣特库摩软件有限公司发布的一则胜诉公告称，其公司的母公司日本光荣特库摩游戏公司就中国北京三鼎梦软件服务有限公司发布盗版游戏的行为，提起了侵害著作权诉讼。一审和二审之后，法院作出了二审判决，勒令北京三鼎梦软件服务有限公司支付日本光荣特库摩游戏公司赔偿金。

日本光荣特库摩游戏在一审时诉称：三鼎梦公司未经许可将其享有著作权的5款涉案游戏软件破解后上传至3DM游戏网，故请求法院判令三鼎梦公司停止侵权、赔礼道歉并赔偿损失。据光荣特库摩方面介绍，2012年到2016年，其先后4次向被告发出警告函，要求其停止发布含有原告著作权的游戏。在法院一审判决中，认定三鼎梦公司侵犯了光荣特库摩游戏涉案游戏软件的信息网络传播权，应当立即停止侵权行为，并作出赔偿。二审维持原判。

"破解"即一种盗版形式，让人可以免费使用那些原本需要花钱购买的游戏和软件。在过去很长的时间里，我国很多游戏爱好者都在网上下载破解的游戏，而3DM游戏网由于经常提供最新的破解游戏被网友称为"国内最著名的游戏破解网站"。

(四) 专有技术

1. 专有技术概述

专有技术又称"秘密技术"，是随着技术合同的发展而产生的，国际上尚无明确公认的定义。世界知识产权组织国家局在1964年制定的《发展中国家发明样板法》中曾给出如下定义:"所谓专有技术是指有关制造工艺,以及产业技术的使用及知识。"在《与贸易有关的知识产权协议》中,采用"未公开的信息"(Undisclosed Information)一词,特指未公开的、未取得工业产权法律保护的制造某产品或者应用某项工艺以及产品设计、工艺流程、配方、质量控制和管理等方面的技术知识。

2. 专有技术和专利技术的区别和联系

专有技术和专利技术都是人类创造性思维活动的成果,都是以技术知识为内涵的非物质形态的知识,并且都是具有实用性、可转让和可传授的具有财产价值的工业技术,在技术实践中两者往往也是紧密相连的。一项技术转让合同往往同时包括专有技术与专利许可两项内容,它们互相依存,共同完成一项技术转让交易。但两者存在区别,主要有以下几点:①专有技术没有或不能申请专利,不受法律保护,其主要依靠持有人严守秘密,一旦秘密泄露,专有技术也就失去了其独占价值;而专利技术则受到专利法的保护。②专有技术以保密为其生命,不公开也不为公众所知悉;而专利则必须公开,因为在取得专利时,技术内容向公众公布是取得保护的前提条件。③专有技术没有保护期限的限制,专有技术的保护期限,取决于对它的保密期限,只要该技术没有泄密,就可以一直保持下去;专利技术则有一定的保护期限,超过法定期限以后,该专利技术则为全人类的共同财富。④专有技术的范围比较广泛,既包括有形知识,如文字、图纸等,也包括无形知识,如人们头脑中掌握的知识技能;而受专利法保护的专利,需通过书面说明书来体现。⑤专有技术的内容比专利的内容广泛,专利仅是有利于工业目的的内容;而专有技术的内容除用于工业生产目的的技术之外,还包括商业、管理等有助于工业发展的技术。

(五) 商业秘密

1. 商业秘密概述

商业秘密,又称未披露的信息、工商秘密,是指具有实用价值,不为公众所知悉,能为权利人带来经济利益,并已采取保密措施的技术信息和经营信息。随着电子化信息技术的进步,缺乏保护的信息很容易被不正当竞争者通过各种手段获取,给信息合法所有者带来严重的经济损失。基于此,《巴黎公约》《ICC保护专有技术标准条款》《WIPO发展中国家保护发明示范法》《AIPPI保护专有技术示范法》和TRIPs协议等国际公约中,都对商业秘密保护作了相关规定。尤其是TRIPs协议,对此作了专节规定,并将保护未披露的信息作为所有成员必须履行的义务。这是迄今明确将商业秘密视为知识产权的第一个知识产权公约,使得商业秘密法律保护制度突破了原有国内法和国际法制度的障碍,获得了突飞猛进的发展。

2. 商业秘密的特征

商业秘密具有以下4个法律特征。

(1) 秘密性——不为公众所知悉。商业秘密首先必须是处于秘密状态的信息,必须具有秘密的一般特性,非特定人不可能从公开的渠道所获悉,不为公众所知悉,这是商业秘密的首要构成要件,也是商业秘密的核心特征。

(2) 价值性——能为权利人带来经济利益。价值性是指商业秘密能通过现在或将来的使用给权利人带来经济价值和竞争价值。首先，价值包括现实的价值和潜在的价值。不管是现实的可直接使用的商业秘密，还是正在研究、试制、开发中而具有潜在的、可预期的价值的信息，都可以构成商业秘密，受法律保护。其次，不管是积极信息还是消极信息，只要有价值性，就可以构成商业秘密。不论是对生产、销售、研究、开发等生产经营活动直接有用的信息，还是在生产经营中有利于节省费用、提高经营效率的信息，如某些失败的技术研究资料和经营信息等，对权利人改进科学实验或者经营思路具有重要价值，对竞争对手也十分重要，其本身蕴含潜在的经济利益，可以带来竞争优势，都属于商业秘密。最后，不论是继续使用的信息还是短暂的信息，只要具有价值性就可以构成商业秘密，比如标书标底这种商业秘密就是典型的短暂信息。

(3) 实用性——具有现实的或者潜在的使用价值。商业秘密的实用性和价值性有很密切的联系，但实用性有其自己的特殊内涵，就是说商业秘密必须是一种现在或者将来能够应用于生产经营或者对生产经营有用的具体的技术方案和经营策略。法律并不保护单纯的构想和抽象的理论、概念，抽象的、模糊的原理或观念的覆盖范围极其广泛，尚处于探索阶段而无法具体化，如果给予保护，就会束缚他人手脚，妨碍他人的商业机会，不利于社会进步。

(4) 管理性——经权利人采取保密措施。法律意义上的商业秘密，除了要求具备上述三项客观特征外，权利人主观上还必须具有保密意图。权利人对其所产生的符合商业秘密客观特征的信息，必须采取能够明确显示其主观保密意图的保密措施，才能成为法律认可的、受法律保护的商业秘密。保密措施必须达到何种程度，在现实中各企业的做法各不相同一般在执法实践中，只要是能够明确显示权利人保密意图并且符合一般保密常识的保密措施，就符合商业秘密的管理性这一法律特征。一般性的保密措施起码要符合下列保密常识：①限制了接触范围；②明确了接触的准许条件或者采取了限制接触的技术手段；③对接触人员明确赋予了未经授权不得使用、披露的义务；④接触该商业秘密的人都能显然识别和认识其为商业秘密。

3. 商业秘密的法律保护

早在20世纪60年代，国际商会(ICC)就率先将商业秘密视为知识产权，世界知识产权组织在其成立公约中亦暗示商业秘密可以包含在知识产权之内。至20世纪90年代，《知识产权协议》专门规定了"未公开信息"问题，明确其属于知识产权的范围。英美法系国家一般将商业秘密视为知识产权或无形产权，其立法例以英国1981年颁布的《保护商业秘密权利法草案》与美国1978年颁布的《统一商业秘密法》为代表。大陆法系国家曾长期依据合同法或侵权法理论保护商业秘密，目前也在一定程度上承认商业秘密的产权性质。例如，日本新商业秘密保护制度，即依照民法物权救济方法，给予商业秘密的合法控制人以排除妨害的请求权。这意味着上述国家虽未完全接受产权理论，但已承认商业秘密包含财产利益，给予其类似物权的法律保护。

(六) 不正当竞争

不正当竞争，是指经营者违反自愿、平等、公平、诚实信用的原则和公认的商业道德，损害其他经营者的合法权益，扰乱社会经济秩序的行为。知识产权领域有关不正当竞争的行为主要体现在：①假冒他人的注册商标；②擅自使用知名商品特有的名称、包装、装潢，或者使用与知名商品近似的名称、包装、装潢，造成和知名商品相混淆，使购买者误认为是该知名商品；③擅自使用他人的企业名称或者姓名，引人误认为是他人的商品；④在商品上伪造或者冒用认证标志、名优标志等质量标志；⑤伪造产地；⑥对商品质量作引人误解的虚假表示。

除此之外，我国《反不正当竞争法》第9条还规定了侵犯商业秘密的具体表现形式，包括：①以盗窃、贿赂、欺诈、胁迫、电子侵入或者其他不正当手段获取权利人的商业秘密；②披露、使用或者允许他人使用以前项手段获取的权利人的商业秘密；③违反保密义务或者违反权利人有关保守商业秘密的要求，披露、使用或者允许他人使用其所掌握的商业秘密；④教唆、引诱、帮助他人违反保密义务或者违反权利人有关保守商业秘密的要求，获取、披露、使用或者允许他人使用权利人的商业秘密。经营者以外的其他自然人、法人和非法人组织实施前款所列违法行为的，视为侵犯商业秘密。第三人明知或者应知商业秘密权利人的员工、前员工或者其他单位、个人实施本条第一款所列违法行为，仍获取、披露、使用或者允许他人使用该商业秘密的，视为侵犯商业秘密。本法所称的商业秘密，是指不为公众所知悉、具有商业价值并经权利人采取相应保密措施的技术信息、经营信息等商业信息。

侵犯商业秘密行为发生在经济领域，尤其以竞争性行业或领域为多，因此，各国制定《反不正当竞争法》或《公平竞争法》《企业秘密法》《民法》或《商法》等加以制裁，多数国家甚至通过刑罚手段予以保护。我国已建立了一个包括民法保护、行政法保护和刑事保护的商业秘密法律保护体系。

案例10-4　宝洁公司(美国)诉北京国网"宝洁"域名纠纷案

原告宝洁公司(美国)是始建于1905年的跨国公司，是"WHISPER"注册商标的所有人，在一百多个国家和地区注册了170个"WHISPER"及其图形商标。1995年，该公司获准在中国注册"WHISPER"商标，核定使用商品为卫生巾、卫生毛巾、止血塞等卫生用品。同年，该公司在中国又注册了"WHISPER"的对应中文商标"护舒宝"，核定使用商品为卫生巾等卫生用品。该公司在中国投资组建的广州宝洁纸制品有限公司独家享有在中国大陆使用"WHISPER"及其图形商标和"护舒宝"中文商标的权利。当宝洁公司准备在中国互联网上以"WHISPER"为标志注册域名时，却发现被告北京国网信息有限责任公司抢先注册了"whisper.com.cn"域名，该域名一直闲置未开通使用。而以宝洁公司的以注册商标"WHISPER"为标识的妇女卫生巾是世界最大的妇女卫生巾品牌之一，"WHISPER/护舒宝"卫生巾在中国同类产品中的市场占有率、销售量均位前列，"WHISPER/护舒宝"卫生巾在中国各地电视及报刊上所做的大量广告早已为中国公众熟知，中国工商行政管理局商标局已将"WHISPER/护舒宝"商标作为全国重点商标进行保护。"WHISPER/护舒宝"商标已经在中国及国际市场上享有较高知名度和较高信誉，成为驰名商标。被告北京国网公司注册的"whisper.com.cn"域名与宝洁公司的驰名商标从读音、字母组合上看均完全相同，该域名是对宝洁公司的驰名商标的抄袭与模仿，被告北京国网公司的此种行为旨在搭乘和利用宝洁公司的驰名商标所附属的商誉来行销自己，使宝洁公司无法在网络媒体上利用自己的驰名商标创造商机，降低了该驰名商标的广告价值，且导致消费者混淆，淡化了该驰名商标在网络上表现与区别商品的能力，损害了宝洁公司的合法权益。法院经审理认为：法律提倡和保护公平竞争，经营者在市场竞争中应遵循诚实信用的原则，并应遵守公认的商业道德。宝洁公司是"WHISPER"和"WHISPER/护舒宝"等注册商标的商标权人。"WHISPER"及其图形商标在世界多个国家进行了注册，"WHISPER""WHISPER/护舒宝"在中国进行了商标注册，上述商标长期持续使用，法律状态有效。被告国网公司注册"whisper.com.cn"域名的行为，违反了《中国互联网络域名注册暂行管理办法》及其《实施细则》的有关规定，有悖《保护工业产权巴黎公约》的有关规定及精神和《中华人民共和国反不正当竞争法》的基本原则，对原告宝洁公司驰名商标的专用权造成了侵害，构成不正当竞争。对此，被告北京国网公司应承担相应的法律责任。

二、知识产权的国际保护

(一) 概述

地域性是知识产权的重要特征之一，其效力只在该国主权范围内有效，依照一国法律取得的知识产权，只能在该国境内受到保护，其他国家没有进行保护的义务，任何人可以在一国领域内自由使用别国的知识产权而不支付任何费用。随着国际贸易的发展，越来越多的知识产品打破一国的界限进入他国领域，这与知识产权地域性的特征构成了巨大的矛盾。一方面，在本国受知识产权保护的智力成果在他国得不到有效的保护，其在外国的竞争力必然降低，本国的智力成果拥有者也必然遭受巨大的经济损失；另一方面，外国的知识产权在本国得不到有效保护，同样会给本国科学技术的引进带来负面影响，从而阻碍本国的经济发展。因此，各国逐渐将知识产权的保护提高到国际层面上来。一些国际公约先后签订，全球性或地域性的国际组织也建立起来，形成了一套世界范围内的知识产权国际保护体系。

1. 双边知识产权条约

双边知识产权条约，是指双方签订的有关知识产权的双边协议，通常双方都是国际法的主体，但也存在缔约方中一方是国际法主体、另一方为多个国际法主体的情形，具体又包括两类：专门的知识产权保护的双边协定，和有知识产权保护条文的贸易或者科技等双边协定。在多边协定出现之前，此类双边协定是知识产权国际保护的主要形式，在版权保护领域比较多。由于它对第三国无约束力，并且具有在两国利益存在冲突的情况下不好达成共识的局限性，随着多边保护协定的出现，相当多的国家开始放弃双边协定。

2. 多边知识产权条约

多边知识产权条约是多个国家之间缔结的，用来保护国际知识产权的国际公约。由于其具有统一的模式和内容，能够在世界范围内得到广泛应用，签订多边知识产权条约已经成为知识产权国际保护的主要途径。知识产权多边保护制度可以分成两类：世界性的多边知识产权条约，区域性的多边知识产权条约。前者没有适用区域的限制，如《巴黎公约》《伯尔尼公约》《专利合作条约》《马德里协定》等从属于世界知识产权组织的条约和WTO组织的《与贸易有关的知识产权协议》；后者则具有适用区域的限制，如以欧盟和北美自由贸易区为代表的区域性条约。

(二)《保护工业产权巴黎公约》

1.《保护工业产权巴黎公约》简介

《保护工业产权巴黎公约》(Paris Convention on the Protection of Industrial Property，以下简称《巴黎公约》)，于1883年3月20日在巴黎签订，1884年7月7日生效。《巴黎公约》的调整对象即保护范围是工业产权，包括发明专利权、实用新型、工业品外观设计、商标权、服务标记、厂商名称、产地标记或原产地名称以及制止不正当竞争等。《巴黎公约》的基本目的是保证每一个成员国的工业产权在所有其他成员国都得到保护。最初的成员国为11个，到2012年2月17日为止，缔约方总数为174个国家。1985年3月19日，中国成为该公约成员国，我国政府在加入书中声明：中华人民共和国不受公约第28条第1款的约束。《巴黎公约》自1883年签订以来，已作多次修订，现行的是1980年2月在日内瓦修订的文本，共30条，分为3组，第1～12条为实质性条款，第13～17条为行政性条款，第18～30条是关于成员国的加入、批准、退出及接纳新成员国等内容，称为"最后条款"。

2.《巴黎公约》的基本原则

(1) 国民待遇原则。在工业产权保护方面，公约各成员国必须在法律上给予公约其他成员国与其该国国民相同的待遇；即使是非成员国国民，只要他在公约某一成员国内有住所，或有其真实有效的工商营业所，亦应给予与该国国民相同的待遇。

(2) 优先权原则。《巴黎公约》规定，凡在一个缔约国申请注册的商标，可以享受自初次申请之日起为期6个月的优先权，即在这6个月的优先权期限内，如申请人再向其他成员国提出同样的申请，其后来申请的日期可视同首次申请的日期。优先权的作用在于保护首次申请人，使他在向其他成员国提出同样的注册申请时，不致由于两次申请日期的差异而被第三者钻空子抢先申请注册。发明、实用新型和工业品外观设计的专利申请人从首次向成员国之一提出申请之日起，可以在一定期限内(发明和实用新型为12个月，工业品外观设计为6个月)以同一发明向其他成员国提出申请，而以第一次申请的日期为以后提出申请的日期。条件是申请人必须在成员国之一完成了第一次合格的申请，而且第一次申请的内容与日后向其他成员国所提出的专利申请的内容必须完全相同。

(3) 独立性原则。申请和注册商标的条件，由每个成员国的本国法律决定，各自独立。对成员国国民所提出的商标注册申请，不能以申请人未在其该国申请、注册或续展为由而加以拒绝或使其注册失效。在一个成员国正式注册的商标，与在其他成员国，包括申请人所在国注册的商标无关。这就是说，商标在一成员国取得注册之后，就独立于原商标，即使原注册国已将该商标予以撤销，或因其未办理续展手续而无效，也不影响它在其他成员国所受到的保护。同一发明在不同国家所获得的专利权彼此无关，即各成员国独立地按该国的法律规定给予或拒绝，或撤销，或终止某项发明专利权，不受其他成员国对该专利权处理的影响。这就是说，已经在一成员国取得专利权的发明，在另一成员国不一定能获得；反之，在一成员国遭到拒绝的专利申请，在另一成员国则不一定遭到拒绝。

(4) 强制许可专利原则。《巴黎公约》规定，各成员国可以采取立法措施，规定在一定条件下可以核准强制许可，以防止专利权人可能对专利权的滥用。某一项专利自申请日起的4年期间，或者自批准专利日起4年期内(两者以期限较长者为准)，专利权人未予实施或未充分实施，有关成员国有权采取立法措施，核准强制许可证，允许第三者实施此项专利。如在第一次核准强制许可特许满2年后，仍不能防止赋予专利权而产生的流弊，可以提出撤销专利的程序。《巴黎公约》还规定强制许可不得专有，不得转让，但如果连同使用这种许可的那部分企业或牌号一起转让，则是允许的。

3. 商标的使用

《巴黎公约》规定，某一成员国已经注册的商标必须加以使用，只有经过一定的合理期限，而且当事人不能提出其不使用的正当理由时，才可撤销注册。凡是已在某成员国注册的商标，在一成员国注册时，对于商标的附属部分图样加以变更，而未变更原商标重要部分，不影响商标显著特征时，不得拒绝注册。某一商标为几个工商业公司共有，不影响它在其他成员国申请注册和取得法律保护，但是这一共同使用的商标应以不欺骗公众和不造成违反公共利益为前提。

4. 驰名商标的保护

无论驰名商标本身是否取得商标注册，公约各成员国都应禁止他人使用相同或类似驰名商标的商标，拒绝注册与驰名商标相同或类似的商标。对于以欺骗手段取得注册的人，驰名商标的所有人的请求期限不受限制。

5. 商标权的转让

如果其成员国的法律规定，商标权的转让应与其营业一并转让方为有效，则只需转让该国的营业就足以认可其有效，不必将所有国内外营业全部转让。但这种转让应以不会引起公众对贴有该商标的商品来源、性质或重要品质发生误解为前提。

6. 展览产品的临时保护

公约成员国应按该国法律对在公约各成员国领域内举办的官方或经官方认可的国际展览会上展出的产品所包含的专利和展出产品的商标提供临时的法律保护。

(三)《保护文学和艺术品伯尔尼公约》

1.《保护文学和艺术品伯尔尼公约》简介

《保护文学和艺术作品伯尔尼公约》，简称《伯尔尼公约》，是关于著作权保护的国际条约，1886年制定于瑞士伯尔尼。该公约与《保护工业产权巴黎公约》一起并称为世界范围内保护经济"硬实力"(指《巴黎公约》)和保护文化"软实力"(指《伯尔尼公约》)的两个"根本法"。截至2012年3月14日，《伯尔尼公约》缔约方总数为165个国家。1992年10月15日，中国成为该公约成员国。

2.《保护文学和艺术品伯尔尼公约》基本原则

(1) 国民待遇原则。联盟任何一成员国公民的作者，或者在任何一成员国首次发表其作品的作者，其作品在其他成员国应受到保护，此种保护应与各国给予本国国民的作品的保护相同。

(2) 自动保护原则。作者在成员国中享受和行使《伯尔尼公约》规定的权利不需要履行任何手续。

(3) 独立保护原则。根据《伯尔尼公约》第5条第2款的规定，各国依据本国法律对外国作品予以保护，不受作品来源国版权保护的影响。

(4) 最低保护限度原则。虽然公约中并没有设定"本公约的规定为最低保护"的规定，但是最低保护限度作为公约的基本原则在一些条款中体现出来。根据这一原则，《伯尔尼公约》要求各成员国对著作权的保护必须达到公约规定的最低标准，即公约特别规定的作者所享有的各项权利。

(四)《世界版权公约》

1.《世界版权公约》简介

《世界版权公约》(Universal Copyright Convention)于1947年由联合国教育、科学及文化组织主持准备，1952年在日内瓦缔结，1955年生效，1971年在巴黎修订过一次。中国于1992年7月30日递交了加入《世界版权公约》的官方文件，同年10月30日生效。

公约规定的保护水平，反映在它对成员国国内法的最低要求上。公约由7条实体条文与14条行政条文组成。它的实体条文不像《伯尔尼公约》规定得那么具体，而是比较笼统。但是，公约不允许其成员国作任何保留。

该公约保护的作品版权主要包括文学、艺术和学术三个方面。根据修正文本第1条设立的政府间委员会，研究有关版权的国际保护与合作。它是继《伯尔尼公约》后又一个国际性著作权公约。全文共21条，包含两个附件。

2.《世界版权公约》的基本原则

(1) 国民待遇原则。公约对国民待遇的规定比《伯尔尼公约》要简单得多。但总体来讲，也是兼顾作者国籍与作品国籍。公约第2条以及1971年的两个议定书中规定的国民待遇原则可归纳如下：成员国国民的已出版作品，不论在何地出版，均在各成员国内享有该国国民已出版的作品同等的保护；凡在成员国中首次出版的作品，不论作者是否系成员国国民，均享有各成员国给予该国国民已出版的作品同样的保护；成员国国民的未出版作品，在每个成员国均享有该国给予该国国民未出版的作品同样的保护。这里所说的"国民"，也包括居住在成员国的外籍居民。

(2) 有条件的自动保护原则。公约第3条规定了版权标记保护规则，即经作者或者版权所有人授权出版的作品，自首次出版之日起，须标有版权标记"©"、版权所有者姓名、首次出版的时间，才能够获得版权保护。

(3) 版权独立保护原则。此处与《伯尔尼公约》的相关规定相同。

第三节 国际许可贸易

一、国际许可贸易概述

(一) 国际许可贸易的概念

国际许可贸易，亦称国际许可证贸易(Licensing)，是国际技术贸易的一种类型，是指技术的提供方(一般为知识产权的权利人，如著作权人、专利权人、商标权人和专有技术权人)在一定条件下，与接受方(其他国家或地区的企业、公司或个人)之间签订的，允许接受方使用提供方所拥有的专利权、商标权、专有技术著作权等的使用权、产品制造权、产品销售权或产品进口权的一种商业性交易，其核心内容是转让技术的使用权、产品的制造权和销售权，而不是技术的所有权。

(二) 国际许可贸易的特征

国际许可贸易是国际技术转让较为常用的方式，主要有如下几个特征。

(1) 交易标的的无形性。普通国际贸易的标的是有形的物质商品，容易计量、定价；国际许可贸易的标的是无形技术的许可使用权，其计量和定价标准较为复杂。

(2) 履约过程复杂。普通货物贸易的标的是实物移交，其过程较简单；国际许可贸易的"交货"则是传授技术知识、经验和技艺的复杂过程。

(3) 专业性和法律性复杂。国际许可贸易涉及工业产权保护、技术风险、技术定价、限制与反限制、保密、权利和技术保证、支持办法等问题，具有很强的专业性。此外，由于是跨国境交易，涉及不同国家的国内法律和国际公约、国际惯例，相较于从事货物贸易，监管难度更大。

(4) 政府干预程度较高。由于国际许可贸易实际上是一种技术水平、制造能力和发展能力的贸易，故政府基于国家的安全和经济利益上的考虑以及为防止技术转让方利用自己的技术优势，迫使引进方接受不合理的交易条件，对技术进出口的审查较为严格。

(三) 国际许可贸易的种类

国际许可贸易包括多种形式，按交易标的划分，可分为专利许可、专有技术许可、商标许可和综合许可等；按授权的范围划分，可分为普通许可、排他许可、独占许可、分许可和交叉许可等。下面将对几个主要的类型进行说明。

(1) 纯许可贸易。纯许可贸易是指供方只将有关的知识产权技术许可受方使用，而不参与相关项目的投资和经营活动。这种方式对供方来讲风险较小，而对受方来讲风险较大。

(2) 一揽子许可贸易。一揽子许可贸易是指在一笔交易中，包含两种或两种以上的知识产权的许可使用。

(3) 含投资的许可交易。含投资的许可交易是指供方拥有许可合同项目的部分产权(股权)，即供方在许可合同项目中投资的国际技术贸易交易形式。

(4) 含设备或生产线买卖的许可交易。含设备或生产线买卖的许可交易指在交易中受方购买供方所提供的机器设备或生产线,以有效地利用所引进的技术。在交易中,供方还提供零部件、原材料等物品。

(5) 特许经营。特许经营是指授权人将其商号、商标、版权、工业品外观设计、服务标记和商业秘密等在一定条件下许可给外国经营者,允许其在一定区域内从事与受约人相同的经营业务。

(6) 合作生产的许可贸易。合作生产的许可贸易是指在许可交易中,国外一方(供方)与东道国一方(受方)合作生产和销售一种或几种产品。按照合同标的和合同技术、设备价款的偿付方法,可以分为加工装配贸易和补偿贸易等。

二、国际许可合同

(一) 国际许可合同的概念及特点

1. 国际许可合同的概念

国际许可合同,又称国际许可协议,是指技术许可贸易当事人为了实现某一特定技术使用权的转移而签署的,就对某项技术的使用、制造和销售产品的权利义务进行跨国境分配的法律文书。就其本质来说,国际许可合同实质上是一种授权协议,许可方转让的技术并不是专利权、商标权、专有技术本身,而是在一定条件下、一定期限内使用其技术的一种授权协议。

2. 国际许可合同主要有以下特点。

(1) 长期性。技术转移有别于一般的有形商品转移,受到许可方和受让方技术差异水平的限制,需要双方进行技术培训、指导交流,不可能在短时间内完成。此外,作为有偿合同的一种,国际许可合同的报酬支付方式一般与技术投入使用后的产量、销售额、利润紧密相连,具体取得方式有赖于双方合作及许可方提供订单等形式,所以合同期限一般在5年以上。

(2) 标的多重性。在实践中,单纯的专利权许可、商标权许可、专有技术权许可并不常见,更多的是这些权利许可的结合。技术所有人在申请专利时常常将其中较为重要的部分以专有技术的方式持有以维持其保密性,导致在具体应用时专利技术和专有技术难以分离。此外,当技术投入生产转化为商品时,尤其是许可方提供订单时又与商标权的使用紧密联系起来。因此,国际许可合同标的较为复杂。

(3) 内容复杂、法律性强。由于技术性较强的特点,双方在订立合同时,常常在正文外添加大量附件以对某些专业性复杂的问题进行专门阐述。此外,国际许可合同调整的是国际技术贸易交往中所产生的涉外民事法律关系,当事人为不同国家的法人、公民或其他组织,不仅要符合不同国家的知识产权法、合同法,还要符合国际惯例和多种国际条约。而且,国际许可合同生效以相关主管部门的行政审批为要件。因此,与国际有形贸易合同相比,国际许可合同的内容更复杂且法律性更强。

(4) 合同的内容以取得使用权为中心。一般的货物买卖合同中,卖方在交付后即丧失了对货物的所有权,而买方支付对价后即取得了全部权能。然而在技术许可合同中,受让方只是取得了使用权。

(5) 国际许可合同的非格式性。由于不同技术之间差异较大，合同当事人必须根据实际情况，经过长时间的磋商来确定具体内容，该特点区别于国际保险合同和国际运输合同。

(二) 国际许可合同的主要内容

1. 合同首部

合同首部主要是阐明一些基本问题，包括三个条款。

(1) 序言条款。内容主要包括合同名称、合同编号、合同当事人、合同签约时间、地点等。首先，合同名称应详细、确切地反映合同的性质、特点、许可类型，如"专利许可合同"；其次，合同编号是合同识别的特定符号，便于当事人的立案、查阅、执行。我国于2002年1月1日施行的《技术进出口管理条例》规定，国家对技术进出口合同的号码实行标准代码管理制，编制技术进出口合同号应符合国家规定。

(2) 鉴于条款。此为一种叙述性条款，用以说明双方当事人背景、订阅的意图和理由，陈述许可方对工业产权或专有技术的拥有情况，被许可方吸收技术的能力，表达双方为达到预期目的而共同合作的意愿。它的法律意义在于，通过鉴于条款，许可方保证所转技术的合法性和可实施性，受让方则保证自己有条件引进、实施该项技术。

(3) 定义条款。该条款用于明确、具体地解释合同中常出现的、易混淆的或者关键性的名词术语，既能够简化合同文字，又能够避免由于语言、法律、理解等方面的差异而在履行时产生分歧。

2. 合同主要条款

根据合同的作用，合同主要条款可以分为技术条款、价格和费用条款、法律条款。

1) 技术条款

技术条款是确定双方合同权利义务的基础，也是执行合同考核专有技术是否重要完整的法律依据，具体可分为以下几种。

(1) 所转让技术的确认条款。该条款对转让技术的类别、内容、预期性能、技术指标、技术培训、技术服务等方面要承担的责任义务等作了详细的规定。内容较多的，应当在附件中对所要提供的技术资料的清单，特别是技术关键工艺进行详尽说明。

(2) 对转让方式、适用范围的确认条款。在确认转让方式时，应当对该技术的市场前景、应用范围等因素进行综合考虑，并选择适当的方式(独占许可、独家许可、普通许可、交叉许可、分售许可等类型)。在实践中，若无转让方式的明确规定，推定为普通许可。使用范围是对合同标的技术的使用、利用该技术制造产品以及产品销售权的时间范围和地域范围。

(3) 技术资料交付条款。技术资料是被许可方掌握技术知识的重要媒介，该条款是合同核心条款之一，对交付时间、地点、方式、包装、实际交付日期、技术文件短缺的补救方法、技术文件使用的文字和技术参数的度量衡制度等进行规定。

(4) 技术服务和人员培训条款。技术服务条款对服务的目的、范围、内容、方式、双方承担费用的划分进行规定。人员培训条款对培训的质量、数量以及受训人员的种类、资格、数量、期限、次数、语言进行安排。

(5) 考核和验收条款。这是判断供方是否正确无误地传授技术，受方是否掌握技术并达到合同规定的技术目标的依据。内容较多的，应当以附件的形式对考核的内容、地点、时间、次数、标准等作出详尽说明，对双方在考核验收中的责任、不合格处理方法、补救措施、费用等都应当有所规定。

(6) 技术改进和发展条款。在合同有效期内，双方都有可能对技术作出某种改进和发展，在此条款中，应当以双方对等互惠为原则，防止"单方回授"等不平等限制条款，对改进和发展技术所有权的归属、改进与发展技术的交流条款、被许可方是否拥有对该技术的修改权作出规定。

(7) 保证条款。此为保护性条款，具体分为技术性保证和权利保证两个方面。前者是技术许可方保证按照合同规定提供技术，提供的技术是实用的，以防止所转技术存在缺陷情况的出现。后者帮助许可方保证其转让技术的有效性和合法性，保证在合同期限内，不侵犯第三人权利，如有侵犯，许可方应当负责与第三方交涉。

(8) 索赔条款。订立许可合同后，若出现不履约或者不能适当履约的情况，为了保证无过错当事人的利益，规定受损方在何范围内有权采取何种补救措施。

2) 价格和费用条款

价格和费用条款包括以下几种。

(1) 价格条款。此为合同核心条款之一，又称为许可使用费条款，是指被许可方为了获得技术而向许可方支付费用的条款。它包括计价方法(分为固定价和浮动价两种)、货币种类(若为两种以上的货币，应当对兑换率或各自所占比例进行约定)、金额等的规定。

(2) 支付条款。该条款对汇款方式、付款单据、结算银行及支付方法等内容进行约定。

3) 法律条款

法律条款是就合同履行过程中涉及的法律性问题进行阐明的条款，常见的有以下几种。

(1) 保密条款。此为国际技术贸易合同特有的条款，是由合同标的的特性所决定的。被许可方应当对合同涉及的许可方持有的技术进行保密，许可方也应当对被许可方的工厂、资金、回授技术等方面进行保密。

(2) 税收条款。在跨国技术合作中，税收条款的地位至关重要。此条款的目的在于解决双重征税的问题，并对双方的纳税义务进行明确。

(3) 不可抗力条款。不可抗力条款是一种免责条款，即免除由于不可抗力事件而违约的一方的违约责任。一般应规定的内容包括：不可抗力事件的范围，事件发生后通知对方的期限，出具证明文件的机构以及不可抗力事件的后果。

(4) 仲裁和适用法律条款。仲裁条款是双方同意在纠纷发生时由仲裁机构受理仲裁案件的条款。有效的仲裁条款应当具备请求仲裁的意思表示、仲裁事项和选定的仲裁委员会等内容。此外，国际许可合同双方还常对仲裁或者诉讼时适用的法律进行选择。

(三) 许可方与受让方的权利与义务

1. 许可方的权利与义务

国际许可合同的许可方，应当保证自己是所提供技术的合法拥有者或者有权转让的许可者，并保证所提供技术完整、无误、有效，能够达到约定的目标，这也是技术许可合同中许可方的权利瑕疵担保义务和物的瑕疵担保义务的具体体现。若让受让方完全依照合同约定使用该技术,却给第三人权利造成了侵害,由此产生的责任应当由许可方承担;许可方未按照规定适当提供技术的,应当返还部分或者全部许可费,并承担违约责任。此外,许可方应当对在合同签订过程中获知的对方厂房、生产能力等情况负有保密义务。

2.受让方的权利与义务

国际许可合同受让方应当按照约定,及时支付技术使用费,未按照约定支付的,应当承担违约责任。此外,受让方还要严格按照合同中规定的范围和时间使用该转让技术,并对技术中需要保密的部分承担保密义务。

案例10-5 李某诉东南亚企业违反技术秘密转让合同

李某与某东南亚企业订立技术秘密转让合同一份。合同约定,李某将其所拥有的技术秘密转让给该企业,由该企业给付李某技术转让费4万美元。该企业保证,如果从事该项目的技术人员另行生产该产品,按照违约保密义务处理,偿付违约金1万美元。后双方在履行合同过程中,为技术等问题发生争议,李某以该企业违反保密义务为由向上海市第二中级人民法院提起诉讼,要求该企业承担支付违约金的民事责任。受诉法院经审理后,认定李某的诉讼请求缺乏事实依据,驳回其诉讼请求。

此案双方当事人之间的争议在于该企业是否按照合同约定履行了保密义务。按照合同法的规定,技术转让合同的受让人对于转让的技术秘密及其有关情报信息必须予以保密,否则应当先承担法律责任。李某与该企业在合同中约定受让人的保密条款非常清楚,但李某依据本条款诉请追究受让人民事责任时,应当对被告的违约行为举证证明。李某在诉讼中未提供该企业在掌握了该生产技术后变换地点、另行组织生产相关产品的证据,所以受诉法院依法驳回了李某的诉讼请求。

三、国际许可合同与限制性商业行为管制

(一) 我国国际技术进出口管制

1.管理机构及其职责

目前,根据相关法律的规定,国务院对外经济贸易主管部门负责全国的技术进出口管理工作;省、自治区、直辖市人民政府以外经贸主管部门根据国务院外经贸主管部门的授权,负责本行政区域内的技术进出口管理工作;国务院有关部门按照国务院的规定,履行技术进出口项目的有关管理职责。《技术进出口合同登记管理办法》规定得更为具体:对外贸易经济合作部负责对重大项目(资金来源中含有国家财政预算内资金、外国政府贷款、国际金融组织贷款或者是国务院立项批准的项目)的技术进口合同进行登记管理;各省、自治区、直辖市和计划单列市外经贸委(厅、局)负责对重大项目以外的自由进出口技

术合同进行登记管理；中央管理企业的自由进出口技术合同，按属地原则到地方外经贸主管部门办理登记；各省、自治区、直辖市和计划单列市外经贸委(厅、局)可授权下一级外经贸主管部门对自由进出口技术合同进行登记管理。

2. 审批与备案制度

目前，我国技术进出口主要适用的法律法规为2002年1月1日实施的《技术进出口管理条例》和2009年3月1日实施的《技术进出口合同登记管理办法》。

关于进出口技术，上述法规的主要规定如下：国家禁止进口的技术不得进口；限制进口的技术，应当向国务院外经贸主管部门提出技术进口申请并附有关文件，技术进口项目需经有关部门批准的，还应当提交有关部门的批准文件；设立外商投资企业，外方以技术作为投资的，该技术的进口，应当按照外商投资企业设立审批的程序进行审查或者办理登记；自由进出口技术合同实行网上在线登记管理，技术进口经营者应在商务部政府网站上的"技术进出口合同信息管理系统"进行合同登记，并持相关文件到商务主管部门履行登记手续。

3. 我国与技术贸易相关的反不公平竞争法

国际技术贸易技术性强，内容比较复杂，许可方常常会利用自身优势地位对受让方进行种种限制，以维持自己对该技术的垄断和支配地位。为了维护我国技术贸易平等互利、公平竞争的环境，维护受让方的正当合法权益，我国通过法律手段，对具有不公平竞争性质的限制性商业行为做了限制。涉外方面的法律规定主要有以下两部。

1)《中华人民共和国技术进出口管理条例》

该法第29条明确规定，技术进出口合同中，不得含有下列限制性条款。

(1) 要求受让人接受并非技术进口必不可少的附带条件，包括购买非必需的技术、原材料、产品、设备或者服务；

(2) 要求受让人为专利权有效期限届满或者专利权被宣布无效的技术支付使用费或者承担相关义务；

(3) 限制受让人改进让与人提供的技术或者限制受让人使用所改进的技术；

(4) 限制受让人从其他来源获得与让与人提供的技术类似的技术或者与其竞争的技术；

(5) 不合理地限制受让人购买原材料、零部件、产品或者设备的渠道或者来源；

(6) 不合理地限制受让人产品的生产数量、品种或者销售价格；

(7) 不合理地限制受让人利用进口的技术生产产品的出口渠道。

2)《中华人民共和国对外贸易法》

该法第34条规定，在对外贸易活动中，不得有下列行为。

(1) 伪造、变造进出口货物原产地标记，伪造、变造或者买卖进出口货物原产地证书、进出口许可证、进出口配额证明或者其他进出口证明文件；

(2) 骗取出口退税；

(3) 走私；

(4) 逃避法律、行政法规规定的认证、检验、检疫；

(5) 违反法律、行政法规规定的其他行为。

3)《中华人民共和国反不正当竞争法》

与不正当竞争行为和限制性商业行为相关的规定主要有以下几条。

(1) 公用企业或者其他依法具有独占地位的经营者，不得限定他人购买其指定的经营者的商品，以排挤其他经营者的公平竞争；

(2) 经营者不得以排挤竞争对手为目的，以低于成本的价格出售商品；

(3) 经营者销售商品，不得违背购买者的意愿搭售商品或者附加其他不合理条件；

(4) 投标者不得串通投标、抬高标价或者压低标价。投标者和招标者不得互相勾结，以排挤竞争对手的公平竞争。

> **案例10-6　中国某公司诉美国某公司违反技术许可合同纠纷**
>
> 中国某公司与美国某公司订立"燃煤生产彩色玻璃马赛克"设备及技术许可合同，双方约定：①美国公司提供一套生产玻璃马赛克的成形设备和技术，负责装机、建炉、试炉、投产的全部技术指导；②中国公司付给美国公司设备和技术转让费15万美元；③中国公司对该技术秘密承担保密义务。合同订立后，美国公司按照合同约定提供了技术，收取了中国公司支付的技术转让费。中国公司开始试生产，10个月后，因产品质量不合格停产。在合同履行期间，美国公司未对中国某公司提供技术指导。中国某公司向法院提起诉讼，要求美国公司赔偿其损失。法院经调解双方当事人达成调解协议：①中国公司将生产设备返还给美国公司；②美国公司赔偿中国公司5万美元。法院认为，两公司就设备及生产技术秘密转让达成协议，该合同合法有效。根据约定，美国公司除应提供技术资料外，还应负责装机、建炉、试炉、投产的全部技术指导。但在该合同履行后，被告未按照合同约定对原告进行技术指导，导致该企业试产10个月后停产。根据合同法的规定，技术秘密的让与人应当按照约定对受让人使用该技术秘密进行技术指导，否则属违约行为。从本案的情况看，造成中国某公司停产的原因可能很多，但美国公司的违约行为是主要原因，因此应承担法律责任。

(二)《联合国国际技术转让守则草案》

1.《联合国国际技术转让守则草案》(以下简称《草案》)的主要内容

近半个世纪以来，国际技术贸易发展迅速，对世界各国经济产生了较大的影响。但是，发达国家常利用自己新技术许可方的优势地位，迫使引进方接受种种不公平的限制条件。这种现象在国际上逐渐普遍化，并成为国际技术贸易中限制性商业惯例，阻碍了国际技术贸易发展。为此，许多发展中国家要求联合国主持制定一项国际性的技术转让守则。1974年5月，联合国大会第6届特别会议作出会议决议，准备制定一项符合发展中国家普遍要求和条件的关于技术转让的国际行动准则；1975年9月，联合国大会第7届特别会议又通过了关于发展和经济合作的第3362号决议，授权联合国贸易和发展委员会主持该守则的起草工作。1976年11月至1978年7月，由联合国贸发会组织的政府间《国际技术转让行动守则》专家组在日内瓦举行了6次会议，拟定守则草案，会议代表国根据经济政治形态的差异,分为四组:A组、C组为发展中国家77国集团,B组为发达国家,D组为苏联东欧国家;1978年10月,草案出台,此后的10余年里,在贸发会的组织下对草案内容进行了若干次讨论,对大部分内容达成共识,但在一些重要问题上,如第1章、第4章等方面由于几大派别代表的意见存在严重分歧,该守则至今未获正式通过。守则主要包括以下9章:定义和适用范围;目标和原则;技术转让交易的国内法规;技术转让行为和安排的规则、限制性商业做法和排除政治歧视和限制性商业做法;当事人的责任和义务;对发展中国家的特别待遇;国际合作;国际常见机构;法律适用与争议解决。

下面对其主要内容进行介绍。

(1) 序言。在序言中,首先,肯定了科学技术对于国际经济发展,尤其是对发展中国家经济加速发展的重要意义;其次,强调发达国家在技术转让过程中具有对发展中国家给予特别待遇的义务,一切国家都具有平等的参与机会;最后,将守则定性为一个具有指导性的文件而非具有约束力的法律文件。

(2) 阐述了制定守则的目的和原则。《草案》规定,守则的目标是"制定普遍公平的标准,作为技术转让交易当事人间及有关各国政府间关系的基础,同时考虑他们的合法利益,并对发展中国家实现经济和社会发展的目标的特殊需要给予应有的承认。促进当事人间及其政府间的相互信任。鼓励交易各方当事人在谈判地位平等、任何一方不滥用其优势地位的条件下进行技术转让,尤其在涉及发展中国家的技术转让时更应如此,以便达成彼此满意的协议。

行为守则普遍适用于技术转让领域,《草案》的主要原则有以下几项。

① 各国有权以符合其国际义务的方式并考虑到所有有关当事人的合法利益,采取一切适当措施便利及规范技术转让,鼓励在协商一致、公平合理的前提和条件下实现技术转让。

② 便利和规范技术转让交易,应当承认国家主权和政治独立(包括对外政策和国家安全的要求)原则以及国家主权平等的原则。

③ 各国应当就国际技术转让进行合作以推动整个世界,尤其是发展中国家经济的增长。这种合作应无碍于政治、经济和社会制度的任何差异,此为维护世界和平与安全、促进国际经济的稳定和发展、增进各国的共同福利和摒弃基于上述差异的歧视行为的国际合作重要因素。对本守则绝不可作与联合国宪章的规定及遵奉此规定采取的行动有损害或相背离的解释。在技术转让中理应按照本守则的有关规定给予发展中国家以特殊待遇。

④ 技术转让交易当事人各自的责任与非作为当事人的政府的责任,应当明确区分。

⑤ 技术供方和受方的共同利益不断增长,以维持和促进国际技术流通等。

(3) 排除政治歧视和限制性商业做法。在《草案》第4章中,列举了20种片面维护技术供方利益的限制性商业做法,将其排斥在技术转让协议范围之外。

(4) 规定双方的担保责任与义务。在合同期间,技术供方应当保证技术符合合同规定的要求和能够收到的预期效果,而技术受让方应当对供方提供的相关资料负有保密义务。

(5) 发达国家对发展中国家的特殊优惠待遇和国际合作的加强。《草案》规定,发达国家有义务采取必要措施来促进发展中国家科学技术的发展,建立并加强国际技术合作。

此外，草案还对技术转移的适用法律、争议的解决等问题作了规定。

2.《草案》的主要争议与对国际许可贸易的借鉴

《草案》中，在对发展中国家的特殊待遇方面，由于不涉及实质，相关国家并无分歧，主要分歧体现在以下几个方面。

1) 关于第4章列出的20种限制性商业惯例的主要分歧

代表转让方利益的一些发达国家千方百计地想使一些限制性惯例在守则中合法化，而以77国集团为首的发展中国家为维护引进方的利益与发达国家进行了针锋相对的斗争，这也是《草案》至今未能正式通过的主要原因。具体来说，主要有以下几项条款。

(1) 单方面回授条款，即"反馈条款"。A、C两组成员国认为，一切反馈条款都是不合理的限制性条款，受让方在转让技术的基础上研制出的新技术应当归受让方所有。B集团则认为，只有无偿的反馈条款才是不合理的，受方在转让技术的基础上开发的新技术归受方和供方共同所有。

(2) 限制受访技术产品出口的条款。A、C主张受方有充分的产品出口权。B集团则认为供方如果在某国或者地区享有在先合同的权利或者承担在先合同的义务，就有权限制受方产品在该地区出售。

(3) 有关条款：①限制受方使用转让技术的生产量和经营范围的条款；②供方控制受方技术产品质量的条款；③供方要求受方适用指定商标的条款；④要求受方允许供方参加技术企业管理的条款；⑤对技术许可合同有效期规定过长的条款；⑥限制受方自由使用转让技术的条款。在对上述6项条款是否禁用的问题上，A、C、D三集团(建议禁用)和B集团(不同意禁用)存在较大的分歧。

2) 关于第5章当事人双方的权利与义务规定的主要分歧

A、C、D集团认为供方必须保证转让技术实施后能够达到合同规定的目标；供方必须负责培训受方人员，使之掌握转让的技术；技术许可使用费必须公平合理、不能带有歧视性；供方必须在一定时期内以公平价格向受方提供所需的零件、配件、附件、设施；供方必须对因按照合同实施技术造成的人身伤亡和财产损失负责赔偿；供方或者受方向对方提供服务的费用必须公平合理；供方在可能的条件下，应协助受方充分利用当地资源等。B集团则认为，仅许可合同是当事人应当遵守的。

3) 关于第9章许可合同适用法律和争端解决的主要分歧

该章由于分歧较大，为形成书面条文，附件四记录了联合国贸易与发展大会执行主席针对该部分提出的参考意见，许可合同当事人协商选择与合同关系最密切的法律为适用法律，但必须服从当事人所在国国内法律和政策的限制；提倡通过谈判或者调解来解决合同争端，若协商或者调解不能达成协议，则可以通过仲裁的方式解决纠纷；提倡仲裁时选用《联合国贸易法委员会仲裁规则》，各国应当通过法律及国际协定，承认仲裁裁决的效力并协助执行。

在如何起草该章的问题上，分歧有以下两点。

(1) B集团意见与附件中执行主席的意见相同；A、C集团认为当许可合同关系到受方所在国的主权时，应当适用受方所在国的法律。

(2) 关于仲裁地的选择，A、C集团认为若合同争端关系受方所在国的公共秩序与主权，则需在受方所在国的仲裁机构仲裁；B集团认为仲裁地应由合同当事人自由选择；D集团对仲裁地的选择采取中立态度。

虽然由于发展中国家和发达国家的严重分歧，守则草案至今未获通过，但是它总结了国际技术转让的一些做法，提出了技术转让普遍应当遵守的原则，并在国际上形成广泛的共识。其中，首次总结的20项限制性商业条款，对于广大发展中国家而言，极具指导意义。守则的制定，对于维护国家技术贸易中的实质公平，改变半个世纪以来发达国家依仗技术优势赚取不正当利益的现状，具有重大的意义。

复习思考题

1. 简述知识产权的特征。
2. 如何保护专利权、商标权？
3. 如何保护著作权？
4. 专利权与专有技术有什么区别？
5. 国际许可协议有哪些种类及特征？
6. 如何在国际许可协议中管制限制性商业行为？

第十一章 对外贸易救济

本章概要 本章阐述了反倾销、反补贴和保障措施的相关概念,深入分析了反倾销、反补贴和保障措施的成立条件、调查程序、国际规则的相关规定以及我国的相关法律规定。

本章学习目标 掌握对外贸易救济的概念、相关法律制度和世贸组织制度;掌握倾销的概念与成立条件,以及国内外反倾销法对反倾销的具体规定;掌握补贴的概念与成立条件,以及国内外反补贴法对反补贴的具体规定;掌握保障措施的概念与成立条件,以及国内外相关法律对保障措施的具体规定。

第一节 对外贸易救济概述

一、对外贸易救济的概念

对外贸易救济是指在对外贸易领域或在对外贸易过程中,由于国内产业受到不公平进口行为或过量进口的冲击,遭受不同程度的损害,各国政府给予受损害当事人的帮助或救助。

贸易救济法律包括国内法和国际法两部分中国在1994年颁布,2016年修订的《中华人民共和国对外贸易法》中,专门设立了第八章"对外贸易救济",其内容包括反倾销、反补贴和保障措施的有关规定。同时,世界贸易组织也允许成员方在进口产品倾销、补贴和过激增长等给其国内产业造成损害的情况下,可以采用反倾销、反补贴和保障措施手段,以保护国内产业不受损害。

二、西方发达国家的有关法律制度

(一) 美国

美国主要通过两种途径进行贸易诉讼,两种程序的诉讼主体和诉讼时间有所不同。第一种是由美国国际贸易委员会(ITC)及美国商务部发起的双反调查,这属于美国国内的贸易救济体系,由美国公司提起,诉讼期间为15~18个月。第二种是由美国在世贸组织框架内向另一成员国提出的贸易争端请求,这属于国际贸易争端体系范畴,参与主体是国家,由世贸组织组成专家组进行裁定,诉讼期间为18~24个月。此外,所有的世贸组织成员方必须保证其国内的贸易救济法律体系符合世贸组织相关义务。

美国商务部和美国国际贸易委员会共同组成美国贸易救济决策机构，一般来说，美国的贸易救济程序按时间先后排序分为4个阶段：贸易委员会初裁，商务部初裁，商务部终裁，贸易委员会终裁。贸易委员会将负责调查国内产业是否因进口而遭受损害，商务部则评估价格倾销和外国政府补贴的幅度。反倾销税、反补贴税将在两个机构共同作出确认的终裁时执行。

1. 反倾销的法律制度

早在1916年美国税收法中已有关于反倾销方面的若干规定。该法明确规定，如果确认进口到美国的商品为低价倾销，尤其是掠夺性倾销，并且可以证明这种倾销具有故意损害美国工业、阻止美国工业建立或者抑制和垄断某种商品在美国国内经营的意图，则将依法认定为犯罪，并实施刑事处罚措施，并于同年制定了第一部反倾销法。1921年，美国制定了新反倾销法，新法立法范围更广，规定的内容也更为实用且易于操作。该法废除了关于倾销行为刑事处罚措施的规定，代之以特别倾销税。其后反倾销法被纳入1930年《关税法》第七章。1974年，《贸易法》的出台，使反倾销法有了较大变化。1979年，东京回合关贸总协定各缔约国通过反倾销守则后，美国反倾销法又进行了重大修改。1988年，综合贸易和竞争法对反倾销法的修订变动也很大。1994年，美国为实施乌拉圭回合协议又通过《乌拉圭回合协议法案》。1997年，美国商务部通过了针对《乌拉圭回合协议法案》的实施条例，对美国反倾销法再次作了有限的修改。

除此之外，美国商务部和国际贸易委员会根据贸易法的授权制定了反倾销法实施细则等规章条例；国际贸易法院审理不服商务部和国际贸易委员会裁决的反倾销上诉案并对此类案件作出一系列判例，联邦巡回上诉法院审理不服美国国际贸易法院判决并作出终审的判例，上诉法律、规章及判例构成了美国现行的反倾销法。

案例11-1 加拿大国际贸易法院诉福耀玻璃股份有限公司

2001年底，中国加入世界贸易组织后不久，加拿大国际贸易法院向包括福耀玻璃股份有限公司在内的中国汽车玻璃行业发起反倾销调查。

为此，福耀玻璃股份有限公司成立专门的反倾销应诉办公室，并派出工作小组，参加加拿大国际贸易法院的公开聆听。经过8个月的艰苦应诉，2002年8月30日，加拿大国际贸易法院裁定，来自中国的汽车玻璃在加拿大的销售不构成侵害。福耀玻璃股份有限公司大获全胜，赢得我国入世后的第一起反倾销诉讼。

2. 反补贴的法律制度

美国的反补贴法，是从《1890年关税法》中关于从量反补贴税的规定开始的，《1897年关税法》将先前从量反补贴税的增收修改为征收与外国政府给予的补贴相等的反补贴税，是美国首部真正意义上的反补贴税法。《1930年关税法》中，反补贴的法律规定得到了细化和加强，但没有实质性改变，直至《1974年贸易法》制定了反补贴税和司法审查的具体程序。《1974年贸易法》之前，反补贴税的确定和征收均由财政部负责，其具体运作因程序规定的缺失极不透明，且反补贴税的相关规定仅为国家对外贸易的工具，并不提供私人救济，从而引发了广泛的意见。此外，1948年1月1日生效的《关税与贸易总协定》第6条规定"只有在国内产业遭受损失时方可征收反补贴税"，而此时美国的反补贴法没有关于产业损害的规定，明显与协议规定冲突。在种种努力之下，在《1974年贸易法》中，国会修改了反补贴法，增加了反补贴税调查及司法审查的程序性规定，使之成为一个有效的司法救济手段，并授权总统对反补贴守则进行谈判。此后，美国在《关税与贸易总协定》东京回合谈判中与其他缔约方讨价还价，最终达成《国际补贴守则》。东京回合谈判结束后，国会在《1979年贸易协定法》中修改了相关法律使之与守则内容相一致。之后，国会在《1984年贸易和关税法》中修改了相关规定，使得国内产业更容易获得反补贴法救济；在《1988年综合贸易和竞争法》中增加了几项明确和强化反补贴法的规定；于1994年根据WTO乌拉圭回合协定又对其进行了大幅度修改。

现行反补贴法规定，如果行政管理部门确定一国政府或一国境内的公共实体，直接或间接对进口美国或为进口美国而销售或可能销售的货物的制造、生产或出口提供可抵销补贴，并且在从补贴协议国家进口货物的情况下，委员会确定，由于该货物的进口或由于进口销售或可能销售的原因，美国产业正受到实质损害或实质性损害威胁，或其建立受到实质性障碍，则除其他征税外，可对该货物征收数额等同于可抵销补贴净额的反补贴税。

3. 保障措施

美国贸易救济制度中的保障措施法，即例外条款的规定，自1942年以来一直是美国贸易协议中一个必不可少的条款。最初，决定是否引用该条款的部门是美国当时负责贸易协议谈判的国务院。1947年，国会因担心国务院保护美国产业不受损坏的能力不足而要求总统将例外条款的调查权移交独立的美国关税委员会。这次移交使援引例外条款的内部程序规定诞生了。此后，1951年的《贸易协议延长法》修订了调查程序使之趋于标准化。之后，1953年、1955年及1958年的《贸易协议延长法》进一步对规定作出修订，1962年的《贸易扩大法》增加了进口损害救济，1974年的修订使例外条款救济更易实现，《1988年综合贸易竞争法》扩大了救济的选择权，而1994年根据乌拉圭回合协议，例外条款再度修订。

现行例外条款规定，国际贸易委员会为了依据现行法律作出肯定裁决，必须认定：进口货物正以增加的数量进入美国，同时，生产和进口货物相同或与其直接竞争货物的国内产业正受到严重损害或严重损害威胁，且增加的进口是造成国内产业严重损害或严重损害威胁的实质性因素。

(二) 欧洲联盟

1. 反倾销的法律制度

欧盟反倾销法规系源于《罗马条约》(Treaty of Rome)第113条第1项规定。该条规定欧盟应统一区内的共同商业政策，包括对抗不公平竞争的反倾销措施。欧盟反倾销法规最早版本为1968年正式生效的理事会(EC)第459/68号规章[Council Regulation(EC) No. 459/68]，其后经多次修正。1995年，为配合乌拉圭回合协议的反倾销协议(Anti-Dumping Agreement)的施行，欧盟再度修正反倾销法规，即理事会(EC)第3283/94号规章[Council

Regulation(EC) No. 3283/94],并自1995年1月1日开始实施。1996年3月,欧盟为修正上述规章条文中的重大错误,公告了理事会(EC)第384/96号规章[Council Regulation(EC) No. 384/96],并废止上述规章。该号规章即为现行有效的欧盟反倾销法,通称为"基本规章"(the Basic Regulation),迄今已历经6次修正,最近一次修正为2005年12月21日理事会(EC)第2117/2005号规章修订第2条第7项第(b)款规定,即将乌克兰从非市场经济国家名单中除名。欧盟反倾销法规适用于所有对欧盟出口的国家,即非欧盟会员国国家,不论出口国是否为WTO会员。欧盟各成员国本身并无反倾销的国内法令,故所有反倾销调查及措施的展开与实行都由欧盟执行委员会主管。

2. 反补贴的法律制度

1994年底,为履行关税与贸易总协定乌拉圭回合谈判达成的《补贴与反补贴协定》(《SCM协定》),保证相关规则与世界贸易组织补贴规则的一致性,欧盟制定了第一部单独的反补贴条例,即第3284/94条例。条例对以往有关补贴的规定作出重大修改和补充,采纳了《SCM协定》关于补贴的定义,沿用了协定关于实施反补贴措施的程序。与《SCM协定》不同的是,欧盟反补贴条例规定了反规避措施。除此之外,针对发展中国家,欧盟制定了特殊的反补贴措施规定,即不区分补贴的种类,不给予过渡期。如果进口产品最低补贴量达到2%(最不发达国家、年人均国民生产总值低于1000美元的国家以及WTO成员中完全消灭了出口补贴的发展中成员国则为3%),进口份额达到4%,占进口国消费份额的9%,共同体将采取反补贴行动。之后,第1285/95号条例又对条例作出修正。1995年,1285号条例再次对补贴规则作出修正。

1997年10月6日,欧共体通过全新的反补贴条例,即第2026/97号条例,全称《欧盟理事会1997年10月6日关于对来源于非欧共体国家的补贴进口货物可采取的保护措施的第2026/97号条例》。2002年11月5日,欧共体颁布第1973/2002号条例,对第2026/97号条例中关于环保补贴、研发补贴、对落后地区补贴的规定等进行修正。随后,该条例被欧盟理事会2002年11月5日第1973/2002号条例和2004年3月8日第461/2004号条例作小幅度修改。

2004年3月8日,欧盟理事会发布第461/2004号条例,对第2026/97号规则作出第二次修正。新规则降低了反补贴立案标准,缩短了对其他国家进行反补贴调查的期限。欧盟反补贴调查由欧盟委员会负责,调查结果提交欧盟理事会通过。按照原有规则,委员会建议必须得到理事会半数以上的支持才能生效,理事会投票弃权意味着对提案的否决。新规则规定,委员会建议只有理事会过半票数反对方可否决,否则自动生效。此前,理事会在3个月内没有对委员会建议作出处理即意味着对委员会建议的否决。新规则规定,理事会在1个月内没有对委员会建议作出处理,即表示委员会建议自动获得通过。此外,新规则还对反补贴调查及复审的时间作出了更为严格的限制。

3. 保障措施的法律制度

欧共体保障措施立法的历史可追溯到关税同盟建成的1968年,现行的保障措施立法主要包括:①519/94号条例,适用于某些被列为非市场经济的第三国的进口;②3295/94号条例,适用于所有其他第三国的进口(纺织品除外);③3D3D/93号条例,适用于从某些第三国进口的某些纺织品;④517/94号条例,适用于原产于某些第三国的某些纺织品,并且欧共体没有就该产品与该第三国签订双边条约、议定书或其他的贸易安排。

三、世界贸易组织

第一部国际反倾销立法是1948年1月1日生效的《关税与贸易总协定》(第6条)。之后在肯尼迪回合谈判中制定了《国际反倾销法典》(International Antidumping Code),该法于1968年1月生效,当时的签字国有18个,该法的一些条款较原来的第6条更为严谨,内容也更为具体。东京回合谈判对《国际反倾销法典》作了修改,补充了某些规定的细则,签署了新的《实施关税与贸易总协定第6条的协议》(Agreement on Implementation of Article VI of the General Agreement on Tariffs and Trade),又称《反倾销守则》(修订本),该协议于1980年1月1日生效,对协调和统一各国反倾销法具有重要的作用,美国、欧共体等许多国家已将其纳入国内反倾销法的规定中。在乌拉圭回合谈判中,各缔约方又达成了《乌拉圭回合最后文件》中的《反倾销协议》,该协议进一步加强了反倾销规则,严格了反倾销程序,同时对发展中国家有若干例外规定,有关国际立法主要体现在世界贸易组织的相关规定中。《关税与贸易总协定》第6条、第16条和第23条对反补贴问题作了原则性规定,第6条是有关反补贴税的规定,第16条是有关反补贴规定的主要条文,第23条是对利益的丧失或损害的规定。1979年,东京回合谈判通过了《反补贴守则》,对反补贴和反补贴税作了进一步明确的规定。1994年,乌拉圭回合谈判对原有的守则和规定作了修改和补充,达成了《补贴与反补贴措施协议》,有关保障措施的国际规则详见本章第四节的阐述。

第二节 反倾销

一、倾销与反倾销法

(一) 倾销的概念与特征

依据《关税与贸易总协定》第6条的规定,如果在正常的贸易过程中,一个产品从一国出口到另一国,该产品的出口价格低于在其本国内消费的相同产品的可比价格,即以低于其正常的价值进入另一国的商业渠道,则该产品将被认为是倾销。

倾销一般具有以下特征。

(1) 倾销是一种人为的低价销售措施。它是由出口商根据不同的市场,故意以低于有关商品在出口国的市场价格对同一商品进行差价销售。

(2) 倾销的动机和目的是多种多样的,有的是销售过剩产品,有的是争夺国外市场、扩大出口,但只要对进口国某一工业的建立和发展造成实质性损害或实质性威胁或实质性阻碍,就会被视为倾销而受到相应处罚。

(3) 倾销是一种不公平竞争行为。在政府奖励出口的政策下,生产者为获得政府出口补贴,往往以低廉价格销售产品;同时,生产者将产品以倾销的价格在国外市场销售,从而获得在另一国市场的竞争优势进而消灭竞争对手,再提高价格以获取垄断高额利润。

(4) 倾销的结果往往给进口方的经济或生产者的利益造成损害，特别是掠夺性倾销会扰乱进口方的市场经济秩序，给进口方经济带来毁灭性打击。

(二) 反倾销法的概念与特征

反倾销法是指进口国为了保护本国经济和本国生产者的利益，维护正常的国际贸易秩序而对倾销行为进行限制和调整的法律规范的总称。

反倾销法主要有以下特征。

(1) 反倾销法的主体包括国际经济组织、国家和法人。
(2) 反倾销法由反倾销国内法规范和反倾销国际法规范组成。
(3) 反倾销国际法和反倾销国内法的直接任务是有差异的。前者的直接任务是为各国反倾销法的内容提供原则性标准，并为其发展确定方向，抑制各国滥用反倾销法实行贸易保护主义；反倾销国内法的任务主要是通过防止或抵制进口产品的倾销，维护正常的国际贸易秩序，保护国内产业。
(4) 反倾销法既包括反倾销实体法，又包括反倾销程序法。
(5) 反倾销法是一种具有强制性的贸易管制法。

二、倾销成立的条件

根据WTO的相关规则和各国的反倾销法，确定对进口产品采取反倾销措施，必须同时具备以下三个条件。

(一) 该产品的出口价格低于其正常价值，即倾销确实存在

1. 正常价值的确定

判断一个进口产品是否构成倾销，首先必须确定该产品的出口价格是否低于其"正常价值"(Normal Value)，如果出口价格低于"正常价值"，则存在倾销，否则就不存在倾销。根据反倾销法的国际规则和各国国内法的规定，"正常价值"可以采用以下三种方法来确定：①该产品的国内销售价格，即该产品在反倾销调查期间，在其出口国市场上实际支付的或应当支付的价格。应当注意的是，用于比较的国内销售价格应具有代表性，反映出口国市场的一般交易水平，并且这种价格应该是在正常商业做法的情况下具有一定交易量的价格。②该产品向第三国出口的价格。当在出口国国内市场的一般贸易中没有同类产品销售时，或市场特殊情况致使无法比较这种倾销差额时，可以与该产品出口到任何一个第三国的出口价格比较来确定。应当注意的是，该比较价格必须是一种有代表性的价格。③推定价格，即以该产品在原产地国的生产成本加上合理的管理费、销售费、其他费用以及利润来确定其正常价值。一般来说，所加利润不得超过在原产地国家国内市场上正常销售同类产品得到的利润。应当注意的是，上述三种价格标准仅适用于市场经济国家，根据美欧等国的反倾销法，对所谓非市场经济国家出口产品的正常价值的确定则采取另外的方法，主要是将一个属于市场经济的国家作为代替国，以该国生产相同或类似产品的价格，或者其结构价格，作为确定有关非市场经济国家"公平价格"(Fair Value)的基础。

2. 出口价格的确定

确定倾销是否存在，除了确定产品的正常价值外，还需确定产品的出口价格，只有该产品的出口价格低于其正常价值，才可能构成倾销。所谓出口价格，是指进口商实际支付或者应当支付的价格。确定出口价格一般应遵循以下原则：①进口产品有实际支付或应支付的价格的，以该价格为出口价格；②进口产品没有出口价格或其价格不可靠的，以根据该进口产品首次转售给独立购买人的价格推定的价格为出口价格；③该进口产品未转售给独立购买人或未按进口时的状态转售的，进口国的主管机构可以在合理基础上推定的价格为出口价格。

3. 对正常价值和出口价格的比较

判断一项进口商品是否存在倾销，不能简单地将出口价格与正常价值进行直接比较，必须考虑营销价格的各种可比性因素，按照公平、合理的方式进行比较。根据关贸总协定东京回合谈判形成的《反倾销守则》，出口价格与正常价值应在贸易相同水平上进行比较，通常是出厂价格水平，相比较的销售价格要尽可能是相同时期的销售价。因销售条件、税收不同或其他影响价格比较因素产生的差别，应根据具体情况适当扣除。此外，在进口和转卖的过程中所产生的包括关税和既收在内的成本以及所产生的利润也应扣除。

(二) 进口产品对进口国的国内产业造成实质危害或有实质损害的威胁，或对进口国内产业造成实质性阻碍

1. 国内产业的确定

国内产业是指生产相同产品的国内生产者的总体，或这些产品的合计总量占国内该类产品总产量的大多数的国内生产者，但下列情况除外：①当生产者与出口商或进口商有关联，或者他们自己就是所称的倾销产品的进口商时，国内产业是指其余的生产者。②在特殊情况下，为了该项产品把一国的领土分成两个或者更多的具有竞争性的市场，这样，每个市场的生产者可被看成一个独立的产业。在此种情况下，即使整个国内产业的主要部分没有受到损害，如果倾销的进口货集中在这样一个孤立的市场中，而且倾销的进口货正在对这个市场内的全部或几乎全部生产者造成损害，则还是会发现存在损害的问题，即构成倾销。在美国和欧盟均存在这种将地区产业视为国内产业的情况。

2. 损害的确定

依据反倾销法的国际规则及各国国内法的规定，损害的确定应以无可辩驳的证据为根据，并必须对下列两点进行客观审查：①倾销的进口产品的数量和价格对国内同类产品的影响，看其在数量上是否已显著增加，在价格上是否造成国内产品价格大幅度下降，或者阻止了本来会发生的价格大幅度上升。②这种进口产品对国内同类产品的生产者的影响，包括估计影响产业情况的一切有关经济因素和指数，如产量、销售、市场份额、利润、生产率、投资收益或设备能力的利用的实际或可能的下降；影响国内价格的因素；对现金流动量、就业、工资增长、提高资本或投资能力的实际和潜在的副作用等。即使尚未产生实际的损害，但如果有实质损害威胁或实质阻碍国内产业的建立，也将被认为存在损害。实质损害威胁是指进口国有关产业虽尚未处于被实质损害的境地，但事实将会导致这种境地，例如出口国某港口正在装运一大批该类商品。阻碍产业建立是指进口国相关的一个新

产业的建立因倾销的存在而受阻，因而无法建立。应当注意的是，确定可能造成的损害必须根据事实，而且这个事实必须是真实的、迫切的、可以预见的，而不能只根据推断、推测得出或具有极小的可能性。

(三) 倾销与损害之间存在因果关系

1979年，东京回合谈判形成的《反倾销守则》第3条第4款规定："必须用事实说明，由于倾销影响，倾销的进口货造成了本守则所指的损害。与此同时，可能存在损害工业的其他因素。由其他原因造成的损害不应归咎于倾销的进口国。"也就是说，倾销的产品本身并不一定会给进口国工业带来损害，进口国的国内同类产业受到的损害也可能是由其他因素造成的，只有在充分的证据证明下，进口产品的倾销与进口国工业所受的损害之间存在因果关系(Causual Relationship)，否则该进口产品不构成倾销。在乌拉圭回合谈判通过的《反倾销协议》中明确地采用了"因果关系"的法律术语。

审查倾销与损害是否存在因果关系主要考虑三个因素：①倾销产品的进口数量在进口国产业遭受损害时是否大幅度增加；②倾销的进口产品是否压低了进口国相似产品的价格或阻止了本来会发生的价格大幅度上升；③倾销产品对进口国国内产业的影响。

三、反倾销调查的机构与程序

(一) 反倾销调查机构

世界贸易组织设立反倾销措施委员会，该委员会由各成员方代表组成。该委员会设主席一人，每年至少召开两次会议。各国的反倾销法对本国的反倾销调查机构均有明确规定，本书仅以美国和欧盟为例予以说明。美国目前的反倾销机构是两个相互独立的行政机关，即商务部(DOC)和国际贸易委员会(ITC)。商务部负责倾销的确定，国际贸易委员会负责审定有关进口产品是否对美国国内有关工业造成实质损害威胁。如果两个机构的调查结果均为肯定，则征收反倾销税的条件成立，由商务部发布征收反倾销税的命令，由海关负责反倾销税的计算和征收。欧盟主管反倾销的机构为欧盟委员会(EU Commission)，反倾销案件的立案、调查、案件中止或终止、征收反倾销税、接受价格承担等一系列工作均由该委员会负责。该委员会下设两个具体的执行部门，Directorate C负责倾销的调查，Directorate E负责损害和公共利益的调查。在反倾销案件调查的各个阶段，欧盟委员会还必须征求由各成员国代表组成的"咨询委员会"(Advisory Committee)的意见，最终决定是否征收反倾销税的机关是欧盟最高立法机关——欧盟理事会(EU Council)，该理事会有权否决委员会对反倾销案件作出的决定。

(二) 反倾销调查程序

根据WTO的相关规则和各国的反倾销法，反倾销调查应包含以下基本程序。

1. 申诉

反倾销调查程序自申诉人的申诉而启动。有权提起申诉的申诉人应是能够代表进口国某产业的全部或大多数的厂商，或其代表的厂商的产量占进口国产量的大部分，或生产商协会、工会等。申诉应以书面形式提出，并应有本国反倾销法要求的证据。此外，根据部分国家的反倾销法，即使没有申诉人的申诉，该国的反倾销机构也可以自行决定立案调查。

2. 立案

反倾销机构应在接到反倾销申诉后一定期限内(美国为20天，澳大利亚为35天，中国为60天)，对申请书及证据进行审查，决定是否立案，如有实际的证据证明损害或损害威胁事实存在，可予以立案。如果决定立案，则应当发布公告，该公告发布日期即为立案日期。

3. 调查

立案后，反倾销机构应当展开调查。调查的方式可以有多种，如问卷、抽样、听证会、现场核查等。在反倾销调查阶段，包括申请企业在内的各方应如实反映情况，提供有关材料，并进行有针对性的抗辩，如果被调查方拒不反映情况、提供有关材料，也不进行抗辩，反倾销机构将根据自己掌握的材料作出裁决。

4. 初裁

经调查确定倾销存在并有足够证据证明造成损害的情况下可作出初裁决定，采取临时措施。临时措施可以采取临时税的形式，或采取现金存款或存款保证书等担保形式，其担保金额等于临时预计的反倾销税的金额，但时间不得超过4个月。

5. 终裁

初裁后，有关各方可以对初裁结论进一步申诉，由各方当事人对有关问题进一步进行讨论和辩论。主管当局在进一步收集与核实证据的基础上，作出最终裁决。如果裁决倾销存在并造成损害，则进口国可对倾销产品征收反倾销税。

6. 司法审查

对倾销案终裁裁决不服时，双方当事人均可向有关法院上诉，由司法机关作出司法裁决。

四、中国反倾销法

1994年5月12日，中国颁布了《中华人民共和国对外贸易法》，该法第30条针对反倾销作了原则性规定。此后，国务院于1997年3月25日发布了《中华人民共和国反倾销和反补贴条例》，2001年11月20日发布了《中华人民共和国反倾销条例》，商务部先后发布了《出口产品反倾销应诉规定》《反倾销调查立案暂行规则》等多个行政规章，商务部于2003年10月17日通过了《反倾销产业调查规定》，最高人民法院发布了《关于审理反倾销案件应用法律若干问题的规定》等司法解释。2004年4月6日修订通过、7月1日起施行的《中华人民共和国对外贸易法》，专门设立了题为"对外贸易救济"的第八章，涵盖对反倾销的规定。2004年3月31日国务院公布、修订的《中华人民共和国反倾销条例》(以下简称《反倾销条例》)，进一步完善了关于反倾销的规定。至此，我国已形成比较完整的反倾销法律体系。

(一) 我国的反倾销调查机构

根据《反倾销条例》的规定，我国负责反倾销事务的机关主要有商务部、海关总署、国务院关税税则委员会。在涉及农产品的反倾销案件中，农业部也是负责反倾销事务的机关之一。

1. 商务部

根据《反倾销条例》的相关规定，商务部的主要职责有以下几项。

(1) 受理反倾销调查申请并对申请是否由国内产业或者代表国内产业提出、申请书内容及所附的证据等进行审查，决定立案调查或者不立案调查；

(2) 负责倾销及倾销幅度的调查和确定；

(3) 根据调查结果就倾销作出初裁决定和终裁决定；

(4) 对采取要求提供现金保证金、保函或者其他形式的担保的临时反倾销措施作出决定；

(5) 提出征收临时反倾销税和最终反倾销税的建议。

2. 海关总署

海关总署是我国反倾销措施的具体执行机关，负责执行临时反倾销措施和征收反倾销税以及退税等事宜。

3. 国务院关税税则委员会

税则委员会根据商务部的建议作出征收临时反倾销税和最终反倾销税以及追溯征税、退税、保留、修改或者取消反倾销税等与"税"有关的决定。

(二) 倾销与损害

1. 倾销

《反倾销条例》第3条规定："倾销，是指在正常贸易过程中进口产品以低于其正常价值的出口价格进入中华人民共和国市场。"进口产品的正常价值，应当区别不同情况，按照下列方法确定：①进口产品的同类产品，在出口国(地区)国内市场的正常贸易过程中有可比价格的，以该可比价格为正常价值；②进口产品的同类产品，在出口国(地区)国内市场的正常贸易过程中没有销售的，或者该同类产品的价格、数量不能据以进行公平比较的，以该同类产品出口到一个适当第三国(地区)的可比价格或者以该同类产品在原产国(地区)的生产成本加合理费用、利润，为正常价值。进口产品不直接来自原产国(地区)的，按照前款第①项规定确定正常价值。但是，在产品仅通过出口国(地区)转运、产品在出口国(地区)无生产或者在出口国(地区)中不存在可比价格等情形下，可以以该同类产品在原产国(地区)的价格为正常价值。

2. 损害

损害是指倾销对已经建立的国内产业造成实质损害或者产生实质损害威胁，或者对建立国内产业造成实质阻碍。在确定倾销对国内产业造成的损害时，应当审查下列事项：①倾销进口产品的数量，包括倾销进口产品的绝对数量或者相对于国内同类产品生产或者消费的数量是否大量增加，或者倾销进口产品数量大量增加的可能性；②倾销进口产品的价格，包括倾销进口产品的价格削减或者对国内同类产品的价格产生大幅度抑制、压制等影响；③倾销进口产品对国内产业的相关经济因素和指标的影响；④倾销进口产品的出口国(地区)、原产国(地区)的生产能力、出口能力，被调查产品的库存情况；⑤造成国内产业损害的其他因素。对实质损害威胁的确定，应当依据事实，不得仅依据指控、推测或者极小的可能性。在确定倾销对国内产业造成的损害时，应当依据肯定性证据，不得将造成损害的非倾销因素归因于倾销。

(三) 中国反倾销调查程序

1. 反倾销调查申请

1) 申请人资格

《反倾销条例》第13条规定："国内产业或者代表国内产业的自然人、法人或者有关组织，可以依照本条例的规定向商务部提出反倾销调查的书面申请。"国内产业，是指中华人民共和国国内同类产品的全部生产者，或者其总产量占国内同类产品全部总产量的主要部分的生产者。但是，国内生产者与出口经营者或者进口经营者有关联的，或者其本身为倾销进口产品的进口经营者的，可以排除在国内产业之外。在特殊情形下，国内一个区域市场中的生产者，在该市场中销售其全部或者几乎全部的同类产品，并且该市场中同类产品的需求主要不是由国内其他地方的生产者供给的，可以视为一个单独产业。

2) 制作申请书

反倾销调查申请应以书面形式提出，申请书应当包括下列内容：①申请人的名称、地址及有关情况；②对申请调查的进口产品的完整说明，包括产品名称、所涉及的出口国(地区)或者原产国(地区)、已知的出口经营者或者生产者、产品在出口国(地区)或者原产国(地区)国内市场消费时的价格信息、出口价格信息等；③对国内同类产品生产的数量和价值的说明；④申请调查进口产品的数量和价格对国内产业的影响；⑤申请人认为需要说明的其他内容。

申请书应当附具下列证据：①申请调查的进口产品存在倾销；②对国内产业的损害；③倾销与损害之间存在因果关系。

2. 审查与立案

商务部应当自收到申请人提交的申请书及有关证据之日起60天内，对申请是否由国内产业或者代表国内产业提出、申请书内容及所附具的证据等进行审查，决定是否立案。决定立案的，商务部应当将立案决定予以公告，并通知申请人、已知的出口经营者和进口经营者、出口国(地区)以及其他有利害关系的组织及个人。在特殊情形下，商务部没有收到反倾销调查的书面申请，但有充分证据认为存在倾销和损害以及两者之间有因果关系的，可以决定立案调查。

3. 调查

反倾销立案后，商务部可对包括国内生产者、国内进口经营者、国内购买者、国内最终消费者、国外出口经营者、国外生产者等进行调查。商务部认为有必要的，可以聘请有关产业、财会、经贸、法律等方面的专家提供咨询意见，有关专家应当承担相应的保密责任。反倾销调查的方式有多种，商务部可以采用问卷、抽样、听证会、现场核查等多种方式向利害关系方了解情况，进行调查；商务部认为必要时，可以派出工作人员赴有关国家(地区)进行调查，但是，有关国家(地区)提出异议的除外。商务部进行调查时，利害关系方应当如实反映情况，提供有关资料。利害关系方不如实反映情况、提供有关资料的，或者没有在合理时间内提供必要信息的，或者以其他方式严重妨碍调查的，商务部可以根据已经获得的事实和可获得的最佳信息作出裁定。反倾销调查应自立案调查决定公告之日起12个月内结束，特殊情况下可以延长，但延长期不得超过6个月。

4. 初裁

初裁决定确定倾销成立，并由此对国内产业造成损害的，可以采取下列临时反倾销措施：①征收临时反倾销税；②要求提供保证金、保函或者其他形式的担保。临时反倾销税税额或者提供的保证金、保函或者其他形式担保的金额，应当不超过初裁决定确定的倾销幅度。征收临时反倾销税，由商务部提出建议，国务院关税税则委员会根据商务部的建议作出决定，由商务部予以公告；要求提供保证金、保函或者其他形式的担保，由商务部作出决定并予以公告，海关自公告规定实施之日起执行。临时反倾销措施实施的期限，自临时反倾销措施决定公告规定实施之日起，不超过4个月，在特殊情形下可以延长至9个月。

例如，2018年4月17日，美国商务部部长罗斯宣布，对产自中国的钢制轮毂产品发起反倾销和反补贴调查(即"双反"调查)；美国商务部还初裁从中国进口的通用铝合金板存在补贴行为。

5. 终裁

终裁决定确定倾销成立，并由此对国内产业造成损害的，可以征收反倾销税。征收反倾销税应当符合公共利益。征收反倾销税，由商务部提出建议，国务院关税税则委员会根据商务部的建议作出决定，由商务部予以公告，海关自公告规定实施之日起执行。反倾销税税额不超过终裁决定确定的倾销幅度。终裁决定确定存在实质损害，并在此之前已经采取临时反倾销措施的，反倾销税可以对已经实施临时反倾销措施的期间追溯征收。终裁决定确定存在实质损害威胁，在先前不采取临时反倾销措施将会导致后来作出实质损害裁定的情况下已经采取临时反倾销措施的，反倾销税可以对已经实施临时反倾销措施的期间追溯征收。终裁决定确定的反倾销税，高于已付或者应付的临时反倾销税或者为担保目的而估计的金额的，差额部分不予收取；低于已付或者应付的临时反倾销税或者为担保目的而估计的金额的，差额部分应当根据具体情况予以退还或者重新计算税额。反倾销税的征收期限不得超过5年，但是，经复审确定终止征收反倾销税有可能导致倾销和损害的继续或者再度发生的，反倾销税的征收期限可以适当延长。

6. 复审

反倾销税生效后，商务部可以在有正当理由的情况下，决定对继续征收反倾销税的必要性进行复审；也可以在经过一段合理时间，应利害关系方的请求并对利害关系方提供的相应证据进行审查后，决定对继续征收反倾销税的必要性进行复审。根据复审结果，由商务部提出保留、修改或者取消反倾销税的建议，国务院关税税则委员会根据商务部的建议作出决定，由商务部予以公告，或者由商务部作出保留、修改或者取消价格承诺的决定并予以公告。复审程序参照反倾销调查的有关规定执行。复审期限自决定复审开始之日起，不超过12个月。复审程序不妨碍反倾销措施的实施。

案例11-2 欧盟对华光伏反倾销案

2012年7月,一些欧盟企业向欧盟委员会正式提交了对中国光伏产品反倾销立案调查的申请。根据规定,欧盟须在9月6日前决定是否立案。9月6日,欧盟正式宣布对华光伏组件、关键零部件如硅片等发起反倾销调查,涉案金额超过200亿美元,是迄今为止欧盟对华发起的最大规模贸易诉讼。反倾销和反补贴初裁分别于2013年6月7日前、8月9日前作出。2013年5月22日,代表中国企业赴欧谈判的中国机电产品进出口商会发声明称,与欧盟的首轮谈判宣告破裂。据披露,中方曾作出让步,如对中国出口欧盟的产品进行数量限制,或中国光伏企业作出提高价格的承诺,但欧盟回绝了此谈判方案。2013年6月4日,欧盟委员会宣布,欧盟自6月6日起对产自中国的太阳能电池板及关键器件征收11.8%的临时反倾销税。如果中欧双方未能在8月6日前达成解决方案,届时反倾销税率将升至47.6%。临时税率将维持6个月,直到12月,此后欧委会将决定是否对中国产的光伏产品征收永久性关税,一旦征收,该关税将持续5年。

第三节 反补贴

一、补贴与反补贴法

(一) 补贴

1. 补贴的概念

补贴是指一成员方政府或任何公共机构向某些企业提供的财政捐助以及对价格或收入的支持,以直接或间接增加从其领土输出某种产品或减少向其领土内输入某种产品,或者对其他成员方利益形成损害的政府性措施。

2. 补贴的分类

根据乌拉圭回合达成的《补贴与反补贴协议》,补贴可分为三类:①禁止使用的补贴(Prohibited Subsidy),是指一国政府专门对出口产品给予的出口补贴,接受出口补贴的产品因补贴所带来的价格优势导致进口国的相关产业受到损害,因而为各国反补贴法和反补贴国际规则所禁止。②可申诉补贴(Actionable Subsidy),是指一国政府通过转让资金、放弃财政收入、提供货物及各种收入支持、价格支持对某些企业提供特殊补贴,如果这种补贴造成进口国相关产业的重大损失,该国可诉诸争端解决机构加以解决。③不可申诉的补贴(Non-actionable Subsidy),是指一国给予其国内企业的普遍性补贴和在事实上并没有向特定企业提供的补贴,这种补贴不可诉诸争端解决机构。

3. 补贴的范围

根据乌拉圭回合达成的《补贴与反补贴协议》的规定,补贴的范围包括:①政府直接转让资金,即赠予、贷款、资产注入,以及潜在的直接转让资金或债务,即贷款担保;②政府财政收入的放弃或不收缴;③政府提供货物或服务,或购买货物;④政府向基金机构拨款,或委托、指令私人机构履行前述①至③项的职能;⑤符合1994年关贸总协定第16条含义的任何形式的收入或价格支持。

(二) 反补贴法

反补贴法是指进口国为了保护本国经济和本国生产者的利益,维护正常的国际贸易秩序而对补贴行为进行限制和调整的法律规范的总称。

二、国际反补贴法的实体规定

(一) 对任何补贴的规定

任何补贴是指一国政府所给予或保持的任一补贴。WTO的任何成员方均应对本国政府所给予或保持的任一补贴的性质和补贴程度的情况(包括任何形式的收入或价格支持),承担通知和磋商的义务,即给予补贴的缔约国应将这项补贴的性质和范围、这项补贴对进口产品的数量预计可能产生的影响以及这种补贴的必要性,书面通知缔约国全体。若该项补贴经判定对另一国的利益造成实质损害或产生实质损害的威胁,给予补贴的缔约国应在接到要求后,与有关的其他缔约国或缔约国全体进行协商,探讨限制这项补贴的可行性。

(二) 对出口补贴的严格规定

《关税与贸易总协定》第16条、1979年东京回合谈判通过的《反补贴守则》及乌拉圭回合形成的《补贴与反补贴协议》对出口补贴有如下规定。

1. 除农产品以外的以下产品禁止使用出口补贴

(1) 政府按出口实绩对企业或产业的直接补贴。

(2) 外汇留成计划或任何涉及出口奖励的相似活动。

(3) 由政府提供或授权的,在条件上使出口商品享受比国内运输更优惠的交通、运输费用;由政府或它的代理机构或间接通过政府计划,对出口生产中使用的进口货国内产品或服务,提供比用于国内消费生产中使用的相似的,或直接竞争的产品或服务更优惠的条件,以使有关产品享有的条件比世界市场上出口商所应用的更为优惠。

(4) 出口直接税或由工业或商业企业支付或应支付的社会福利的全部或部分豁免,或特别延期。出口直接税是指工资、利润、利息、租赁、提成和所有其他形式的收入税及不动产税。

(5) 与出口或出口实绩相联系的特殊税收减让,其优惠超过那些被批准的、以直接税为基础面计算的国内消费品生产费用。

(6) 有关出口产品生产和分销的间接税的豁免或减少超过对那些在国内市场出售的类似产品的生产和分销的征税。

(7) 对有关出口货物或出口商品生产过程消费投入(弥补正常的损耗)而征收,则出口产品先前阶段累进间接税可以被豁免、减少或延期,即使国内出售的类似产品不被豁免、减少或延期。间接税是指销售、货物、营业、增值、特许、邮政、交换、发明及设备税,边境税及所有除直接税外的税收及进口费。

(8) 进口费用的豁免或归还超过那些对在出口产品生产中进口消费的投入(弥补正常损耗)征税。

(9) 为防止在弥补长期经营成本和项目损失时,出口产品或交易风险项目成本的增加,政府(或由政府授权执行控制的特殊机构)优惠提供的出口信贷担保或保险项目。

(10) 政府(或由政府授权执行控制的特殊机构)的出口信贷的提供,其利率低于他们实际使用而必须支付的资金利率(或者其利率低于它们为了取得相同期限和其他信贷条件及相同货币名称的出口信贷资金,而在国际资本市场借贷而又必须支付的资金利率),或者就它们通常为了保证在出口信贷条件范围内的物质利益,由出口商或取得信贷的金融机构所引起的费用,它们全部或部分代为支付。

2. 允许对某些初级产品使用出口补贴

《反补贴守则》同意各签署国在承诺给予补贴的产品不超过这些产品在世界出口贸易中的合理份额的情况下,直接或间接地对某些初级产品给予出口补贴。签约国还同意不以引起价格实质上低于同一市场其他供应者的产品价格的方式,对出口到某一特定市场的某些初级产品给予出口补贴。

(三) 对出口补贴以外的补贴的规定

提供出口补贴以外的补贴是为了实现下列目标:①消除特定地区的工业、经济和社会的不利因素。②在社会可以接受的条件下,特别是当贸易及经济政策的变化使改革变得势在必行时,促进某些部门的结构改革,包括签订国际协定降低贸易壁垒。③普遍的维持就业,鼓励重新培训和改变行业。④鼓励研究和发展规划,尤其是在高新技术工业方面。⑤执行促进发展中国家经济和社会发展的各项经济规划和政策。⑥工业重新布局以避免拥挤和环境问题。签约国可对本国企业使用出口补贴以外的补贴,但出口补贴以外的补贴的使用,不得对另一签约国内工业造成损害或有造成损害威胁或严重妨碍另一签约国的利益,或者可能抵销或减损另一签约国从总协定中所应得到的利益。

(四) 征收反补贴税的条件

依据《反补贴守则》及《补贴与反补贴协定》的规定,征收反补贴税必须具备以下三个条件:①存在接受直接或间接出口补贴的事实。②对进口国国内某一工业造成实质损害或实质损害的威胁,或实质阻碍进口国某一工业的建立,即损害存在。在确定是否存在损害时,主要考虑补贴进口的数量及其对国内市场同类产品价格的影响;这些进口产品给国内同类产品生产者带来的影响。③补贴与损害之间存在因果关系。

(五) 对第三世界国家的特殊规定

(1) 禁止使用的出口补贴对最不发达国家以及那些人均国民生产总值不足1000美元的发展中国家不适用,其他发展中国家则应在8年内逐步取消这类出口补贴。

(2) 发展中国家达到出口竞争标准的产品,应在2年内逐步取消补贴。

(3) 原产于发展中国家的产品，其总补贴额不超过单位产品金额的2%，或者该产品不足同类产品进口总额的4%，或所有发展中国家的所有该产品加起来不足同类产品进口额的9%，则对该产品的补贴调查应立即终止。

(4) 对于从计划经济向市场经济过渡的国家的出口补贴，可以在7年内逐步取消。

三、反补贴调查

(一) 调查机构

《关税与贸易总协定》设立补贴与反补贴措施委员会，该委员会由所有缔约国代表组成，委员会设主席一人，每年至少举行两次会议，各缔约国成立自己的调查机构时必须通知补贴和反补贴措施委员会。

《关税与贸易总协定》及东京回合形成的《补贴与反补贴守则》对反补贴调查程序作了原则性规定，具体程序如下所述。

(二) 调查程序

1. 申诉

反补贴调查程序因受影响的工业部门或代表机构的申诉而启动，申诉应以书面形式提出，并必须附有充分证据：①补贴，如有可能，说明补贴的金额；②在本协议所揭示的总协定第6条的意思范围内的损害；③补贴的进口产品与损害之间存在因果关系。调查程序也可因调查机构自行发起而启动。

2. 调查

调查机构应审查有关各项事实并公布调查结果，除特殊情况外，调查应在发起后1年内结束。

3. 磋商

在发起调查的要求被接受后，无论在发起调查前或在调查过程中，都应向接受调查的缔约国提供机会进行磋商，以澄清事实真相和达成双方同意的解决办法。

4. 采取临时措施

经调查得出初步肯定的调查结论，认为存在补贴并有造成损害的足够证据之后，可采取临时措施。临时措施可采取反补贴税形式，用现金、存款或相当于临时计算的补贴额作担保。实施临时措施不得超过4个月。

5. 征收反补贴税

经调查符合征收反补贴税条件的，是否要征收反补贴税以及拟征收的反补贴税是否应等于或少于补贴总额，由进口签约国机构决定，征收反补贴税不得超过已查明的补贴总额。在出口国政府同意取消，或限制补贴，或采取有这种作用的其他措施，或出口商同意修改它的价格使调查机构确信补贴的损害性影响已消除的情况下，可以在不采用临时措施或反补贴税的情况下，中止或结束诉讼。

依照乌拉圭回合签署的《补贴与反补贴协议》，签约国还可以直接通过世界贸易组织的争端解决机制求得救济。

四、中国反补贴法

中国有关反补贴的规定,最早体现在《中华人民共和国对外贸易法》中,其第31条规定:"进口产品直接或间接地接受出口国给予的任何形式的补贴,并由此对国内已建立的相关产业造成实质损害或产生实质损害的威胁,或者对国内建立相关产业造成实质性阻碍时,国家可以采取必要措施,消除或减轻这种损害或损害的威胁或阻碍。"1997年3月25日,国务院发布的《中华人民共和国反倾销和反补贴条例》对反补贴措施作了具体的规定。2001年10月31日,国务院发布的《中华人民共和国反补贴条例》,2003年10月17日商务部发布的《反补贴产业调查规定》,2004年4月6日修订通过、7月1日施行的《中华人民共和国对外贸易法》,以及2004年3月31日国务院修订公布的《中华人民共和国反补贴条例》,进一步完善了中国的反补贴立法。

(一) 补贴调查机构

中华人民共和国商务部负责反补贴产业损害的调查,涉及农产品的反补贴产业的损害调查,由商务部会同农业部进行。

(二) 补贴

依据修订后的《反补贴条例》,补贴是指出口国(地区)政府或其他任何公共机构提供的并为接受者带来利益的财政资助以及任何形式的收入或者价格支持,包括:①出口国(地区)政府以拨款、贷款、资本注入等形式直接提供资金,或者以贷款担保等形式潜在地直接转让资金或者债务;②出口国(地区)政府放弃或者不收缴应收收入;③出口国(地区)政府提供除一般基础设施以外的货物、服务,或者由出口国(地区)政府购买货物;④出口国(地区)政府通过向筹资机构付款,或者委托、指令私营机构履行上述职能。该条例第4条同时规定采取反补贴措施的补贴,必须具有专向性,包括:①由出口国(地区)政府明确确定的某些企业、产业获得的补贴;②由出口国(地区)法律、法规明确规定的某些企业、产业获得的补贴;③制定特定区域内的企业、产业获得的补贴;④以出口实绩为条件获得的补贴,包括本条例所附出口补贴清单列举的各项补贴;⑤以使用本国(地区)产品替代进口产品为条件获得的补贴。在确定补贴专向性时,还应当考虑受补贴企业的数量和企业受补贴的数额、比例、时间以及补贴方式等因素。

(三) 损害

所谓损害,是指补贴对已经建立的国内产业造成实质损害(Material Injury)或者产生实质损害威胁,或者对建立国内产业造成实质阻碍。实质损害是指对国内产业已经造成的、不可忽略的损害。实质损害威胁是指对国内产业尚未造成实质损害,但有证据表明如果不采取措施将导致国内产业实质损害发生的明显可预见和迫近的情形。对建立国内产业的实质阻碍是指阻碍尚未建立的国内产业的形成和发展,致使该产业无法建立。在确定补贴对国内产业造成的损害时,应当审查以下事项:①补贴可能对贸易造成的影响;②补贴进口产品的数量,包括补贴进口产品的绝对数量或者相对于国内同类产品生产或者消费的数量是否大量增加,或者补贴进口产品大量增加的可能性;③补贴进口产品的价格,包括补贴进口产品的价格削减或者对国内同类产品的价格产生大幅度抑制、压低等影响；④补贴进口产品对国内产业的相关经济因素和指标的影响；⑤补贴进口产品出口国(地区)、原产国(地区)的生产能力、出口能力、被调查产品的库存情况；⑥造成国内产业损害的其他因素。对实质损害威胁的确定，应当依据事实，不得仅依据指控、推测或者极小的可能性。在确定补贴对国内产业造成的损害时，应当依据肯定性证据，不得将造成损害的非补贴因素归因于补贴。

(四) 中国反补贴调查程序

1. 反补贴调查申请与受理

国内产业或者代表国内产业的自然人、法人或者有关组织，可以依照本条例的规定向商务部提出反补贴调查的书面申请。申请书应当包括下列内容：①申请人的名称、地址及有关情况；②对申请调查的进口产品的完整说明，包括产品名称、所涉及的出口国(地区)或者原产国(地区)、已知的出口经营者或者生产者等；③国内同类产品的数量和价格；④申请调查进口产品的数量和价格对国内产业的影响；⑤申请人认为需要说明的其他内容。申请书应当附具下列证据：①申请调查的进口产品存在补贴；②对国内产业的损害；③补贴与损害之间存在因果关系。商务部应当自收到申请人提交的申请书即有关证据之日起60天内，对申请是否由国内产业或者代表国内产业提出、申请书内容及所附具的证据等进行调查，决定立案调查或者不立案调查。在特殊情形下，可以适当延长审查期限。在决定立案调查前，应当就有关补贴事项向产品可能被调查的国家(地区)政府发出进行磋商的邀请。在特殊情形下，商务部没有收到反补贴调查的书面申请，但有充分证据证明存在补贴和损害以及两者之间有因果关系的可以决定立案调查。立案决定应予以公告。

2. 调查(略)

3. 初裁(略)

4. 终审(略)

5. 复审(略)

以上2、3、4、5四个程序，与中国反倾销调查程序基本相同，此处从略。

案例11-3

输美冷冻暖水虾反补贴案

2013年1月18日，美国商务部发布公告，决定对原产于中国等7国的暖水虾产品发起反补贴调查。作为中国对虾输美的龙头企业，湛江国联水产开发股份有限公司被选为本次反补贴调查的强制应诉对象。2013年2月11日，美国国际贸易委员会发布初裁结果，裁定反补贴调查的应诉国的补贴对于美国相关产业构成损害，相关的反补贴税率由美国商务部进行调查和裁决。2013年5月30日，美国商务部公布对冷冻暖水虾反补贴调查初裁结果，国联水产初裁的具体税率为5.76%。2013年8月14日，美国商务部公布对冷冻暖水虾反补贴调查终裁结果，国联水产终裁的具体税率为18.16%。2013年9月20日，美国国际贸易委员会发布终裁结果，否决了中国等5国输美暖水虾对美国相关产业构成损害，美国商务部不得征收反补贴税。中国等5国最终赢得反补贴调查案的胜利，湛江国联水产开发股份有限公司成为输美对虾反倾销、反补贴均为零税率的企业。

第四节 保障措施

一、保障措施概述

(一) 保障措施的概念

保障措施是指成员在进口激增并对其国内产业造成严重损害或严重损害威胁时，依据《GATT 1994》所采取的进口限制措施。该措施是成员政府在正常贸易条件下维护本国国内产业利益的一种重要手段，它与针对不公平贸易的措施不同。设置该措施的目的在于：使成员所承担的国际义务具有一定的灵活性，以便在特殊情况出现时免除其在有关WTO协定中应当承担的义务，从而对已造成的严重损害进行补救或避免严重损害威胁可能产生的后果。

(二) 采取保障措施必须具备的条件

《GATT 1994》第19条第1款规定："如因意外情况的发生或因一成员承担本协定义务(包括关税减让在内)而产生的影响，使某一产品输入该成员领土的数量大为增加，对这一领土内的同类产品或与其直接竞争产品的国内生产者造成严重损害或产生严重损害威胁时，该成员在防止或纠正这种损害所必需的限度和时间内，可以对上述产品的全部或部分暂停实施其所承担的义务，或者撤销或修改减让。"《保障措施协议》(以下简称《协议》)第2条第1款进一步明确指出："一成员只有根据下列规定才能对一项产品采取保障措施，即该成员已确定该产品正以急剧增加的数量(较之国内生产的绝对增加或相对增加)输入其领土，并在此情况下对生产同类或直接竞争产品的国内产业造成严重损害或严重损害威胁。"据此，一成员在实施保障措施时，应当具备以下条件。

1. 不可预见的发展的存在

依据1951年"Hatters fur"争端解决工作组的解释，不可预见的发展(Unforeseen Development)定义为："不可预见的发展指在相关关税减让的谈判后出现的情况，并且要求作出关税减让的国家的谈判代表在谈判时预见到这种情况发展是不合理的。"因此，不可预见的发展必须是缔约方在谈判时无法"合理预见"的发展，凡是谈判时能够合理预见的情况，不能构成不可预见的发展。

2. 进口数量激增

进口数量的增加是实施保障措施的要件之一。协议规定的进口急增，是指进口产品的数量激增，包括"相对增加"与"绝对增加"。绝对增加是进口产品的数量的实际增长。需要说明的是，进口数量的增加并不是指任何数量上的增加均可导致保障措施的实施，只有进口数量增加达到足够突然的(Sudden Enough)、足够明显的(Sharp Enough)、足够重要的(Significant Enough)，并在数量和性质上能够造成或威胁造成严重损害的，进口数量的激增才能导致保障措施的实施。

3. 国内产业遭到严重损害或严重损害威胁

根据WTO《保障措施协定》第4条第1款的规定，严重损害(Serious Injury)是指对国内产业造成的重大全面减损。严重损害威胁是指基于各种事实严重损害迫在眉睫，而且损害威胁的发生存在高度的可能性，当生产同类产品或直接竞争产品的国内产业遭到这种严重损害或严重损害威胁时，进口方政府才可以采取保障措施。

2009年，美国钢铁工人联合会向美国国际贸易委员会提出申请，对中国产乘用车轮胎发起特保调查。随后，美国国际贸易委员会以中国轮胎扰乱美国市场为由，建议美国在现行进口关税的基础上，对中国输美乘用车与轻型卡车轮胎连续3年分别加征55%、45%和35%的从价特别关税。

二、有关保障措施的国际规则

保障措施来源于美国国内立法中的例外条款，1947年经过美国与关贸总协定21个成员国的谈判，保障措施作为例外条款列入《关税与贸易总协定》中。此后，经过长期谈判，最终在乌拉圭回合形成《保障措施协定》。

目前，关于保障措施的国际性规定主要体现在《GATT 1994》第19条以及在乌拉圭回合谈判所达成的《保障措施协定》中，该协定包括14个条款和1个附件，丰富和发展了《GATT 1994》第19条的内容，为成员国采取保障措施提供了原则性的规定与指导。

(一) 提起保障措施的前提条件

世界贸易组织的成员方只有在"确定正在进口至其领土上的一国产品与国内生产相比绝对或相对增加，且对生产同类或直接竞争产品的国内产业造成严重损害或严重损害威胁"时，才可以对该产品采取保障措施。

(二) 调查

成员方在采取保障措施之前，必须依照《GATT 1994》第19条及《保障措施协定》的规定，经充分调查之后，才可以采取保障措施，具体的调查程序包括以下几个步骤。

(1) 对所有利害关系方合理作出公告。

(2) 召开听证会或以其他适当方式，为进口商、出口商和其他利害关系方提出证据、意见的集会。

(3) 对于任何属机密性质或在保密要求基础上提供的信息应给予保密，未经提供方允许不得披露。

(4) 严重损害或严重损害威胁的确定。

"严重损害"应理解为对一国国内产业状况的重大全面减损；"严重损害威胁"应理解为明显迫近的严重损害，不得仅依据指控、推测或极小的可能性。

(三) 通知和磋商

在调查之前或调查过程中，成员国应针对下列问题在成员国间进行通知和磋商。

(1) 成员国在下列情况下，应立即通知保障措施委员会：①发起与严重损害或严重损害威胁相关的调查程序；②就因增加的进口所造成的严重损害或严重损害威胁提出调查结果；③就实施或延长保障措施作出决定。

(2) 提议事实或延长保障措施的成员影响作为有关产品的出口方对其有实质利益的成员提供事先磋商的机会，以便各方就保障措施交换意见或者达成谅解。

(四) 保障措施与临时保障措施的实施

经调查确定因进口数量的激增对国内产业造成损害或损害威胁，成员国可在防止或补救严重损害并便利调整所必需的限度内实施保障措施。在迟延会造成难以弥补的损害的紧急情况下，成员国可根据关于存在明确证据表明增加的进口已经或正在威胁造成严重损害的初步裁定，采取临时保障措施，但临时措施的期限不得超过200天。

(五) 保障措施的期限

保障措施的期限一般为4年，特殊情况下可以延长，最长不得超过8年。

(六) 对第三世界国家的特殊规定

对于来自发展中国家成员的产品，只要其有关产品的进口份额在进口成员中不超过3%，不得对该产品实施保障措施，但这些国家份额总计不得超过有关产品总进口额的9%。

三、中国关于保障措施的法律规定

根据GATT第19条以及乌拉圭回合谈判所形成的《保障措施协定》及相关规定，我国先后制定了相应的法律、法规及部门规章，初步形成了比较完整的保障措施规则体系。1994年，全国人大通过并颁布了《中华人民共和国对外贸易法》，该法第29条、第32条就保障措施作了原则性规定。2001年1月1日，国务院颁布了《中华人民共和国保障措施条例》，这是我国首部关于保障措施规则的行政法规。对外贸易经济合作部颁布的《保障措施调查立案暂行规则》和《保障措施调查听证会暂行规则》于2002年3月13日生效。商务部于2003年9月29日通过了《保障措施产业损害调查规定》。2004年4月6日修订通过、7月1日起施行的《中华人民共和国对外贸易法》，专门设立了题为"对外贸易救济"的第八章，涵盖了关于保障措施的规定。2004年3月31日国务院修订和公布、6月1日起施行的《中华人民共和国保障措施条例》，进一步完善了对保障措施的立法规定。

(一) 保障措施调查机构

对进口产品数量增加及损害的调查和确定，由商务部负责。其中，涉及农产品的保障措施国内产业损害调查，由商务部会同农业部进行。

(二) 保障措施实施的条件

当进口产品数量增加,并对生产同类产品或者直接竞争产品的国内产业造成严重损害或者严重损害威胁时,可采取保障措施。

(三) 中国保障措施调查程序

1. 申请

与国内产业有关的自然人、法人或者其他组织,可以向商务部提出采取保障措施的书面申请。申请书应当包括下列各项内容,并附相关证据资料:①申请人情况的说明;②申请人调查进口产品、国内同类产品或直接竞争产品的说明;③已知的申请调查进口产品出口国(地区)、出口商、生产商以及进口商的情况;④国内产业情况的说明;⑤申请调查进口产品数量增长情况的说明;⑥损害情况的说明;⑦进口增长与损害之间因果关系的说明。

2. 立案

商务部应当及时对申请人的申请进行审查,决定立案与否。商务部在没有收到保障措施的书面申请但有充分证据认为国内产业因进口数量增加而受到损害的,也可以自行决定立案调查。

3. 调查

在确定进口产品数量增加对国内产业造成的损害时,应当审查下列相关因素:①进口产品的绝对和相对增长率与增长量;②增加的进口产品在国内市场中所占的份额;③进口产品对国内产业的影响,包括对国内产业在产量、销售水平、市场份额、生产率、设备利用率、利润与亏损、就业等方面的影响;④造成国内产业损害的其他因素。对严重损害威胁的确定,应当依据事实,不能仅依据指控、推测或者极小的可能性。在确定进口产品数量增加对国内产业造成的损害时,不得将进口增加以外的因素对国内产业造成的损害归因于进口增加。在调查期间,商务部应当及时公布对案情的详细分析和审查的相关因素等,并且根据客观的事实和证据,确定进口产品数量增加与国内产业的损害之间是否存在因果关系。商务部应当为进口经营者、出口经营者和其他利害关系方提供陈述意见和论据的集会,利害关系方不如实反映情况、提供有关资料的,或者没有在合理时间内提供必要信息的,或者以其他方式严重妨碍调查的,商务部可以根据已经获得的事实和可获得的最佳信息作出裁定。调查可以采用问卷的方式,也可以采用听证会或者其他方式。调查中获得的有关资料,资料提供方认为需要保密的,商务部可以按保密资料处理。按保密资料处理的资料,未经资料提供方同意,不得泄露。

4. 保障措施的实施

有明确证据表明进口产品数量增加,在不采取临时保障措施将对国内产业造成难以补救的损害的紧急情况下,可以作出初裁决定,并采取临时保障措施。采取临时保障措施,由商务部予以公告,海关自公告规定实施之日起执行。临时保障措施采取提高关税的形式。临时保障措施的实施期限,自临时保障措施决定公告规定实施之日起不超过200天。

终裁裁决确定进口产品数量增加,并因此对国内产业造成损害的,可以采取保障措施，保障措施可以采取提高关税、数量限制等形式。保障措施采取提高关税形式的，由商务部予以公告；采取数量限制形式的，由商务部作出决定并予以公告。海关自公告规定实施之日起执行。保障措施应当限于防止、补救严重损害，以及便利调整必要的国内产业范围。

5. 保障措施的期限

保障措施的实施期限不超过4年，因特殊情况需要延长的，最长不超过10年。

案例11-4 中国对部分进口钢铁产品采取最终保障措施

2002年5月20日，中华人民共和国对外贸易经济合作部对进口至中华人民共和国境内的部分钢铁产品发起了保障措施调查，涉及的产品包括普通中厚板、普薄板、硅电钢等11大类钢铁产品。经调查，上述11类钢铁产品进口数量激增，导致国内相关产业的生产能力、销售收入、产品税后利润、就业人数明显下降，市场份额、总销售量大幅度下降，开工率、平均销售价格总体呈下降趋势。为防止和补救国内生产商受到进口增长所导致的严重损害，国务院关税税则委员会根据对外贸易经济合作部的建议作出采取关税配额形式的保障措施的决定。在保障措施生效期间，关税配额外的进口产品在执行现行进口关税税率的基础上加征特别关税。

复习思考题

1. 采取保障措施必须具备哪些条件？
2. 在反倾销问题上，如何理解倾销、损害的含义？
3. 什么是补贴？中国的反补贴调查程序是如何规定的？
4. 采取反倾销措施与采取保障措施，在损害方面的条件规定有何区别？
5. 反倾销、反补贴与保障措施有何区别？

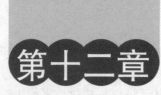

第十二章 国际商事争议解决的法律制度

本章概要 本章首先分析了协商、调解、仲裁和诉讼四种主要的国际商事争议解决方法,进而探讨了国际商事争议解决的法律适用问题,然后分别对国际商事调解制度、国际商事仲裁制度和国际商事纠纷的司法解决进行研究,较为深入地阐述了国际商事仲裁规则、仲裁协议、仲裁裁决的执行、国际商事纠纷案件的管辖权、外国当事人的诉讼地位和司法协助等问题。

本章学习目标 通过对本章的学习,了解解决国际商事争议的四种方法,理解国际商事调解制度、国际商事仲裁的重要性,了解国际商事纠纷案件的管辖权、外国当事人的诉讼地位和司法协助等问题;掌握国际商事仲裁规则的主要规定、仲裁协议的作用、仲裁裁决的执行程序。

第一节 国际商事争议解决的法律制度概述

一、国际商事争议的解决方法

国际商事争议是指不同国家的当事人在国际商事交易的过程中所发生的争议。解决国际商事争议的方法,概括起来主要有协商、调解、仲裁和诉讼4种。

(一) 协商

协商是指在争议发生后,由争议的双方当事人在自愿互谅的基础上,直接进行磋商,自行解决争议的活动。协商是以当事各方平等自愿、协商一致为原则的,不会损害双方关系,而且可省去仲裁和诉讼的复杂程序,节省时间和金钱,因此,它是一种被广泛采用的解决国际商事争议的方式。

(二) 调解

调解是指发生争议的当事人在第三者主持下,通过调解说服,促使当事人双方达成谅解协议,以解决争议的活动。调解与协商的主要区别在于,调解是在第三者主持下进行的,而协商则是由当事各方自行解决。调解也是一种在国际商事争议解决中被广泛采用的方式。在一些发达国家,将这种方法称为选择性的解决争议方法(Alternative Disputies Resolution,ADR)。ADR程序是以调解手段为主体并伴有法律约束力的独特解决方式,其主要特点是：①要求当事人双方的高级行政管理人员直接参与解决争端的全过程；②使当事人能集中精力在争议的核心问题上，而不是浪费在程序性事务的协议上；③ADR程序中的一切言论、行为均不得在其后的仲裁或诉讼程序中引用。ADR提供一个程序群(Group of Procedures)，由当事人根据案件的特殊性质，任择一种程序进行调解、仲裁。它大致包括和解、调解与调停、迷你法庭(Mini-Trial or in Vitro Trials)、法定强制仲裁(Compulsory or Statutory Arbitration)、非拘束性之美国公共援助中心程序(CPR)、争议审查委员会(DRB)、争议顾问(协调人)制度(Dispute Adviser of Intervener)、技术性专家鉴定(TEAM)、情事变更之契约改定程序(ACP)、急迫性之仲裁预入审程序(PRP)等种类。ADR使当事人能够友好地解决他们之间的争议，因此在一些发达国家颇受当事人的欢迎。

(三) 仲裁

当事人不愿协商、调解的，或协商、调解不成的，可以依据合同中的仲裁条款或者事后达成的仲裁协议，提交仲裁机构仲裁解决。有关仲裁的具体内容在本章第二节作专门介绍。

(四) 诉讼

当事人没有在合同中订立仲裁条款，事后又没有达成仲裁协议的，可以向法院提起诉讼。但是，如果有仲裁条款或仲裁协议的，则任何一方都不能单方面向法院起诉。有关诉讼的具体内容将在本章第三节作专门介绍。

二、国际商事争议解决的法律适用

在国际商事交易中，一个合同可能具有多种联结因素，因而涉及若干不同国家的法律。如果合同在某方面出现了纠纷，而有关国家的法律就该纠纷的解决有不同的规定，那么到底应该适用何国的法律来处理该争议呢？即如何确定合同的准据法。对此，在学说上有"客观论"与"主观论"两种不同的观点。"客观论"认为，合同的准据法就是那个在客观上最适合解决合同的成立及效力等问题的法律，例如德国法学家萨维尼认为，最适合于合同的法律是合同的履行地法。而另一德国学者巴尔则认为，债务人的住所地法是最适合于合同的法律。"主观论"则认为，合同的准据法首先是当事人协议选择适用于合同的法律，只有在当事人既无明示的选择，又不能依情况推定其欲选择的法律时，才是那个与合同有最密切、最真实联系的法律。这也就是"意思自治"原则，目前各国在处理国际合同的法律适用时，主要采用这一原则。

(一) "意思自治"原则

1. "意思自治"原则的含义

"意思自治"原则最初出自法国法学家杜摩兰的《巴黎习惯法评述》一书，在该书中，杜摩兰提倡统一法国各地的法律，并且提出在合同关系中，应该把当事人双方都愿意让自己的合同受其支配的那个习惯法适用于合同，来决定合同的成立和效力问题；而在当事人未直接表明适用何种习惯法时，法院也应推定其默示的意向。由于"意思自治"原则与资产阶级民法中"契约自由"原则相吻合，反映了资本主义商品经济发展的客观需要，所以它得以为许多国家的立法和司法实践所广泛采纳,成为确定合同准据法的最普遍的原则。

"意思自治"原则的优点主要有两方面：首先,有利于当事人预见法律行为的后果和维护法律关系的稳定性；其次,在处理合同争议案件时,它可以使受案法院减少或避免为解决复杂的国内、国外法律冲突问题而产生的麻烦,有利于争议的快速解决。

2. 当事人协议选择法律的方式、时间和范围

(1) 当事人协议选择法律的方式。当事人选择法律的方式一般有两种,即明示选择和默示选择。

明示选择是指合同双方当事人以某种特定的方式,明示表示合同应予适用的准据法。最通行的方法是在合同中列入"法律适用条款",又称为"选择法律条款"(Choice of Law Clause),或通过标准合同对此作出统一规定。此外,在合同纠纷发生之后,当事人双方再通过谈判达成一致,明确规定适用于合同的准据法,也属于合同准据法的明示选择。

默示选择是指在合同中没有明确规定合同准据法的情况下,通过缔约行为或其他一些因素来推定当事人已默示同意该合同受某一特定法律的支配。默示选择往往容易被法官所利用来达到其特定目的,不代表当事人的真正意图。有些国家法律和国际公约对默示选择有所限制,如1989年《瑞士联邦国际私法》第116条第2款规定：当事人选择法律应采用明示方式,或从合同条款及有关情况中作出肯定的判断。1955年海牙《国际有体动产买卖法律适用公约》第2条也规定："合同准据法的指定,必须在明示的条款中规定,或者是根据合同条款必然得出的结论。"中国在有关司法解释中明确规定,合同当事人的法律选择必须是明示的,从而排除了默示选择的方式。

(2) 当事人协议选择法律的时间。合同当事人是否只有在合同订立时才可以选择法律？如果当事人并未在订立合同时作出法律选择,在合同争议发生之后是否有权进行法律选择？对于这些问题,各国法律规定及司法实践都不大一致。例如,意大利最高法院在1966年的一次判决中明确表示："在合同缔结以后,不允许再选择准据法。"而德、法等国及1980年《罗马公约》和1986年《海牙公约》等则允许事后选择。这可以从它们都允许当事人于合同订立后的任何时候协议变更其原来的法律选择得到证明,但必须以不影响合同形式的有效性和不损害第三者的利益为前提条件。中国法律也规定,当事人在订立合同时或发生争议后,对于合同所适用的法律未作选择的,人民法院受理案件后,应当允许当事人在开庭审理以前作出选择。

(3) 当事人协议选择法律的范围。当事人协议选择的法律,许多国家和国际条约都认为只应是被选择法律所属国家的实体法,而不包括它的冲突法。例如,1979年《奥地利国际私法》第11条第1款规定：如有疑问时,当事人对法律的协议选择,不包括被选择法律中的冲突法。中国法律也规定,当事人协议选择的处理合同争议所适用的法律,是指现行的实体法,而不包括冲突法规范和程序法。虽然也有主张应允许选择有关国家连冲突法在内的全部法律的,但在司法实践中一般不被采纳。限制当事人协议选择法律的范围,主要是考虑到合同关系中允许当事人选择法律,意在使合同受一个明确的、肯定的法律的支配,如果同意选择适用有关国家的冲突法规范,就会仍然使其法律关系处于不确定状态,这和同意当事人选择法律的目的是不相容的。

3. "意思自治"原则的限制

合同当事人虽然有权协议选择法律，但并不是毫无限制的。绝大多数法学家都认为，当事人选择法律的自由是有限制的。各国法律对"意思自治"原则的限制各不相同，有的限制多一些，有的限制少一些。概括而言，这些限制主要表现在以下几个方面。

(1) 当事人的选择只能限于任意性法律的范围。当事人协议选择法律的效力不及强制法律，这是由于强制性法律本身的特性即在于强制实施，所以这类法律的适用与合同当事人的法律选择无关。例如，中国法律规定：在中国境内履行的中外合资经营企业合同、中外合作经营企业合同、中外合作勘探开发自然资源合同，必须适用中国法律，当事人协议选择适用外国法律的合同条款无效。

(2) "公共秩序保留"的限制。受案法院如果认为，适用合同当事人选择的外国法或国际惯例，有违法院地有关公共秩序和善良风俗的法律，则可拒绝适用该外国法或国际惯例。例如，法国《民法典》第6条规定：个人不得以特别的约定去违反法国有关公共秩序和善良风俗的法律。

(3) 合同当事人不得选择与合同毫无实际联系的法律。例如，美国1971年的《冲突法重述》强调指出：允许当事人在通常情况下选择准据法，并不等于他们有完全按照自己的意思去缔结合同的自由。它要求当事人在选择某一法律时，必须有一种合理的依据，即主要表现在所选择的准据法必须与当事人或合同存在一定的联系。否则，这种选择将被法院认为无效。

(二) 当事人未作法律选择时合同准据法的确定

当事人对合同的法律适用既无明示的选择，也不能根据具体情况加以推定时，合同的准据法如何确定？国际上主要有两种做法：一种是依客观标志原则确定合同的准据法；另一种是适用与合同有最密切联系的法律。

1. "客观标志"原则

"客观标志"论最早是作为确定合同准据法的主观论的对立物产生的，客观标志论者反对意思自治，但对何为合同的客观标志，众说纷纭。随着意思自治原则的广泛流行，客观标志也就作为意思自治的补充而为各国立法和实践所接受。在实践中，法院选择法律适用的客观标志主要有如下几个。

(1) 行为地法原则，指合同缔结地法和履行地法。
(2) 属人法原则，指当事人本国法或住所地法。
(3) 属物法原则，即合同标的物所在地法。
(4) 法庭地法原则，即法院地法或仲裁举行地法。
(5) 混合标志原则，即行为地法兼及当事人本国法。

2. "最密切联系"原则

此原则真正形成系统化的理论，并对各国的立法和司法实践产生重大影响，是在美国的《冲突法重述》(第二次)之后。目前，"最密切联系"原则已为许多国家法律和国际公约所采纳。

对于"最密切联系"原则的含义，学术界有不同的看法。一般认为，"最密切联系"

原则要求在具体案件中,综合考虑案件的各方面因素,从而选定对案件最合适的法律。例如美国的《冲突法重述》(第二次)在解决合同领域的法律冲突时,摒弃传统国际私法只规定一个联系因素作为寻找准据法的依据,而是规定几个联系因素,从而为确定最密切联系地提供一个较为灵活的依据。《冲突法重述》为合同的法律选择列举了下列联系因素:①当事人的意思表示。②如果不存在当事人的意思表示时,应该考虑:a.合同缔结地;b.合同谈判地;c.合同履行地;d.合同标的所在地;e.住所、居所、国籍、公司所在地和当事人经常活动地。

"最密切联系"原则的核心在于找出与合同最密切联系的因素。瑞士学者首先提出"特征履行说",它要求法院根据合同中何方的履行最能体现合同的特性来决定合同的管辖地和准据法。具体来说,在双务合同中,如果某一方的履行,就作用上讲反映了合同的特点,则合同应适用该方当事人的法律。通常在双务合同中,一方当事人以支付货币来履行义务,即所谓金钱履行;而另一方为非金钱履行(如交货等)。一般来说,金钱履行较为简单,而非金钱履行较复杂,所以,以非金钱履行为合同的"特征履行"。以买卖合同为例,买方的义务是支付货款、受领货物,卖方的义务是交付货物,卖方的交货义务决定了这个合同是买卖合同而不是劳务合同或其他合同,因此,卖方的履行就构成了合同的"特征履行"。同时,由于住所地是当事人的社会、经济、文化联系的中心,而且当事人一般最熟悉他自己的住所地法,所以"特征履行"的当事人的住所地法自然就成了与合同有密切联系的法律。例如,1979年的《奥地利国际私法》中规定了"最强联系"原则,在债法中应依据"特征履行"的那方当事人的习惯居所地或营业地法。而1980年欧洲共同体《合同债务法律适用公约》第4条第2款规定:应该推定,合同与之有最密切联系的国家,是承担特征履行义务的那方当事人在订立合同时的习惯居所地国家,如系公司或非公司社团,则为管理中心所在地的国家。

但是,各国法律并没有将"最密切联系"原则仅仅局限在"特征履行"上,某些合同可以不适用"特征履行"规则,如《瑞士国际私法》第19条规定:除采用"特征履行"外,还可以因保护当事人合法利益,而适用"特征履行"以外的法律。即使那些适用"特征履行"规则的合同,在某些特殊的场合,如果情况证明它与其他法律有更密切的联系,也可以不适用"特征履行"方的住所地法而适用更密切联系的法律。此外,对于那些法律未对其"特征履行"作出规定的合同关系,仍然以最密切联系原则为指导,采用权衡各连接因素的方法来确定其重心所在。

中国法律也把"最密切联系"原则作为在合同法律适用上对"意思自治"原则的补充原则。《中华人民共和国涉外民事关系法律适用法》第2条第2款规定:"本法和其他法律对涉外民事关系法律适用没有规定的,适用与该涉外民事关系有最密切联系的法律。""最密切联系"原则是个灵活的、富于弹性的、开放性的原则,为了给法院提供一个判断最密切联系的标准,或限制法院在判断最密切联系时的主观任意性,中国也主要采用"特征履行说",以特征履行方的营业所所在国或特征履行行为地国作标准,并运用使"最密切联系"具体化的立法技术。中国的司法解释规定:"如果当事人未选择合同所适用的法律,对于下列涉及经济合同,人民法院按照最密切联系原则确定所应适用的法律,通常情况如下。

(1) 国际货物买卖合同，适用合同订立时卖方营业所所在地的法律。但如合同是在买方营业所所在地谈判并订立的，或者合同主要是依买方确定的条件并应买方发出的招标订立的，或者合同明确规定卖方须在买方营业所所在地履行交货义务的，则适用合同订立时买方营业所所在地的法律。

(2) 银行贷款或者担保合同，适用贷款银行或者担保银行所在地的法律。

(3) 保险合同，适用保险人营业所所在地的法律。

(4) 加工承揽合同，适用加工承揽人营业所所在地的法律。

(5) 技术转让合同，适用受让人营业所所在地的法律。

(6) 工程承包合同，适用工程所在地的法律。

(7) 科技咨询或设计合同，适用委托人营业所所在地的法律。

(8) 劳务合同，适用劳务实施地的法律。

(9) 成套设备供应合同，适用设备安装运转地的法律。

(10) 代理合同，适用代理人营业所所在地的法律。

(11) 关于不动产租赁、买卖或抵押的合同，适用不动产所在地的法律。

(12) 动产租赁合同，适用出租人营业所所在地的法律。

(13) 仓储保管合同，适用仓储保管人营业所所在地的法律。

在适用当事人营业所所在地法时，若当事人有一个以上营业所的，依中国的司法解释规定，应以与合同有最密切联系的营业所为准；当事人没有营业所的，以其住所或居所为准。

中国的司法解释认为，以上规定并不是绝对的，"特征履行说"并不能够解决一切问题，因而它进一步指出，如果合同明显地与另一国家或者地区的法律具有更密切的关系，人民法院应以另一国家或者地区的法律作为处理合同争议的依据。不过，中国法院在选择处理涉外经济合同案件争议的法律时，在通常情况下，应适用前述各条硬性冲突规范指引适用的法律，只有当合同明显地表现出与其他国家有最密切的联系时，才能选择其他国家的法律。因为只有这样，才能使法律适用的确定性和可预见性得到保障。

第二节 国际商事调解制度

调解作为国际商事争议解决的常用方法之一，灵活而高效。当事人双方可根据自身需求设定调解程序，往往比裁决更省时，成本更低。双方既可讨论法律问题，也可以讨论非法律问题，因而更灵活，更易找到便利的争议解决方法。联合国国际贸易法委员会指出，调解可以"减少因争议导致商业关系终止的情形、便利商业当事人管理国际交易、节约国家司法行政费用"。[①] 目前涉及国际商事调解的主要法律规定有1980年的《贸易法委员会

---

① 《联合国关于调解所产生的国际和解协议公约》介绍册，https://uncitral.un.org/sites/uncitral.un.org/files/media-documents/uncitral/zh/v1808433_chi.pdf

调解规则》(UNCITRAL Conciliation Rules，以下简称《调解规则》)、2018年修订的《贸易法委员会国际商事调解和调解所产生的国际和解协议示范法》(UNCITRAL Model Law on International Commercial Mediation and International Settlement Agreements Resulting from Mediation，以下简称《国际商事调解和和解协议示范法》)以及2019年通过的《联合国关于调解所产生的国际和解协议公约》(United Nations Convention on International Settlement Agreements Resulting from Mediation)。

一、《调解规则》

《调解规则》提供了一整套程序规则，涵盖了调解程序的各个方面，规定了调解开始和终止时间、调解员的任命和作用、行政协助、当事人在调解程序进行期间提起司法或仲裁程序的权利限制等问题。根据该规则，调解程序于对方当事人接受调解邀请时开始，如果提议调解一方在发出邀请30天内未收到答复或在调解邀请规定的时间内未收到答复，则视为调解被拒绝。调解员通常为一名，除非当事人另有约定。调解员应独立、公正地协助双方当事人友好地解决争端。调解员可在调解程序的任何阶段提出争端解决的建议。建议无须以书面提出，也无须附理由说明。为了便利调解的进行，双方当事人或调解员经双方当事人同意，可以安排适当的机构或个人提供行政协助。为保证调解的进行不受干扰，关于调解程序适用的争议事项，双方当事人应保证在调解程序间不提出任何仲裁或司法程序，除非一方当事人认为仲裁或司法程序是维护其权利所必需者，方可提出。

二、《国际商事调解和和解协议示范法》

《国际商事调解和和解协议示范法》的前身是2002年通过的《国际商事调解示范法》。2018年修订时，新增了国际和解协议及其执行的内容。《国际商事调解和和解协议示范法》旨在协助各国革新本国关于调解程序的法律，就调解进程提供统一规则，鼓励使用调解，并确保当事人使用调解时有更大的可预测性和确定性。

《国际商事调解和和解协议示范法》的内容包括调解员的任命、调解的启动和终止、调解的进行、调解员与其他当事人之间的通信、保密和其他程序中证据的可采性以及调解后问题，如调解员充当仲裁员和和解协议的执行性等问题。这些内容和《调解规则》的内容没有太大差异。该示范法就和解协议的执行提供了统一规则，规定"和解协议具有约束力和可执行性"，但该规定仅为原则性规定，操作性不强。

三、《联合国关于调解所产生的国际和解协议公约》

调解这一争议解决方式在实践中面临的主要障碍在于调解达成的和解协议执行难度比仲裁协议更大。通常情形下，调解达成的和解协议跨境执行烦琐且费时，不易得到执行，当事人在面临商事争议时采取调解的积极性难免下降。有鉴于此，2014年美国代表团向国际贸易法委员会提议，仿效《承认及执行外国仲裁裁决公约》(即《纽约公约》)制定一部调解公约，处理调解达成的和解协议的可执行性问题，以降低和解协议执行的成本，从而像《纽约公约》促进仲裁的发展一样促进调解的使用。

经过几年的准备,国际贸易法委员会于2018年提出了《联合国关于调解所产生的国际和解协议公约》最终草案。草案于2018年12月20日在联合国获得通过,2019年8月7日在新加坡开放签署,故又称《新加坡调解公约》。中国、美国等46个国家作为首批签约国签署了该公约。2020年3月12日,卡塔尔批准了该公约,成为继新加坡与斐济于2020年2月25日之后第三个批准该公约的国家。根据《新加坡调解公约》第14条规定,该公约于第三个国家批准后的6个月后生效,因此公约已于2020年9月12日生效。

公约的通过在调解发展史上具有里程碑的意义。公约旨在成为一部便利国际贸易并促进将调解作为一种解决贸易争端的有效替代方法的基本文书。公约确保当事人达成的和解协议根据简化和精简的程序具有约束力和可执行性。由此可见,公约有助于加强司法救助和法治。同时,公约为执行调解所产生的国际和解协议及当事人援用此类协议提供了一个统一、高效的框架,有助于发展成熟和基于规则的全球商业体系。[①] 公约的主要内容如下。

1. 公约的适用范围

公约适用于调解所产生的、当事人为解决商事争议而以书面形式订立的国际性和解协议。不论使用何种称谓或者进行过程以何为依据,"调解"指的是由一名或者几名第三人("调解员")协助,在其无权对争议当事人强加解决办法的情况下,当事人设法友好地解决其争议的过程。这意味着双方自行协商达成的和解协议不适用公约。公约没有界定何为"商事",但明确排除了消费者为个人、家人或家庭目的订立的和解协议或与家庭法、继承法、就业法有关的和解协议的适用。和解协议的内容以任何形式记录下来即为"书面形式",考虑到当今世界已经进入互联网时代,电子邮件等电子通信方式越来越多地被各国当事人使用,公约第2条特别指出,可供调取以供查询的电子通信也视为满足书面形式要求。至于国际性的认定,则应满足下列两个条件之一:①当事人营业地处于不同国家;②一方当事人营业地所在国与和解协议所规定的实质性义务履行地所在国不同或与和解协议标的联系最为密切的国家不同。为避免与《纽约公约》和《承认与执行外国民商事判决公约》相冲突,公约也不适用于可作为判决或仲裁裁决执行的和解协议,也就是说,记录了和解协议内容的判决书或仲裁裁决书,被排除在公约范围之外。

2. 缔约国执行和解协议的义务

缔约国的执行机构应按照本国程序规则并根据公约规定的条件执行和解协议。如果一方当事人声称已由和解协议解决的事项发生争议,公约缔约方应允许该当事人按照本国程序规则并根据公约规定的条件援用和解协议,以证明该事项已得到解决。

3. 援用和解协议申请执行的程序

申请执行人应向执行地的执行机构提供由争议双方签署的和解协议以及证明和解协议是由调解产生的证据。证据可包括:调解员在和解协议上的签名、调解员签署的表明调解已进行的文件、管理调解的机构出具的证明,如果上述证据都没有,则执行机构可接受任何证据。公约对于证据的要求是非常灵活的,"执行机构可接受任何证据"这一兜底规定

---

① 《联合国关于调解所产生的国际和解协议公约》介绍册,https://uncitral.un.org/sites/uncitral.un.org/files/media-documents/uncitral/zh/v1808433_chi.pdf

赋予执行机构灵活处理的自由裁量权。执行机构可要求提供任何必要文件，以核实公约的要求已得到遵守。执行机构应迅速采取行动审议申请执行人的请求。如果一方当事人已向法院、仲裁法庭或任何其他主管当局提出与和解协定有关的申请或索赔，而这些申请或索赔可能影响根据公约规定寻求的救济，执行机构可在适当情形下作出暂停执行和解协议的决定，并应一方的请求，要求另一方提供适当的担保。

4. 拒绝准予执行的理由

公约规定，缔约国执行机构可根据以下理由拒绝申请执行人的执行请求：①和解协议一方当事人缺乏行为能力。②和解协议无效、失效或无法执行，和解协议不具有约束力或不具有终局性，和解协议已被修改。和解协议无效、失效或无法执行的法律依据是当事人有效约定的和解协议的管辖法律，如果和解协议未明确管辖法律或者执行机构认为和解协议约定的管辖法律有违强制性法律规定或公共政策，则由执行机构认定应适用的法律。③和解协议所规定的义务已履行、不清楚或无法理解。公约及其背景资料没有对何谓"不清楚或无法理解"进行解释或说明。执行机构可根据公约第3条第1款规定，依照本国程序规则来解决该问题。④准予执行将有悖和解协议内容。⑤调解员严重违反调解员或调解标准，这种对标准的违反导致了和解协议的签署。⑥调解员未向当事各方披露可能对调解员的公正性或独立性产生合理怀疑的情形，这种不披露对一方当事人产生了实质性影响或不正当影响，若非此种未予披露，该当事人就不会签订和解协议。⑦准予执行将违反执行机构所在缔约国的公共政策。⑧根据执行机构所在缔约国法律，争议事项无法通过调解解决。

第三节　国际商事仲裁制度

一、概述

国际商事仲裁，是指在国际经济贸易活动中，当事人双方通过协议，自愿将他们之间的有关争议提交给某一临时仲裁庭或某一涉外常设仲裁机构进行审理，并作出具有约束力的仲裁裁决的制度。它与调解不同，调解是由第三者对双方的争议进行调停，促使双方当事人和解的一种办法。调解人不能对争议双方施加压力，不能形成公断或裁决，争议双方是否和解完全取决于双方的自愿。而仲裁则不取决于当事人的自愿，只要当事人同意进行仲裁，就必须受仲裁裁决的约束。仲裁与诉讼也不同。法院是国家机构，具有法定的管辖权，而仲裁机构是民间组织，它对争议的管辖权取决于当事人的仲裁协议，属于约定的管辖权。采用仲裁有许多好处：仲裁结案迅速，以一次裁决为终局裁决，不会造成拖延，而且往往费用低廉；保密性好，仲裁的审理一般不公开；灵活性大，仲裁员不必像法官那样严格适用法律，可以按照商业惯例或"公平合理"原则对争议作出裁决；仲裁裁决的执行比较有保障；仲裁对当事人之间的业务关系一般损害不大等。上述优点，使得国际商事仲裁成为解决国际贸易争议最受欢迎的方式。

著名的国际贸易法权威施米托夫教授有句名言:"诉讼不如仲裁,仲裁不如调解,而调解又不如预先防止发生法律纠纷。"此话确是经验之谈,值得我们深思和记取。

二、国际商事仲裁机构和仲裁规则

(一) 国际商事仲裁机构的种类

依据国际商事仲裁机构组织形式的不同,可将其区分为临时仲裁机构和常设仲裁机构。

1. 临时仲裁机构

临时仲裁机构是根据双方当事人的仲裁协议,在争议发生后由双方当事人依法选定的仲裁员临时组成的,负责审理当事人之间的有关争议,并在审理终结作出裁决后即行解散的仲裁机构。临时仲裁机构在19世纪中期常设仲裁机构出现之前,一直是唯一的国际商事仲裁机构。尽管当今常设仲裁机构已遍布全球,但临时仲裁机构仍占有极为重要的地位。临时仲裁机构没有固定的组织、规则和委员等,是一种临时性的机构。争议双方当事人在选任仲裁员、决定仲裁程序和适用法律等方面享有充分的自由权。1961年4月在日内瓦签订的《关于国际商事仲裁的欧洲公约》第4条规定,在当事人决定将他们的争议提交临时仲裁机构审理的情况下,双方当事人可以自由指定仲裁员或确定仲裁的方式,决定仲裁地点,规定仲裁员必须遵循的程序等。不过,为了方便起见,很多当事人在选择临时仲裁机构时,往往在仲裁条款中引用某些有威望的国际组织或国内组织制定的仲裁规则,旨在对其中的某些条款作必要的修改和补充。

2. 常设仲裁机构

常设仲裁机构,是指依照国际公约或一国国内立法所成立的,有固定的名称、地址、组织形式、组织章程、仲裁规则和仲裁员名单,并具有完整的办事机构和健全的行政管理制度,用于处理国际商事争议的仲裁机构。常设仲裁机构自19世纪中期诞生以来,在国际范围内获得了迅速发展。当前,在国际经济贸易和海事领域内发生的争议一般都倾向提交常设仲裁机构仲裁。因为它有固定的组织、规则和委员等,有较完备的行政管理制度,具有稳定性,可以有效地组织仲裁,为当事人提供许多方便条件。

常设仲裁机构,依据不同标准,又可分为许多种:国际性常设仲裁机构、地区性常设仲裁机构、全国性常设仲裁机构;单一性常设仲裁机构、专业性常设仲裁机构、综合性常设仲裁机构等。

(二) 我国仲裁机构及仲裁规则

我国改革开放以来,仲裁事业发展迅速,截至2019年底,全国共设立260家仲裁委员会,工作人员6万余人,累计处理案件300多万件,标的额4万多亿元,案件当事人涉及70多个国家和地区。

1. 中国国际经济贸易仲裁委员会及其仲裁规则

中国国际经济贸易仲裁委员会(CIETAC,以下简称贸仲)是一个民间性的常设仲裁机构,其前身是1954年根据原中央人民政府决定在中国国际贸易促进委员会(CCPIT)内成立的对外贸易仲裁委员会，地点设在北京。贸仲在深圳、上海、天津和重庆等十几个城市设有分会或中心。贸仲委及其分会是一个统一的仲裁委员会，而不是不同的仲裁组织，它们都适用统一的仲裁规则，采用统一的仲裁员名单，它们所作出的裁决都具有终局性。贸仲在处理案件中，坚持以事实为依据，以法律为准绳，尊重当事人在合同中所作规定，参考国际惯例，遵循公平合理原则，独立公正地处理当事人之间的争议。贸仲十分重视采用调解与仲裁相结合的做法，尽可能推动双方当事人通过协商调解来解决纠纷。不过，这种调解是在双方自愿的基础上进行的，不是强制性的；调解并不是仲裁的必经程序，不是任何案件都必须先进行调解，再进行仲裁审理。经过多年的努力，贸仲已在国际上赢得了良好的声誉，成为当今国际上受理国际商事案件较多的仲裁机构之一。贸仲现行的仲裁规则是由中国国际贸易促进委员会和中国国际商会于2014年11月4日修订并通过，2015年1月1日起施行的仲裁规则。

现行规则分为总则、仲裁程序、裁决、简易程序、国内仲裁的特别规定、我国香港地区仲裁的特别规定和附则共七章，全文共84条，主要包括以下内容。

1) 受案范围

仲裁委员会根据当事人的约定受理契约性或非契约性的经济贸易等争议案件。包括：①国际或涉外争议案件；②涉及中国香港特别行政区、中国澳门特别行政区及中国台湾地区的争议案件；③国内争议案件。

2) 仲裁协议

仲裁协议指当事人在合同中订立的仲裁条款或以其他方式达成的提交仲裁的书面协议。仲裁协议应当采取书面形式。书面形式包括合同书、信件、电报、电传、传真、电子数据交换和电子邮件等可以有形地表现所载内容的形式。在仲裁申请书和仲裁答辩书的交换中，一方当事人声称有仲裁协议而另一方当事人不做否认表示的，视为存在书面仲裁协议。仲裁协议的适用法对仲裁协议的形式及效力另有规定的，从其规定。合同中的仲裁条款应视为与合同其他条款分离的、独立存在的条款，附属于合同的仲裁协议也应视为与合同其他条款分离的、独立存在的一个部分；合同的变更、解除、终止、转让、失效、无效、未生效、被撤销以及成立与否，均不影响仲裁条款或仲裁协议的效力。

3) 仲裁申请、答辩和反请求

仲裁程序自仲裁委员会仲裁院(以下简称仲裁院)收到仲裁申请书之日起开始。根据当事人在争议发生之前或在争议发生之后达成的将争议提交仲裁委员会仲裁的仲裁协议和一方当事人的书面申请，受理案件。被申请人应自收到仲裁通知后45天内提交答辩书。被申请人确有正当理由请求延长提交答辩期限的，由仲裁庭决定是否延长答辩期限；仲裁庭尚未组成的，由仲裁院作出决定。被申请人如有反请求，应自收到仲裁通知后45天内以书面形式提交。被申请人确有正当理由请求延长提交反请求期限的，由仲裁庭决定是否延长反请求期限；仲裁庭尚未组成的，由仲裁院作出决定。被申请人提出反请求时，应在其反请求申请书中写明具体的反请求事项及其所依据的事实和理由，并附具有关的证据材料以及其他证明文件。被申请人提出反请求，应按照仲裁委员会制定的仲裁费用表在规定的时间内预缴仲裁费。被申请人未按期缴纳反请求仲裁费的，视同未提出反请求申请。仲裁院认为被申请人提出反请求的手续已完备的，应向双方当事人发出反请求受理通知。申请人应在收到反请求受理通知后30天内对被申请人的反请求提交答辩。申请人确有正当理由请求延长提交答辩期限的，由仲裁庭决定是否延长答辩期限；仲裁庭尚未组成的，由仲裁院作出决定。申请人对被申请人的反请求未提出书面答辩的，不影响仲裁程序的进行。

4) 仲裁庭的组成

仲裁庭由一名或三名仲裁员组成。除非当事人另有约定或本规则另有规定，仲裁庭由三名仲裁员组成。申请人和被申请人应各自在收到仲裁通知后15天内选定或委托仲裁委员会主任指定一名仲裁员。当事人未在上述期限内选定或委托仲裁委员会主任指定的，由仲裁委员会主任指定。第三名仲裁员由双方当事人在被申请人收到仲裁通知后15天内共同选定或共同委托仲裁委员会主任指定。第三名仲裁员为仲裁庭的首席仲裁员。双方当事人未能按照规定共同选定首席仲裁员的，由仲裁委员会主任指定首席仲裁员。

5) 仲裁员披露和回避制度

被选定或被指定的仲裁员应签署声明书，披露可能引起对其公正性和独立性产生合理怀疑的任何事实或情况。在仲裁程序中出现应披露情形的，仲裁员应立即书面披露。仲裁员的声明书及或披露的信息应提交仲裁院并由其转交各方当事人。

当事人收到仲裁员的声明书及或书面披露后，如果以仲裁员披露的事实或情况为理由要求该仲裁员回避，则应于收到仲裁员的书面披露后10天内书面提出。逾期没有申请回避的，不得以仲裁员曾经披露的事项为由申请该仲裁员回避。当事人对被选定或被指定的仲裁员的公正性和独立性产生具有正当理由的怀疑时，可以书面提出要求该仲裁员回避的请求，但应说明提出回避请求所依据的具体事实和理由，并举证。对仲裁员的回避请求应在收到组庭通知后15天内以书面形式提出；在此之后得知要求回避事由的，可以在得知回避事由后15天内提出，但应不晚于最后一次开庭终结。当事人的回避请求应当立即转交另一方当事人、被请求回避的仲裁员及仲裁庭其他成员。仲裁员是否回避，由仲裁委员会主任作出终局决定并可以不说明理由。在仲裁委员会主任就仲裁员是否回避作出决定前，被请求回避的仲裁员应继续履行职责。

6) 仲裁审理

除非当事人另有约定，仲裁庭可以按照其认为适当的方式审理案件。在任何情形下，仲裁庭均应公平和公正地行事，给予双方当事人陈述与辩论的合理机会。仲裁庭应开庭审理案件，但双方当事人约定并经仲裁庭同意或仲裁庭认为不必开庭审理并征得双方当事人同意的，可以只依据书面文件进行审理。除非当事人另有约定，仲裁庭可以根据案件的具体情况采用询问式或辩论式审理案件。仲裁庭可以在其认为适当的地点以其认为适当的方式进行合议。除非当事人另有约定，仲裁庭认为必要时可以发布程序令、发出问题单、制作审理范围书、举行庭前会议等。

开庭审理的案件，仲裁庭确定第一次开庭日期后，应不晚于开庭前20天将开庭日期通知双方当事人。当事人有正当理由的，可以请求延期开庭，但应于收到开庭通知后5天内提出书面延期申请；是否延期，由仲裁庭决定。仲裁庭审理案件不公开进行。双方当事人要求公开审理的，由仲裁庭决定是否公开审理。不公开审理的案件，双方当事人及其仲裁代理人、仲裁员、证人、翻译、仲裁庭咨询的专家和指定的鉴定人，以及其他有关人员，均不得对外界透露案件实体和程序的有关情况。

申请人无正当理由开庭时不到庭的，或在开庭审理时未经仲裁庭许可中途退庭的，可以视为撤回仲裁申请；被申请人提出反请求的，不影响仲裁庭就反请求进行审理，并作出裁决。被申请人无正当理由开庭时不到庭的，或在开庭审理时未经仲裁庭许可中途退庭的，仲裁庭可以进行缺席审理并作出裁决；被申请人提出反请求的，可以视为撤回反请求。

7) 仲裁裁决

仲裁庭应在组庭后6个月内作出裁决书，但程序中止的期间不计入。经仲裁庭请求，仲裁院院长认为确有正当理由和必要的，可以延长该期限。

仲裁庭应当根据事实和合同约定，依照法律规定，参考国际惯例，公平合理、独立公正地作出裁决。当事人对于案件实体适用法有约定的，从其约定。当事人没有约定或其约定与法律强制性规定相抵触的，由仲裁庭决定案件实体的法律适用。仲裁庭在其作出的裁决书中，应写明仲裁请求、争议事实、裁决理由、裁决结果、仲裁费用的承担、裁决的日期和地点。当事人协议不写明争议事实和裁决理由的，以及按照双方当事人和解协议的内容作出裁决的，可以不写明争议事实和裁决理由。仲裁庭有权在裁决书中确定当事人履行裁决的具体期限及逾期履行所应承担的责任。

由三名仲裁员组成的仲裁庭审理的案件，裁决依全体仲裁员或多数仲裁员的意见作出。少数仲裁员的书面意见应附卷，并可以附在裁决书后，该书面意见不构成裁决书的组成部分。仲裁庭不能形成多数意见时，裁决依首席仲裁员的意见作出。其他仲裁员的书面意见应附卷，并可以附在裁决书后，该书面意见不构成裁决书的组成部分。

作出裁决书的日期，即为裁决发生法律效力的日期。裁决是终局的，对双方当事人均有约束力。任何一方当事人均不得向法院起诉，也不得向其他任何机构提出变更仲裁裁决的请求。

当事人应依照裁决书写明的期限履行仲裁裁决；裁决书未写明履行期限的，应立即履行。一方当事人不履行裁决的，另一方当事人可以依法向有管辖权的法院申请执行。

8) 简易程序

除非当事人另有约定，凡争议金额不超过人民币500万元，或争议金额超过人民币500万元，但经一方当事人书面申请并征得另一方当事人书面同意的，或双方当事人约定的，适用简易程序。没有争议金额或争议金额不明确的，由仲裁委员会根据案件的复杂程度、涉及利益的大小以及其他有关因素综合考虑决定是否适用简易程序。

简易程序的特点主要有：①由一名独任仲裁员成立仲裁庭审理案件。②提交答辩的时间为收到仲裁通知之日起20天内。③仲裁庭可以决定只依据当事人提交的书面材料和证据进行书面审理，也可以决定开庭审理。对于开庭审理的案件，只需在开庭前15天将开庭日期通知双方当事人。④作出仲裁裁决书的时间为仲裁庭组庭之日起3个月内。

2. 深圳国际仲裁院仲裁规则

深圳国际仲裁院(Shenzhen Court of International Arbitration，SCIA)又名深圳仲裁院、华南国际经济贸易仲裁委员会，于1983年设立于深圳，是解决境内外自然人、法人和其他组织之间发生的合同纠纷和其他财产权益纠纷的仲裁机构。目前仲裁院适用的是于2019年2月21日起施行的《仲裁规则》。该仲裁规则在中国内地首次引入了选择性复裁程序

(Optional Appellate Arbitration Procedure)。该仲裁规则第68条规定："在仲裁地法律不禁止的前提下，当事人约定任何一方就仲裁庭依照本规则第八章作出的裁决可以向仲裁院提请复裁的，从其约定。适用本规则快速程序的案件，不适用本条规定的选择性复裁程序。"根据该规定，当事人可约定就《仲裁规则》作出的裁决提起复裁，但前提是仲裁地法律不禁止。一裁终局虽具有高效的优点，但当争议金额巨大、案情复杂时，当事人难免会担心一裁终局会导致有错难纠，从而损失严重、有失公平。选择性复裁程序的引入相当于在仲裁内部设立了类似上诉的机制，给予当事人获得第二次救济的机会。当事人可以根据自身情况和交易具体情形自由选择适合其需求的纠纷解决方案，从而更好地实现仲裁效率性和公正性的价值追求。目前允许或不禁止仲裁内部上诉制度的国家或地区包括美国、法国、英国、西班牙、印度、新加坡、中国香港等地。由于中国仲裁法的限制，选择性复裁程序目前在中国内地尚不能适用。

2019版仲裁规则还在中国大陆首创了仲裁庭审声明(Declaration at the Hearing)制度："在开庭审理时，仲裁庭就独立公正宣读声明书；当事人及其代理人、证人、鉴定人等相关人员可以就诚实信用和善意合作宣读声明书。"这一制度借鉴英美法系的庭审宣誓制度，以具有心理学科学依据的宣誓仪式强化仲裁庭公平公正对待各方当事人，促使当事人或其代理人诚信参与庭审，从而保证庭审质量。

2019版仲裁规则的另一首创是当事人之间自行送达机制的建立。仲裁规则规定，经当事人同意，仲裁院或仲裁庭可以决定当事人在提交仲裁文书和证明材料时直接发送其他当事人或发送至仲裁院网络仲裁服务平台提供的在线存储系统。这一创新举措有利于提高仲裁效率、节约仲裁资源。

与中国国际经济贸易仲裁委员会仲裁规则的简易程序不同，深圳国际仲裁委员会仲裁规则将简易程序更改为快速程序(Expedited Procedure)。凡争议金额不超过人民币300万元的，或争议金额超过人民币300万元但经当事人书面同意的，或当事人约定适用快速程序或简易程序的，适用快速程序。快速程序的各类期限也进行了缩短：答辩期和反请求申请期限均为10天、开庭通知为7日前、裁决作出的期限为组庭之日起2个月内。新规则显然有利于节约当事人的时间成本，提高仲裁效率。值得一提的是，深圳国际仲裁委设立了两套仲裁员名册，分别是《深圳国际仲裁院仲裁员名册》和《深圳国际仲裁院特定类型案件仲裁员名册》。前者适用于所有类型案件，后者主要适用于快速程序、金融借款争议仲裁以及网络仲裁案件。把仲裁员根据相应的仲裁规则分册列名的方式，有利于深化行业仲裁，进一步保障仲裁员的专业性。

(三) 联合国国际贸易法委员会仲裁规则

联合国国际贸易法委员会仲裁规则(UNCITRAL Arbitration Rule)是联合国国际贸易法委员会制定的，供各国的仲裁当事人选择临时仲裁机构或常设仲裁机构仲裁时选用的仲裁程序规则。该规则于1976年由第31届联合国大会正式通过，推荐世界各国采用。现行规则是2013年修订后的新规则。该规则在2010年规则基础上，增加了第1条第4款，以便根据2014年4月1日以后订立的投资条约启动的仲裁可以纳入2013年通过的《贸易法委员会投资人与国家间基于条约仲裁透明度规则》(UNCITRAL Rules on Transparency in Treaty-based

Investor-State Arbitration）。除此之外的规定与2010年的规则一致，并无变化。伦敦大学皇后玛丽学院(Queen Mary，University of London)2018年的国际仲裁调查问卷表明，联合国国际贸易法委员会仲裁规则是最受欢迎的临时仲裁规则。[①]

联合国国际贸易法委员会仲裁规则分4章，共43条，主要内容如下所述。

(1) 双方当事人可以书面协议按联合国国际贸易法委员会仲裁规则，将其有关的贸易争议提交仲裁解决，而且当事人在选择该仲裁规则时可以对有关的内容作出修改。不过，如果该规则的任何条款与双方当事人必须遵守的适用于仲裁的法律规定相抵触，应优先适用该法律规定。

(2) 双方当事人可以就仲裁庭的组成和仲裁员的选定或指定达成协议。当事人双方事先未就仲裁庭的组成方式作出约定的，又没有在被申请人收到仲裁通知书30天内就独任仲裁庭达成一致时，应选择三名仲裁员组成合议仲裁庭。各方当事人已约定将指定独任仲裁员，而在其他各方当事人收到指定独任仲裁员的建议后30天内各方当事人未就选择独任仲裁员达成约定的，经一方当事人请求，应由指定机构指定独任仲裁员。指定三名仲裁员的，每一方当事人应各指定一名仲裁员。第三名仲裁员应由已被指定的两名仲裁员选定，担任仲裁庭首席仲裁员。一方当事人收到另一方当事人指定一名仲裁员的通知书后，未在30天内将其所指定的仲裁员通知另一方当事人的，该另一方当事人可请求指定机构指定第二名仲裁员。指定第二名仲裁员后30天内，两名仲裁员未就首席仲裁员人选达成一致的，应由指定机构按照第8条规定的指定独任仲裁员的方式，指定首席仲裁员。

(3) 有关的仲裁审理程序应由仲裁庭主持进行。仲裁庭可以以其认为适当的方式进行仲裁，但必须平等对待各方当事人，并在仲裁程序适当阶段给予每一方当事人陈述案情的合理机会。仲裁庭行使裁量权时，程序的进行应避免不必要的延迟和费用，并为解决当事人争议提供公平有效的程序。如有任何一方当事人在仲裁程序的适当阶段请求开庭审理，仲裁庭应开庭审理，由证人包括专家证人出示证据或进行口头辩论。未提出此种请求的，仲裁庭应决定是进行开庭审理，还是根据书面文件和其他资料进行程序。各方当事人未事先约定仲裁地的，仲裁庭应根据案情确定仲裁地。

(4) 在仲裁过程中，仲裁庭有权力对其自身管辖权作出裁定，包括对与仲裁协议的存在或效力有关的任何异议作出裁定。为此目的，构成合同一部分的仲裁条款，应视为独立于合同中其他条款的一项协议。仲裁庭作出合同无效的裁定，不应自动造成仲裁条款无效。

(5) 仲裁庭可在不同时间对不同问题分别作出裁决。所有仲裁裁决均应以书面形式作出，仲裁裁决是终局的，对各方当事人均具有拘束力。各方当事人应毫不延迟地履行所有仲裁裁决。仲裁庭应说明裁决所依据的理由，除非各方当事人约定无须说明理由。裁决书应由仲裁员签名，并应载明作出裁决的日期和指明仲裁地。仲裁员不止一名而其中有任何一名仲裁员未签名的，裁决书应说明未签名的理由。仲裁庭应将经仲裁员签名的裁决书发送各方当事人。

[①] 2018 International Arbitration Survey: The Evolution of International Arbitration，http://www.arbitration.qmul.ac.uk/research/2018/

(四) 其他国际商事仲裁机构及其仲裁规则

1. 国际商会国际仲裁院

国际商会下设的独立仲裁机构国际仲裁院(International Court of Arbitration，ICA)成立于1923年，总部设在法国巴黎，是国际商事领域历史最悠久、最活跃、久负盛名的机构。上文提及的伦敦大学皇后玛丽学院国际仲裁调查问卷显示，国际商会国际仲裁院以明显优势(77%)成为最受欢迎的仲裁机构。[①]2018年，国际商会国际仲裁院受理了842起纠纷，涉及来自135个国家的2282个当事人。[②]国际仲裁院仲裁规则于2017年修订。根据该规则，仲裁庭由一名独任仲裁员或三名仲裁员组成。当事人没有约定仲裁员人数的，仲裁院应任命一名独任仲裁员，除非仲裁院认为案件争议需要三名仲裁员审理。在后一种情况下，当事人双方各提名一名仲裁员，首席仲裁员由仲裁院任命。当事人未提名仲裁员的，由仲裁院任命。争议金额不超过200万美元或者当事人达成一致意见时，自动适用快速程序。快速程序的重要特征之一在于仲裁院可任命独任仲裁员，即使仲裁协议另有约定。除快速程序外，仲裁庭收到案卷后应根据书面材料或会同当事人，并按照当事人最近提交的文件，拟定一份文件界定其审理范围，拟定期限为30天。审理范围书经当事人和仲裁庭签署或仲裁院批准后，任何当事人均不得提出超出审理范围书的新请求，除非仲裁庭在考虑该项新请求的性质、仲裁审理阶段以及其他有关情形后准许当事人提出。仲裁庭作出裁决的期限为六个月，自仲裁庭成员或当事人在审理范围书上最后一个签名之日起计算。仲裁庭应在签署裁决书之前，将其草案提交仲裁院。仲裁院可以对裁决书的形式进行修改，并且在不影响仲裁庭自主决定权的前提下，提醒仲裁庭注意实体问题。裁决书形式未经仲裁院批准，仲裁庭不得作出裁决。仲裁院对裁决书的审查，有利有弊。在为当事人提供多一层保障的同时，意味着时间成本和仲裁费用的增加。

2. 英国伦敦国际仲裁院

英国伦敦国际仲裁院(London Court of International Arbitration，LCIA)成立于1892年，是国际社会成立最早的常设仲裁机构，可以受理提交给它的任何性质的国际争议，在国际社会享有很高的声望。特别是有关国际海事的案件，世界各国的大多数海事案件都申请该院仲裁。

伦敦国际仲裁院备有供当事人选择的仲裁员名单，为了适应国际性仲裁的需要，1978年该院又设立了由来自30多个国家的具有丰富经验的仲裁员组成的"伦敦国际仲裁员名单"。有关争议的当事人决定将其争议提交该院仲裁以后，仲裁审理和裁决程序即由双方当事人合意选择的仲裁员组成仲裁庭来主持进行。如当事人未就仲裁员人选达成协议，则由该院从其仲裁员名单中加以指定。现行仲裁规则于2014年颁布，赋予当事人较大的灵活性，除按照伦敦仲裁院的仲裁规则进行仲裁程序外，当事人还可选择《联合国国际贸易法委员会仲裁规则》规定的仲裁程序进行仲裁。

[①] 2018 International Arbitration Survey: The Evolution of International Arbitration，http://www.arbitration.qmul.ac.uk/research/2018/.

[②] ICC Arbitration figures reveal new record for awards in 2018，https://iccwbo.org/media-wall/news-speeches/icc-arbitration-figures-reveal-new-record-cases-awards-2018/.

3. 新加坡国际仲裁中心

于1991年成立的新加坡国际仲裁中心(Singapore International Arbitration Center，SIAC)是当事人经常选择的国际仲裁机构之一，亦是发展势头较为强劲的仲裁机构之一。为庆祝成立25周年，中心于2016年公布了最新的仲裁规则，以建立更为灵活和高效的仲裁程序。根据该规则，仲裁庭通常由一名仲裁员组成，除非当事人另有约定或者仲裁中心主簿充分考虑当事人意见后认为，由于争议事项的复杂性、涉案金额或其他相关情况，案件有必要指定三名仲裁员组成仲裁庭审理。当事人无法就独任仲裁员人选达成一致意见时，由仲裁中心院长指定独任仲裁员。三名仲裁员组成仲裁庭时，当事人各提名一名仲裁员，除非另有约定，否则第三名仲裁员由院长指定，并担任首席仲裁员。当仲裁申请或答辩明显缺乏法律依据或者明显超出仲裁庭的管辖范围，当事人可以向法庭申请提前驳回申请或答辩(Early Dismissal of Claims and Defenses)。如果仲裁庭允许当事人的申请，应就该申请作出命令或裁决，并简要说明理由。除特殊情况下主簿同意延长期限外，仲裁庭应当在申请提交之日起60天内作出命令或裁决。新加坡国际仲裁中心是第一个把提前驳回申请或答辩制度引入仲裁规则的国际知名仲裁机构。该制度的引入有利于节约时间和费用。仲裁庭应当在宣布审理程序终结之日起45日内，向主簿提交裁决书草案。主簿通常只提出格式上的建议，只有在不影响仲裁庭自主决定权的情形下，才可以对实体问题提出建议。裁决书草案格式未经主簿核准的，仲裁庭不得作出裁决。当争议金额不超过600万新币，或当事人约定或遇异常紧急情况时，一方当事人可向主簿提出书面请求，请求适用快速程序。快速程序有以下规定：第一，一旦进入快速程序，案件将由独任仲裁员审理；第二，仲裁庭在征询当事人意见后，可决定对案件的争议事项仅依书面证据进行审理，也可决定进行开庭审理，以便询问证人并进行口头抗辩；第三，仲裁庭可以简述最终裁决的理由；第四，主簿有权缩短任何与裁决相关的期限。当案件依仲裁规则进入快速程序后，上述四项规定被视为当事人已经同意适用，即使当事人另有约定。

4. 瑞典斯德哥尔摩商会仲裁院

瑞典斯德哥尔摩商会仲裁院(Arbitration Institute of the Stockholm Chamber Of Commerce，SCC)是在斯德哥尔摩商会下设立的一个仲裁机构，主要用于解决工商和航运方面的争议，成立于1917年。该仲裁院虽然是从属于斯德哥尔摩商会的一个全国性仲裁机构，但它受理世界上任何国家当事人所提交的商事争议。瑞典的仲裁制度历史悠久，有一套完整的仲裁规则和一大批精通国际商事仲裁的专家，而且瑞典在政治上处于中立地位，因此其仲裁的公正性在国际社会上享有很高的声誉，现在已发展成为东西方国家国际商事仲裁的中心。中国对外贸易及有关投资保护协定中，已有不少指定在瑞典仲裁。

斯德哥尔摩商会仲裁院没有统一的仲裁员名单，对仲裁员的国籍没有任何限制。按照该院2017年的仲裁规则，双方当事人可以在仲裁协议中自行确定仲裁员的人数，如果双方当事人对此没有作出规定，则由仲裁院理事会根据案件的复杂性、争议金额或其他相关情形决定仲裁庭由一名或三名仲裁员组成。由一名以上仲裁员组成的仲裁庭，每一方当事人应指定同等人数的仲裁员，并由理事会指定首席仲裁员。如果仲裁庭由一名独任仲裁员组成，当事人应当在10日内共同指定一名独任仲裁员。如果当事人未能在该时限内作出指定，则由理事会指定。如果双方当事人具有不同国籍，除非双方另有约定或者理事会认为合适，独任仲裁员或首席仲裁员的国籍应不同于双方当事人的国籍。仲裁庭在进行仲裁程序时，既可适用斯德哥尔摩商会仲裁院的仲裁规则，也可以适用当事人选定的其他仲裁程序规则。仲裁庭必须在案件移交仲裁庭之日起六个月内作出裁决。仲裁裁决必须说明理由，由全体仲裁员签名。仲裁员的不同意见可附在裁决中。

5. 美国仲裁协会

美国仲裁协会(American Arbitration Association，AAA)成立于1926年，是一个非营利的民间性常设仲裁机构。总部设在纽约，并在全美洲各主要城市设有分支机构。它受理全美各地以及外国的各种当事人提交的除法律和公共政策禁止仲裁的事项外的任何法律争议。

美国仲裁协会备有仲裁员名册，该协会在选任仲裁员时，不受任何国籍的限制，其仲裁规则还规定，在国际仲裁中，该协会可应当事人的请求，或自行指定一名与各方当事人国籍不同的仲裁员。如果双方当事人未能选定仲裁员或对指定仲裁员的方式没有达成协议，则由仲裁协会从仲裁员名册中选出10人，写成一式两份，分别送交双方当事人。双方当事人需于14天之内把不同意的人员从名单中划出，并在余下的名单中编列号码标明先后次序，退回仲裁协会。如果当事人不按规定的时间退回名单，就视为对名单全部同意，没有异议。仲裁协会参照双方当事人所标示的先后顺序，从两份名单均获认可的人员中指定仲裁员。如果无法从双方的标示中选出仲裁员，则由仲裁协会从仲裁员名册中另行指定仲裁员。

三、仲裁协议

(一) 仲裁协议的含义

仲裁协议是指双方当事人对他们之间将来可能发生或业已发生的争议交付仲裁解决的一种书面协议。根据各国有关的仲裁法规和仲裁机构的仲裁规则，仲裁协议是仲裁庭或仲裁机构受理双方当事人的争议的依据。所以，当事人如欲采用仲裁方式解决他们之间的争议，就必须订立仲裁协议。

按照大多数国家的法律，仲裁协议具有以下作用。

(1) 订立仲裁协议的当事人均须受该协议的约束，如果发生了争议，应以仲裁的方式予以解决，不得向法院起诉。

(2) 赋予仲裁机构或仲裁庭处理争议的管辖权。

(3) 排除法院的管辖权。凡订有仲裁协议的，法院不得强制管辖。

(4) 仲裁协议是裁决具有法律效力的依据以及得到承认和执行的基础。没有仲裁协议而作出的裁决或对仲裁协议约定以外事项作出的裁决都是无效的，无法得到承认及执行。

在上述4方面的作用中，最重要的一点是排除法院的管辖权。只要当事人之间订有仲裁协议，就不能再将协议项下的争议提交法院解决。如果一方当事人违反仲裁协议，将有关争议提交法院，另一方当事人可根据双方的仲裁协议对法院的管辖权作出抗辩，法院则应裁定将争议提交仲裁解决，除非法院认定当事人之间的仲裁协议无效或已失效，或者该协议是不能履行的协议。

(二) 仲裁协议的表现形式

仲裁协议主要有两种表现形式：合同中的仲裁条款和仲裁协议书。

1. 仲裁条款

仲裁条款(Arbitration Clause)是由双方当事人在争议发生之前订立的，表示愿意把将来可能发生的争议提交仲裁解决的协议，这种协议一般都包含在主合同内，作为合同的一项条款。仲裁条款虽然是合同的一部分，但它具有与其他条款不同的特殊的性质和效力，因而即使合同的其他条款无效，也不影响仲裁条款的效力。

> **案例12-1　诺尔雪针织品有限公司诉佩尔·佩尔松有限公司案**
>
> 诺尔雪针织品有限公司购进四分动力针织机及两个自动化附加设备，销售合同包含一项仲裁条款。后来发现机器不符合要求，于是买方要求废止这笔交易，卖方虽同意不卖附加设备，但拒绝收回机器。当买方提起诉讼时，卖方以仲裁条款提出诉讼管辖权异议。买方称，由于欺诈和不合理行为，该销售合同是无效的，因而该仲裁条款也是无效的。初审法院以不具有管辖权为由驳回该案，这一结论也为最高法院所确认。最高法院认为："无论该合同在其他方面能否执行，其中的仲裁条款是有约束力的。"

仲裁条款是仲裁协议的一种最常见和最重要的形式。拟提交常设仲裁机构仲裁的合同的仲裁条款的典型表述方式是："由于本合同而发生的或与本合同有关的任何争议或请求，如果通过协商不能解决，应提交××××(仲裁机构)在××(地点)，依该会仲裁规则仲裁解决。"一些常设仲裁机构在公布其仲裁规则的同时，还公布了供当事人在合同中采用的仲裁示范条款。例如中国国际经济贸易仲裁委员会在公布其仲裁规则时，还公布了仲裁示范条款为："凡因本合同引起的或与本合同有关的任何争议，均应提交中国国际经济贸易仲裁委员会，按照申请仲裁时该会现行有效的仲裁规则进行仲裁。仲裁裁决是终局的，对双方均有约束力。"此外，当事人还可以对有关仲裁的细节作进一步规定。

如果合同双方当事人欲将争议提交临时仲裁机构解决，联合国国际贸易法委员会建议采用的仲裁条款是："由于本合同而发生的或与本合同有关的任何争议、争端或请求，或有关本合同的违约、终止、无效，应按现行有效的联合国国际贸易法委员会仲裁规则解决。"

2. 仲裁协议书

仲裁协议书(Arbitration Agreement)是由双方当事人在争议发生之后订立的，表示同意把已经发生的争议交付仲裁解决的协议。这种仲裁协议书是分别订立的，是独立于主合同的一个协议。

在国际商事交易中，如果合同中无仲裁条款，对于当事人在履行合同中发生的争议，如协商不能解决时,若双方同意将争议提交某仲裁机构解决,即可订立一项专门的仲裁协议书。在另外一些情况下,如果当事人双方只是口头上达成将争议提交仲裁的协议,而依仲裁地法则要求提供书面仲裁协议,或者合同中仲裁条款不符合仲裁地法律,或者是不能履行的仲裁条款,双方当事人也应重新订立一项仲裁协议书,作为对合同仲裁条款的修订。此外,如果当事人之间的合同中无仲裁条款,争议发生后双方当事人之间往来的书信、电传、电报中同意将争议提交某仲裁机构解决,也应视为书面的仲裁协议。

(三) 仲裁条款的主要内容

仲裁条款一般应包括仲裁地点、仲裁机构、仲裁规则和仲裁裁决的效力4个方面的内容。

1. 仲裁地点

仲裁地点是仲裁条款的主要内容。确定仲裁地点十分重要,因为仲裁地点与仲裁所适用的程序法与按哪一国的冲突规则来确定合同的实体法都有密切关系。按照各国的法律,凡属程序法方面的问题,原则上适用审判地法,也就是说,在哪个国家仲裁,就要适用那个国家的仲裁法。如果双方当事人没有指明可适用的实体法,一般由仲裁庭根据仲裁地的冲突规范加以确定。

2. 仲裁机构

在多数情况下,仲裁地点和仲裁机构可能是一致的。当事人在选择某地为仲裁地点时,他们也选择该地的常设仲裁机构进行仲裁。反之亦然。但在某些情况下,如果当事人选择了仲裁地点,而不想选择该地的常设仲裁机构,那么,当事人应在仲裁协议中明确规定仲裁机构。另外,当事人也可能选择临时仲裁庭进行仲裁,在这种情况下应写明仲裁庭如何组成。

3. 仲裁规则

仲裁规则主要是规定如何进行仲裁的程序和做法。它包括仲裁申请的提出、仲裁员的选定、仲裁庭的组成、仲裁的审理、仲裁裁决的作出等内容。

仲裁规则与仲裁机构是有密切联系的。一般来说,仲裁条款规定在哪个仲裁机构仲裁,就按那个机构制定的仲裁规则进行。但是,有些国家也允许双方当事人任意选择他们认为合适的仲裁规则,但以不违反仲裁地国家仲裁法中的强制性规定为限。

4. 仲裁裁决的效力

仲裁裁决的效力主要是指裁决是否具有终局性,对双方当事人有无拘束力,有关当事人是否有权向法院起诉请求变更或撤销该项裁决。关于仲裁裁决的效力问题,各国的仲裁立法和各常设仲裁机构及国际组织所制定的仲裁规则一般都有明确规定。绝大多数均规定仲裁裁决是终局的,对双方当事人具有同等的拘束力。但也有少数仲裁立法和仲裁规则规定了对仲裁裁决可向法院提起上诉,不过,只限于对裁决的程序方面的问题进行上诉,对于裁决的实质问题一般不许上诉。

为了明确仲裁裁决的效力,避免引起复杂的上诉程序,双方当事人在订立仲裁条款时,一般应明确规定:仲裁裁决是终局的裁决,对双方当事人都有拘束力,任何一方都不得向法院或其他机构提起上诉要求予以更改。

四、仲裁裁决的执行

(一) 关于承认与执行外国仲裁裁决的国际公约

为了解决各国在承认与执行外国仲裁裁决问题上所存在的分歧,国际上曾先后缔结过三个有关承认和执行外国仲裁裁决的国际公约。第一个公约是1923年在国际联盟倡导下制定的《仲裁条款议定书》。第二个公约是1927年由国际商会倡议,国际联盟主持制定的《关于执行外国仲裁裁决的公约》。第三个公约是1958年在联合国主持下,在纽约缔结的《承认和执行外国仲裁裁决的公约》,简称为《纽约公约》。在这三个公约中,目前最重要、参加国家最多、影响最广泛的是《纽约公约》。相对于前两个公约来说,《纽约公约》扩大了承认和执行外国仲裁裁决的范围,放宽了承认和执行外国仲裁裁决的条件,简化了承认和执行外国仲裁裁决的程序,从而大大便利了外国仲裁裁决的承认和执行。中国于1986年加入了该公约。截止到2020年3月,该公约共有163个缔约国。

《纽约公约》的内容,主要包括以下几个方面。

(1) 缔约国应该相互承认和执行对方国家所作出的仲裁裁决,并规定在承认和执行对方国家的仲裁裁决时,不应该在实质上比承认和执行本国的仲裁裁决提出更为麻烦的条件或征收更高的费用。

(2) 申请承认和执行裁决的一方当事人,应提供经过适当证明的仲裁裁决的正本或副本,以及仲裁协议的正本或经过适当证明的副本,必要时还应附具译本。

(3) 凡外国仲裁裁决有下列情况之一者,被请求执行的机关可依被诉人的请求,拒绝予以承认和执行:①被诉人证明仲裁协议的当事人无行为能力,或根据仲裁协议选定的准据法,或根据作出裁决国家的法律,该项仲裁协议是无效的;②被诉人没有得到关于指定仲裁员或进行仲裁程序的适当通知,或者出于其他原因而不能对案件提出意见的;③裁决的事项超出仲裁协议所规定的范围;④仲裁庭的组成或仲裁程序与双方当事人的协议不相符,或者在双方当事人无协议时,与仲裁地国家的法律不相符合;⑤仲裁裁决对当事人尚未发生拘束力,或者裁决已被仲裁地国家的有关当局撤销或停止执行。所谓裁决对当事人尚未发生拘束力,是指裁决尚能提起异议或上诉,或正在对裁决的有效性进行诉讼。

(4) 如果被请求承认和执行仲裁裁决的国家的有关当局认为,按照该国的法律,裁决中的争议事项不适合以仲裁方式处理,或者认为裁决的内容违反该国的公共秩序,也可以拒绝予以执行。

(5) 允许各缔约国在参加该公约时可以发表声明,提出若干保留条件,如声明在承认和执行外国仲裁裁决时,须以互惠为条件,即只承认和执行缔约国所作出的裁决,对非缔约国所作出的裁决可不按公约的规定办理;并可声明仅对根据本国法律属于商事关系所引起的争议适用该公约的规定,对于非商事争议的裁决则不在此限。中国在加入该公约时明确声明:中国只在互惠的基础上对另一缔约国作出的仲裁裁决的承认与执行适用该公约;中国只对根据中国法律认定为属于契约性和非契约性商事关系所引起的争议适用该公约。

案例12-2 中国A公司和美国M公司纠纷案

A公司于1988年与M公司订立三份租船合同,将其所有的三艘轮船租给M公司。由于M公司没有按期支付租金,A公司于1989年6月撤销了租船合同。根据合同中的仲裁条款,A公司于同年7月在英国伦敦提交仲裁。仲裁庭裁决M公司应偿付A公司租金1 985 975.21美元及其利息和A公司因仲裁支出的费用。仲裁裁决生效后,M公司支付了部分租金,自1990年2月起又停付租金,尚欠A公司1 232 112美元及年利率为9%的利息。后来,A公司了解到中国B公司正准备支付一笔运费给M公司,便于1990年7月6日向中国广州海事法院提出申请,请求承认和执行上述仲裁裁决,划拨B公司准备支付给M公司的款项。广州海事法院受理后,于同年10月17日裁定承认该外国仲裁裁决的效力,并划拨M公司预期可在中国B公司得到的运费给A公司。

(二) 中国关于执行仲裁裁决的法律

中国关于执行仲裁裁决的法律主要有两项:《仲裁法》和《民事诉讼法》。

1.《仲裁法》的有关规定

中国《仲裁法》于1994年通过,2009年和2017年分别进行了修订。《仲裁法》第62条规定:"当事人应当履行裁决。一方当事人不履行的,另一方当事人可以依照民事诉讼法的有关规定向人民法院申请执行。受申请的人民法院应当执行。"这项规定既适用国内仲裁,也适用涉外仲裁。《仲裁法》第七章是关于涉外仲裁的特别规定,其中第70条、71条和72条是有关执行涉外仲裁裁决问题的规定。根据第70条、71条的规定,当事人或被申请人提出证据证明涉外仲裁裁决有《民事诉讼法》第258条第1款规定的情形之一的,经人民法院组成合议庭审查核实,裁定撤销或不予执行。第72条规定,涉外仲裁委员会作出的发生法律效力的仲裁裁决,当事人请求执行的,如果被执行人或者其财产不在中华人民共和国领域内,应由当事人直接向有管辖权的外国法院申请承认和执行。

2.《民事诉讼法》的有关规定

《民事诉讼法》第273条规定:"经中华人民共和国涉外仲裁机构裁决的,当事人不得向人民法院起诉。一方当事人不履行仲裁裁决的,对方当事人可以向被申请人住所地或者财产所在地的中级人民法院申请执行。"

另外,该法第274条规定:"对中华人民共和国涉外仲裁机构作出的裁决,被申请人提出证据证明仲裁裁决有下列情况之一的,经人民法院组成合议庭审查核实,裁定不予执行:

(一) 当事人在合同中没有订有仲裁条款或者事后没有达成书面仲裁协议的;

(二) 被申请人没有得到指定仲裁员或者进行仲裁程序的通知,或者出于其他不属于被申请人负责的原因未能陈述意见的;

(三) 仲裁庭的组成或者仲裁的程序与仲裁规则不符的;

(四) 裁决的事项不属于仲裁协议的范围或者仲裁机构无权仲裁的。

人民法院认定执行该裁决违背社会公共利益的,裁定不予执行。"

该法第275条规定:"仲裁裁决被人民法院裁定不予执行的,当事人可以根据双方达成的书面仲裁协议重新申请仲裁,也可以向人民法院起诉。"

上述规定是针对中国涉外仲裁机构所作仲裁裁决的执行问题,对于外国仲裁机构作出的裁决在中国的承认和执行问题,《民事诉讼法》在第283条作了如下规定:"国外仲裁机构的裁决,需要中华人民共和国人民法院承认和执行的,应当由当事人直接向被执行人住所地或者其财产所在地的中级人民法院申请,人民法院应当依照中华人民共和国缔结或者参加的国际条约,或者按照互惠原则办理。"

从近年来的实践看,中国国际经济贸易仲裁委员会的裁决,在《纽约公约》的其他缔约国基本上都能得到承认和执行。通过国际商事仲裁方式解决有关的纠纷,不失为解决国际商事争端的重要途径。

> **案例12.3 中国香港广金达贸易公司与美国COMSUP COMMODITIES公司纠纷案**
>
> 申诉人中国香港广金达贸易公司与被诉人美国COMSUP COMMODITIES公司就1989年11月23日签订的锡锭销售合同的货款支付发生争议,并提交中国经济贸易仲裁委员会仲裁解决。仲裁庭于1991年8月28日裁决:被诉人收到了申诉人交付的锡锭20.3818吨,应按合同规定支付货款144 710.78美元。然而,被诉人以他与申诉人在其他合同交易中有纠纷为理由而不支付本案合同项下的货款。本案合同是独立的合同,与其他合同没有关系,因此,被诉人拒付本案合同项下的货款的理由是不能成立的。仲裁庭裁决被诉人应支付货款并加计利息。
>
> 被诉人收到裁决书后,未自动履行。申诉人遂根据美国仲裁法(FAA)之规定,向美国新泽西州法院申请强制执行上述仲裁裁决。在执行程序中,被诉人提出反诉,但法官驳回了被诉人的反诉申请。法官认为,按照美国仲裁法第207条,承认外国仲裁裁决的程序并不是一个原诉程序;相反,它是一个裁决之后的执行程序。在这样的程序中,提出反诉显然是不合适的。据此,法官确认中国国际经济贸易仲裁委员会的上述仲裁裁决应予执行。

第四节 国际商事纠纷的司法解决

一、概述

在国际商事交往中,当事人发生争议,除了采用调解、仲裁方式解决外,也可以通过在法院进行诉讼的方式解决。目前国际上没有专门受理国际商事纠纷的法院,也没有统一的商事诉讼法,各国一般也没有专门处理商事纠纷的诉讼法,而是把它纳入民事诉讼法的调整范围,因而当发生争议需由诉讼解决时,都是由一个具有管辖权的某一个国家的法院,依照该国的国际民事诉讼法进行审理。

国际民事诉讼法主要包括国内立法和国际立法两个方面。在国内立法方面,各国的诉讼立法无一例外地规定,一国境内的外国人、无国籍人、外国企业和组织,都必须严格遵守当地国家的法律。而且,诉讼程序问题适用法院地法,这已成为国际社会所公认的原则。因此,国内立法是国际民事诉讼法中一个最重要的渊源。中国《民事诉讼法》专门列一编(第四编)对涉外民事诉讼程序作出特别规定。在国际立法方面,多年来世界各国进行了积极的合作,签订了一系列多边条约和双边条约。例如,1954年在海牙签订的《民事诉讼程序公约》、1965年在布鲁塞尔签订的《关于民商事管辖权及判决执行的公约》、1963年在海牙签订的《关于民商事案件中诉讼和非诉讼文书的国外送达公约》等。国际条约也成为国际民事诉讼的一个非常重要的渊源。

各国在制定和实施国际民事诉讼法规范处理国际民商事纠纷时,一般应遵循如下几项基本准则。

1. 国家主权原则

国家主权原则在国际民事诉讼法领域,表现为一个国家有权通过立法的形式,对其领域内的所有诉讼活动和行为进行规定,有权对其领域内的一切人和物行使司法管辖权,以及有权依其本国的诉讼法规定受理并审理有关案件。除国际条约另有规定外,外国当事人有义务接受所在国法院的这种司法管辖权。

2. 国民待遇原则

国民待遇是指一个国家对外国人在某些方面给予与本国国民同等的待遇。在国际民事、商事诉讼中给予外国人以国民待遇,就使得外国人的诉讼权利与本国的公民相等。

诉讼权利的国民待遇原则现已为许多国家所采用,并在一些国际条约中得以明确规定。中国《民事诉讼法》第5条明确规定,外国人、无国籍人、外国企业和组织在人民法院起诉、应诉,同中华人民共和国公民、法人和其他组织有同等的权利义务。

3. 平等互惠原则

平等互惠原则是指世界各国在进行国内立法或国际立法时,相互赋予对方或他国国民平等的权利。表现在国际民事诉讼法领域,就是国家在平等的基础上相互赋予对方国民以民事诉讼权利;在同等的条件下相互适用对方的诉讼立法;相互给予司法上的协助。如果有关外国赋予本国国民以不平等的民事诉讼权利,不在相同或类似的条件下给予本国法院以司法协助,本国立法或司法机构就可施以对等的限制。

4. 尊重国际条约和国际惯例原则

尊重国际条约和国际惯例原则在国际民事诉讼法领域表现为:一方面,国家在制定国内诉讼法规范时,应考虑到本国所参加缔结或加入的国际条约的有关规定,应考虑到国际社会在有关方面的习惯法;另一方面,国家的司法机关在审理有关的国际民事法律争议时,应该优先适用本国所参加的国际条约的有关规定,在没有明确的国际立法和国内立法规定的情况下,应该参照国际惯例对有关争议作出公正的处理。中国《民事诉讼法》第260条规定:"中华人民共和国缔结或者参加的国际条约同本法有不同的规定的,适用该国际条约的规定,但中华人民共和国声明保留的条款除外。"

二、国际商事纠纷案件的管辖权

(一) 国际商事纠纷案件管辖权的含义

国际商事纠纷案件管辖权是指一国法院受理国际商事纠纷案件的权力和资格。具体说来，是一国法院受理国际商事纠纷案件的权限范围和法律依据。它所涉及的主要问题是：法院应根据什么原则或标准，来确定它是否有权审理某一国际商事纠纷案件。一国对国际商事纠纷案件管辖权确定的法律依据有：①依有关的国际条约规定，该国法院有权受理某一国际商事纠纷案件。②依照国内法的规定，某一类国际民事纠纷案件必须或可以由国内法院管辖。③双方当事人协议选择的法院。各国立法都规定，在国际商事纠纷中，允许双方当事人选择管辖法院。在一般情况下，被选择的法院都受理当事人的诉讼，行使司法管辖权。

国际商事纠纷案件管辖权的确定，具有十分重要的意义：①管辖权的行使是维护国家司法主权的体现，因此，每一个主权国家都在立法中规定，凡与本国有某种联系的国际商事纠纷案件，都可以行使管辖权。②确定管辖权是受理案件的前提，只有确定了管辖权，其他诉讼程序才能开始。③管辖权的确定直接关系审理案件的结局。因为不同国家的法院审理案件，往往会适用不同的法律，所以确定了不同的管辖权可能会对案件作出不同的判决。④正确地确定司法管辖权，不仅方便当事人的诉讼活动，也有利于判决的执行。

(二) 确定国际商事纠纷案件管辖权的一般原则

1. 属地管辖原则

属地管辖原则又称为地域管辖原则或领土管辖原则，它是指依一定的地域为联系因素，由该地域的所属国法院行使管辖权。与地域有关的联系因素有：当事人的住所、居所、临时所在地、诉讼标的物所在地、被告财产所在地、诉讼原因发生地等。目前，国际上大多数国家都承认并采用这一原则，但由于各国在对这一原则理解上的差异，在实践中大体上有以下4种情况。

(1) 以被告的住所、居所、临时所在地为联系因素确定管辖权。

(2) 以诉讼标的物所在地为联系因素确定管辖权。

(3) 以被告财产所在地为联系因素确定管辖权。

(4) 以诉讼原因发生地为联系因素确定管辖权。诉讼原因发生地主要有：①契约成立地；②义务履行地；③侵权行为地。

2. 属人管辖原则

属人管辖原则是依当事人的国籍为联系因素，认为当事人的国籍国法院有司法管辖权，而不管当事人是原告还是被告，以及当事人现在居住在国内还是国外，本国法院均有管辖权。

属人管辖原则符合国家主权原则，它是从国际法中属人优势权中引申出来的，其目的在于更好地保护当事人的利益。许多国家都采用这一原则。

3. 协议管辖原则

协议管辖又称合意管辖，它是根据"意思自治"原则确立的一种管辖制度。它允许双方当事人在争议之前或争议之后达成协议,将他们之间的争议案件交由某一国法院审理。世界各国对协议管辖一般都持肯定态度。不过,各国法律一般都同时规定,凡专属管辖案件,不得以当事人的协议来变更。

在实践中,双方当事人在合同中订立诉讼管辖权条款,是常见的协议管辖的表现方式。在合同中订立诉讼管辖权条款,可以使当事人具有一定的预见性,可以预先知道一旦发生争议,根据法院地国家的冲突法规范,将适用哪国法律,当事人的权利和义务将会得到什么程度的保护。选择不同国家的法院管辖,案件的判决结果可能会有所不同,所以选择哪国法院作为合同的管辖法院十分重要。我国进出口公司在合同中订立诉讼管辖权条款时必须遵循以下原则:凡我国法律或国际条约、国际惯例规定应由我国法院行使管辖权的,必须规定由我国法院行使管辖权;凡既可以由我国法院也可以由他国法院管辖的,应力争规定由我国法院管辖;凡不能由我国法院管辖的,应力争规定由对我国友好、其法律为我国熟悉的第三国法院管辖。

4. 专属管辖原则

专属管辖,又称独占管辖,是指一国主张本国法院对某类案件具有独占的、排他性的管辖权,不允许当事人和法院加以变更,不承认其他国家的法院对这类案件享有管辖权。对于当事人来说,这是一种强制性的管辖。这一原则为许多国家所采用,但各国管辖案件的范围有所不同。

(三) 中国法律关于涉外经济案件的管辖权的规定

关于中国法院对涉外经济案件的管辖权,中国《民事诉讼法》主要作了如下规定。

(1) 对在中国境内有住所的被告提起诉讼的,一般由被告所在地法院管辖。

(2) 因合同纠纷或者其他财产权益纠纷,对在中华人民共和国领域内没有住所的被告提起的诉讼,如果合同在中华人民共和国领域内签订或者履行,或者诉讼标的物在中华人民共和国领域内,或者被告在中华人民共和国领域内有可供扣押的财产,或者被告在中华人民共和国领域内设有代表机构,可以由合同签订地、合同履行地、诉讼标的物所在地、可供扣押财产所在地、侵权行为地或者代表机构住所地人民法院管辖。

(3) 因在中华人民共和国履行中外合资经营企业合同、中外合作经营企业合同、中外合作勘探开发自然资源合同发生纠纷提起的诉讼,由中华人民共和国人民法院管辖。

三、外国当事人的诉讼地位

外国当事人的诉讼地位是指外国人(包括外国自然人和法人)在某一国家境内享有什么样的诉讼权利、承担什么样的诉讼义务,并能在多大程度上通过自己的行为行使诉讼权利和承担诉讼义务,即具有什么样的诉讼权利能力和诉讼行为能力。

外国人的诉讼权利能力,依照国际私法的原则,应由其属人法决定,但是,法院地国家给予外国人什么样的民事诉讼权利,由法院地法决定。外国人的诉讼行为能力,则一般应由其属人法决定,即由外国人的本国法或住所地法来确认其是否具有诉讼行为能力。如果其本国法或住所地法认为其具有诉讼行为能力,即使依法院地法其无诉讼行为能力时,受案法院也承认其有诉讼行为能力。有的国家法律还规定，外国人如果依其属人法无诉讼行为能力，而依法院地法其有诉讼行为能力时，则视其为有诉讼行为能力。

对外国人的诉讼地位问题，目前国际社会通行的做法是给予外国人以有条件的国民待遇，即在承认外国人在本国境内享有与本国国民同样的诉讼权利的同时，又附加某种限制，如要求付诉讼费用担保、以对等为原则等。例如，中国《民事诉讼法》第5条规定："外国人、无国籍人、外国企业和组织在人民法院起诉、应诉，同中华人民共和国公民、法人和其他组织有同等的诉讼权利义务。外国法院对中华人民共和国公民、法人和其他组织的民事诉讼权利加以限制的，中华人民共和国人民法院对该国公民、企业和组织的民事诉讼权利，实行对等原则。"

诉讼代理是保证当事人充分行使诉讼权利的一项制度，它是指诉讼代理人根据当事人的委托，以当事人的名义代为实施诉讼行为，进行诉讼活动的行为。诉讼代理是世界各国普遍承认和采用的一种制度。在法国、奥地利等大陆法系国家采取律师代理诉讼主义制度，即一切诉讼必须由律师代理，当事人可以不出庭。在英美法系一些国家，也允许当事人委托诉讼代理人参加诉讼，而且诉讼代理人必须为律师。与大陆法系国家不同的是，当事人也必须同时出庭。各国对委托律师为代理人，一般都附有两个条件：一是必须委托法院地国律师代理诉讼，不能委托外国律师作代理人；二是必须有书面委托书并经过认证后才有效。中国《民事诉讼法》第263条规定："外国人、无国籍人、外国企业和组织在人民法院起诉、应诉，需要委托律师代理诉讼的，必须委托中华人民共和国的律师。"第264条规定："在中华人民共和国领域内没有住所的外国人、无国籍人、外国企业和组织委托中华人民共和国律师或者其他人代理诉讼，从中华人民共和国领域外寄交或者托交的授权委托书，应当经所在国公证机关证明，并经中华人民共和国驻该国使领馆认证，或者履行中华人民共和国与该所在国订立的有关条约中规定的证明手续后，才具有效力。"

四、司法协助

(一) 司法协助的含义

司法协助是指一国法院应另一国法院的请求，代为进行某些诉讼行为，如送达司法文件、传讯证人、搜集证据以及承认和执行法院判决等。提出请求的法院的行为叫做法院委托；履行他国法院委托的行为称为司法协助。

关于司法协助的内容，各国理解不同，存在较大的差异，主要有狭义和广义两种理解。狭义的司法协助仅包括协助送达诉讼文书、传讯证人和搜集证据；广义的司法协助除了上述内容外，还包括承认和执行外国法院判决。为叙述方便起见，我们将承认和执行外国法院判决专门列为一个问题进行论述。

司法协助一般根据有关国家立法、双边的司法互助协定或有关国际公约的规定进行，而且通常要求互惠，否则被请求国有权拒绝履行。

各国立法和有关国际条约一般还规定了可以拒绝提供司法协助的情况，主要有以下几种。

(1) 委托的送达违背被请求国法律或有关国际条约所规定的必要程序。
(2) 对于外国法院委托的文件的真实性还存在怀疑。
(3) 委托履行的行为，根据被请求国的法律，不属于该国司法机关的职权范围。
(4) 委托履行的行为是被请求国法律所明文禁止的诉讼行为。
(5) 委托履行的行为与履行地国家的主权和安全不相容。
(6) 履行委托的行为显然违背被请求国的公共政策。
(7) 两国间不存在互惠。

(二) 司法文书的送达

司法文书的送达是指法院在诉讼过程中，按法律规定将有关诉讼文书送交当事人或者其他诉讼参加人的一种诉讼行为，是司法协助中的一项重要内容。

根据各国国内立法和有关国际条约的规定，各国间司法文书的送达主要采取下列途径。

(1) 外交途径。即由一国法院将需要越境送达的司法文书交给本国外交部，由本国外交部通过外交途径送到被送达国家的外交机关，再由该国外交机关转交给该国有关法院，由法院送达有关当事人。在没有条约关系的情况下，各国一般都采取这一方式进行送达。

(2) 领事途径。即由一国法院将送达的文书交给本国驻被请求国的领事，由领事代为送达。

(3) 法院途径。即由一国法院把需送达的文书寄交给被请求国法院。采用这种途径必须以遵从条约为基础。

(4) 通过指定的中央机关送达。即由一国法院把需送达的文书交给本国的司法机关，再由本国的司法机关将文书转交给被请求国指定的中央机关送达。

(5) 个人送达。即一国法院将需送达的司法文书委托给具有一定身份的个人代为送达。这种个人可能是有关当事人的诉讼代理人，也可能是当事人选定的或与当事人关系密切的人。这种方式一般为英美法系各国所承认和采用。

(6) 邮寄送达。即一国法院将需送达的司法文书通过邮局，直接寄给国外的诉讼当事人或其他诉讼参与人。许多国家法律允许通过这种方式对外送达有关司法文书，但前提条件是受送达人所在国家法律允许的。

(7) 公告送达。即将需送达的文书的内容用张贴公告、登报或广播的方式告知有关的当事人或其他诉讼参与人，自公告之日起经过一定的时间即视为送达。一般受送达人的地址不明或采取上述6种方式都不能实现时才被采用。

根据中国《民事诉讼法》第267条的规定，中国对在中国领域内没有住所的当事人送达诉讼文书，可以采用下列方式：①依照受送达人所在国与中华人民共和国缔结或者共同参加的国际条约中规定的方式送达；②通过外交途径送达；③对具有中华人民共和国国籍的受送达人，可以委托中华人民共和国驻受送达人所在国的使领馆代为送达；④向受送达人委托的有权代其接受送达的诉讼代理人送达；⑤向受送达人在中华人民共和国领域内设立的代表机构或者有权接受送达的分支机构、业务代办人送达；⑥受送达人所在国的法律允许邮寄送达的，可以邮寄送达，自邮寄之日满3个月，送达回证没有退回，但根据各种情况足以认定已送达的,期间届满之日视为送达;⑦采用传真、电子邮件等能够确认受送达人收悉的方式送达;⑧不能用上述方式送达的,可以采用公告送达方式,自公告之日起满3个月,即视为送达。

此外,中国《民事诉讼法》还规定,人民法院与外国法院相互请求,代为送达文书以及进行其他诉讼行为,应根据中华人民共和国缔结或者参加的国际条约,或者按照互惠原则办理。外国法院请求协助事项有损于中华人民共和国的主权、安全或者社会公共利益的,人民法院不予执行。外国驻中华人民共和国的使领馆可以向该国公民送达文书和调查取证,但不得违反中华人民共和国的法律,并不得采取强制措施,除此以外,未经中华人民共和国主管机关准许,任何外国机关或者个人不得在中华人民共和国领域内送达文书、调查取证。人民法院和外国法院相互请求的请求书及其所附文件,都应当附有被请求国文字译本或者国际条约规定的其他文字文本。

(三) 有关司法协助的国际立法

为了便利各国之间顺利进行司法协助,统一和简化司法协助的手续,国际社会经过长期努力,签订了一系列有关司法协助的国际条约。1896年在海牙缔结的《民事诉讼程序公约》(又称《海牙公约》)是这方面最早的一个国际公约,后经1905年和1954年两次修改。该公约就诉讼和非诉讼文书的送达、调查委托书、诉讼费用担保、诉讼费用豁免等方面的问题作了规定。1961年在海牙签订了《取消要求外国公文书的认证公约》,先后有英国、美国等数十个国家和地区批准或加入了该公约。1965年在海牙签订了《关于向国外送达民事或商事司法文书和司法外文书公约》,中国于1991年3月2日正式批准加入了该公约,1991年12月1日起对中国生效。1970年在海牙签订了《关于从国外获取民事或商事证据公约》。除了上述国际公约外,各国间还签订了一些地区性的多边公约,以及大量的双边条约,对国家间的司法协助的发展起到了积极的推动作用。

五、承认与执行外国法院判决

(一) 承认与执行外国法院判决的含义

承认与执行外国法院判决,是指一国法院根据其本国立法或有关的国际条约,承认有关外国法院的民商事判决在本国的域外效力,并在必要时依法予以强制执行。

一国法院的判决是该国司法机关代表国家行使的司法权,因此,原则上一国法院作出的判决只能在该国领域内发生效力,而没有域外的法律效力。要使一国法院的判决在国外发生效力并得以执行,就必须得到有关国家的承认,后由有关国家赋予其与本国法院判决同等的效力,从而得到执行。

承认外国法院判决和执行外国法院判决,是两个既有联系又有区别的概念。承认外国法院判决是执行外国法院判决的前提条件,任何被执行的外国法院判决,都必须先由执行国法院承认其效力。并非所有的外国法院判决都涉及执行问题,对某些判决而言,承认就已足够了。

2019年7月2日,海牙国际私法会议通过了《承认与执行外国民商事判决公约》(Convention

on the Recognition and Enforcement of Foreign Judgments in Civil or Commercial Matters)，填补了外国民商事判决与执行统一规则缺乏的空白，为民商事判决的全球流通性提供了更大的可预见性和确定性，对促进各法域之间的融合，以及增强跨境商业安全性将产生深远影响。公约适用于民商事判决的承认与执行，税收、关税或行政事项不适用公约。但并非所有的民商事判决都可以适用公约，公约第2条明确排除了17类民商事判决的适用，分别是：①自然人的身份及行为能力；②抚养义务；③其他家庭法事项，包括婚姻财产制度以及由婚姻或类似关系产生的其他权利义务；④遗嘱与继承；⑤破产、破产和解、金融机构的清算以及类似事项；⑥旅客和货物运输；⑦跨界海洋污染或非国内管辖区域的海洋污染，源于船舶的海洋污染，海事诉讼的责任限制和共同海损；⑧核损害法律责任；⑨法人、合伙的有效、无效或解散以及其机关所做决定的效力；⑩公共登记事项的有效性；⑪诽谤；⑫隐私；⑬知识产权；⑭武装部分的活动，包括武装部队人员执行公务的活动；⑮执法活动，包括执法人员执行公务的活动；⑯反垄断(不正当竞争)事项；⑰通过国家单边措施进行的主权债务重组。需要注意的是，公约排除了知识产权和反垄断的适用。公约草案曾经把与侵权无关的知识产权事项纳入适用范围，但这样规定将有可能导致外国法院相关裁决对被请求国知识产权保护产生实体性影响的结果，与《伯尔尼公约》和《巴黎公约》确立的知识产权地域性原则相冲突。[①]有鉴于此，公约正式文本删除了有关规定，排除了知识产权事项的适用。对于反垄断而言，公约明确将反垄断事项作为一般事项排除，但公约规定了例外，即"基于现实或者潜在竞争者之间的，以固定价格、串通投标、设置产量限制与配额或者通过分配客户、供应商、地域范围或者商业渠道分割市场的反垄断协议或者协同行为，且该行为和其结果都发生在同一国家"事项仍可适用公约，体现了国际上对反垄断与竞争法相关事项予以互认的趋势。

《承认与执行外国民商事判决公约》将"无实体审查"作为基本原则，要求在满足法定条件的前提下被请求国法院不对判决进行实体审查，仅出于适用公约的需要才能考虑实体审查。

(二) 承认和执行外国法院判决的条件

由于各国司法制度存在差异，外国法院作出的判决，毕竟不同于本国法院作出的判决，因此，各国对于外国法院判决的承认与执行都附有一定的条件，主要有以下几个。

(1) 作出判决的外国法院对案件具有管辖权。
(2) 外国法院的判决必须是已经确定的判决。
(3) 外国法院进行的诉讼程序是公正的。
(4) 外国法院判决必须是合法取得的。
(5) 外国法院判决所适用的法律符合被请求国家的冲突法的规定。
(6) 外国法院判决不与本国法院就同一当事人之间的同一争议所做的判决，以及本国法院已经承认的第三国法院就同一当事人之间的同一争议所做的判决相冲突。
(7) 有关国家之间存在互惠条件。

---

① 王迁. 承认和执行外国判决公约(草案)中知识产权条款研究[J]. 中国法学, 2018(1).

(8) 外国法院判决与被请求国的公共秩序不相抵触。

《承认与执行外国民商事判决公约》也规定了承认与执行外国民商事判决的必备条件。公约第5条列举了13项条件,申请承认或执行的判决满足其中之一才可能获得承认或执行。

这些事由包括被申请人在成为原审法院诉讼程序一方当事人时在原审国有住所,或有主要营业地且判决所具有的诉讼请求起因于该地的营业活动等。该条款实际上是从原审国法院对原始案件的管辖权角度来确定执行的依据,因而被称为"间接管辖依据"(Indirect Grounds of Jurisdiction)。间接管辖依据的设置,一方面可以防止当事人刻意选择法院(Forum Shopping),另一方面有助于提升外国民商事判决承认与执行的可预期性。在申请承认或者执行外国民商事判决的案件中,被申请人首要的抗辩事由就是原审国法院对案件不具有管辖权,这构成了国际承认与执行的主要实务障碍。公约第5条明确列举了原审国法院具有管辖权的情形,使得判决承认与执行的可预期显著提高。

(三) 拒绝承认与执行外国法院判决的情形

根据《承认与执行外国民商事判决公约》,存在下列情形,可以拒绝承认或执行:①诉讼程序问题。提起诉讼的文书或同等文书,没有在足够的时间内以一定方式通知被告使其能够安排答辩或者送达程序有问题;②判决通过欺诈获得;③违反了被请求国的公共政策;④根据当事人约定或指定,原审国法院无管辖权;⑤判决与被请求国就相同当事人的争议作出的判决相冲突;⑥判决与较早第三国法院就相同当事人、相同标的所作判决相冲突,且较早判决满足在被请求国得到承认所必需的条件;⑦相同当事人就相同标的的诉讼在被请求国法院正在进行中,而被请求国法院先于原审国法院受理该案且争议和被请求国有紧密联系;⑧判决所确定的赔偿并非当事人的实际损失或所受损害,而是惩罚性或惩戒性的。从以上规定来看,首先,与《纽约公约》类似,公约采用了"可以拒绝"而非"应当拒绝"的措辞。也就是说,即使存在上述情形,法院仍可以决定承认与执行外国法院判决。公约通过赋予法院自由裁量权以达到更多外国法院判决得到承认与执行的效果。其次,公约对拒绝理由的规定较为克制,毕竟较少的情形限制有利于更多的判决得到承认与执行。最后,考虑到不同法系对惩罚性赔偿制度的态度不同,公约规定了惩罚性赔偿这一拒绝理由,以调节由于立法和司法理念差异而带来的阻碍公约缔约的因素,从而吸引更多国家加入。

(四) 承认与执行外国法院判决的程序

由于各国司法制度的不同,各国在承认与执行外国法院判决的程序方面也有所不同。

1. 执行令程序制度

执行令程序制度由德国首创,为法国、日本等许多国家所接受。所谓执行令程序制度,是指一国法院受理了有关当事人或其他利害关系人提出的承认和执行某一外国法院判决的请求以后,先对该有关外国法院判决进行审查,如果符合本国法所规定的有关条件,即作出一个判决,发给执行令,从而赋予该外国判决与本国判决同等的效力,并按照执行本国法院判决的程序予以执行。在实行这一制度的国家中,大部分都只对外国法院判决作形式上的审查,即只审查有无应予拒绝承认和执行的情形,但也有一些国家,如比利时、葡萄牙等,不仅要求形式审查,还要求对外国判决进行实质性审查,即在法律适用和案件事实的裁决两方面进行审查。

2. 登记制度

英国是比较典型的实行登记制度的国家。根据英国1933年外国判决法(相互执行)的规定,外国法院判决中胜诉的一方,可在作出判决后6年内将该判决向英国伦敦高等法院登记。经英国法院审查,符合英国规定的条件的,即具有同英国法院判决的同等效力,并由英国国家予以强制执行。英国的登记制度在所有英联邦国家以及大部分普通法系国家有着广泛的影响。美国在承认与执行外国法院判决的程序上,主要仿效英国的做法。

3. 中国的有关规定

根据《民事诉讼法》,中国实行的是形式审查制度。《民事诉讼法》第282条规定:"人民法院对申请或者请求承认和执行的外国法院作出的发生法律效力的判决、裁定,依照中华人民共和国缔结或者参加的国际条约,或者按照互惠原则进行审查后,认为不违反中华人民共和国法律的基本原则或者国家主权、安全、社会公共利益的,裁定承认其效力,需要执行的,发出执行令,依照本法的有关规定执行。违反中华人民共和国法律的基本原则或者国家主权、安全、社会公共利益的,不予承认和执行。"

4. 《承认与执行外国民商事判决公约》

公约第12条规定了申请人必须向被请求国法院出示的文书,包括:①经证明无误的完整的判决书副本;②缺席判决情形下,证实提起诉讼的相关文书已通知缺席一方的文件原件或经证明无误的副本;③证明判决在原审国具有效力或可执行的文件;④在和解情况下,原审国法院(包括法院官员)出具的司法和解协议或和解协议的一部分在原审国可以与判决相同方式予以执行的证明。如果判决的内容使被请求国法院无法核实公约规定的条件是否得到满足,法院可要求申请人提供任何必要文件。

公约并未规定承认和执行外国民商事判决的具体程序,仅规定了承认和执行的程序准据法为被请求国法律。同时,公约要求被请求国法院应当尽快办理,不应当以判决应当在另外一个国家承认或者执行为理由拒绝承认或者执行判决。

|复习思考题|

1. 各国在采用"意思自治"原则时,一般有哪些限制?
2. 在法律适用问题上,应当如何理解"最密切联系"原则的运用?
3. 什么是仲裁协议?它的作用主要有哪些?
4. 施米托夫教授有句名言:"诉讼不如仲裁,仲裁不如调解,而调解又不如预先防止发生法律纠纷。"试述你对这句话的理解。
5. 简要阐述中国国际经济贸易仲裁委员会仲裁规则的主要内容。
6. 最新通过的《新加坡调解公约》有何重大意义?
7. 国际商事纠纷案件管辖权的一般原则有哪些?
8. 什么是司法协助?主要内容有哪些?

参考文献

[1] Aderson,Fox & Twomey.Busines Law[M]. New York: 10th Edition.South-Western Publishing Co., 1989.

[2] Brown, et al.Business Law with UCC Applications[M].7th Edition. Washington: Mcgraw-Hill Book Company,1989.

[3] John D.Calamari.Contracts[M].3rd Edition. Minnesota: West Publishing Co.,2010.

[4] John Honnold.Uniform Law for International Sales Under the 1980 United Nation's Convention [M]. New York: Klawen Law and Taxation Publishers,2008.

[5] Klayman.Irwins Business Law[M]. New York: Bagby Ellis,1994.

[6] Richard Schaffer, et al. International Business Law and Its Environment[M]. 4th Edition. Minnesota: West Publishing Company,1998.

[7] Robert N. Corley,and the others.Fundamentals of Business Law[M].4th Edition. Englewood Cliffs：Prentice-Hall, 1986.

[8] P.S. Atiyah.The Sale of Goods[M].Berkeley： Pitman Publishing, 1991.

[9] 卞耀武. 当代外国公司法[M]. 北京：法律出版社，1995.

[10] 陈焕文. 国际仲裁法专论[M]. 台北：五南图书出版公司，1994.

[11] 张玉卿. 国际统一私法协会国际商事合同通则2016[M]. 北京：中国商务出版社，2019.

[12] 范健，王建文. 公司法[M]. 3版. 北京：法律出版社，2011.

[13] 冯大同. 国际货物买卖法[M]. 北京：对外贸易教育出版社，1993.

[14] 冯大同. 国际贸易法[M]. 北京：北京大学出版社，2004.

[15] 冯大同. 国际商法[M]. 北京：对外经济贸易大学出版社，1994.

[16] 何勤华，李秀清. 外国民商法导论[M]. 上海：复旦大学出版社，2000.

[17] 国际商会国际销售示范合同实用指南[M]. 北京：中国对外经济贸易出版社，1998.

[18] 郭寿康，韩立余. 国际贸易法[M]. 2版. 北京：中国人民大学出版社，2009.

[19] 韩德培. 国际私法[M]. 北京：高等教育出版社，2007.

[20] 何美欢. 香港合同法[M]. 北京：北京大学出版社，1995.

[21] [英]克拉克. 产品责任[M]. 北京：社会科学文献出版社，1992.

[22] 梁建达. 外国民商法原理[M]. 汕头：汕头大学出版社，1996.

[23] 刘春田. 知识产权法[M]. 北京：中国人民大学出版社，2007.

[24] 刘静. 产品责任论[M]. 北京：中国人民大学出版社，2000.

[25] 李双元. 国际私法[M]. 3版. 北京：北京大学出版社，2011.

[26] 李玉明，张思前，等. 产品质量一百案例精析[M]. 北京：中国人民大学出版社，1994.

[27] 李玉泉. 国际民事诉讼与国际商事仲裁[M]. 武汉：武汉大学出版社，1994.

[28] 孔祥俊. 商标与反不正当竞争法原理和判例[M]. 北京：法律出版社，2009.

[29] 沈达明. 英美合同法引论[M]. 北京：对外贸易教育出版社，1993.

[30] 沈四宝，王军，焦津洪. 国际商法[M]. 北京：对外经济贸易大学出版社，2002.

[31] [英]施米托夫. 国际贸易法文选[M]. 赵秀文，译. 北京：中国大百科全书出版社，1993.

[32] 石少侠. 公司法学[M]. 北京：中国政法大学出版社，2012.

[33] 司玉琢. 海商法[M]. 北京：法律出版社，2012.

[34] 苏号朋. 美国商法[M]. 北京：中国法制出版社，2000.

[35] 王传丽. 国际经济法[M]. 5版. 北京：中国政法大学出版社，2015.

[36] 王慧. 国际贸易法原理[M]. 北京：北京大学出版社，2011.

[37] 吴兴光，蔡红，刘睿，盛琨. 美国统一商法典研究[M]. 北京：社会科学文献出版社，2015.

[38] 美国统一商法典(汉英对照)[M]. 潘琪，译. 北京：法律出版社，2018.